Le suicide

Emile Durkheim

Le suicide

ÉTUDE DE SOCIOLOGIE

QUADRIGE / PUF

ISBN 2 13 044110 6
ISSN 0291 0489

Dépôt légal — 1re édition : 1930
6e édition « Quadrige » : 1991, juillet

© Presses Universitaires de France, 1930
Bibliothèque de Philosophie contemporaine
108, boulevard Saint-Germain, 75006 Paris

INTRODUCTION

I

Comme le mot de suicide revient sans cesse dans le cours de la conversation, on pourrait croire que le sens en est connu de tout le monde et qu'il est superflu de le définir. Mais, en réalité, les mots de la langue usuelle, comme les concepts qu'ils expriment, sont toujours ambigus et le savant qui les emploierait tels qu'il les reçoit de l'usage et sans leur faire subir d'autre élaboration s'exposerait aux plus graves confusions. Non seulement la compréhension en est si peu circonscrite qu'elle varie d'un cas à l'autre suivant les besoins du discours, mais encore, comme la classification dont ils sont le produit ne procède pas d'une analyse méthodique, mais ne fait que traduire les impressions confuses de la foule, il arrive sans cesse que des catégories de faits très disparates sont réunies indistinctement sous une même rubrique, ou que des réalités de même nature sont appelées de noms différents. Si donc on se laisse guider par l'acception reçue, on risque de distinguer ce qui doit être confondu ou de confondre ce qui doit être distingué, de méconnaître ainsi la véritable parenté des choses et, par suite, de se méprendre sur leur nature. On n'explique qu'en comparant. Une investigation scientifique ne peut donc arriver à sa fin que si elle porte sur des faits comparables et elle a d'autant plus de chances de réussir qu'elle est plus assurée d'avoir réuni tous ceux qui peuvent être utilement comparés. Mais ces affinités naturelles des êtres ne sauraient être atteintes avec quelque sûreté par un examen superficiel comme celui d'où est résultée la terminologie vulgaire ; par conséquent, le savant ne peut prendre pour objets de ses recherches les groupes de faits tout constitués auxquels correspondent les mots de la langue courante. Mais il est obligé de constituer lui-même les groupes qu'il veut étudier, afin de leur donner l'homogénéité et la spécificité qui leur sont nécessaires pour pouvoir être traités scientifiquement. C'est ainsi que le botaniste, quand il parle de fleurs ou de fruits, le zoologiste, quand il parle de poissons ou d'insectes, prennent ces différents termes dans des sens qu'ils ont dû préalablement fixer.

Notre première tâche doit donc être de déterminer l'ordre de faits que nous nous proposons d'étudier sous le nom de suicides. Pour cela, nous allons chercher si, parmi les différentes sortes de morts, il en est qui ont en commun des caractères assez objectifs pour pouvoir être reconnus de tout observateur de bonne foi, assez spéciaux pour ne pas se rencontrer ailleurs, mais, en même temps, assez voisins de ceux que l'on met généralement sous le nom de suicides pour que nous puissions, sans faire violence à l'usage, conserver cette même expression. S'il s'en rencontre, nous réunirons sous cette dénomination tous les faits, sans exception, qui présenteront ces caractères distinctifs, et cela sans nous inquiéter si la classe ainsi formée ne comprend pas tous les cas qu'on appelle d'ordinaire ainsi ou, au contraire, en comprend qu'on est habitué à appeler autrement. Car ce qui importe, ce n'est pas d'exprimer avec un peu de précision la notion que la moyenne des intelligences s'est faite du suicide, mais c'est de constituer une catégorie d'objets qui, tout en pouvant être, sans inconvénient, étiquetée sous cette rubrique, soit fondée objectivement, c'est-à-dire corresponde à une nature déterminée de choses.

Or, parmi les diverses espèces de morts, il en est qui présentent ce trait particulier qu'elles sont le fait de la victime elle-même, qu'elles résultent d'un acte dont le patient est l'auteur ; et, d'autre part, il est certain que ce même caractère se retrouve à la base même de l'idée qu'on se fait communément du suicide. Peu importe, d'ailleurs, la nature intrinsèque des actes qui produisent ce résultat. Quoique, en général, on se représente le suicide comme une action positive et violente qui implique un certain déploiement de force musculaire, il peut se faire qu'une attitude purement négative ou une simple abstention aient la même conséquence. On se tue tout aussi bien en refusant de se nourrir qu'en se détruisant par le fer ou le feu. Il n'est même pas nécessaire que l'acte émané du patient ait été l'antécédent immédiat de la mort pour qu'elle en puisse être regardée comme l'effet ; le rapport de causalité peut être indirect, le phénomène ne change pas, pour cela, de nature. L'iconoclaste qui, pour conquérir les palmes du martyre, commet un crime de lèse-majesté qu'il sait être capital, et qui meurt de la main du bourreau, est tout aussi bien l'auteur de sa propre fin que s'il s'était porté lui-même le coup mortel ; du moins, il n'y a pas lieu de classer dans des genres différents ces deux variétés de morts volontaires, puisqu'il n'y a de différences entre elles que dans les détails matériels de l'exécution. Nous arrivons donc à cette première formule : On appelle suicide toute mort qui résulte médiatement ou immédiatement d'un acte positif ou négatif, accompli par la victime elle-même.

Mais cette définition est incomplète ; elle ne distingue pas entre deux sortes de morts très différentes. On ne saurait ranger dans la même classe et traiter de la même manière la mort de l'halluciné qui se précipite d'une fenêtre élevée parce qu'il la croit de plain-pied avec le sol, et celle de l'homme, sain d'esprit, qui se frappe en sachant ce qu'il fait. Même, en un sens, il y a bien peu de dénouements mortels qui ne soient la conséquence ou prochaine ou lointaine de quelque démarche du patient. Les causes de mort sont situées hors de nous beaucoup plus qu'en nous et elles ne nous atteignent que si nous nous aventurons dans leur sphère d'action.

Dirons-nous qu'il n'y a suicide que si l'acte d'où la mort résulte a été accompli par la victime en vue de ce résultat ? Que celui-là seul se tue véritablement qui a voulu se tuer et que le suicide est un homicide intentionnel de soi-même ? Mais d'abord, ce serait définir le suicide par un caractère qui, quels qu'en puissent être l'intérêt et l'importance, aurait, tout au moins, le tort de n'être pas facilement reconnaissable parce qu'il n'est pas facile à observer. Comment savoir quel mobile a déterminé l'agent et si, quand il a pris sa résolution, c'est la mort même qu'il voulait ou s'il avait quelque autre but ? L'intention est chose trop intime pour pouvoir être atteinte du dehors autrement que par de grossières approximations. Elle se dérobe même à l'observation intérieure. Que de fois nous nous méprenons sur les raisons véritables qui nous font agir ! Sans cesse, nous expliquons par des passions généreuses ou des considérations élevées des démarches que nous ont inspirées de petits sentiments ou une aveugle routine.

D'ailleurs, d'une manière générale, un acte ne peut être défini par la fin que poursuit l'agent, car un même système de mouvements, sans changer de nature, peut être ajusté à trop de fins différentes. Et en effet, s'il n'y avait suicide que là où il y a intention de se tuer, il faudrait refuser cette dénomination à des faits qui, malgré des dissemblances apparentes, sont, au fond, identiques à ceux que tout le monde appelle ainsi, et qu'on ne peut appeler autrement à moins de laisser le terme sans emploi. Le soldat qui court au-devant d'une mort certaine pour sauver son régiment ne veut pas mourir, et pourtant n'est-il pas l'auteur de sa propre mort au même titre que l'industriel ou le commerçant qui se tuent pour échapper aux hontes de la faillite ? On en peut dire autant du martyr qui meurt pour sa foi, de la mère qui se sacrifie pour son enfant, etc. Que la mort soit simplement acceptée comme une condition regrettable, mais inévitable, du but où l'on tend, ou bien qu'elle soit expressément voulue et recherchée pour elle-même, le sujet, dans un cas comme dans l'autre, renonce à l'existence, et les différentes manières d'y renoncer ne peuvent être que des variétés d'une

INTRODUCTION

même classe. Il y a entre elles trop de ressemblances fondamentales pour qu'on ne les réunisse pas sous la même expression générique, sauf à distinguer ensuite des espèces dans le genre ainsi constitué. Sans doute, vulgairement, le suicide est, avant tout, l'acte de désespoir d'un homme qui ne tient plus à vivre. Mais, en réalité, parce qu'on est encore attaché à la vie au moment où on la quitte, on ne laisse pas d'en faire l'abandon ; et, entre tous les actes par lesquels un être vivant abandonne ainsi celui de tous ses biens qui passe pour le plus précieux, il y a des traits communs qui sont évidemment essentiels. Au contraire, la diversité des mobiles qui peuvent avoir dicté ces résolutions ne saurait donner naissance qu'à des différences secondaires. Quand donc le dévouement va jusqu'au sacrifice certain de la vie, c'est scientifiquement un suicide ; nous verrons plus tard de quelle sorte.

Ce qui est commun à toutes les formes possibles de ce renoncement suprême, c'est que l'acte qui le consacre est accompli en connaissance de cause ; c'est que la victime, au moment d'agir, sait ce qui doit résulter de sa conduite, quelque raison d'ailleurs qui l'ait amenée à se conduire ainsi. Tous les faits de mort qui présentent cette particularité caractéristique se distinguent nettement de tous les autres où le patient ou bien n'est pas l'agent de son propre décès, ou bien n'en est que l'agent inconscient. Ils s'en distinguent par un caractère facile à reconnaître, car ce n'est pas un problème insoluble que de savoir si l'individu connaissait ou non par avance les suites naturelles de son action. Ils forment donc un groupe défini, homogène, discernable de tout autre et qui, par conséquent, doit être désigné par un mot spécial. Celui de suicide lui convient et il n'y a pas lieu d'en créer un autre ; car la très grande généralité des faits qu'on appelle quotidiennement ainsi en fait partie. Nous disons donc définitivement : *On appelle suicide tout cas de mort qui résulte directement ou indirectement d'un acte positif ou négatif, accompli par la victime elle-même et qu'elle savait devoir produire ce résultat.* La tentative, c'est l'acte ainsi défini, mais arrêté avant que la mort en soit résultée.

Cette définition suffit à exclure de notre recherche tout ce qui concerne les suicides d'animaux. En effet, ce que nous savons de l'intelligence animale ne nous permet pas d'attribuer aux bêtes une représentation anticipée de leur mort, ni surtout des moyens capables de la produire. On en voit, il est vrai, qui refusent de pénétrer dans un local où d'autres ont été tuées ; on dirait qu'elles pressentent leur sort. Mais, en réalité, l'odeur du sang suffit à déterminer ce mouvement instinctif de recul. Tous les cas un peu authentiques que l'on cite et où l'on veut voir des suicides proprement dits peuvent s'expliquer tout autrement. Si le scorpion irrité se perce lui-même de son dard (ce qui, d'ailleurs, n'est pas certain), c'est probablement en vertu d'une réaction automatique et irréfléchie. L'énergie motrice, soulevée par son état d'irritation, se décharge au hasard, comme elle peut ; il se trouve que l'animal en est la victime, sans qu'on puisse dire qu'il se soit représenté par avance la conséquence de son mouvement. Inversement, s'il est des chiens qui refusent de se nourrir quand ils ont perdu leur maître, c'est que la tristesse, dans laquelle ils étaient plongés, a supprimé mécaniquement l'appétit ; la mort en est résultée, mais sans qu'elle ait été prévue. Ni le jeûne dans ce cas, ni la blessure dans l'autre n'ont été employés comme des moyens dont l'effet était connu. Les caractères distinctifs du suicide, tel que nous l'avons défini, font donc défaut. C'est pourquoi, dans ce qui suivra, nous n'aurons à nous occuper que du suicide humain (1).

Mais cette définition n'a pas seulement l'avantage de prévenir les rapprochements trompeurs ou les exclusions arbitraires ; elle nous donne dès maintenant une idée de la place que les suicides occupent dans l'ensemble de la vie morale. Elle nous

---

(1) Reste un très petit nombre de cas qui ne sauraient s'expliquer ainsi, mais qui sont plus que suspects. Telle l'observation, rapportée par Aristote, d'un cheval qui, en découvrant qu'on lui avait fait saillir sa mère, sans qu'il s'en aperçût et après qu'il s'y était plusieurs fois refusé, se serait intentionnellement précipité du haut d'un rocher (*Hist. des anim.*, IX, 47). Les éleveurs assurent que le cheval n'est aucunement réfractaire à l'inceste. Voir sur toute cette question, Westcott, *Suicide*, p. 174-179.

montre, en effet, qu'ils ne constituent pas, comme on pourrait le croire, un groupe tout à fait à part, une classe isolée de phénomènes monstrueux, sans rapport avec les autres modes de la conduite, mais, au contraire, qu'ils s'y relient par une série continue d'intermédiaires. Ils ne sont que la forme exagérée de pratiques usuelles. En effet, il y a, disons-nous, suicide quand la victime, au moment où elle commet l'acte qui doit mettre fin à ses jours, sait de toute certitude ce qui doit normalement en résulter. Mais cette certitude peut être plus ou moins forte. Nuancez-la de quelques doutes, et vous aurez un fait nouveau, qui n'est plus le suicide, mais qui en est proche parent puisqu'il n'existe entre eux que des différences de degrés. Un homme qui s'expose sciemment pour autrui, mais sans qu'un dénouement mortel soit certain, n'est pas, sans doute, un suicidé, même s'il arrive qu'il succombe, non plus que l'imprudent qui joue de parti pris avec la mort tout en cherchant à l'éviter, ou que l'apathique qui, en tenant vivement à rien, ne se donne pas la peine de soigner sa santé et la compromet par sa négligence. Et pourtant, ces différentes manières d'agir ne se distinguent pas radicalement des suicides proprement dits. Elles procèdent d'états d'esprit analogues, puisqu'elles entraînent également des risques mortels qui ne sont pas ignorés de l'agent, et que la perspective de ces risques ne l'arrête pas ; toute la différence, c'est que les chances de mort sont moindres. Aussi n'est-ce pas sans quelque fondement qu'on dit couramment du savant qui s'est épuisé en veilles, qu'il s'est tué lui-même. Tous ces faits constituent donc des sortes de suicides embryonnaires, et, s'il n'est pas d'une bonne méthode de les confondre avec le suicide complet et développé, il ne faut pas davantage perdre de vue les rapports de parenté qu'ils soutiennent avec ce dernier. Car il apparaît sous un tout autre aspect, une fois qu'on a reconnu qu'il se rattache sans solution de continuité aux actes de courage et de dévouement, d'une part, et, de l'autre, aux actes d'imprudence et de simple négligence. On verra mieux dans la suite ce que ces rapprochements ont d'instructif.

II

Mais le fait ainsi défini intéresse-t-il le sociologue ? Puisque le suicide est un acte de l'individu qui n'affecte que l'individu, il semble qu'il doive exclusivement dépendre de facteurs individuels et qu'il ressortisse, par conséquent, à la seule psychologie. En fait, n'est-ce pas par le tempérament du suicidé, par son caractère, par ses antécédents, par les événements de son histoire privée que l'on explique d'ordinaire sa résolution ?

Nous n'avons pas à rechercher pour l'instant dans quelle mesure et sous quelles conditions il est légitime d'étudier ainsi les suicides, mais ce qui est certain, c'est qu'ils peuvent être envisagés sous un tout autre aspect. En effet, si, au lieu de n'y voir que des événements particuliers, isolés les uns des autres et qui demandent à être examinés chacun à part, on considère l'ensemble des suicides commis dans une société donnée pendant une unité de temps donnée, on constate que le total ainsi obtenu n'est pas une simple somme d'unités indépendantes, un tout de collection, mais qu'il constitue par lui-même un fait nouveau et *sui generis*, qui a son unité et son individualité, sa nature propre par conséquent, et que, de plus, cette nature est éminemment sociale. En effet, pour une même société, tant que l'observation ne porte pas sur une période trop étendue, ce chiffre est à peu près invariable, comme le prouve le tableau I (v. p. 9). C'est que, d'une année à la suivante, les circonstances au milieu desquelles se développe la vie des peuples restent sensiblement les mêmes. Il se produit bien parfois des variations plus importantes ; mais elles sont tout à fait l'exception. On peut voir, d'ailleurs, qu'elles sont toujours contemporaines de quelque crise qui affecte passagèrement l'état social (1). C'est ainsi qu'en 1848 une baisse brusque a eu lieu dans tous les Etats européens.

---

(1) Nous avons mis entre parenthèses les nombres qui se rapportent à ces années exceptionnelles.

Tableau I

*Constance du suicide dans les principaux pays d'Europe
(chiffres absolus)*

Années	France	Prusse	Angleterre	Saxe	Bavière	Danemark
1841	2 814	1 630		290		337
1842	2 866	1 598		318		317
1843	3 020	1 720		420		301
1844	2 973	1 575		335	244	285
1845	3 082	1 700		338	250	290
1846	3 102	1 707		373	220	376
1847	(3 647)	(1 852)		377	217	345
1848	(3 301)	(1 649)		398	215	(305)
1849	*3 583*	(1 527)		(328)	(189)	337
1850	*3 596*	*1 736*		390	*250*	340
1851	*3 598*	*1 809*		*402*	*260*	*401*
1852	*3 676*	*2 073*		*530*	*226*	*426*
1853	*3 415*	*1 942*		*431*	*263*	*419*
1854	*3 700*	*2 198*		*547*	*318*	*363*
1855	*3 810*	*2 351*		*568*	*307*	*399*
1856	*4 189*	*2 377*		*550*	*318*	*426*
1857	*3 967*	*2 038*	1 349	*485*	*286*	*427*
1858	*3 903*	*2 126*	1 275	*491*	*329*	*457*
1859	*3 899*	*2 146*	1 248	*507*	*387*	*451*
1860	*4 050*	*2 105*	1 365	*548*	*339*	*468*
1861	4 454	*2 185*	1 347	*(643)*		
1862	4 770	*2 112*	1 317	*557*		
1863	4 613	2 374	1 315	*643*		
1864	4 521	2 203	1 340	*(545)*		*411*
1865	*4 946*	*2 361*	1 392	619		*451*
1866	*5 119*	*2 485*	1 329	704	410	*443*
1867	*5 011*	3 625	1 316	752	471	*469*
1868	(*5 547*)	3 658	*1 508*	800	453	*498*
1869	*5 114*	3 544	*1 588*	710	425	*462*
1870		3 270	*1 554*			*486*
1871		3 135	*1 495*			
1872		3 467	*1 514*			

Si l'on considère un plus long intervalle de temps, on constate des changements plus graves. Mais alors ils deviennent chroniques ; ils témoignent donc simplement que les caractères constitutionnels de la société ont subi, au même moment, de profondes modifications. Il est intéressant de remarquer qu'ils ne se produisent pas avec l'extrême lenteur que leur ont attribuée un assez grand nombre d'observateurs ; mais ils sont à la fois brusques et progressifs. Tout à coup, après une série d'années où les chiffres ont oscillé entre des limites très rapprochées, une hausse se manifeste qui, après des hésitations en sens contraires, s'affirme, s'accentue et enfin se fixe. C'est que toute rupture de l'équilibre social, si elle éclate soudainement, met toujours du temps à produire toutes ses conséquences. L'évolution du suicide est ainsi composée d'ondes de mouvement, distinctes et successives, qui ont lieu par poussées, se développent pendant un temps, puis s'arrêtent pour recommencer ensuite. On peut voir sur le tableau précédent qu'une de ces ondes s'est formée presque dans toute l'Europe au lendemain des événements de 1848, c'est-à-dire vers les années 1850-1853 selon les pays ; une autre a commencé en Allemagne après la guerre de 1866, en France un peu plus tôt, vers 1860, à l'époque qui marque l'apogée du gouvernement impérial, en Angleterre vers 1868, c'est-à-dire après la révolution commerciale que déterminèrent alors les traités de commerce. Peut-être est-ce à la même cause qu'est due la nouvelle recrudescence que l'on constate chez nous vers 1865. Enfin, après la guerre de 1870 un nouveau mouvement en avant a commencé qui dure encore et qui est à peu près général en Europe (1).

Chaque société a donc, à chaque moment de son histoire, une aptitude définie pour le suicide. On mesure l'intensité relative de cette aptitude en prenant le rapport entre le chiffre global des morts volontaires et la population de tout âge et de tout sexe. Nous appellerons cette donnée numérique *taux de la mortalité-suicide propre à la société considérée*. On le calcule généralement par rapport à un million ou à cent mille habitants.

(1) Dans le tableau, nous avons représenté alternativement par des chiffres ordinaires ou par des chiffres *italiques* les séries de nombres qui représentent ces différentes ondes de mouvement, afin de rendre matériellement sensible l'individualité de chacune d'elles.

Non seulement ce taux est constant pendant de longues périodes de temps, mais l'invariabilité en est même plus grande que celle des principaux phénomènes démographiques. La mortalité générale, notamment, varie beaucoup plus souvent d'une année à l'autre et les variations par lesquelles elle passe sont beaucoup plus importantes. Pour s'en assurer, il suffit de comparer, pendant plusieurs périodes, la manière dont évoluent l'un et l'autre phénomène. C'est ce que nous avons fait au tableau II (v. p. 12). Pour faciliter le rapprochement, nous avons, tant pour les décès que pour les suicides, exprimé le taux de chaque année en fonction du taux moyen de la période, ramené à 100. Les écarts d'une année à l'autre ou par rapport au taux moyen sont ainsi rendus comparables dans les deux colonnes. Or, il résulte de cette comparaison qu'à chaque période l'ampleur des variations est beaucoup plus considérable du côté de la mortalité générale que du côté des suicides ; elle est, en moyenne, deux fois plus grande. Seul, l'écart *minimum* entre deux années consécutives est sensiblement de même importance de part et d'autre pendant les deux dernières périodes. Seulement, ce *minimum* est une exception dans la colonne des décès, alors qu'au contraire les variations annuelles des suicides ne s'en écartent qu'exceptionnellement. On s'en aperçoit en comparant les écarts moyens (1).

Il est vrai que, si l'on compare, non plus les années successives d'une même période, mais les moyennes de périodes différentes, les variations que l'on observe dans le taux de la mortalité deviennent presque insignifiantes. Les changements en sens contraires qui ont lieu d'une année à l'autre et qui sont dus à l'action de causes passagères et accidentelles se neutralisent mutuellement quand on prend pour base du calcul une unité de temps plus étendue ; ils disparaissent donc du chiffre moyen qui, par suite de cette élimination, présente une assez grande invariabilité. Ainsi, en France, de 1841 à 1870 il a été

---

(1) WAGNER avait déjà comparé de cette manière la mortalité et la nuptialité (*Die Gesetzmässigkeit*, etc., p. 87).

Tableau II

Variations comparées du taux de la mortalité-suicide et du taux de la mortalité générale

Période 1841-46	Suicides par 100 000 habitants	Décès par 1 000 habitants	Période 1849-55	Suicides par 100 000 habitants	Décès par 1 000 habitants	Période 1856-60	Suicides par 100 000 habitants	Décès par 1 000 habitants
A. — Chiffres absolus									
1841	8,2	23,2	1849	10,0	27,3	1856	11,6	23,1
1842	8,3	24,0	1850	10,1	21,4	1857	10,9	23,7
1843	8,7	23,1	1851	10,0	22,3	1858	10,7	24,1
1844	8,5	22,1	1852	10,5	22,5	1859	11,1	26,8
1845	8,8	21,2	1853	9,4	22,0	1860	11,9	21,4
1846	8,7	23,2	1854	10,2	27,4			
			1855	10,5	25,9			
Moyennes	8,5	22,8	Moyennes	10,1	24,1	Moyennes	11,2	23,8

B. — Taux de chaque année exprimé en fonction de la moyenne ramenée à 100

1841	96	101,7	1849	98,9	113,2	1856	103,5	97
1842	97	105,2	1850	100	88,7	1857	97,3	99,3
1843	102	101,3	1851	98,9	92,5	1858	95,5	101,2
1844	100	96,9	1852	103,8	93,3	1859	99,1	112,6
1845	103,5	92,9	1853	93	91,2	1860	106,0	89,9
1846	102,3	101,7	1854	100,9	113,6			
			1855	103	107,4			
Moyennes	100	100	Moyennes	100	100	Moyennes	100	100

	Entre deux années consécutives			Au-dessus et au-dessous de la moyenne	
	Ecart maximum	Ecart minimum	Ecart moyen	Maximum au-dessous	Maximum au-dessus
C. — Grandeur de l'écart					
Période 1841-46 :					
Mortalité générale ...	8,8	2,5	4,9	7,1	4,0
Taux des suicides ...	5,0	1	2,5	4	2,8
Période 1849-55 :					
Mortalité générale ...	24,5	0,8	10,6	13,6	11,3
Taux des suicides ...	10,8	1,1	4,48	3,8	7,0
Période 1856-60 :					
Mortalité générale ...	22,7	1,9	9,57	12,6	10,1
Taux des suicides ...	6,9	1,8	4,82	6,0	4,5

successivement pour chaque période décennale, 23,18 ; 23,72 ; 22,87. Mais d'abord, c'est déjà un fait remarquable que le suicide ait, d'une année à la suivante, un degré de constance au moins égal, sinon supérieur, à celui que la mortalité générale ne manifeste que de période à période. De plus, le taux moyen de la mortalité n'atteint à cette régularité qu'en devenant quelque chose de général et d'impersonnel qui ne peut servir que très imparfaitement à caractériser une société déterminée. En effet, il est sensiblement le même pour tous les peuples qui sont parvenus à peu près à la même civilisation ; du moins, les différences sont très faibles. Ainsi, en France, comme nous venons de le voir, il oscille, de 1841 à 1870, autour de 23 décès pour 1 000 habitants ; pendant le même temps, il a été successivement en Belgique de 23,93, de 22,5, de 24,04 ; en Angleterre de 22,32, de 22,21, de 22,68 ; en Danemark de 22,65 (1845-49), de 20,44 (1855-59), de 20,4 (1861-68). Si l'on fait abstraction de la Russie qui n'est encore européenne que géographiquement, les seuls grands pays d'Europe où la dîme mortuaire s'écarte d'une manière un peu marquée des chiffres précédents sont l'Italie où elle s'élevait encore de 1861 à 1867 jusqu'à 30,6 et l'Autriche où elle était plus considérable encore (32,52) (1). Au contraire le taux des suicides, en même temps qu'il n'accuse que de faibles changements annuels, varie suivant les sociétés du simple au double, au triple, au quadruple et même davantage (v. tableau III, p. 14). Il est donc, à un bien plus haut degré que le taux de la mortalité, personnel à chaque groupe social dont il peut être regardé comme un indice caractéristique. Il est même si étroitement lié à ce qu'il y a de plus profondément constitutionnel dans chaque tempérament national, que l'ordre dans lequel se classent, sous ce rapport, les différentes sociétés reste presque rigoureusement le même à des époques très différentes. C'est ce que prouve l'examen de ce même tableau. Au cours des

---

(1) D'après BERTILLON, article « Mortalité » du *Dictionnaire encyclopédique des sciences médicales*, t. LXI, p. 738.

Tableau III

Taux des suicides par million d'habitants dans les différents pays d'Europe

	Période 1866-70	1871-75	1874-78	Numéros d'ordre à la 1re période	2e période	3e période
Italie	30	35	38	1	1	1
Belgique	66	69	78	2	3	4
Angleterre ..	67	66	69	3	2	2
Norvège	76	73	71	4	4	3
Autriche	78	94	130	5	7	7
Suède	85	81	91	6	5	5
Bavière	90	91	100	7	6	6
France	135	150	160	8	9	9
Prusse	142	134	152	9	8	8
Danemark ..	277	258	255	10	10	10
Saxe	293	267	334	11	11	11

trois périodes qui y sont comparées, le suicide s'est partout accru ; mais, dans cette marche en avant, les divers peuples ont gardé leurs distances respectives. Chacun a son coefficient d'accélération qui lui est propre.

Le taux des suicides constitue donc un ordre de faits un et déterminé ; c'est ce que démontrent, à la fois, sa permanence et sa variabilité. Car cette permanence serait inexplicable s'il ne tenait pas à un ensemble de caractères distinctifs, solidaires les uns des autres, qui, malgré la diversité des circonstances ambiantes, s'affirment simultanément ; et cette variabilité témoigne de la nature individuelle et concrète de ces mêmes caractères, puisqu'ils varient comme l'individualité sociale elle-même. En somme, ce qu'expriment ces données statistiques, c'est la tendance au suicide dont chaque société est collectivement affligée. Nous n'avons pas à dire actuellement en quoi consiste cette tendance, si elle est un état *sui generis* de l'âme collective (1), ayant sa réalité propre, ou si elle ne

(1) Bien entendu, en nous servant de cette expression nous n'entendons pas du tout hypostasier la conscience collective. Nous n'admettons pas plus

représente qu'une somme d'états individuels. Bien que les considérations qui précèdent soient difficilement conciliables avec cette dernière hypothèse, nous réservons le problème qui sera traité au cours de cet ouvrage (1). Quoi qu'on pense à ce sujet, toujours est-il que cette tendance existe soit à un titre soit à l'autre. Chaque société est prédisposée à fournir un contingent déterminé de morts volontaires. Cette prédisposition peut donc être l'objet d'une étude spéciale et qui ressortit à la sociologie. C'est cette étude que nous allons entreprendre.

Notre intention n'est donc pas de faire un inventaire aussi complet que possible de toutes les conditions qui peuvent entrer dans la genèse des suicides particuliers, mais seulement de rechercher celles dont dépend ce fait défini que nous avons appelé le taux social des suicides. On conçoit que les deux questions sont très distinctes, quelque rapport qu'il puisse, par ailleurs, y avoir entre elles. En effet, parmi les conditions individuelles, il y en a certainement beaucoup qui ne sont pas assez générales pour affecter le rapport entre le nombre total des morts volontaires et la population. Elles peuvent faire, peut-être, que tel ou tel individu isolé se tue, non que la société *in globo* ait pour le suicide un penchant plus ou moins intense. De même qu'elles ne tiennent pas à un certain état de l'organisation sociale, elles n'ont pas de contrecoups sociaux. Par suite, elles intéressent le psychologue, non le sociologue. Ce que recherche ce dernier, ce sont les causes par l'intermédiaire desquelles il est possible d'agir, non sur les individus isolément, mais sur le groupe. Par conséquent, parmi les facteurs des suicides, les seuls qui le concernent sont ceux qui font sentir leur action sur l'ensemble de la société. Le taux des suicides est le produit de ces facteurs. C'est pourquoi nous devons nous y tenir.

Tel est l'objet du présent travail qui comprendra trois parties.

Le phénomène qu'il s'agit d'expliquer ne peut être dû qu'à des causes extra-sociales d'une grande généralité ou à des

d'âme substantielle dans la société que dans l'individu. Nous reviendrons, d'ailleurs, sur ce point.

(1) V. liv. III, chap. Ier.

causes proprement sociales. Nous nous demanderons d'abord quelle est l'influence des premières et nous verrons qu'elle est nulle ou très restreinte.

Nous déterminerons ensuite la nature des causes sociales, la manière dont elles produisent leurs effets, et leurs relations avec les états individuels qui accompagnent les différentes sortes de suicides.

Cela fait, nous serons mieux en état de préciser en quoi consiste l'élément social du suicide, c'est-à-dire cette tendance collective dont nous venons de parler, quels sont ses rapports avec les autres faits sociaux et par quels moyens il est possible d'agir sur elle (1).

(1) On trouvera en tête de chaque chapitre, quand il y a lieu, la bibliographie spéciale des questions particulières qui y sont traitées. Voici les indications relatives à la bibliographie générale du suicide.

I. — Publications statistiques officielles
dont nous nous sommes principalement servi

Oesterreichische Statistik (Statistik des Sanitätswesens). — *Annuaire statistique de la Belgique.* — *Zeitschrift des Koeniglisch Bayerischen statistichen bureau.* — *Preussische Statistik (Sterblichkeit nach Todesursachen und Altersclassen der gestorbenen).* — *Würtembürgische Iahrbücher für Statistik und Landeskunde.* — *Badische Statistik.* — *Tenth Census of the United States. Report on the Mortality and vital statistic of the United States 1880*, II° Partie. — *Annuario statistico Italiano.* — *Statistica delle cause delle Morti in tutti i communi del Regno.* — *Relazione medico-statistica sulle conditione sanitarie dell' Exercito Italiano.* — *Statistische Nachrichten des Grossherzogthums Oldenburg.* — *Compte rendu général de l'administration de la justice criminelle en France.*

Statistisches Iahrbuch der Stadt Berlin. — *Statistik der Stadt Wien.* — *Statistisches Handbuch für den Hamburgischen Staat.* — *Jahrbuch für die amtliche Statistik der Bremischen Staaten.* — *Annuaire statistique de la ville de Paris.*

On trouvera en outre des renseignements utiles dans les articles suivants : Platter, Ueber die Selbstmorde in Oesterreich in den Iahren 1819-1872, in *Statist. Monatsch.*, 1876. — Brattassévic, Die Selbstmorde in Oesterreich in den Iahren 1873-77, in *Stat. Monatsch.*, 1878, p. 429. — Ogle, Suicides in England and Wales in relation to Age, Sexe, Season and Occupation, in *Journal of the statistical Society*, 1886. — Rossi, Il Suicidio nella Spagna nel 1884, *Arch di psychiatria*, Turin, 1886.

II. — Études sur le suicide en général

De Guerry, *Statistique morale de la France*, Paris, 1835, et *Statistique morale comparée de la France et de l'Angleterre*, Paris, 1864. — Tissot, *De la manie du suicide et de l'esprit de révolte, de leurs causes et de leurs remèdes*, Paris, 1841. — Etoc-Demazy, *Recherches statistiques sur le suicide*, Paris, 1844. — Lisle, *Du suicide*, Paris, 1856. — Wappäus, *Allgemeine Bevölkerungsstatistik*, Leipzig, 1861. — Wagner, *Die Gesetzmässigkeit in den scheinbar willkürlichen menschlichen Handlungen*, Hambourg, 1864, IIe Partie. — Brierre de Boismont, *Du suicide et de la folie-suicide*, Paris, Germer Baillière, 1865. — Douay, *Le suicide ou la mort volontaire*, Paris, 1870. — Leroy, *Etude sur le suicide et les maladies mentales dans le département de Seine-et-Marne*, Paris, 1870. — Oettingen, *Die Moralstatistik*, 3e Auflage, Erlangen, 1882, p. 786-832 et tableaux annexes 103-120. — Du même, *Ueber acuten und chronischen Selbstmord*, Dorpat, 1881. — Morselli, *Il suicidio*, Milan, 1879. — Legoyt, *Le suicide ancien et moderne*, Paris, 1881. — Masaryk, *Der Selbstmord als sociale Massenerscheinung*, Vienne, 1881. — Westcott, *Suicide, its history, litterature*, etc., Londres, 1885. — Motta, *Bibliografia del Suicidio*, Bellinzona, 1890. — Corre, *Crime et suicide*, Paris, 1891. — Bonomelli, *Il Suicidio*, Milan, 1892. — Mayr, *Selbstmordstatistik*, in *Handwörterbuch der Staatswissenschaften, herausgegeben von Conrad, Erster Supplementband*, Iena, 1895. — Hauviller D., *Suicide*, thèse, 1898-99.

LIVRE PREMIER

LES FACTEURS EXTRA-SOCIAUX

Chapitre Premier

LE SUICIDE ET LES ÉTATS PSYCHOPATHIQUES[1]

Il y a deux sortes de causes extra-sociales auxquelles on peut *a priori* attribuer une influence sur le taux des suicides : ce sont les dispositions organico-psychiques et la nature du milieu physique. Il pourrait se faire que, dans la constitution individuelle ou, tout au moins, dans la constitution d'une classe importante d'individus, il y eût un penchant, d'intensité variable selon les pays, et qui entraînât directement l'homme au suicide ; d'un autre côté, le climat, la température, etc., pourraient, par la

---

(1) *Bibliographie.* — Falret, *De l'hypocondrie et du suicide*, Paris, 1822. — Esquirol, *Des maladies mentales*, Paris, 1838 (t. I, p. 526-676) et article Suicide, in *Dictionnaire de médecine*, en 60 vol. — Cazauvieilh, *Du suicide et de l'aliénation mentale*, Paris, 1840. — Etoc-Demazy, De la folie dans la production du suicide, in *Annales médico-psych.*, 1844. — Bourdin, *Du suicide considéré comme maladie*, Paris, 1845. — Dechambre, De la monomanie homicide-suicide, in *Gazette médic.*, 1852. — Jousset, *Du suicide et de la monomanie suicide*, 1858. — Brierre de Boismont, *op. cit.* — Leroy, *op. cit.* — Art. « Suicide », du *Dictionnaire de médecine et de chirurgie pratique*, t. XXXIV, p. 117. — Strahan, *Suicide and Insanity*, Londres, 1894.

Lunier, *De la production et de la consommation des boissons alcooliques en France*, Paris, 1877. — Du même, art. in *Annales médico-psych.*, 1872 ; *Journal de la Soc. de stat.*, 1878. — Prinzing, *Trunksucht und Selbstmord*, Leipzig, 1895.

manière dont ils agissent sur l'organisme, avoir indirectement les mêmes effets. L'hypothèse, en tout cas, ne peut pas être écartée sans discussion. Nous allons donc examiner successivement ces deux ordres de facteurs et chercher s'ils ont, en effet, une part dans le phénomène que nous étudions et quelle elle est.

I

Il est des maladies dont le taux annuel est relativement constant pour une société donnée, en même temps qu'il varie assez sensiblement suivant les peuples. Telle est la folie. Si donc on avait quelque raison de voir dans toute mort volontaire une manifestation vésanique, le problème que nous nous sommes posé serait résolu ; le suicide ne serait qu'une affection individuelle (1).

C'est la thèse soutenue par d'assez nombreux aliénistes. Suivant Esquirol : « Le suicide offre tous les caractères des aliénations mentales (2). » — « L'homme n'attente à ses jours que lorsqu'il est dans le délire et les suicidés sont aliénés (3). » Partant de ce principe, il concluait que le suicide, étant involontaire, ne devait pas être puni par la loi. Falret (4) et Moreau de Tours s'expriment dans des termes presque identiques. Il est vrai que ce dernier, dans le passage même où il énonce la doctrine à laquelle il adhère, fait une remarque qui suffit à la rendre suspecte : « Le suicide, dit-il, doit-il être regardé dans tous les cas comme le résultat d'une aliénation mentale ? Sans vouloir ici trancher cette difficile question, disons en thèse générale qu'instinctivement on penche d'autant plus vers l'affirmative que

---

(1) Dans la mesure où la folie est elle-même purement individuelle. En réalité, elle est, en partie, un phénomène social. Nous reviendrons sur ce point.
(2) *Maladies mentales*, t. I, p. 639.
(3) *Ibid.*, t. I, p. 665.
(4) *Du suicide*, etc., p. 137.

l'on a fait de la folie une étude plus approfondie, que l'on a acquis plus d'expérience et qu'enfin on a vu plus d'aliénés (1). En 1845, le Dr Bourdin, dans une brochure qui, lors de son apparition, fit quelque bruit dans le monde médical, avait, avec moins de mesure encore, soutenu la même opinion.

Cette théorie peut être et a été défendue de deux manières différentes. Ou bien on dit que, par lui-même, le suicide constitue une entité morbide *sui generis*, une folie spéciale ; ou bien, sans en faire une espèce distincte, on y voit simplement un épisode d'une ou de plusieurs sortes de folies, mais qui ne se rencontre pas chez les sujets sains d'esprit. La première thèse est celle de Bourdin ; Esquirol, au contraire, est le représentant le plus autorisé de l'autre conception. « D'après ce qui précède, dit-il, on entrevoit déjà que le suicide n'est pour nous qu'un phénomène consécutif à un grand nombre de causes diverses, qu'il se montre avec des caractères très différents ; que ce phénomène ne peut caractériser une maladie. C'est pour avoir fait du suicide une maladie *sui generis* qu'on a établi des propositions générales démenties par l'expérience (2). »

De ces deux façons de démontrer le caractère vésanique du suicide, la seconde est la moins rigoureuse et la moins probante en vertu de ce principe qu'il ne peut y avoir d'expérience négative. Il est impossible, en effet, de procéder à un inventaire complet de tous les cas de suicides et de faire voir dans chacun d'eux l'influence de l'aliénation mentale. On ne peut que citer des exemples particuliers qui, si nombreux qu'ils soient, ne peuvent servir de base à une généralisation scientifique ; quand même des exemples contraires ne seraient pas allégués, il y en aurait toujours de possibles. Mais l'autre preuve, si elle peut être administrée, serait concluante. Si l'on parvient à établir que le suicide est une folie qui a ses caractères propres et son évolution distincte, la question est tranchée ; tout suicidé est un fou.

Mais existe-t-il une folie-suicide ?

---

(1) In *Annales médico-psych.*, t. VII, p. 287.
(2) *Maladies mentales*, t. I, p. 528.

II

La tendance au suicide étant, par nature, spéciale et définie, si elle constitue une variété de la folie, ce ne peut être qu'une folie partielle et limitée à un seul acte. Pour qu'elle puisse caractériser un délire, il faut qu'il porte uniquement sur ce seul objet ; car s'il en avait de multiples, il n'y aurait pas de raison pour le définir par l'un d'eux plutôt que par les autres. Dans la terminologie traditionnelle de la pathologie mentale, on appelle monomanies ces délires restreints. Le monomane est un malade dont la conscience est parfaitement saine, sauf en un point ; il ne présente qu'une tare et nettement localisée. Par exemple, il a par moments une envie irraisonnée et absurde de boire ou de voler ou d'injurier ; mais tous ses autres actes comme toutes ses autres pensées sont d'une rigoureuse correction. Si donc il y a une folie-suicide, elle ne peut être qu'une monomanie et c'est bien ainsi qu'on l'a le plus souvent qualifiée (1).

Inversement, on s'explique que, si l'on admet ce genre particulier de maladies appelées monomanies, on ait été facilement induit à y faire rentrer le suicide. Ce qui caractérise, en effet, ces sortes d'affections, d'après la définition même que nous venons de rappeler, c'est qu'elles n'impliquent pas de troubles essentiels dans le fonctionnement intellectuel. Le fond de la vie mentale est le même chez le monomane et chez l'homme sain d'esprit ; seulement, chez le premier, un état psychique déterminé se détache de ce fond commun par un relief exceptionnel. La monomanie, en effet, c'est simplement, dans l'ordre des tendances, une passion exagérée et, dans l'ordre des représentations, une idée fausse, mais d'une telle intensité qu'elle obsède l'esprit et lui enlève toute liberté. Par exemple, de

---

(1) V. Brierre de Boismont, p. 140.

normale, l'ambition devient maladive et se change en monomanie des grandeurs quand elle prend des proportions telles que toutes les autres fonctions cérébrales en sont comme paralysées. Il suffit donc qu'un mouvement un peu violent de la sensibilité vienne troubler l'équilibre mental pour que la monomanie apparaisse. Or, il semble bien que les suicides sont généralement placés sous l'influence de quelque passion anormale, que celle-ci épuise son énergie d'un seul coup ou ne la développe qu'à la longue ; on peut même croire avec une apparence de raison qu'il faut toujours quelque force de ce genre pour neutraliser l'instinct, si fondamental, de conservation. D'autre part, beaucoup de suicidés, en dehors de l'acte spécial par lequel ils mettent fin à leurs jours, ne se singularisent aucunement des autres hommes ; il n'y a, par conséquent, pas de raison pour leur imputer un délire général. Voilà comment, sous le couvert de la monomanie, le suicide a été mis au rang des vésanies.

Seulement, y a-t-il des monomanies ? Pendant longtemps, leur existence n'a pas été mise en doute ; l'unanimité des aliénistes admettait, sans discussion, la théorie des délires partiels. Non seulement on la croyait démontrée par l'observation clinique, mais on la présentait comme un corollaire des enseignements de la psychologie. On professait alors que l'esprit humain est formé de facultés distinctes et de forces séparées qui coopèrent d'ordinaire, mais sont susceptibles d'agir isolément ; il semblait donc naturel qu'elles pussent être séparément touchées par la maladie. Puisque l'homme peut manifester de l'intelligence sans volonté et de la sensibilité sans intelligence, pourquoi ne pourrait-il pas y avoir des maladies de l'intelligence ou de la volonté sans troubles de la sensibilité et *vice versa* ? En appliquant le même principe aux formes plus spéciales de ces facultés, on en arrivait à admettre que la lésion pouvait porter exclusivement sur une tendance, sur une action ou sur une idée isolée.

Mais, aujourd'hui, cette opinion est universellement abandonnée. Assurément, on ne peut pas directement démontrer par l'observation qu'il n'y a pas de monomanies ; mais il est établi qu'on n'en peut pas citer un seul exemple incontesté. Jamais l'expérience clinique n'a pu atteindre une tendance maladive de l'esprit dans un état de véritable isolement ; toutes les fois qu'une faculté est lésée, les autres le sont en même temps et, si les partisans de la monomanie n'ont pas aperçu ces lésions concomitantes, c'est qu'ils ont mal dirigé leurs observations. « Prenons pour exemple, dit Falret, un aliéné préoccupé d'idées religieuses et que l'on classerait parmi les monomanes religieux. Il se dit inspiré de Dieu ; chargé d'une mission divine, il apporte au monde une nouvelle religion... Cette idée, direz-vous, est tout à fait folle, mais, en dehors de cette série d'idées religieuses, il raisonne comme les autres hommes. Eh bien ! interrogez-le avec plus de soin et vous ne tarderez pas à découvrir chez lui d'autres idées maladives ; vous trouverez, par exemple, parallèlement aux idées religieuses, une tendance orgueilleuse. Il ne se croira pas seulement appelé à réformer la religion, mais à réformer la société ; peut-être aussi s'imaginera-t-il être réservé à la plus haute destinée... Admettons qu'après avoir recherché chez ce malade des tendances orgueilleuses, vous ne les ayez pas découvertes, alors vous constaterez des idées d'humilité ou des tendances craintives. Le malade, préoccupé d'idées religieuses, se croira perdu, destiné à périr, etc. (1). » Sans doute, tous ces délires ne se rencontrent pas habituellement réunis chez un même sujet, mais ce sont ceux que l'on trouve le plus souvent ensemble ; ou bien, s'ils ne coexistent pas à un seul et même moment de la maladie, on les voit se succéder à des phases plus ou moins rapprochées.

Enfin, indépendamment de ces manifestations particulières, il y a toujours chez les prétendus monomanes un état général de toute la vie mentale qui est le fond même de la maladie et dont ces idées délirantes ne sont que l'expression superficielle et temporaire. Ce qui le constitue, c'est une exaltation exces-

(1.) *Maladies mentales*, 437.

sive ou une dépression extrême, ou une perversion générale. Il y a surtout absence d'équilibre et de coordination dans la pensée comme dans l'action. Le malade raisonne, et cependant ses idées ne s'enchaînent pas sans lacunes ; il ne se conduit pas d'une manière absurde, mais sa conduite manque de suite. Il n'est donc pas exact de dire que la folie puisse se faire sa part, et une part restreinte ; dès qu'elle pénètre l'entendement, elle l'envahit tout entier.

D'ailleurs, le principe sur lequel on appuyait l'hypothèse des monomanies est en contradiction avec les données actuelles de la science. L'ancienne théorie des facultés ne compte plus guère de défenseurs. On ne voit plus dans les différents modes de l'activité consciente des forces séparées qui ne se rejoignent et ne retrouvent leur unité qu'au sein d'une substance métaphysique, mais des fonctions solidaires ; il est donc impossible que l'une soit lésée sans que cette lésion retentisse sur les autres. Cette pénétration est même plus intime dans la vie cérébrale que dans le reste de l'organisme : car les fonctions psychiques n'ont pas des organes assez distincts les uns des autres pour que l'un puisse être atteint sans que les autres le soient. Leur répartition entre les différentes régions de l'encéphale n'a rien de bien défini, comme le prouve la facilité avec laquelle les différentes parties du cerveau se remplacent mutuellement, si l'une d'elles se trouve empêchée de remplir sa tâche. Leur enchevêtrement est donc trop complet pour que la folie puisse frapper les unes en laissant les autres intactes. A plus forte raison, est-il tout à fait impossible qu'elle puisse altérer une idée ou un sentiment particulier sans que la vie psychique soit altérée dans sa racine. Car les représentations et les tendances n'ont pas d'existence propre ; elles ne sont pas autant de petites substances, d'atomes spirituels qui, en s'agrégeant, forment l'esprit. Mais elles ne font que manifester extérieurement l'état général des centres conscients ; elles en dérivent et elles l'expriment. Par conséquent, elles ne peuvent avoir de caractère morbide sans que cet état soit lui-même vicié.

Mais si les tares mentales ne sont pas susceptibles de se

localiser, il n'y a pas, il ne peut pas y avoir de monomanies proprement dites. Les troubles, en apparence locaux, que l'on a appelés de ce nom résultent toujours d'une perturbation plus étendue ; ils sont, non des maladies, mais des accidents particuliers et secondaires de maladies plus générales. Si donc il n'y a pas de monomanies, il ne saurait y avoir une monomanie-suicide et, par conséquent, le suicide n'est pas une folie distincte.

III

Mais il reste possible qu'il n'ait lieu qu'à l'état de folie. Si, par lui-même, il n'est pas une vésanie spéciale, il n'est pas de forme de la vésanie où il ne puisse apparaître. Ce n'en est qu'un syndrome épisodique, mais qui est fréquent. Peut-on conclure de cette fréquence qu'il ne se produit jamais à l'état de santé et qu'il est un indice certain d'aliénation mentale ?

La conclusion serait précipitée. Car si, parmi les actes des aliénés, il en est qui leur sont propres et qui peuvent servir à caractériser la folie, d'autres, au contraire, leur sont communs avec les hommes sains, tout en revêtant chez les fous une forme spéciale. *A priori*, il n'y a pas de raison pour classer le suicide dans la première de ces deux catégories. Sans doute, les aliénistes affirment que la plupart des suicidés qu'ils ont connus présentaient tous les signes de l'aliénation mentale, mais ce témoignage ne saurait suffire à résoudre la question ; car de pareilles revues sont beaucoup trop sommaires. D'ailleurs, d'une expérience aussi étroitement spéciale, on ne saurait induire aucune loi générale. Des suicidés qu'ils ont connus et qui, naturellement, étaient des aliénés, on ne peut conclure à ceux qu'ils n'ont pas observés et qui, pourtant, sont les plus nombreux.

La seule manière de procéder méthodiquement consiste à classer, d'après leurs propriétés essentielles, les suicides commis par les fous, de constituer ainsi les types principaux de suicides vésaniques et de chercher si tous les cas de morts volontaires rentrent dans ces cadres nosologiques. En d'autres termes, pour savoir si le suicide est un acte spécial aux aliénés, il faut déterminer les formes qu'il prend dans l'aliénation mentale et voir ensuite si ce sont les seuls qu'il affecte.

Les spécialistes se sont peu attachés, en général, à classer les suicides d'aliénés. On peut cependant considérer que les quatre types suivants renferment les espèces les plus importantes. Les traits essentiels de cette classification sont empruntés à Jousset et à Moreau de Tours (1).

I. *Suicide maniaque*. — Il est dû soit à des hallucinations, soit à des conceptions délirantes. Le malade se tue pour échapper à un danger ou à une honte imaginaires, ou pour obéir à un ordre mystérieux qu'il a reçu d'en haut, etc. (2). Mais les motifs de ce suicide et son mode d'évolution reflètent les caractères généraux de la maladie dont il dérive, à savoir la manie. Ce qui distingue cette affection, c'est son extrême mobilité. Les idées, les sentiments les plus divers et même les plus contradictoires se succèdent avec une extraordinaire vitesse dans l'esprit des maniaques. C'est un perpétuel tourbillon. A peine un état de conscience est-il né qu'il est remplacé par un autre. Il en est de même des mobiles qui déterminent le suicide maniaque : ils naissent, disparaissent ou se transforment avec une étonnante rapidité. Tout à coup, l'hallucination ou le délire qui décident le sujet à se détruire apparaissent ; la tentative de suicide en résulte ; puis, en un instant, la scène change et, si l'essai avorte, il n'est pas repris, du moins pour le moment. S'il se reproduit plus tard, ce sera pour un autre motif. L'incident le plus insignifiant peut amener de ces brusques transformations. Un malade de ce genre, voulant mettre fin à ses jours, s'était jeté dans

---

(1) V. art. « Suicide » du *Dictionnaire de médecine et de chirurgie pratique*.
(2) Il ne faut pas confondre ces hallucinations avec celles qui auraient pour effet de faire méconnaître au malade les risques qu'il court, par exemple, de lui faire prendre une fenêtre pour une porte. Dans ce cas, il n'y a pas de suicide d'après la définition précédemment donnée, mais mort accidentelle.

une rivière généralement peu profonde. Il était à chercher un endroit où la submersion fût possible, lorsqu'un douanier, soupçonnant son dessein, le couche en joue et menace de faire feu de son fusil s'il ne sort pas de l'eau. Aussitôt, notre homme s'en retourne paisiblement chez lui, ne songeant plus à se tuer (1).

II. *Suicide mélancolique.* — Il est lié à un état général d'extrême dépression, de tristesse exagérée qui fait que le malade n'apprécie plus sainement les rapports qu'ont avec lui les personnes et les choses qui l'entourent. Les plaisirs n'ont pour lui aucun attrait ; il voit tout en noir. La vie lui semble ennuyeuse ou douloureuse. Comme ces dispositions sont constantes, il en est de même des idées de suicide ; elles sont douées d'une grande fixité et les motifs généraux qui les déterminent sont toujours sensiblement les mêmes. Une jeune fille, née de parents sains, après avoir passé son enfance à la campagne, est obligée de s'en éloigner vers l'âge de quatorze ans pour compléter son éducation. Dès ce moment, elle conçoit un ennui inexprimable, un goût prononcé pour la solitude, bientôt un désir de mourir que rien ne peut dissiper. « Elle reste, pendant des heures entières, immobile, les yeux fixés sur la terre, la poitrine oppressée et dans l'état d'une personne qui redoute un événement sinistre. Dans la ferme résolution de se précipiter dans la rivière, elle recherche les lieux les plus écartés afin que personne ne puisse venir à son secours (2). » Cependant, comprenant mieux que l'acte qu'elle médite est un crime, elle y renonce pour un temps. Mais au bout d'un an, le penchant au suicide revient avec plus de force et les tentatives se répètent à peu de distance l'une de l'autre.

Souvent, sur ce désespoir général, viennent se greffer des hallucinations et des idées délirantes qui mènent directement au suicide. Seulement, elles ne sont pas mobiles comme celles que nous observions tout à l'heure chez les maniaques. Elles sont fixes, au contraire, comme l'état général dont elles déri-

---

(1) BOURDIN, *op. cit.*, p. 43.
(2) FALRET, *Hypocondrie et suicide*, p. 299-307.

vent. Les craintes qui hantent le sujet, les reproches qu'il se fait, les chagrins qu'il ressent sont toujours les mêmes. Si donc ce suicide est déterminé par des raisons imaginaires tout comme le précédent, il s'en distingue par son caractère chronique. Aussi est-il très tenace. Les malades de cette catégorie préparent avec calme leurs moyens d'exécution ; ils déploient même dans la poursuite de leur but une persévérance et, parfois, une astuce incroyables. Rien ne ressemble moins à cet esprit de suite que la perpétuelle instabilité du maniaque. Chez l'un, il n'y a que des bouffées passagères, sans causes durables, tandis que, chez l'autre, il y a un état constant qui est lié au caractère général du sujet.

III. *Suicide obsessif*. — Dans ce cas, le suicide n'est causé par aucun motif, ni réel ni imaginaire, mais seulement par l'idée fixe de la mort qui, sans raison représentable, s'est emparée souverainement de l'esprit du malade. Celui-ci est obsédé par le désir de se tuer, quoiqu'il sache parfaitement qu'il n'a aucun motif raisonnable de le faire. C'est un besoin instinctif sur lequel la réflexion et le raisonnement n'ont pas d'empire, analogue à ces besoins de voler, de tuer, d'incendier dont on a voulu faire autant de monomanies. Comme le sujet se rend compte du caractère absurde de son envie, il essaie d'abord de lutter. Mais tout le temps que dure cette résistance, il est triste, oppressé et ressent au creux épigastrique une anxiété qui augmente chaque jour. Pour cette raison, on a quelquefois donné à ce genre de suicide le nom de *suicide anxieux*. Voici la confession qu'un malade vint faire un jour à Brierre de Boismont et où cet état est parfaitement décrit : « Employé dans une maison de commerce, je m'acquitte convenablement des devoirs de ma profession, mais j'agis comme un automate et, lorsqu'on m'adresse la parole, elle me semble résonner dans le vide. Mon plus grand tourment provient de la pensée du suicide dont il m'est impossible de m'affranchir un instant. Il y a un an que je suis en butte à cette impulsion ; elle était d'abord peu prononcée ; depuis deux mois environ, elle me poursuit en tous lieux, *je n'ai cependant aucun motif de me donner la mort...* Ma santé est bonne ; personne dans ma famille n'a eu d'affection semblable ; je n'ai pas fait de pertes, mes appointements me suffisent et me permettent les plaisirs de mon âge (1). » Mais dès que le malade a pris le parti de renoncer à la lutte, dès qu'il est résolu à se tuer, cette anxiété cesse et le calme revient. Si la tentative avorte, elle suffit parfois, quoique manquée, à apaiser pour un temps ce désir maladif. On dirait que le sujet a passé son envie.

IV. *Suicide impulsif ou automatique.* — Il n'est pas plus motivé que le précédent ; il n'a aucune raison d'être ni dans la réalité ni dans l'imagination du malade. Seulement, au lieu d'être produit par une idée fixe qui poursuit l'esprit pendant un temps plus ou moins long et qui ne s'empare que progressivement de la volonté, il résulte d'une impulsion brusque et immédiatement irrésistible. En un clin d'œil, elle surgit toute développée et suscite l'acte ou, tout au moins, un commencement d'exécution. Cette soudaineté rappelle ce que nous avons observé plus haut dans la manie ; seulement le suicide maniaque a toujours quelque raison, quoique déraisonnable. Il tient aux conceptions délirantes du sujet. Ici, au contraire, le penchant au suicide éclate et produit ses effets avec un véritable automatisme sans être précédé par aucun antécédent intellectuel. La vue d'un couteau, la promenade sur le bord d'un précipice, etc., font naître instantanément l'idée du suicide et l'acte suit avec une telle rapidité que, souvent, les malades n'ont pas conscience de ce qui s'est passé. « Un homme cause tranquillement avec ses amis ; tout à coup, il s'élance, franchit un parapet et tombe dans l'eau. Retiré aussitôt, on lui demande les motifs de sa conduite ; il n'en sait rien, il a cédé à une force qui l'a entraîné malgré lui (2). » « Ce qu'il y a de singulier, dit un autre, c'est qu'il m'est impossible de me rappeler la manière dont j'ai escaladé la croisée et quelle était l'idée qui me dominait alors ; car je n'avais nullement l'idée de me donner

---

(1) *Suicide et folie-suicide*, p. 397.
(2) Brierre, *op. cit.*, p. 574.

la mort ou, du moins, je n'ai pas aujourd'hui le souvenir d'une telle pensée (1). » A un moindre degré, les malades sentent l'impulsion naître et ils réussissent à échapper à la fascination qu'exerce sur eux l'instrument de mort, en le fuyant immédiatement.

En résumé, tous les suicides vésaniques ou sont dénués de tout motif, ou sont déterminés par des motifs purement imaginaires. Or, un grand nombre de morts volontaires ne rentrent ni dans l'une ni dans l'autre catégorie ; la plupart d'entre elles ont des motifs et qui ne sont pas sans fondement dans la réalité. On ne saurait donc, sans abuser des mots, voir un fou dans tout suicidé. De tous les suicides que nous venons de caractériser, celui qui peut sembler le plus difficilement discernable de ceux que l'on observe chez les hommes sains d'esprit, c'est le suicide mélancolique ; car, très souvent, l'homme normal qui se tue se trouve lui aussi dans un état d'abattement et de dépression, tout comme l'aliéné. Mais il y a toujours entre eux cette différence essentielle que l'état du premier et l'acte qui en résulte ne sont pas sans cause objective, tandis que, chez le second, ils sont sans aucun rapport avec les circonstances extérieures. En somme, les suicides vésaniques se distinguent des autres comme les illusions et les hallucinations des perceptions normales et comme les impulsions automatiques des actes délibérés. Il reste vrai qu'on passe des uns aux autres sans solution de continuité ; mais si c'était une raison pour les identifier, il faudrait également confondre, d'une manière générale, la santé avec la maladie, puisque celle-ci n'est qu'une variété de celle-là. Quand même on aurait établi que les sujets moyens ne se tuent jamais et que ceux-là seuls se détruisent qui présentent quelque anomalie, on n'aurait pas encore le droit de considérer la folie comme une condition nécessaire du suicide ; car un aliéné n'est pas simplement un homme qui pense ou qui agit un peu autrement que la moyenne.

Aussi n'a-t-on pu rattacher aussi étroitement le suicide à la

---

(1) *Ibid.*, p. 314.

folie qu'en restreignant arbitrairement le sens des mots. « Il n'est point homicide de lui-même, s'écrie Esquirol, celui qui, n'écoutant que des sentiments nobles et généreux, se jette dans un péril certain, s'expose à une mort inévitable et sacrifie volontiers sa vie pour obéir aux lois, pour garder la foi jurée, pour le salut de son pays (1). » Et il cite l'exemple de Décius, de d'Assas, etc. Falret, de même, refuse de considérer Curtius, Codrus, Aristodème comme des suicidés (2). Bourdin étend la même exception à toutes les morts volontaires qui sont inspirées, non seulement par la foi religieuse ou par les croyances politiques, mais même par des sentiments de tendresse exaltée. Mais nous savons que la nature des mobiles qui déterminent immédiatement le suicide ne peut servir à le définir ni, par conséquent, à le distinguer de ce qui n'est pas lui. Tous les cas de mort qui résultent d'un acte accompli par le patient lui-même avec la pleine connaissance des effets qui en devaient résulter présentent, quel qu'en ait été le but, des ressemblances trop essentielles pour pouvoir être répartis en des genres séparés. Ils ne peuvent, en tout état de cause, constituer que des espèces d'un même genre ; et encore, pour procéder à ces distinctions, faudrait-il d'autre critère que la fin, plus ou moins problématique, poursuivie par la victime. Voilà donc au moins un groupe de suicides d'où la folie est absente. Or, une fois qu'on a ouvert la porte aux exceptions, il est bien difficile de la fermer. Car entre ces morts inspirées par des passions particulièrement généreuses et celles que déterminent des mobiles moins relevés il n'y a pas de solution de continuité. On passe des unes aux autres par une dégradation insensible. Si donc les premières sont des suicides, on n'a aucune raison de ne pas donner aux secondes la même qualification.

Ainsi, il y a des suicides, et en grand nombre, qui ne sont pas vésaniques. On les reconnaît à ce double signe qu'ils sont délibérés et que les représentations qui entrent dans cette délibéra-

---

(1) *Maladies mentales*, t. I, p. 529.
(2) *Hypocondrie et suicide*, p. 3.

tion ne sont pas purement hallucinatoires. On voit que cette question, tant de fois agitée, est soluble sans qu'il soit nécessaire de soulever le problème de la liberté. Pour savoir si tous les suicidés sont des fous, nous ne nous sommes pas demandé s'ils agissent librement ou non ; nous nous sommes uniquement fondé sur les caractères empiriques que présentent à l'observation les différentes sortes de morts volontaires.

IV

Puisque les suicides d'aliénés ne sont pas tout le genre, mais n'en représentent qu'une variété, les états psychopathiques qui constituent l'aliénation mentale ne peuvent rendre compte du penchant collectif au suicide, dans sa généralité. Mais, entre l'aliénation mentale proprement dite et le parfait équilibre de l'intelligence, il existe toute une série d'intermédiaires : ce sont les anomalies diverses que l'on réunit d'ordinaire sous le nom commun de neurasthénie. Il y a donc lieu de rechercher si, à défaut de la folie, elles ne jouent pas un rôle important dans la genèse du phénomène qui nous occupe.

C'est l'existence même du suicide vésanique qui pose la question. En effet, si une perversion profonde du système nerveux suffit à créer de toutes pièces le suicide, une perversion moindre doit, à un moindre degré, exercer la même influence. La neurasthénie est une sorte de folie rudimentaire ; elle doit donc avoir, en partie, les mêmes effets. Or elle est un état beaucoup plus répandu que la vésanie ; elle va même de plus en plus en se généralisant. Il peut donc se faire que l'ensemble d'anomalies qu'on appelle ainsi soit l'un des facteurs en fonction desquels varie le taux des suicides.

On comprend, d'ailleurs, que la neurasthénie puisse prédisposer au suicide ; car les neurasthéniques sont, par leur tempérament, comme prédestinés à la souffrance. On sait, en effet, que la douleur, en général, résulte d'un ébranlement trop fort du système nerveux ; une onde nerveuse trop intense est le plus souvent douloureuse. Mais cette intensité *maxima* au-delà de laquelle commence la douleur varie suivant les individus ; elle est plus élevée chez ceux dont les nerfs sont plus résistants, moindre chez les autres. Par conséquent, chez ces derniers, la zone de la douleur commence plus tôt. Pour le névropathe, toute impression est une cause de malaise, tout mouvement est une fatigue ; ses nerfs, comme à fleur de peau, sont froissés au moindre contact ; l'accomplissement des fonctions physiologiques, qui sont d'ordinaire le plus silencieuses, est pour lui une source de sensations généralement pénibles. Il est vrai que, en revanche, la zone des plaisirs commence, elle aussi, plus bas ; car cette pénétrabilité excessive d'un système nerveux affaibli le rend accessible à des excitations qui ne parviendraient pas à ébranler un organisme normal. C'est ainsi que des événements insignifiants peuvent être pour un pareil sujet l'occasion de plaisirs démesurés. Il semble donc qu'il doive regagner d'un côté ce qu'il perd de l'autre et que, grâce à cette compensation, il ne soit pas plus armé que d'autres pour soutenir la lutte. Il n'en est rien cependant et son infériorité est réelle ; car les impressions courantes, les sensations dont les conditions de l'existence moyenne amènent le plus fréquemment le retour sont toujours d'une certaine force. Pour lui, par conséquent, la vie risque de n'être pas assez tempérée. Sans doute, quand il peut s'en retirer, se créer un milieu spécial où le bruit du dehors ne lui arrive qu'assourdi, il parvient à vivre sans trop souffrir ; c'est pourquoi nous le voyons quelquefois fuir le monde qui lui fait mal et rechercher la solitude. Mais s'il est obligé de descendre dans la mêlée, s'il ne peut pas abriter soigneusement contre les chocs extérieurs sa délicatesse maladive, il a bien des chances d'éprouver plus de douleurs que de plaisirs. De tels organismes sont donc pour l'idée du suicide un terrain de prédilection.

Cette raison n'est même pas la seule qui rende l'existence difficile au névropathe. Par suite de cette extrême sensibilité de son système nerveux, ses idées et ses sentiments sont toujours en équilibre instable. Parce que les impressions les plus légères ont chez lui un retentissement anormal, son organisation mentale est, à chaque instant, bouleversée de fond en comble et, sous le coup de ces secousses ininterrompues, elle ne peut pas se fixer sous une forme déterminée. Elle est toujours en voie de devenir. Pour qu'elle pût se consolider, il faudrait que les expériences passées eussent des effets durables, alors qu'ils sont sans cesse détruits et emportés par les brusques révolutions qui surviennent. Or la vie, dans un milieu fixe et constant, n'est possible que si les fonctions du vivant ont un égal degré de constance et de fixité. Car vivre, c'est répondre aux excitations extérieures d'une manière appropriée et cette correspondance harmonique ne peut s'établir qu'à l'aide du temps et de l'habitude. Elle est un produit de tâtonnements, répétés parfois pendant des générations, dont les résultats sont en partie devenus héréditaires et qui ne peuvent être recommencés à nouveaux frais toutes les fois qu'il faut agir. Si, au contraire, tout est à refaire, pour ainsi dire, au moment de l'action, il est impossible qu'elle soit tout ce qu'elle doit être. Cette stabilité ne nous est pas seulement nécessaire dans nos rapports avec le milieu physique, mais encore avec le milieu social. Dans une société, dont l'organisation est définie, l'individu ne peut se maintenir qu'à condition d'avoir une constitution mentale et morale également définie. Or, c'est ce qui manque au névropathe. L'état d'ébranlement où il se trouve fait que les circonstances le prennent sans cesse à l'improviste. Comme il n'est pas préparé pour y répondre, il est obligé d'inventer des formes originales de conduite ; de là vient son goût bien connu pour les nouveautés. Mais quand il s'agit de s'adapter à des situations traditionnelles, des combinaisons improvisées ne sauraient prévaloir contre celles qu'a consacrées l'expérience ; elles échouent donc le plus souvent. C'est ainsi que, plus le système social a de fixité, plus un sujet aussi mobile a de mal à y vivre.

Il est donc très vraisemblable que ce type psychologique est celui qui se rencontre le plus généralement chez les suicidés.

Reste à savoir quelle part cette condition tout individuelle a dans la production des morts volontaires. Suffit-elle à les susciter pour peu qu'elle y soit aidée par les circonstances, ou bien n'a-t-elle d'autre effet que de rendre les individus plus accessibles à l'action de forces qui leur sont extérieures et qui seules constituent les causes déterminantes du phénomène ?

Pour pouvoir résoudre directement la question, il faudrait pouvoir comparer les variations du suicide à celles de la neurasthénie. Malheureusement, celle-ci n'est pas atteinte par la statistique. Mais un biais va nous fournir les moyens de tourner la difficulté. Puisque la folie n'est que la forme amplifiée de la dégénérescence nerveuse, on peut admettre, sans sérieux risques d'erreur, que le nombre des dégénérés varie comme celui des fous et substituer, par conséquent, la considération des seconds à celle des premiers. Ce procédé aura, de plus, cet avantage qu'il nous permettra d'établir d'une manière générale le rapport que soutient le taux des suicides avec l'ensemble des anomalies mentales de toute sorte.

Un premier fait pourrait leur faire attribuer une influence qu'elles n'ont pas ; c'est que le suicide, comme la folie, est plus répandu dans les villes que dans les campagnes. Il semble donc croître et décroître comme elle ; ce qui pourrait faire croire qu'il en dépend. Mais ce parallélisme n'exprime pas nécessairement un rapport de cause à effet ; il peut très bien être le produit d'une simple rencontre. L'hypothèse est d'autant plus permise que les causes sociales dont dépend le suicide sont elles-mêmes, comme nous le verrons, étroitement liées à la civilisation urbaine et que c'est dans les grands centres qu'elles sont le plus intenses. Pour mesurer l'action que les états psychopathiques peuvent avoir sur le suicide, il faut donc éliminer les cas où ils varient comme les conditions sociales du même phénomène ; car quand ces deux facteurs agissent dans le même sens, il est impossible de dissocier, dans le résultat total, la part qui revient à chacun. Il faut les considérer exclusivement là où ils sont en raison inverse l'un de l'autre ; c'est seulement quand il s'établit entre eux une sorte de conflit, qu'on peut arriver à savoir lequel est déterminant. Si les désordres mentaux jouent le rôle essentiel qu'on leur a parfois prêté, ils doivent révéler leur présence par des effets caractéristiques, alors même que les conditions sociales tendent à les neutraliser ; et inversement, celles-ci doivent être empêchées de se manifester quand les conditions individuelles agissent en sens inverse. Or les faits suivants démontrent que c'est le contraire qui est la règle :

1° Toutes les statistiques établissent que, dans les asiles d'aliénés, la population féminine est légèrement supérieure à la population masculine. Le rapport varie selon les pays, mais, comme le montre le tableau suivant, il est, en général, de 54 ou 55 femmes pour 46 ou 45 hommes :

	Années	Sur 100 aliénés combien d'			Années	Sur 100 aliénés combien d'	
		Hommes	Femmes			Hommes	Femmes
Silésie.......	1858	49	51	New York	1855	44	56
Saxe	1861	48	52	Massachusetts .	1854	46	54
Wurtemberg .	1853	45	55	Maryland	1850	46	54
Danemark ..	1847	45	55	France........	1890	47	53
Norvège	1855	45	56		1891	48	52

Koch a réuni les résultats du recensement effectué dans onze Etats différents sur l'ensemble de la population aliénée. Sur 166 675 fous des deux sexes, il a trouvé 78 584 hommes et 88 091 femmes, soit 1,18 aliéné pour 1 000 habitants du sexe masculin et 1,30 pour 1 000 habitants de l'autre sexe (1). Mayr de son côté a trouvé des chiffres analogues.

On s'est demandé, il est vrai, si cet excédent de femmes ne venait pas simplement de ce que la mortalité des fous est supérieure à celle des folles. En fait, il est certain que, en France, sur 100 aliénés qui meurent dans les asiles, il y a environ 55 hommes. Le nombre plus considérable de sujets féminins

(1) Koch, *Zur Statistik der Geisteskrankheiten*, Stuttgart, 1878, p. 73.

Tableau IV (1)

Part de chaque sexe dans le chiffre total des suicides

		Nombres absolus des suicides		Sur 100 suicides combien d'	
		Hommes	Femmes	Hommes	Femmes
Autriche	(1873-77)	11 429	2 478	82,1	17,9
Prusse	(1831-40)	11 435	2 534	81,9	18,1
	(1871-76)	16 425	3 724	81,5	18,5
Italie	(1872-77)	4 770	1 195	80	20
Saxe	(1851-60)	4 004	1 055	79,1	20,9
	(1871-76)	3 625	870	80,7	19,3
France	(1836-40)	9 561	3 307	74,3	25,7
	(1851-55)	13 596	4 601	74,8	25,2
	(1871-76)	25 341	6 839	78,7	21,3
Danemark	(1845-56)	3 324	1 106	75,0	25,0
	(1870-76)	2 485	748	76,9	23,1
Angleterre	(1863-67)	4 905	1 791	73,3	26,7

recensés à un moment donné ne prouverait donc pas que la femme a une plus forte tendance à la folie, mais seulement que, dans cette condition comme d'ailleurs dans toutes les autres, elle survit mieux que l'homme. Mais il n'en reste pas moins acquis que la population existante d'aliénés compte plus de femmes que d'hommes ; si donc, comme il semble légitime, on conclut des fous aux nerveux, on doit admettre qu'il existe à chaque moment plus de neurasthéniques dans le sexe féminin que dans l'autre. Par conséquent, s'il y avait entre le taux des suicides et la neurasthénie un rapport de cause à effet, les femmes devraient se tuer plus que les hommes. Tout au moins devraient-elles se tuer autant. Car même en tenant compte de leur moindre mortalité et en corrigeant en conséquence les indications des recensements, tout ce qu'on en pourrait conclure, c'est qu'elles ont pour la folie une prédisposition sensiblement égale à celle de l'homme ; leur plus faible dîme mortuaire et la supériorité numérique qu'elles accusent dans tous les

(1) D'après Morselli.

dénombrements d'aliénés se compensent, en effet, à peu près exactement. Or, bien loin que leur aptitude à la mort volontaire soit ou supérieure ou équivalente à celle de l'homme, il se trouve que le suicide est une manifestation essentiellement masculine. Pour une femme qui se tue, il y a, en moyenne, 4 hommes qui se donnent la mort (v. tableau IV, p. 38). Chaque sexe a donc pour le suicide un penchant défini, qui est même constant pour chaque milieu social. Mais l'intensité de cette tendance ne varie aucunement comme le facteur psychopathique, qu'on évalue ce dernier d'après le nombre des cas nouveaux enregistrés chaque année ou d'après celui des sujets recensés au même moment.

2º Le tableau V permet de comparer l'intensité de la tendance à la folie dans les différents cultes.

Tableau V (1)

Tendance à la folie dans les différentes confessions religieuses

		Nombre de fous sur 1 000 habitants de chaque culte		
		Protestants	Catholiques	Juifs
Silésie	(1858)	0,74	0,79	1,55
Mecklembourg	(1862)	1,36	2,0	5,33
Duché de Bade	(1863)	1,34	1,41	2,24
	(1873)	0,95	1,19	1,44
Bavière	(1871)	0,92	0,96	2,86
Prusse	(1871)	0,80	0,87	1,42
Wurtemberg	(1832)	0,65	0,68	1,77
	(1853)	1,06	1,06	1,49
	(1875)	2,18	1,86	3,96
Grand-Duché de Hesse	(1864)	0,63	0,59	1,42
Oldenbourg	(1871)	2,12	1,76	3,37
Canton de Berne	(1871)	2,64	1,82	

On voit que la folie est beaucoup plus fréquente chez les juifs que dans les autres confessions religieuses ; il y a donc tout lieu de croire que les autres affections du système nerveux y sont

(1) D'après Koch, *op. cit.*, p. 108-119.

également dans les mêmes proportions. Or, tout au contraire, le penchant au suicide y est très faible. Nous montrerons même plus loin que c'est la religion où il a le moins de force (1). *Par conséquent, dans ce cas, le suicide varie en raison inverse des états psychopathiques*, bien loin d'en être le prolongement. Sans doute, il ne faudrait pas conclure de ce fait que les tares nerveuses et cérébrales pussent jamais servir de préservatifs contre le suicide ; mais il faut qu'elles aient bien peu d'efficacité pour le déterminer, puisqu'il peut s'abaisser à ce point au moment même où elles atteignent leur plus grand développement.

Si l'on compare seulement les catholiques aux protestants, l'inversion n'est pas aussi générale ; cependant elle est très fréquente. La tendance des catholiques à la folie n'est inférieure à celle des protestants que 4 fois sur 12 et encore l'écart entre eux est-il très faible. Nous verrons, au contraire, au tableau XVIII (2) que, partout, sans aucune exception, les premiers se tuent beaucoup moins que les seconds.

3º Il sera établi plus loin (3) que, dans tous les pays, la tendance au suicide croît régulièrement depuis l'enfance jusqu'à la vieillesse la plus avancée. Si, parfois, elle régresse après 70 ou 80 ans, le recul est très léger ; elle reste toujours à cette période de la vie deux et trois fois plus forte qu'à l'époque de la maturité. Inversement, c'est pendant la maturité que la folie éclate avec le plus de fréquence. C'est vers la trentaine que le danger est le plus grand ; au-delà il diminue, et c'est pendant la vieillesse qu'il est, et de beaucoup, le plus faible (4). Un tel antagonisme serait inexplicable si les causes qui font varier le suicide et celles qui déterminent les troubles mentaux n'étaient pas de nature différente.

Si l'on compare le taux des suicides à chaque âge, non plus avec la fréquence relative des cas nouveaux de folie qui se produisent à la même période, mais avec l'effectif proportionnel de la popu-

(1) V. plus bas, liv. I, chap. II, p. 153.
(2) V. plus bas, p. 152.
(3) V. tableau IX, p. 79.
(4) Koch, *op. cit.*, p. 139-146.

lation aliénée, l'absence de tout parallélisme n'est pas moins évidente. C'est vers 35 ans que les fous sont le plus nombreux relativement à l'ensemble de la population. La proportion reste à peu près la même jusque vers 60 ans ; au-delà elle diminue rapidement. Elle est donc *minima* quand.le taux des suicides est *maximum* et, auparavant, il est impossible d'apercevoir aucune relation régulière entre les variations qui se produisent de part et d'autre (1).

4° Si l'on compare les différentes sociétés au double point de vue du suicide et de la folie, on ne trouve pas davantage de rapport entre les variations de ces deux phénomènes. Il est vrai que la statistique de l'aliénation mentale n'est pas faite avec assez de précision pour que ces comparaisons internationales puissent être d'une exactitude très rigoureuse. Il est cependant remarquable que les deux tableaux suivants, que nous empruntons à deux auteurs différents, donnent des résultats sensiblement concordants.

Tableau VI

Rapports du suicide et de la folie dans les différents pays d'Europe

A

	Nombre de fous par 100 000 habitants	Nombre de suicides par million d'habitants	Numéro d'ordre des pays pour La folie	Numéro d'ordre des pays pour Le suicide
Norvège	180 (1855)	107 (1851-55)	1	4
Ecosse	164 (1855)	34 (1856-60)	2	8
Danemark	125 (1847)	258 (1846-50)	3	1
Hanovre	103 (1856)	13 (1856-60)	4	9
France	99 (1856)	100 (1851-55)	5	5
Belgique	92 (1858)	50 (1855-60)	6	7
Wurtemberg	92 (1853)	108 (1846-56)	7	3
Saxe	67 (1861)	245 (1856-60)	8	2
Bavière	57 (1858)	72 (1846-56)	9	6

(1) Koch, *op. cit.*, p. 81.

B (1)

	Nombre de fous par 100 000 habitants	Nombre de suicides par million d'habitants	Moyennes des suicides
Wurtemberg	215 (1875)	180 (1875)	107
Ecosse	202 (1871)	35	
Norvège	185 (1865)	85 (1866-70)	
Irlande	180 (1871)	14	63
Suède	177 (1870)	85 (1866-70)	
Angleterre et Galles.	175 (1871)	70 (1870)	
France	146 (1872)	150 (1871-75)	
Danemark	137 (1870)	277 (1866-70)	164
Belgique	134 (1868)	66 (1866-70)	
Bavière	98 (1871)	86 (1871)	
Autriche Cisl......	95 (1873)	122 (1873-77)	153
Prusse............	86 (1871)	133 (1871-75)	
Saxe	84 (1875)	272 (1875)	

Ainsi les pays où il y a le moins de fous sont ceux où il y a le plus de suicides ; le cas de la Saxe est particulièrement frappant. Déjà, dans sa très bonne étude sur le suicide en Seine-et-Marne, le Dr Leroy avait fait une observation analogue. « Le plus souvent, dit-il, les localités où l'on rencontre une proportion notable de maladies mentales en ont également une de suicides. Cependant les deux *maxima* peuvent être complètement séparés. Je serais même disposé à croire qu'à côté de pays assez heureux... pour n'avoir ni maladies mentales ni suicides... il en est où les maladies mentales ont seules fait leur apparition. » Dans d'autres localités c'est l'inverse qui se produit (2).

Morselli, il est vrai, est arrivé à des résultats un peu différents (3). Mais c'est d'abord qu'il a confondu sous le titre commun d'aliénés les fous proprement dits et les idiots (4). Or,

---

(1) La première partie du tableau est empruntée à l'article « Aliénation mentale », dans le *Dictionnaire* de DECHAMBRE (t. III, p. 34) ; la seconde à OETTINGEN, *Moralstatistik*, tableau annexe 97.

(2) *Op. cit.*, p. 238.

(3) *Op. cit.*, p. 404.

(4) MORSELLI ne le déclare pas expressément, mais cela ressort des chiffres

ces deux affections sont très différentes, surtout au point de vue de l'action qu'elles peuvent être soupçonnées d'avoir sur le suicide. Loin d'y prédisposer, l'idiotie paraît plutôt en être un préservatif ; car les idiots sont, dans les campagnes, beaucoup plus nombreux que dans les villes, tandis que les suicides y sont beaucoup plus rares. Il importe donc de distinguer deux états aussi contraires quand on cherche à déterminer la part des différents troubles névropathiques dans le taux des morts volontaires. Mais, même en les confondant, on n'arrive pas à établir un parallélisme régulier entre le développement de l'aliénation mentale et celui du suicide. Si, en effet, prenant comme incontestés les chiffres de Morselli, on classe les principaux pays d'Europe en cinq groupes d'après l'importance de leur population aliénée (idiots et fous étant réunis sous la même rubrique), et si l'on cherche ensuite quelle est dans chacun de ces groupes la moyenne des suicides, on obtient le tableau suivant :

	Aliénés par 100 000 habitants	Suicides par million d'habitants
1er Groupe (3 pays)	De 340 à 280	157
2e — —	− 261 à 245	195
3e — —	− 185 à 164	65
4e — —	− 150 à 116	61
5e — —	− 110 à 100	68

On peut bien dire qu'en gros, là où il y a beaucoup de fous et d'idiots, il y a aussi beaucoup de suicides et inversement. Mais il n'y a pas entre les deux échelles une correspondance suivie qui manifeste l'existence d'un lien causal déterminé entre les deux ordres de phénomènes. Le second groupe qui devrait compter moins de suicides que le premier en a davantage ; le cinquième qui, au même point de vue, devrait être inférieur à

mêmes qu'il donne. Ils sont trop élevés pour représenter les seuls cas de folie. Cf. le tableau donné dans le *Dictionnaire* de DECHAMBRE et où la distinction est faite. On y voit clairement que Morselli a totalisé les fous et les idiots.

tous les autres est, au contraire, supérieur au quatrième et même au troisième. Si enfin, à la statistique de l'aliénation mentale que rapporte Morselli, on substitue celle de Koch qui est beaucoup plus complète et, à ce qu'il semble, plus rigoureuse, l'absence de parallélisme est encore beaucoup plus accusée. Voici, en effet, ce que l'on trouve (1).

	Fous et idiots par 100 000 habitants	Moyenne des suicides par million d'habitants
1er Groupe (3 pays)	De 422 à 305	76
2e — —	− 305 à 291	123
3e — —	− 268 à 244	130
4e — —	− 223 à 218	227
5e — (4 pays)	− 216 à 146	77

Une autre comparaison faite par Morselli entre les différentes provinces d'Italie est, de son propre aveu, peu démonstrative (2).

5° Enfin, comme la folie passe pour croître régulièrement depuis un siècle (3) et qu'il en est de même du suicide, on pourrait être tenté de voir dans ce fait une preuve de leur solidarité. Mais ce qui lui ôte toute valeur démonstrative, c'est que, dans les sociétés inférieures, où la folie est très rare, le suicide, au contraire, est parfois très fréquent, comme nous l'établirons plus loin (4).

Le taux social des suicides ne soutient donc aucune relation définie avec la tendance à la folie, ni, par voie d'induction, avec la tendance aux différentes formes de la neurasthénie.

Et en effet, si, comme nous l'avons montré, la neurasthénie peut prédisposer au suicide, elle n'a pas nécessairement cette conséquence. Sans doute, le neurasthénique est presque inévi-

---

(1) Des pays d'Europe sur lesquels Koch nous renseigne nous avons laissé seulement de côté la Hollande, les informations que l'on possède sur l'intensité qu'y a la tendance au suicide ne paraissant pas suffisantes.

(2) *Op. cit.*, p. 403.

(3) La preuve, il est vrai, n'en a jamais été faite d'une manière tout à fait démonstrative. En tout cas, s'il y a progrès, nous ignorons le coefficient d'accélération.

(4) V. liv. II, chap. IV.

tablement voué à la souffrance s'il est mêlé de trop près à la vie active ; mais il ne lui est pas impossible de s'en retirer pour mener une existence plus spécialement contemplative. Or, si les conflits d'intérêts et de passions sont trop tumultueux et trop violents pour un organisme aussi délicat, en revanche, il est fait pour goûter dans leur plénitude les joies plus douces de la pensée. Sa débilité musculaire, sa sensibilité excessive, qui le rendent impropre à l'action, le désignent, au contraire, pour les fonctions intellectuelles qui, elles aussi, réclament des organes appropriés. De même, si un milieu social trop immuable ne peut que froisser ses instincts naturels, dans la mesure où la société elle-même est mobile et ne peut se maintenir qu'à condition de progresser, il a un rôle utile à jouer ; car il est, par excellence, l'instrument du progrès. Précisément parce qu'il est réfractaire à la tradition et au joug de l'habitude, il est une source éminemment féconde de nouveautés. Et comme les sociétés les plus cultivées sont aussi celles où les fonctions représentatives sont le plus nécessaires et le plus développées, et qu'en même temps, à cause de leur très grande complexité, un changement presque incessant est une condition de leur existence, c'est au moment précis où les neurasthéniques sont le plus nombreux, qu'ils ont aussi le plus de raisons d'être. Ce ne sont donc pas des êtres essentiellement insociaux, qui s'éliminent d'eux-mêmes parce qu'ils ne sont pas nés pour vivre dans le milieu où ils sont placés. Mais il faut que d'autres causes viennent se surajouter à l'état organique qui leur est propre pour lui imprimer cette tournure et le développer dans ce sens. Par elle-même, la neurasthénie est une prédisposition très générale qui n'entraîne nécessairement à aucun acte déterminé, mais peut, suivant les circonstances, prendre les formes les plus variées. C'est un terrain sur lequel des tendances très différentes peuvent prendre naissance selon la manière dont il est fécondé par les causes sociales. Chez un peuple vieilli et désorienté, le dégoût de la vie, une mélancolie inerte, avec les funestes conséquences qu'elle implique, y germeront facilement ; au contraire, dans une société jeune, c'est un idéalisme ardent, un prosélytisme généreux, un dévouement actif qui s'y développeront de préférence. Si l'on voit les dégénérés se multiplier aux époques de décadence, c'est par eux aussi que les Etats se fondent ; c'est parmi eux que se recrutent tous les grands rénovateurs. Une puissance aussi ambiguë (1) ne saurait donc suffire à rendre compte d'un fait social aussi défini que le taux des suicides.

V

Mais il est un état psychopathique particulier, auquel on a, depuis quelque temps, l'habitude d'imputer à peu près tous les maux de notre civilisation. C'est l'alcoolisme. Déjà on lui attribue, à tort ou à raison, les progrès de la folie, du paupérisme, de la criminalité. Aurait-il quelque influence sur la marche du suicide ? *A priori*, l'hypothèse paraît peu vraisemblable. Car c'est dans les classes les plus cultivées et les plus aisées que le suicide fait le plus de victimes et ce n'est pas dans ces milieux que l'alcoolisme a ses clients les plus nombreux. Mais rien ne saurait prévaloir contre les faits. Examinons-les.

Si l'on compare la carte française des suicides avec celle des poursuites pour abus de boissons (2), on n'aperçoit entre elles presque aucun rapport. Ce qui caractérise la première, c'est l'existence de deux grands foyers de contamination dont

(1) On a un exemple frappant de cette ambiguïté dans les ressemblances et les contrastes que la littérature française présente avec la littérature russe. La sympathie avec laquelle nous avons accueilli la seconde démontre qu'elle n'est pas sans affinités avec la nôtre. Et en effet, on sent chez les écrivains des deux nations une délicatesse maladive du système nerveux, une certaine absence d'équilibre mental et moral. Mais comme ce même état, biologique et psychologique à la fois, produit des conséquences sociales différentes ! Tandis que la littérature russe est idéaliste à l'excès, tandis que la mélancolie dont elle est empreinte, ayant pour origine une compassion active pour la douleur humaine, est une de ces tristesses saines qui excitent la foi et provoquent à l'action, la nôtre se pique de ne plus exprimer que des sentiments de morne désespoir et reflète un inquiétant état de dépression. Voilà comment un même état organique peut servir à des fins sociales presque opposées.

(2) D'après le *Compte général de l'administration de la justice criminelle*, année 1887. — V. pl. I, p. 48.

l'un est situé dans l'Ile-de-France et s'étend de là vers l'Est, tandis que l'autre occupe la côte méditerranéenne, de Marseille à Nice. Tout autre est la distribution des taches claires et des taches sombres sur la carte de l'alcoolisme. Ici, l'on trouve trois centres principaux, l'un en Normandie et plus particulièrement dans la Seine-Inférieure, l'autre dans le Finistère et les départements bretons en général, le troisième enfin dans le Rhône et la région voisine. Au contraire, au point de vue du suicide, le Rhône n'est pas au-dessus de la moyenne, la plupart des départements normands sont au-dessous, la Bretagne est presque indemne. La géographie des deux phénomènes est donc trop différente pour qu'on puisse imputer à l'un une part importante dans la production de l'autre.

On arrive au même résultat, si l'on compare le suicide non plus aux délits d'ivresse, mais aux maladies nerveuses ou mentales causées par l'alcoolisme. Après avoir groupé les départements français en huit classes d'après l'importance de leur contingent en suicides, nous avons cherché quel était, dans chacune, le nombre moyen des cas de folie de cause alcoolique, d'après les chiffres que donne le Dr Lunier (1) ; nous avons obtenu le résultat suivant :

	Suicides par 100 000 habitants (1872-76)	Folies de cause alcoolique sur 100 admissions (1867-69 et 1874-76)
1er Groupe (5 départements) .	Au-dessous de 50	11,45
2e — (18 —) .	De 51 à 75	12,07
3e — (15 —) .	De 76 à 100	11,92
4e — (20 —) .	De 101 à 150	13,42
5e — (10 —) .	De 151 à 200	14,57
6e — (9 —) .	De 201 à 250	13,26
7e — (4 —) .	De 251 à 300	16,32
8e — (5 —) .	Au-delà	13,47

Les deux colonnes ne correspondent pas entre elles. Tandis que les suicides passent du simple au sextuple et au-delà, la

(1) *De la production et de la consommation des boissons alcooliques en France*, p. 174-175.

PLANCHE I. — SUICIDES ET ALCOOLISME

Suicides (1878-1887)

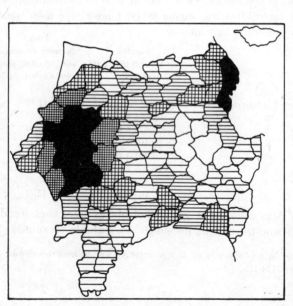

Proportion pour 100 000 habitants
1, De 31 à 48; **2**, De 24 à 30; **3**, De 18 à 23; **4**, De 13 à 17; **5**, De 8 à 12; **6**, De 3 à 7.

Délits d'ivresse (1878-1887)

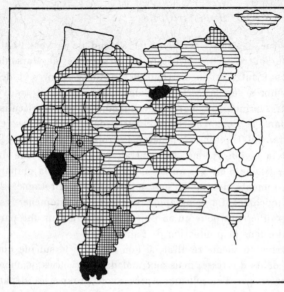

Proportion pour 100 000 habitants
1, 376-639; **2**, 210-266; **3**, 111-196; **4**, 70-104; **5**, 41-69; **6**, 19-38.

Consommation de l'alcool
(1873)

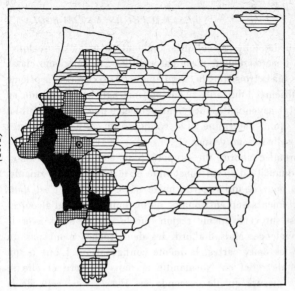

Nombre de litres d'alcool à 100° consommés par habitant
1, De 6,80 à 10 ; **2**, De 5,05 à 6,34 ; **3**, De 3,30 à 4,75 ; **4**, De 2,05 à 2,61 ; **5**, De 1,01 à 1,84 ; **6**, De 0,37 à 0,99.
Moyenne : 2,84.

Folies alcooliques (1867-1876)
Moyenne annuelle

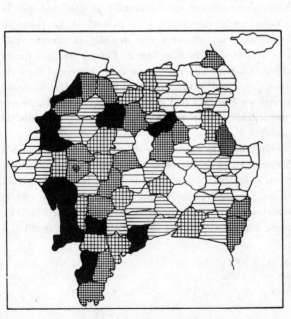

Proportion, sur 100 admis, des cas de folie de cause alcoolique
1, De 18,9 à 29,3 ; **2**, De 13,69 à 18,14 ; **3**, De 12,75 à 13,44 ; **4**, De 10,06 à 12,22 ; **5**, De 8,27 à 9,76 ; **6**, De 3,90 à 7,90.
Moyenne : 14,36.

proportion des folies alcooliques augmente à peine de quelques unités et l'accroissement n'est pas régulier ; la deuxième classe l'emporte sur la troisième, la cinquième sur la sixième, la septième sur la huitième. Pourtant, si l'alcoolisme agit sur le suicide en tant qu'état psychopathique, ce ne peut être que par les troubles mentaux qu'il détermine. La comparaison des deux cartes confirme celle des moyennes (1).

Au premier abord, un rapport plus étroit paraît exister entre la quantité d'alcool consommé et la tendance au suicide, au moins pour ce qui regarde notre pays. En effet, c'est dans les départements septentrionaux qu'on boit le plus d'alcool et c'est aussi sur cette même région que le suicide sévit avec le plus de violence. Mais d'abord, les deux taches n'ont pas du tout, sur les deux cartes, la même configuration. L'une a son *maximum* de relief en Normandie et dans le Nord et elle se dégrade à mesure qu'elle descend vers Paris ; c'est celle de la consommation alcoolique. L'autre, au contraire, a sa plus grande intensité dans la Seine et les départements voisins ; elle est déjà moins sombre en Normandie et n'atteint pas le Nord. La première se développe vers l'Ouest et va jusqu'au littoral de l'Océan ; la seconde a une orientation inverse. Elle est très vite arrêtée dans la direction de l'Ouest par une limite qu'elle ne franchit pas ; elle ne dépasse pas l'Eure et l'Eure-et-Loir tandis qu'elle tend fortement vers l'Est. De plus, la masse sombre formée au Midi par le Var et les Bouches-du-Rhône sur la carte des suicides ne se retrouve plus du tout sur celle de l'alcoolisme (2).

Enfin, même dans la mesure où il y a coïncidence, elle n'a rien de démonstratif, car elle est fortuite. En effet, si l'on sort de France en s'élevant toujours vers le Nord, la consommation de l'alcool va presque régulièrement en croissant sans que le suicide se développe. Tandis qu'en France, en 1873, il n'était consommé en moyenne que 2,84 litres d'alcool par tête d'habi-

---

(1) V. pl. I, p. 49.
(2) *Ibid.*

tant, en Belgique, ce chiffre s'élevait à 8,56 litres pour 1870, en Angleterre à 9,07 litres (1870-71), en Hollande à 4 litres (1870), en Suède à 10,34 litres (1870), en Russie à 10,69 litres (1866) et même à Saint-Pétersbourg jusqu'à 20 litres (1855). Et cependant, tandis que, aux époques correspondantes, la France comptait 150 suicides par million d'habitants, la Belgique n'en avait que 68, la Grande-Bretagne 70, la Suède 85, la Russie très peu. Même à Saint-Pétersbourg, de 1864 à 1868, le taux moyen annuel n'a été que de 68,8. Le Danemark est le seul pays du Nord où il y ait à la fois beaucoup de suicides et une grande consommation d'alcool (16,51 litres en 1845) (1). Si donc nos départements septentrionaux se font remarquer à la fois par leur penchant au suicide et leur goût pour les boissons spiritueuses, ce n'est pas que le premier dérive du second et y trouve son explication. La rencontre est accidentelle. Dans le Nord, en général, on boit beaucoup d'alcool parce que le vin y est rare et cher (2), que, peut-être, une alimentation spéciale, de nature à maintenir élevée la température de l'organisme, y est plus nécessaire qu'ailleurs ; et, d'un autre côté, il se trouve que les causes génératrices du suicide sont spécialement accumulées dans cette même région de notre pays.

La comparaison des différents pays d'Allemagne confirme cette conclusion. Si, en effet, on les classe au double point de vue du suicide et de la consommation alcoolique (3) (voir p. 52), on constate que le groupe où l'on se suicide le plus (le 3e) est un de ceux où l'on consomme le moins d'alcool. Dans le détail on trouve même de véritables contrastes : la province de Posen est presque de tout l'Empire le pays le moins éprouvé par le

(1) D'après LUNIER, *op. cit.*, p. 180 et suiv. On trouvera des chiffres analogues, se rapportant à d'autres années, dans PRINZING, *op. cit.*, p. 58.

(2) Pour ce qui est de la consommation du vin, elle varie plutôt en raison inverse du suicide. C'est dans le Midi qu'on boit le plus de vin, c'est là que les suicides sont les moins nombreux. On n'en conclut pas pourtant que le vin garantit contre le suicide.

(3) D'après PRINZING, *op. cit.*, p. 75.

Alcoolisme et suicide en Allemagne

	Consommation de l'alcool (1884-86)	Moyenne des suicides dans le groupe	Pays
1er groupe	13 litres à 10,8 par tête.	206,1 par million d'habitants.	Posnanie, Silésie, Brandebourg, Poméranie.
2e groupe	9,2 litres à 7,2 par tête.	208,4 par million d'habitants.	Prusse orientale et occidentale, Hanovre, province de Saxe, Thuringe, Westphalie.
3e groupe	6,4 litres à 4,5 par tête.	234,1 par million d'habitants.	Mecklembourg, royaume de Saxe, Schleswig-Holstein, Alsace, province et grand-duché de Hesse.
4e groupe	4 litres et au-dessous par tête.	147,9 par million d'habitants.	Provinces du Rhin, Bade, Bavière, Wurtemberg.

suicide (96,4 cas pour un million d'habitants), c'est celui où l'on s'alcoolise le plus (13 litres par tête) ; en Saxe où l'on se tue presque quatre fois plus (348 pour un million), on boit deux fois moins. Enfin, on remarquera que le quatrième groupe, où la consommation de l'alcool est le plus faible, est composé presque uniquement des Etats méridionaux. D'un autre côté, si l'on s'y tue moins que dans le reste de l'Allemagne, c'est que la population y est catholique ou contient de fortes minorités catholiques (1).

(1) On a quelquefois allégué, pour démontrer l'influence de l'alcool, l'exemple de la Norvège où la consommation des boissons alcooliques et le suicide ont diminué parallèlement depuis 1830. Mais, en Suède, l'alcoolisme a également diminué et dans les mêmes proportions, alors que le suicide n'a cessé d'augmenter (115 cas pour un million en 1886-88, au lieu de 63 en 1821-1830). Il en est de même en Russie.

Afin que le lecteur ait en main tous les éléments de la question, nous devons ajouter que la proportion des suicides que la statistique française attribue soit à des accès d'ivrognerie soit à l'ivrognerie habituelle est passée de 6,69 % en 1849 à 13,41 % en 1876. Mais d'abord, il s'en faut que tous ces cas soient imputables à l'alcoolisme proprement dit qu'il ne faut pas confondre

Ainsi, il n'est aucun état psychopathique qui soutienne avec le suicide une relation régulière et incontestable. Ce n'est pas parce qu'une société contient plus ou moins de névropathes ou d'alcooliques, qu'elle a plus ou moins de suicidés. Quoique la dégénérescence, sous ses différentes formes, constitue un terrain psychologique éminemment propre à l'action des causes qui peuvent déterminer l'homme à se tuer, elle n'est pas elle-même une de ces causes. On peut admettre que, dans des circonstances identiques, le dégénéré se tue plus facilement que le sujet sain ; mais il ne se tue pas nécessairement en vertu de son état. La virtualité qui est en lui ne peut entrer en acte que sous l'action d'autres facteurs qu'il nous faut rechercher.

avec la simple ivresse ou la fréquentation du cabaret. Ensuite, ces chiffres, quelle qu'en soit la signification exacte, ne prouvent pas que l'abus des boissons spiritueuses ait une bien grande part dans le taux des suicides. Enfin, nous verrons plus loin pourquoi on ne saurait accorder une grande valeur aux renseignements que nous fournit ainsi la statistique sur les causes présumées des suicides.

Chapitre II

LE SUICIDE
ET LES ÉTATS PSYCHOLOGIQUES NORMAUX
LA RACE. L'HÉRÉDITÉ

Mais il pourrait se faire que le penchant au suicide fût fondé dans la constitution de l'individu, sans dépendre spécialement des états anormaux que nous venons de passer en revue. Il pourrait consister en phénomènes purement psychiques, sans être nécessairement lié à quelque perversion du système nerveux. Pourquoi n'y aurait-il pas chez les hommes une tendance à se défaire de l'existence qui ne serait ni une monomanie, ni une forme de l'aliénation mentale ou de la neurasthénie ? La proposition pourrait même être regardée comme établie, si, comme l'ont admis plusieurs suicidographes (1), chaque race avait un taux de suicides qui lui fût propre. Car une race ne se définit et ne se différencie des autres que par des caractères organico-psychiques. Si donc le suicide variait réellement avec les races, il faudrait reconnaître qu'il y a quelque disposition organique dont il est étroitement solidaire.

Mais ce rapport existe-t-il ?

I

Et d'abord, qu'est-ce qu'une race ? Il est d'autant plus nécessaire d'en donner une définition que, non seulement le vulgaire, mais les anthropologistes eux-mêmes emploient le mot dans des sens assez divergents. Cependant, dans les différentes formules

(1) Notamment Wagner, *Gesetzmässigkeit*, etc., p. 165 et suiv. ; Morselli, p. 158 ; Oettingen, *Moralstatistik*, p. 760.

qui en ont été proposées, on retrouve généralement deux notions fondamentales : celle de ressemblance et celle de filiation. Mais, suivant les écoles, c'est l'une ou l'autre de ces idées qui tient la première place.

Tantôt, on a entendu par race un agrégat d'individus qui, sans doute, présentent des traits communs, mais qui, de plus, doivent cette communauté de caractères à ce fait qu'ils sont tous dérivés d'une même souche. Quand, sous l'influence d'une cause quelconque, il se produit chez un ou plusieurs sujets d'une même génération sexuelle une variation qui les distingue du reste de l'espèce et que cette variation, au lieu de disparaître à la génération suivante, se fixe progressivement dans l'organisme par l'effet de l'hérédité, elle donne naissance à une race. C'est dans cet esprit que M. de Quatrefages a pu définir la race « l'ensemble des individus semblables appartenant à une même espèce et transmettant par voie de génération sexuelle les caractères d'une variété primitive (1) ». Ainsi entendue, elle se distinguerait de l'espèce en ce que les couples initiaux d'où seraient sorties les différentes races d'une même espèce seraient, à leur tour, tous issus d'un couple unique. Le concept en serait donc nettement circonscrit et c'est par le procédé spécial de filiation qui lui a donné naissance qu'elle se définirait.

Malheureusement, si l'on s'en tient à cette formule, l'existence et le domaine d'une race ne peuvent être établis qu'à l'aide de recherches historiques et ethnographiques, dont les résultats sont toujours douteux ; car, sur ces questions d'origine, on ne peut jamais arriver qu'à des vraisemblances très incertaines. De plus, il n'est pas sûr qu'il y ait aujourd'hui des races humaines qui répondent à cette définition ; car, par suite des croisements qui ont eu lieu dans tous les sens, chacune des variétés existantes de notre espèce dérive d'origines très diverses. Si donc on ne nous donne pas d'autre critère, il sera bien difficile de savoir quels rapports les différentes races soutiennent avec le suicide, car on ne saurait dire avec préci-

---

(1) *L'espèce humaine*, p. 28, Paris, Félix Alcan.

sion où elles commencent et où elles finissent. D'ailleurs, la conception de M. de Quatrefages a le tort de préjuger la solution d'un problème que la science est loin d'avoir résolu. Elle suppose, en effet, que les qualités caractéristiques de la race se sont formées au cours de l'évolution, qu'elles ne se sont fixées dans l'organisme que sous l'influence de l'hérédité. Or c'est ce que conteste toute une école d'anthropologistes qui ont pris le nom de polygénistes. Suivant eux, l'humanité, au lieu de descendre tout entière d'un seul et même couple, comme le veut la tradition biblique, serait apparue, soit simultanément soit successivement, sur des points distincts du globe. Comme ces souches primitives se seraient formées indépendamment les unes des autres et dans des milieux différents, elles se seraient différenciées dès le début ; par conséquent, chacune d'elles aurait été une race. Les principales races ne se seraient donc pas constituées grâce à la fixation progressive de variations acquises, mais dès le principe et d'emblée.

Puisque ce grand débat est toujours ouvert, il n'est pas méthodique de faire entrer l'idée de filiation ou de parenté dans la notion de la race. Il vaut mieux la définir par ses attributs immédiats, tels que l'observateur peut directement les atteindre, et ajourner toute question d'origine. Il ne reste alors que deux caractères qui la singularisent. En premier lieu, c'est un groupe d'individus qui présentent des ressemblances ; mais il en est ainsi des membres d'une même confession ou d'une même profession. Ce qui achève de la caractériser, c'est que ces ressemblances sont héréditaires. C'est un type qui, de quelque manière qu'il se soit formé à l'origine, est actuellement transmissible par l'hérédité. C'est dans ce sens que Prichard disait : « Sous le nom de race, on comprend toute collection d'individus présentant plus ou moins de caractères communs transmissibles par hérédité, l'origine de ces caractères étant mise de côté et réservée. » M. Broca s'exprime à peu près dans les mêmes termes : « Quant aux variétés du genre humain, dit-il, elles ont reçu le nom de races, qui fait naître l'idée d'une filiation plus ou moins directe entre les individus de la même variété, mais ne résout ni affirmativement, ni négativement, la question de parenté entre individus de variétés différentes (1). »

Ainsi posé, le problème de la constitution des races devient soluble ; seulement, le mot est pris alors dans une acception tellement étendue, qu'il en devient indéterminé. Il ne désigne plus seulement les embranchements les plus généraux de l'espèce, les divisions naturelles et relativement immuables de l'humanité, mais des types de toute sorte. De ce point de vue, en effet, chaque groupe de nations dont les membres, par suite des relations intimes qui les ont unis pendant des siècles, présentent des similitudes en partie héréditaires constituerait une race. C'est ainsi qu'on parle parfois d'une race latine, d'une race anglo-saxonne, etc. Même, c'est seulement sous cette forme que les races peuvent être encore regardées comme des facteurs concrets et vivants du développement historique. Dans la mêlée des peuples, dans le creuset de l'histoire, les grandes races, primitives et fondamentales, ont fini par se confondre tellement les unes dans les autres qu'elles ont à peu près perdu toute individualité. Si elles ne se sont pas totalement évanouies, du moins, on n'en retrouve plus que de vagues linéaments, des traits épars qui ne se rejoignent qu'imparfaitement les uns les autres et ne forment pas de physionomies caractérisées. Un type humain que l'on constitue uniquement à l'aide de quelques renseignements, souvent indécis, sur la grandeur de la taille et sur la forme du crâne, n'a pas assez de consistance ni de détermination pour qu'on puisse lui attribuer une grande influence sur la marche des phénomènes sociaux. Les types plus spéciaux et de moindre étendue qu'on appelle des races au sens large du mot ont un relief plus marqué, et ils ont nécessairement un rôle historique, puisqu'ils sont des produits de l'histoire beaucoup plus que de la nature. Mais il s'en faut qu'ils soient objectivement définis. Nous savons bien mal, par exemple, à quels signes exacts la race latine se distingue de la race saxonne. Chacun en parle un peu à sa manière sans grande rigueur scientifique.

(1) Article « Anthropologie », dans le *Dictionnaire* de Dechambre, t. V.

Ces observations préliminaires nous avertissent que le sociologue ne saurait être trop circonspect quand il entreprend de chercher l'influence des races sur un phénomène social quel qu'il soit. Car, pour pouvoir résoudre de tels problèmes, encore faudrait-il savoir quelles sont les différentes races et comment elles se reconnaissent les unes des autres. Cette réserve est d'autant plus nécessaire que cette incertitude de l'anthropologie pourrait bien être due à ce fait que le mot de race ne correspond plus actuellement à rien de défini. D'une part, en effet, les races originelles n'ont plus guère qu'un intérêt paléontologique et, de l'autre, ces groupements plus restreints que l'on qualifie aujourd'hui de ce nom, semblent n'être que des peuples ou des sociétés de peuples, frères par la civilisation plus que par le sang. La race ainsi conçue finit presque par se confondre avec la nationalité.

II

Accordons, cependant, qu'il existe en Europe quelques grands types dont on aperçoit en gros les caractères les plus généraux et entre lesquels se répartissent les peuples et convenons de leur donner le nom de races. Morselli en distingue quatre : *le type germanique*, qui comprend, comme variétés, l'Allemand, le Scandinave, l'Anglo-Saxon, le Flamand ; *le type celto-romain* (Belges, Français, Italiens, Espagnols) ; *le type slave* et *le type ouralo-altaïque*. Nous ne mentionnons ce dernier que pour mémoire, car il compte trop peu de représentants en Europe pour qu'on puisse déterminer quels rapports il a avec le suicide. Il n'y a, en effet, que les Hongrois, les Finlandais et quelques provinces russes qui y puissent être rattachés. Les trois autres races se classeraient de la manière suivante selon l'ordre décroissant de leur aptitude au suicide : d'abord les peuples germaniques, puis les celto-romains, enfin les slaves (1).

---

(1) Nous ne parlons pas des classifications proposées par Wagner et par Oettingen ; Morselli lui-même en a fait la critique d'une manière décisive (p. 160).

Mais ces différences peuvent-elles être réellement imputées à l'action de la race ?

L'hypothèse serait plausible si chaque groupe de peuples réunis ainsi sous un même vocable avait pour le suicide une tendance d'intensité à peu près égale. Mais il existe entre nations de même race les plus extrêmes divergences. Tandis que les Slaves, en général, sont peu enclins à se tuer, la Bohême et la Moravie font exception. La première compte 158 suicides par million d'habitants et la seconde 136, alors que la Carniole n'en a que 46, la Croatie 30, la Dalmatie 14. De même, de tous les peuples celto-romains, la France se distingue par l'importance de son apport, 150 suicides par million, tandis que l'Italie, à la même époque, n'en donnait qu'une trentaine et l'Espagne moins encore. Il est bien difficile d'admettre, comme le veut Morselli, qu'un écart aussi considérable puisse s'expliquer par ce fait que les éléments germaniques sont plus nombreux en France que dans les autres pays latins. Etant donné surtout que les peuples qui se séparent ainsi de leurs congénères sont aussi les plus civilisés, on est en droit de se demander si ce qui différencie les sociétés et les groupes soi-disant ethniques, ce n'est pas plutôt l'inégal développement de leur civilisation.

Entre les peuples germaniques, la diversité est encore plus grande. Des quatre groupes qu'on rattache à cette souche, il en est trois qui sont beaucoup moins enclins au suicide que les Slaves et que les Latins. Ce sont les Flamands qui ne comptent que 50 suicides (par million), les Anglo-Saxons qui n'en ont que 70 (1) ; quant aux Scandinaves, le Danemark, il est vrai, présente le chiffre élevé de 268 suicides, mais la Norvège n'en a que 74,5 et la Suède que 84. Il est donc impossible d'attribuer le taux des suicides danois à la race, puisque, dans les deux pays où cette race est le plus pure, elle produit des effets contraires. En somme, de tous les peuples germaniques, il n'y

(1) Pour expliquer ces faits, Morselli suppose, sans donner de preuves à l'appui, qu'il y a de nombreux éléments celtiques en Angleterre et, pour les Flamands, il invoque l'influence du climat.

a que les Allemands qui soient, d'une manière générale, fortement portés au suicide. Si donc nous prenions les termes dans un sens rigoureux, il ne pourrait plus être ici question de race, mais de nationalité. Cependant, comme il n'est pas démontré qu'il n'y ait pas un type allemand qui soit, en partie, héréditaire, on peut convenir d'étendre jusqu'à cette extrême limite le sens du mot et dire que, chez les peuples de race allemande, le suicide est plus développé que dans la plupart des sociétés celto-romaines, slaves ou même anglo-saxonnes et scandinaves. Mais c'est tout ce qu'on peut conclure des chiffres qui précèdent. En tout état de cause, ce cas est le seul où une certaine influence des caractères ethniques pourrait être, à la rigueur, soupçonnée. Encore allons-nous voir que, en réalité, la race n'y est pour rien.

En effet, pour pouvoir attribuer à cette cause le penchant des Allemands pour le suicide, il ne suffit pas de constater qu'il est général en Allemagne ; car cette généralité pourrait être due à la nature propre de la civilisation allemande. Mais il faudrait avoir démontré que ce penchant est lié à un état héréditaire de l'organisme allemand, que c'est un trait permanent du type, qui subsiste alors même que le milieu social est changé. C'est à cette seule condition que nous pourrons y voir un produit de la race. Cherchons donc si, en dehors de l'Allemagne, alors qu'il est associé à la vie d'autres peuples et acclimaté à des civilisations différentes, l'Allemand garde sa triste primauté.

L'Autriche nous offre, pour répondre à la question, une expérience toute faite. Les Allemands y sont mêlés, dans des proportions très différentes selon les provinces, à une population dont les origines ethniques sont tout autres. Voyons donc si leur présence a pour effet de faire hausser le chiffre des suicides. Le tableau VII (v. p. 61), indique pour chaque province, en même temps que le taux moyen des suicides pendant la période quinquennale 1872-77, l'importance numérique des éléments allemands. C'est d'après la nature des idiomes employés qu'on a fait la part des différentes races ; quoique ce critère ne soit pas d'une exactitude absolue, c'est pourtant le plus sûr dont on puisse se servir.

Tableau VII

Comparaison des provinces autrichiennes au point de vue du suicide et de la race

		Sur 100 habitants combien d'Allemands	Taux des suicides par million	
Provinces purement allemandes	Autriche inférieure.	95,90	254	
	Autriche supérieure.	100	110	Moyenne 106
	Salzbourg	100	120	
	Tyrol transalpin ..	100	88	
En majorité allemandes	Carinthie	71,40	92	Moyenne 125
	Styrie	62,45	94	
	Silésie	53,37	190	
A minorité allemande importante	Bohême	37,64	158	Moyenne 140
	Moravie	26,33	136	
	Bukovine	9,06	128	
A minorité allemande faible	Galicie	2,72	82	Moyenne des 2 groupes 86
	Tyrol cisalpin	1,90	88	
	Littoral	1,62	38	
	Carniole	6,20	46	
	Dalmatie		14	

Il nous est impossible d'apercevoir dans ce tableau, que nous empruntons à Morselli lui-même, la moindre trace de l'influence allemande. La Bohême, la Moravie et la Bukovine qui comprennent seulement de 37 à 9 % d'Allemands ont une moyenne de suicides (140) supérieure à celle de la Styrie, de la Carinthie et de la Silésie (125) où les Allemands sont pourtant en grande majorité. De même, ces derniers pays, où se trouve pourtant une importante minorité de Slaves, dépassent, pour ce qui regarde le suicide, les trois seules provinces où la population est tout entière allemande, la Haute-Autriche, le Salzbourg et le Tyrol transalpin. Il est vrai que l'Autriche inférieure donne beaucoup plus de suicides que les autres régions ; mais l'avance qu'elle a sur ce point ne saurait être attribuée à la présence d'éléments allemands, puisque ceux-ci sont plus nombreux dans la Haute-Autriche, le Salzbourg et le Tyrol transalpin où l'on se tue deux ou trois fois moins. La vraie cause de ce chiffre élevé, c'est que l'Autriche inférieure a pour chef-lieu Vienne qui, comme toutes les capitales, compte tous les ans un nombre énorme de suicides ; en 1876, il s'en commettait 320 par million d'habitants. Il faut donc se garder d'attribuer à la race ce qui provient de la grande ville. Inversement, si le Littoral, la Carniole et la Dalmatie ont si peu de suicides, ce n'est pas l'absence d'Allemands qui en est cause ; car, dans le Tyrol cisalpin, en Galicie, où pourtant il n'y a pas plus d'Allemands, il y a de deux à cinq fois plus de morts volontaires. Si même on calcule le taux moyen des suicides pour l'ensemble des huit provinces à minorité allemande, on arrive au chiffre de 86, c'est-à-dire autant que dans le Tyrol transalpin, où il n'y a que des Allemands, et plus que dans la Carinthie et dans la Styrie où ils sont en très grand nombre. Ainsi, quand l'Allemand et le Slave vivent dans le même milieu social, leur tendance au suicide est sensiblement la même. Par conséquent, la différence qu'on observe entre eux, quand les circonstances sont autres, ne tient pas à la race.

Il en est de même de celle que nous avons signalée entre l'Allemand et le Latin. En Suisse, nous trouvons ces deux races en présence. Quinze cantons sont allemands soit en totalité, soit en partie. La moyenne des suicides y est de *186* (année 1876). Cinq sont en majorité français (Valais, Fribourg, Neuchâtel, Genève, Vaud). La moyenne des suicides y est de *255*. Celui de ces cantons où il s'en commet le moins, le Valais (10 pour 1 million) se trouve être justement celui où il y a le plus d'Allemands (319 sur 1 000 habitants) ; au contraire, Neuchâtel, Genève et Vaud, où la population est presque tout entière latine, ont respectivement 486, 321, 371 suicides.

Pour permettre au facteur ethnique de mieux manifester son influence si elle existe, nous avons cherché à éliminer le facteur religieux qui pourrait la masquer. Pour cela, nous avons comparé les cantons allemands aux cantons français de même confession. Les résultats de ce calcul n'ont fait que confirmer les précédents :

Cantons suisses

Catholiques allemands.	87 suicides	Protestants allemands	293 suicides
— français ..	83 —	— français..	456 —

D'un côté, il n'y a pas d'écart sensible entre les deux races ; de l'autre, ce sont les Français qui ont la supériorité.

Les faits concordent donc à démontrer que, si les Allemands se tuent plus que les autres peuples, la cause n'en est pas au sang qui coule dans leurs veines, mais à la civilisation au sein de laquelle ils sont élevés. Cependant, parmi les preuves qu'a données Morselli pour établir l'influence de la race, il en est une qui, au premier abord, pourrait passer pour plus concluante. Le peuple français résulte du mélange de deux races principales, les Celtes et les Kymris, qui, dès l'origine, se distinguaient l'une de l'autre par la taille. Dès l'époque de Jules César, les Kymris étaient connus pour leur haute stature. Aussi est-ce d'après la taille des habitants que Broca a pu déterminer de quelle manière ces deux races sont actuellement distribuées sur la surface de notre territoire, et il a trouvé que les populations d'origine celtique sont prépondérantes au sud de la Loire, celles d'origine kymrique au nord. Cette carte ethnographique offre donc une certaine ressemblance avec celle des suicides ; car nous savons que ceux-ci sont cantonnés dans la partie septentrionale du pays et sont, au contraire, à leur *minimum* dans le Centre et dans le Midi. Mais Morselli est allé plus loin. Il a cru pouvoir établir que les suicides français variaient régulièrement selon le mode de distribution des éléments ethniques. Pour procéder à cette démonstration, il constitua six groupes de départements, calcula pour chacun d'eux la moyenne des suicides et aussi celle des conscrits exemptés pour défaut de taille ; ce qui est une manière indirecte de mesurer la taille moyenne de la population correspondante, car elle s'élève dans la mesure où le nombre des exemptés diminue. Or il se trouve que ces deux séries de moyennes varient en raison inverse l'une de l'autre ; il y a d'autant plus de suicides qu'il y a moins d'exemptés pour taille insuffisante, c'est-à-dire que la taille moyenne est plus haute (1).

Une correspondance aussi exacte, si elle était établie, ne pourrait guère être expliquée que par l'action de la race. Mais la manière dont Morselli est arrivé à ce résultat ne permet pas de le considérer comme acquis. Il a pris, en effet, comme base de sa comparaison, les six groupes ethniques distingués par Broca (2) suivant le degré supposé de pureté des deux races celtiques ou kymriques. Or, quelle que soit l'autorité de ce savant, ces questions ethnographiques sont beaucoup trop complexes et laissent encore trop de place à la diversité des interprétations et des hypothèses contradictoires pour qu'on puisse regarder comme certaine la classification qu'il a proposée. Il n'y a qu'à voir de combien de conjectures historiques, plus ou moins invérifiables, il a dû l'appuyer, et, s'il ressort avec évidence de ces recherches qu'il y a en France deux types anthropologiques nettement distincts, la réalité des types intermédiaires et diversement nuancés qu'il a cru reconnaître est bien plus douteuse (3). Si donc, laissant de côté ce tableau

(1) Morselli, *op. cit.*, p. 189.
(2) *Mémoires d'anthropologie*, t. I, p. 320.
(3) L'existence de deux grandes masses régionales, l'une formée de 15 départements septentrionaux où prédominent les hautes tailles (39 exemptés seulement pour mille conscrits), l'autre composée de 24 départements du Centre et de l'Ouest, et où les petites tailles sont générales (de 98 à 130 exemptions pour mille), paraît incontestable. Cette différence est-elle un produit de la race ? C'est déjà une question beaucoup plus difficile à résoudre. Si l'on songe qu'en trente ans la taille moyenne en France a sensiblement changé, que le nombre des exemptés pour cette cause est passé de 92,80 en 1831 à 59,40 pour mille en 1860, on sera en droit de se demander si un caractère aussi mobile est un bien sûr critère pour reconnaître l'existence de ces types relativement immuables qu'on appelle des races. Mais, en tout cas, la manière dont les groupes intermédiaires, intercalés par Broca entre ces deux types extrêmes, sont constitués, dénommés et rattachés soit à la souche kymrique soit à l'autre, nous paraît laisser place à bien plus de doute encore. Les raisons d'ordre morphologique sont ici impossibles. L'anthropologie peut bien établir quelle est la taille moyenne dans une région donnée, non de quels croisements cette moyenne résulte. Or les tailles intermédiaires peuvent être aussi bien dues à ce que des Celtes se sont croisés

systématique, mais peut-être trop ingénieux, on se contente de classer les départements d'après la taille moyenne qui est propre à chacun d'eux (c'est-à-dire d'après le nombre moyen des conscrits exemptés pour défaut de taille) et si, en regard de chacune de ces moyennes, on met celle des suicides, on trouve les résultats suivants qui diffèrent sensiblement de ceux qu'a obtenus Morselli :

TABLEAU VIII

Départements à haute taille			Départements à petite taille		
	Nombre des exemptés	Taux moyen des suicides		Nombre des exemptés	Taux moyen des suicides
1er groupe : 9 départ. . .	Au-dessous de 40 pour mille examinés.	180	1er groupe : 22 départ. .	De 60 à 80 pour mille examinés.	115 (sans la Seine 101).
2e groupe : 8 départ. . .	De 40 à 50.	249	2e groupe : 12 départ.	De 80 à 100.	88
3e groupe : 17 départ. .	De 50 à 60.	170	3e groupe : 14 départ.	Au-dessus.	90
Moy. générale	Au-dessous de 60 pour mille examinés.	191	Moy. générale	Au-dessus de 60 pour mille examinés.	103 (avec la Seine). 93 (sans la Seine).

Le taux des suicides ne croît pas, d'une manière régulière, proportionnellement à l'importance relative des éléments kym-

avec des races de plus haute stature, qu'à ce que des Kymris se soi᠎ alliés à des hommes plus petits qu'eux. La distribution géographique ne peut pas davantage être invoquée, car il se trouve que ces groupes mixtes se rencontrent un peu partout, au Nord-Ouest (la Normandie et la Basse-Loire), au Sud-Ouest (l'Aquitaine), au Sud (la Province romaine), à l'Est (la Lorraine), etc. Restent donc les arguments historiques qui ne peuvent être que très conjecturaux. L'histoire sait mal comment, quand, dans quelles conditions et proportions les différentes invasions et infiltrations de peuples ont eu lieu. A plus forte raison, ne peut-elle nous aider à déterminer l'influence qu'elles ont eue sur la constitution organique des peuples.

riques ou supposés tels ; car le premier groupe, où les tailles sont le plus hautes, compte moins de suicides que le second, et pas sensiblement plus que le troisième ; de même, les trois derniers sont à peu près au même niveau (1), quelque inégaux qu'ils soient sous le rapport de la taille. Tout ce qui ressort de ces chiffres, c'est que, au point de vue des suicides comme à celui de la taille, la France est partagée en deux moitiés, l'une septentrionale où les suicides sont nombreux et les tailles élevées, l'autre centrale où les tailles sont moindres et où l'on se tue moins, sans que, pourtant, ces deux progressions soient exactement parallèles. En d'autres termes, les deux grandes masses régionales que nous avons aperçues sur la carte ethnographique se retrouvent sur celle des suicides ; mais la coïncidence n'est vraie qu'en gros et d'une manière générale. Elle ne se retrouve pas dans le détail des variations que présentent les deux phénomènes comparés.

Une fois qu'on l'a ainsi ramenée à ses proportions véritables, elle ne constitue plus une preuve décisive en faveur des éléments ethniques ; car elle n'est plus qu'un fait curieux, qui ne suffit pas à démontrer une loi. Elle peut très bien n'être due qu'à la simple rencontre de facteurs indépendants. Tout au moins, pour qu'on pût l'attribuer à l'action des races, il faudrait que cette hypothèse fût confirmée et même réclamée par d'autres faits. Or, tout au contraire, elle est contredite par ceux qui suivent :

1º Il serait étrange qu'un type collectif comme celui des Allemands, dont la réalité est incontestable et qui a pour le suicide une si puissante affinité, cessât de la manifester dès que les circonstances sociales se modifient, et qu'un type à demi problématique comme celui des Celtes ou des anciens Belges, dont il ne reste que de rares vestiges, eût encore aujourd'hui sur cette même tendance une action efficace. Il y a trop d'écart entre l'extrême généralité des caractères qui en perpétuent le souvenir et la spécialité complexe d'un tel penchant.

---

(1) Surtout si l'on défalque la Seine qui, à cause des conditions exceptionnelles dans lesquelles elle se trouve, n'est pas exactement comparable aux autres départements.

2º Nous verrons plus loin que le suicide était fréquent chez les anciens Celtes (1). Si donc, aujourd'hui, il est rare dans les populations qu'on suppose être d'origine celtique, ce ne peut être en vertu d'une propriété congénitale de la race, mais de circonstances extérieures qui ont changé.

3º Celtes et Kymris ne constituent pas des races primitives et pures ; ils étaient affiliés « par le sang, comme par le langage et les croyances » (2). Les uns et les autres ne sont que des variétés de cette race d'hommes blonds et à haute stature qui, soit par invasions en masse, soit par essaims successifs, se sont peu à peu répandus dans toute l'Europe. Toute la différence qu'il y a entre eux au point de vue ethnographique, c'est que les Celtes, en se croisant avec les races brunes et petites du Midi, se sont écartés davantage du type commun. Par conséquent, si la plus grande aptitude des Kymris pour le suicide a des causes ethniques, elle viendrait de ce que, chez eux, la race primitive s'est moins altérée. Mais alors, on devrait voir, même en dehors de la France, le suicide croître d'autant plus que les caractères distinctifs de cette race sont plus accusés. Or, il n'en est rien. C'est en Norvège que se trouvent les plus hautes tailles de l'Europe (1,72 m) et, d'ailleurs, c'est vraisemblablement du Nord, en particulier des bords de la Baltique, que ce type est originaire ; c'est aussi là qu'il passe pour s'être le mieux maintenu. Pourtant, dans la presqu'île scandinave, le taux des suicides n'est pas élevé. La même race, dit-on, a mieux conservé sa pureté en Hollande, en Belgique et en Angleterre qu'en France (3), et cependant ce dernier pays est beaucoup plus fécond en suicides que les trois autres.

Du reste, cette distribution géographique des suicides français peut s'expliquer sans qu'il soit nécessaire de faire intervenir les puissances obscures de la race. On sait que notre pays est divisé, moralement aussi bien qu'ethnologiquement, en deux parties qui ne se sont pas encore complètement péné-

---

(1) V. plus bas, liv. II, chap. IV, p. 234, 239.
(2) Broca, *op. cit.*, t. I, p. 394.
(3) V. Topinard, *Anthropologie*, p. 464.

trées. Les populations du Centre et du Midi ont gardé leur humeur, un genre de vie qui leur est propre et, pour cette raison, résistent aux idées et aux mœurs du Nord. Or, c'est au Nord que se trouve le foyer de la civilisation française ; elle est donc restée chose essentiellement septentrionale. D'autre part, comme elle contient, ainsi qu'on le verra plus loin, les principales causes qui poussent les Français à se tuer, les limites géographiques de sa sphère d'action sont aussi celles de la zone la plus fertile en suicides. Si donc les gens du Nord se tuent plus que ceux du Midi, ce n'est pas qu'ils y soient plus prédisposés en vertu de leur tempérament ethnique ; c'est simplement que les causes sociales du suicide sont plus particulièrement accumulées au nord de la Loire qu'au sud.

Quant à savoir comment cette dualité morale de notre pays s'est produite et maintenue, c'est une question d'histoire que des considérations ethnographiques ne sauraient suffire à résoudre. Ce n'est pas ou, en tout cas, ce n'est pas seulement la différence des races qui a pu en être cause ; car des races très diverses sont susceptibles de se mêler et de se perdre les unes dans les autres. Il n'y a pas entre le type septentrional et le type méridional un tel antagonisme que des siècles de vie commune n'aient pu en triompher. Le Lorrain ne différait pas moins du Normand que le Provençal de l'habitant de l'Ile-de-France. Mais c'est que, pour des raisons historiques, l'esprit provincial, le traditionalisme local sont restés beaucoup plus forts dans le Midi, tandis qu'au Nord la nécessité de faire face à des ennemis communs, une plus étroite solidarité d'intérêts, des contacts plus fréquents ont rapproché plus tôt les peuples et confondu leur histoire. Et c'est précisément ce nivellement moral qui, en rendant plus active la circulation des hommes, des idées et des choses, a fait de cette dernière région le lieu d'origine d'une civilisation intense (1).

---

(1) La même remarque s'applique à l'Italie. Là aussi, les suicides sont plus nombreux au Nord qu'au Midi et, d'un autre côté, la taille moyenne des populations septentrionales est supérieure légèrement à celle des régions méridionales. Mais c'est que la civilisation actuelle de l'Italie est d'origine piémontaise et que, d'un autre côté, les Piémontais se trouvent être un peu plus

III

La théorie qui fait de la race un facteur important du penchant au suicide admet, d'ailleurs, implicitement qu'il est héréditaire : car il ne peut constituer un caractère ethnique qu'à cette condition. Mais l'hérédité du suicide est-elle démontrée ? La question mérite d'autant plus d'être examinée que, en dehors des rapports qu'elle soutient avec la précédente, elle a par elle-même son intérêt propre. Si, en effet, il était établi que la tendance au suicide se transmet par la génération, il faudrait reconnaître qu'elle dépend étroitement d'un état organique déterminé.

Mais il importe d'abord de préciser le sens des mots. Quand on dit du suicide qu'il est héréditaire, entend-on simplement que les enfants des suicidés, ayant hérité de l'humeur de leurs parents, sont enclins à se conduire comme eux dans les mêmes circonstances ? Dans ces termes, la proposition est incontestable, mais sans portée, car ce n'est pas alors le suicide qui est héréditaire ; ce qui se transmet, c'est simplement un certain tempérament général qui peut, le cas échéant, y prédisposer les sujets, mais sans les nécessiter, et qui, par conséquent, n'est pas une explication suffisante de leur détermination. Nous avons vu, en effet, comment la constitution individuelle qui en favorise le plus l'éclosion, à savoir la neurasthénie sous ses différentes formes, ne rend aucunement compte des variations que présente le taux des suicides. Mais c'est dans un tout autre sens que les psychologues ont très souvent parlé d'hérédité. Ce serait la tendance à se tuer qui passerait directement et intégralement des parents aux enfants et qui, une fois transmise, donnerait naissance au suicide avec un véritable automatisme. Elle consisterait alors en une sorte de mécanisme psychologique, doué d'une

---

grands que les gens du Sud. L'écart est, du reste, faible. Le *maximum* qui s'observe en Toscane et en Vénétie est de 1,65 m ; le *minimum*, en Calabre, est de 1,60 m, du moins pour ce qui regarde le continent italien. En Sardaigne, la taille s'abaisse à 1,58 m.

certaine autonomie, qui ne serait pas très différent d'une monomanie et auquel, selon toute vraisemblance, correspondrait un mécanisme physiologique non moins défini. Par suite, elle dépendrait essentiellement de causes individuelles.

L'observation démontre-t-elle l'existence d'une telle hérédité ? Assurément, on voit parfois le suicide se reproduire dans une même famille avec une déplorable régularité. Un des exemples les plus frappants est celui que cite Gall : « Un sieur G..., propriétaire, laisse sept enfants avec une fortune de deux millions, six enfants restent à Paris ou dans les environs, conservent leur portion de la fortune paternelle ; quelques-uns même l'augmentent. Aucun n'éprouve de malheurs ; tous jouissent d'une bonne santé... Tous les sept frères, dans l'espace de quarante ans, se sont suicidés (1). » Esquirol a connu un négociant, père de six enfants, sur lesquels il y en eut quatre qui se tuèrent ; un cinquième fit des tentatives répétées (2). Ailleurs, on voit successivement les parents, les enfants et les petits-enfants succomber à la même impulsion. Mais l'exemple des physiologistes doit nous apprendre à ne pas conclure prématurément en ces questions d'hérédité qui demandent à être traitées avec beaucoup de circonspection. Ainsi, les cas sont certainement nombreux où la phtisie frappe des générations successives, et cependant, les savants hésitent encore à admettre qu'elle est héréditaire. La solution contraire semble même prévaloir. Cette répétition de la maladie au sein d'une même famille peut être due, en effet, non à l'hérédité de la phtisie elle-même, mais à celle d'un tempérament général, propre à recevoir et à féconder, à l'occasion, le bacille générateur du mal. Dans ce cas, ce qui se transmettrait, ce ne serait pas l'affection elle-même, mais seulement un terrain de nature à en favoriser le développement. Pour avoir le droit de rejeter catégoriquement cette dernière explication, il faudrait avoir au moins établi que le bacille de Koch se rencontre souvent dans le fœtus ; tant que cette démonstration n'est pas faite, le

---

(1) *Sur les fonctions du cerveau*, Paris, 1825.
(2) *Maladies mentales*, t. I, p. 582.

doute s'impose. La même réserve est de rigueur dans le problème qui nous occupe. Il ne suffit donc pas, pour le résoudre, de citer certains faits favorables à la thèse de l'hérédité. Mais il faudrait encore que ces faits fussent en nombre suffisant pour ne pas pouvoir être attribués à des rencontres accidentelles — qu'ils ne comportassent pas d'autre explication — qu'ils ne fussent contredits par aucun autre fait. Satisfont-ils à cette triple condition ?

Ils passent, il est vrai, pour n'être pas rares. Mais pour qu'on puisse en conclure qu'il est dans la nature du suicide d'être héréditaire, ce n'est pas assez qu'ils soient plus ou moins fréquents. Il faudrait, de plus, pouvoir déterminer quelle en est la proportion par rapport à l'ensemble des morts volontaires. Si, pour une fraction relativement élevée du chiffre total des suicides, l'existence d'antécédents héréditaires était démontrée, on serait fondé à admettre qu'il y a entre ces deux faits un rapport de causalité, que le suicide a une tendance à se transmettre héréditairement. Mais tant que cette preuve manque, on peut toujours se demander si les cas que l'on cite ne sont pas dus à des combinaisons fortuites de causes différentes. Or, les observations et les comparaisons qui, seules, permettraient de trancher cette question n'ont jamais été faites d'une manière étendue. On se contente presque toujours de rapporter un certain nombre d'anecdotes intéressantes. Les quelques renseignements que nous avons sur ce point particulier n'ont rien de démonstratif dans aucun sens ; ils sont même un peu contradictoires. Sur 39 aliénés avec penchant plus ou moins prononcé au suicide que le Dr Luys a eu l'occasion d'observer dans son établissement et sur lesquels il a pu réunir des informations assez complètes, il n'a trouvé qu'un seul cas où la même tendance se fût déjà rencontrée dans la famille du malade (1). Sur 265 aliénés, Brierre de Boismont en a rencontré seulement 11, soit 4 %, dont les parents s'étaient suicidés (2). La proportion que donne

---

(1) *Suicide*, p. 197.
(2) Cité par Legoyt, p. 242.

Cazauvieilh est beaucoup plus élevée ; chez 13 sujets sur 60, il aurait constaté des antécédents héréditaires ; ce qui ferait 28 % (1). D'après la statistique bavaroise, la seule qui enregistre l'influence de l'hérédité, celle-ci, pendant les années 1857-66, se serait fait sentir environ 13 fois sur 100 (2).

Quelque peu décisifs que fussent ces faits, si l'on ne pouvait en rendre compte qu'en admettant une hérédité spéciale du suicide, cette hypothèse recevrait une certaine autorité de l'impossibilité même où l'on serait de trouver une autre explication. Mais il y a au moins deux autres causes qui peuvent produire le même effet, surtout par leur concours.

En premier lieu, presque toutes ces observations ont été faites par des aliénistes et, par conséquent, sur des aliénés. Or l'aliénation mentale est, peut-être, de toutes les maladies celle qui se transmet le plus fréquemment. On peut donc se demander si c'est le penchant au suicide qui est héréditaire, ou si ce n'est pas plutôt l'aliénation mentale dont il est un symptôme fréquent, mais pourtant accidentel. Le doute est d'autant plus fondé que, de l'aveu de tous les observateurs, c'est surtout, sinon exclusivement, chez les aliénés suicidés que se rencontrent les cas favorables à l'hypothèse de l'hérédité (3). Sans doute, même dans ces conditions, celle-ci joue un rôle important ; mais ce n'est plus l'hérédité du suicide. Ce qui est transmis, c'est l'affection mentale dans sa généralité, c'est la tare nerveuse dont le meurtre de soi-même est une conséquence contingente, quoique toujours à redouter. Dans ce cas, l'hérédité ne porte pas plus sur le penchant au suicide, qu'elle ne porte sur l'hémoptysie dans les cas de phtisie héréditaire. Si le malheureux, qui compte à la fois dans sa famille des fous et des suicidés, se tue, ce n'est pas parce que ses parents s'étaient tués, c'est parce qu'ils étaient fous. Aussi, comme les désordres mentaux se transforment en se transmettant, comme, par exemple, la mélancolie des ascendants devient le délire chronique ou la folie

(1) *Suicide*, p. 17-19.
(2) D'après Morselli, p. 410.
(3) Brierre de Boismont, *op. cit.*, p. 59 ; Cazauvieilh, *op. cit.*, p. 19.

instinctive chez les descendants, il peut se faire que plusieurs membres d'une même famille se donnent la mort et que tous ces suicides, ressortissant à des folies différentes, appartiennent, par conséquent, à des types différents.

Cependant, cette première cause ne suffit pas à expliquer tous les faits. Car, d'une part, il n'est pas prouvé que le suicide ne se répète jamais que dans les familles d'aliénés ; de l'autre, il reste toujours cette particularité remarquable que, dans certaines de ces familles, le suicide paraît être à l'état endémique, quoique l'aliénation mentale n'implique pas nécessairement une telle conséquence. Tout fou n'est pas porté à se tuer. D'où vient donc qu'il y ait des souches de fous qui semblent prédestinées à se détruire ? Ce concours de cas semblables suppose évidemment un facteur autre que le précédent. Mais on peut en rendre compte sans l'attribuer à l'hérédité. La puissance contagieuse de l'exemple suffit à le produire.

Nous verrons, en effet, dans un prochain chapitre que le suicide est éminemment contagieux. Cette contagiosité se fait surtout sentir chez les individus que leur constitution rend plus facilement accessibles à toutes les suggestions en général et aux idées de suicide en particulier ; car non seulement ils sont portés à reproduire tout ce qui les frappe, mais ils sont surtout enclins à répéter un acte pour lequel ils ont déjà quelque penchant. Or, cette double condition est réalisée chez les sujets aliénés ou simplement neurasthéniques, dont les parents se sont suicidés. Car leur faiblesse nerveuse les rend hypnotisables, en même temps qu'elle les prédispose à accueillir facilement l'idée de se donner la mort. Il n'est donc pas étonnant que le souvenir ou le spectacle de la fin tragique de leurs proches devienne pour eux la source d'une obsession ou d'une impulsion irrésistible.

Non seulement cette explication est tout aussi satisfaisante que celle qui fait appel à l'hérédité, mais il y a des faits qu'elle seule fait comprendre. Il arrive souvent que, dans les familles où s'observent des faits répétés de suicide, ceux-ci se reproduisent presque identiquement les uns les autres. Non seulement ils ont lieu au même âge, mais encore ils s'exécutent de la même manière. Ici, c'est la pendaison qui est en honneur, ailleurs c'est l'asphyxie ou la chute d'un lieu élevé. Dans un cas souvent cité, la ressemblance est encore poussée plus loin ; c'est une même arme qui a servi à toute une famille, et cela à plusieurs années de distance (1). On a voulu voir dans ces similitudes une preuve de plus en faveur de l'hérédité. Cependant, s'il y a de bonnes raisons pour ne pas faire du suicide une entité psychologique distincte, combien il est plus difficile d'admettre qu'il existe une tendance au suicide par la pendaison ou par le pistolet ! Ces faits ne démontrent-ils pas plutôt combien grande est l'influence contagieuse qu'exercent sur l'esprit des survivants les suicides qui ont ensanglanté déjà l'histoire de leur famille ? Car il faut que ces souvenirs les obsèdent et les persécutent pour les déterminer à reproduire, avec une aussi exacte fidélité, l'acte de leurs devanciers.

Ce qui donne à cette explication encore plus de vraisemblance, c'est que de nombreux cas où il ne peut être question d'hérédité et où la contagion est l'unique cause du mal, présentent le même caractère. Dans les épidémies dont il sera reparlé plus loin, il arrive presque toujours que les différents suicides se ressemblent avec la plus étonnante uniformité. On dirait qu'ils sont la copie les uns des autres. Tout le monde connaît l'histoire de ces quinze invalides qui, en 1772, se pendirent successivement et en peu de temps à un même crochet, sous un passage obscur de l'hôtel. Le crochet enlevé, l'épidémie prit fin. De même au camp de Boulogne, un soldat se fait sauter la cervelle dans une guérite ; en peu de jours, il a des imitateurs dans la même guérite ; mais, dès que celle-ci fut brûlée, la contagion s'arrêta. Dans tous ces faits, l'influence prépondérante de l'obsession est évidente puisqu'ils cessent aussitôt qu'a disparu l'objet matériel qui en évoquait l'idée. Quand donc des suicides manifestement issus les uns des autres semblent tous reproduire un même modèle, il est légitime de les attribuer à

(1) Ribot, *L'hérédité*, p. 145, Paris, Félix Alcan.

cette même cause, d'autant plus qu'elle doit avoir son *maximum* d'action dans ces familles où tout concourt à en accroître la puissance.

Bien des sujets ont, d'ailleurs, le sentiment qu'en faisant comme leurs parents, ils cèdent au prestige de l'exemple. C'est le cas d'une famille observée par Esquirol : « Le plus jeune (frère) âgé de 26 à 27 ans devient mélancolique et se précipite du toit de sa maison ; un second frère, qui lui donnait des soins, se reproche sa mort, fait plusieurs tentatives de suicide et meurt un an après des suites d'une abstinence prolongée et répétée... Un quatrième frère, médecin, qui, deux ans avant, m'avait répété avec un désespoir effrayant qu'il n'échapperait pas à son sort, se tue (1). » Moreau cite le fait suivant. Un aliéné, dont le frère et l'oncle paternel s'étaient tués, était affecté de penchant au suicide. Un frère qui venait lui rendre visite à Charenton était désespéré des idées horribles qu'il en rapportait et ne pouvait se défendre de la conviction que lui aussi finirait par succomber (2). Un malade vient faire à Brierre de Boismont la confession suivante : « Jusqu'à 53 ans, je me suis bien porté ; je n'avais aucun chagrin, mon caractère était assez gai lorsque, il y a trois ans, j'ai commencé à avoir des idées noires... Depuis trois mois, elles ne me laissent plus de repos et, à chaque instant, je suis poussé à me donner la mort. Je ne vous cacherai pas que mon frère s'est tué à 60 ans ; jamais je ne m'en étais préoccupé d'une manière sérieuse, mais en atteignant ma cinquante-sixième année, ce souvenir s'est présenté avec plus de vivacité à mon esprit et, maintenant, il est toujours présent. » Mais un des faits les plus probants est celui que rapporte Falret. Une jeune fille de 19 ans apprend « qu'un oncle du côté paternel s'était volontairement donné la mort. Cette nouvelle l'affligea beaucoup : elle avait ouï-dire que la folie était héréditaire, l'idée qu'elle pourrait un jour tomber dans ce triste état usurpa bientôt son attention... Elle était dans cette triste position lorsque

---

(1) LISLE, *op. cit.*, p. 195.
(2) BRIERRE, *op. cit.*, p. 57.

son père mit volontairement un terme à son existence. Dès lors, (elle) se croit tout à fait vouée à une mort violente. Elle ne s'occupe plus que de sa fin prochaine et mille fois elle répète : « Je « dois périr comme mon père et comme mon oncle ! mon sang est « donc corrompu ! » Et elle commet une tentative. Or, l'homme qu'elle croyait être son père ne l'était réellement pas. Pour la débarrasser de ses craintes, sa mère lui avoue la vérité et lui ménage une entrevue avec son père véritable. La ressemblance physique était si grande que la malade vit tous ses doutes se dissiper à l'instant même. Dès lors, elle renonce à toute idée de suicide ; sa gaieté revient progressivement et sa santé se rétablit » (1).

Ainsi, d'une part, les cas les plus favorables à l'hérédité du suicide ne suffisent pas à en démontrer l'existence, de l'autre, ils se prêtent sans peine à une autre explication. Mais il y a plus. Certains faits de statistique, dont l'importance semble avoir échappé aux psychologues, sont inconciliables avec l'hypothèse d'une transmission héréditaire proprement dite. Ce sont les suivants :

1º S'il existe un déterminisme organico-psychique, d'origine héréditaire, qui prédestine les hommes à se tuer, il doit sévir à peu près également sur les deux sexes. Car, comme le suicide n'a, par soi-même, rien de sexuel, il n'y a pas de raison pour que la génération grève les garçons plutôt que les filles. Or, en fait, nous savons que les suicides féminins sont en très petit nombre et ne représentent qu'une faible fraction des suicides masculins. Il n'en serait pas ainsi si l'hérédité avait la puissance qu'on lui attribue.

Dira-t-on que les femmes héritent, tout comme les hommes, du penchant au suicide, mais qu'il est neutralisé, la plupart du temps, par les conditions sociales qui sont propres au sexe féminin ? Mais que faut-il penser d'une hérédité qui, dans la majeure partie des cas, reste latente, sinon qu'elle consiste en une bien vague virtualité dont rien n'établit l'existence ?

(1) LUYS, *op. cit.*, p. 201.

2º Parlant de l'hérédité de la phtisie, M. Grancher s'exprime en ces termes : « Que l'on admette l'hérédité dans un cas de ce genre (il s'agit d'une phtisie déclarée chez un enfant de trois mois), tout nous y autorise... Il est déjà moins certain que la tuberculose date de la vie intra-utérine, quand elle éclate quinze ou vingt mois après la naissance, alors que rien ne pouvait faire soupçonner l'existence d'une tuberculose latente... Que dirons-nous maintenant des tuberculoses qui apparaissent quinze, vingt ou trente ans après la naissance ? En supposant même qu'une lésion aurait existé au commencement de la vie, cette lésion, au bout d'un temps si long, n'aurait-elle pas perdu sa virulence ? Est-il naturel d'accuser de tout le mal ces microbes fossiles plutôt que les bacilles bien vivants... que le sujet est exposé à rencontrer sur son chemin (1). » En effet, pour avoir le droit de soutenir qu'une affection est héréditaire, à défaut de la preuve péremptoire qui consiste à en faire voir le germe dans le fœtus ou dans le nouveau-né, à tout le moins faudrait-il établir qu'elle se produit fréquemment chez les jeunes enfants. Voilà pourquoi on a fait de l'hérédité la cause fondamentale de cette folie spéciale qui se manifeste dès la première enfance et que l'on a appelée, pour cette raison, folie héréditaire. Koch a même montré que, dans les cas où la folie, sans être créée de toutes pièces par l'hérédité, ne laisse pas d'en subir l'influence, elle a une tendance beaucoup plus marquée à la précocité que là où il n'y a pas d'antécédents connus (2).

On cite, il est vrai, des caractères qui sont regardés comme héréditaires et qui, pourtant, ne se montrent qu'à un âge plus ou moins avancé : telles la barbe, les cornes, etc. Mais ce retard n'est explicable dans l'hypothèse de l'hérédité que s'ils dépendent d'un état organique qui ne peut lui-même se constituer qu'au cours de l'évolution individuelle ; par exemple, pour tout ce qui concerne les fonctions sexuelles, l'hérédité ne peut évi-

---

(1) *Dictionnaire encyclopédique des sciences méd.*, art. « Phtisie », t. LXXVI, p. 542.
(2) *Op. cit.*, p. 170-172.

demment produire d'effets ostensibles qu'à la puberté. Mais si la propriété transmise est possible à tout âge, elle devrait se manifester d'emblée. Par conséquent, plus elle met de temps à apparaître, plus aussi on doit admettre qu'elle ne tient de l'hérédité qu'une faible incitation à être. Or, on ne voit pas pourquoi la tendance au suicide serait solidaire de telle phase du développement organique plutôt que de telle autre. Si elle constitue un mécanisme défini, qui peut se transmettre tout organisé, il devrait donc entrer en jeu dès les premières années.

Mais, en fait, c'est le contraire qui se passe. Le suicide est extrêmement rare chez les enfants. En France, d'après Legoyt, sur 1 million d'enfants au-dessous de 16 ans, il y avait, pendant la période 1861-75, 4,3 suicides de garçons, 1,8 suicide de filles. En Italie, d'après Morselli, les chiffres sont encore plus faibles : ils ne s'élèvent pas au-dessus de 1,25 pour un sexe et de 0,33 pour l'autre (période 1866-75), et la proportion est sensiblement la même dans tous les pays. Les suicides les plus jeunes se commettent à cinq ans et ils sont tout à fait exceptionnels. Encore n'est-il pas prouvé que ces faits extraordinaires doivent être attribués à l'hérédité. Il ne faut pas oublier, en effet, que l'enfant, lui aussi, est placé sous l'action des causes sociales et qu'elles peuvent suffire à le déterminer au suicide. Ce qui démontre leur influence même dans ce cas, c'est que les suicides d'enfants varient selon le milieu social. Ils ne sont nulle part aussi nombreux que dans les grandes villes (1). C'est que, nulle part aussi, la vie sociale ne commence aussi tôt pour l'enfant, comme le prouve la précocité qui distingue le petit citadin. Initié plus tôt et plus complètement au mouvement de la civilisation, il en subit plus tôt et plus complètement les effets. C'est aussi ce qui fait que, dans les pays cultivés, le nombre des suicides infantiles s'accroît avec une déplorable régularité (2).

---

(1) V. MORSELLI, p. 329 et suiv.
(2) V. LEGOYT, p. 158 et suiv., Paris, Félix Alcan.

Il y a plus. Non seulement le suicide est très rare pendant l'enfance, mais c'est seulement avec la vieillesse qu'il arrive à son apogée et, dans l'intervalle, il croît régulièrement d'âge en âge.

Tableau IX (1)

Suicides aux différents âges (pour un million de sujets de chaque âge)

	France (1835-44) Hommes	France (1835-44) Femmes	Prusse (1873-75) Hommes	Prusse (1873-75) Femmes	Saxe (1847-58) Hommes	Saxe (1847-58) Femmes	Italie (1872-76) Hommes	Italie (1872-76) Femmes	Danemark (1845-56) Hommes et femmes
Au-dessous de 16 ans	2,2	1,2	10,5	3,2	9,6	2,4	3,2	1,0	113
De 16 à 20.	56,5	31,7	122,0	50,3	210	85	32,3	12,2	272
De 20 à 30.	130,5	44,5	231,1	60,8	396	108	77,0	18,9	307
De 30 à 40.	155,6	44,0	235,1	55,6	551	126	72,3	19,6	426
De 40 à 50.	204,7	64,7	347,0	61,6	551	126	102,3	26,0	576
De 50 à 60.	217,9	74,8			906	207	140,0	32,0	702
De 60 à 70.	274,2	83,7	529,0	113,9	906	207	147,8	34,5	785
De 70 à 80.	317,3	91,8	529,0	113,9	917	297	124,3	29,1	785
Au-dessus .	345,1	81,4			917	297	103,8	33,8	642

Avec quelques nuances, ces rapports sont les mêmes dans tous les pays. La Suède est la seule société où le maximum tombe entre 40 et 50 ans. Partout ailleurs, il ne se produit qu'à la dernière ou à l'avant-dernière période de la vie et, partout également, à de très légères exceptions près qui sont peut-être dues à des erreurs de recensement (2), l'accroissement jusqu'à cette limite extrême est continu. La décroissance que l'on

(1) Les éléments de ce tableau sont empruntés à Morselli.
(2) Pour les hommes, nous n'en connaissons qu'un cas, c'est celui de l'Italie où il se produit un stationnement entre 30 et 40 ans. Pour les femmes, il y a au même âge un mouvement d'arrêt qui est général et qui, par conséquent, doit être réel. Il marque une étape dans la vie féminine. Comme il est spécial aux célibataires, il correspond sans doute à cette période intermédiaire où les déceptions et les froissements causés par le célibat commencent à être moins sensibles, et où l'isolement moral qui se produit à un âge plus avancé, quand la vieille fille reste seule, ne produit pas encore tous ses effets.

observe au-delà de 80 ans n'est pas absolument générale et, en tout cas, elle est très faible. Le contingent de cet âge est un peu au-dessous de celui que fournissent les septuagénaires, mais il reste supérieur aux autres ou, tout au moins, à la plupart des autres. Comment, dès lors, attribuer à l'hérédité une tendance qui n'apparaît que chez l'adulte *et qui, à partir de ce moment, prend toujours plus de force à mesure que l'homme avance dans l'existence* ? Comment qualifier de congénitale une affection qui, nulle ou très faible pendant l'enfance, va de plus en plus en se développant et n'atteint son maximum d'intensité que chez les vieillards ?

La loi de l'hérédité homochrone ne saurait être invoquée en l'espèce. Elle énonce, en effet, que, dans certaines circonstances, le caractère hérité apparaît chez les descendants à peu près au même âge que chez les parents. Mais ce n'est pas le cas du suicide qui, au-delà de 10 ou de 15 ans, est de tous les âges sans distinction. Ce qu'il a de caractéristique, ce n'est pas qu'il se manifeste à un moment déterminé de la vie, c'est qu'il progresse sans interruption d'âge en âge. Cette progression ininterrompue démontre que la cause dont il dépend se développe elle-même à mesure que l'homme vieillit. Or, l'hérédité ne remplit pas cette condition ; car elle est, par définition, tout ce qu'elle doit et peut être dès que la fécondation est accomplie. Dira-t-on que le penchant au suicide existe à l'état latent dès la naissance, mais qu'il ne devient apparent que sous l'action d'autres forces dont l'apparition est tardive et le développement progressif ? Mais c'est reconnaître que l'influence héréditaire se réduit tout au plus à une prédisposition très générale et indéterminée ; car, si le concours d'un autre facteur lui est tellement indispensable qu'elle fait seulement sentir son action quand il est donné et dans la mesure où il est donné, c'est lui qui doit être regardé comme la cause véritable.

Enfin, la façon dont le suicide varie selon les âges prouve que, de toute manière, un état organico-psychique n'en saurait être la cause déterminante. Car tout ce qui tient à l'organisme, étant soumis au rythme de la vie, passe successivement par une phase de croissance, puis de stationnement et, enfin, de régression. Il n'y a pas de caractère biologique ou psychologique qui progresse sans terme ; mais tous, après être arrivés à un moment d'apogée, entrent en décadence. Au contraire, le suicide ne parvient à son point culminant qu'aux dernières limites de la carrière humaine. Même le recul que l'on constate assez souvent vers 80 ans, outre qu'il est léger et n'est pas absolument général, n'est que relatif, puisque les nonagénaires se tuent encore autant ou plus que les sexagénaires, plus surtout que les hommes en pleine maturité. Ne reconnaît-on pas à ce signe que la cause qui fait varier le suicide ne saurait consister en une impulsion congénitale et immuable, mais dans l'action progressive de la vie sociale ? De même qu'il apparaît plus ou moins tôt, selon l'âge auquel les hommes débutent dans la société, il croît à mesure qu'ils y sont plus complètement engagés.

Nous voici donc ramenés à la conclusion du chapitre précédent. Sans doute, le suicide n'est possible que si la constitution des individus ne s'y refuse pas. Mais l'état individuel qui lui est le plus favorable consiste, non en une tendance définie et automatique (sauf le cas des aliénés), mais en une aptitude générale et vague, susceptible de prendre des formes diverses selon les circonstances, qui permet le suicide, mais ne l'implique pas nécessairement et, par conséquent, n'en donne pas l'explication.

Chapitre III

LE SUICIDE
ET LES FACTEURS COSMIQUES[1]

Mais si, à elles seules, les prédispositions individuelles ne sont pas des causes déterminantes du suicide, elles ont peut-être plus d'action quand elles se combinent avec certains facteurs cosmiques. De même que le milieu matériel fait parfois éclore des maladies qui, sans lui, resteraient à l'état de germe, il pourrait se faire qu'il eût le pouvoir de faire passer à l'acte les aptitudes générales et purement virtuelles dont certains individus seraient naturellement doués pour le suicide. Dans ce cas, il n'y aurait pas lieu de voir dans le taux des suicides un phénomène social ; dû au concours de certaines causes physiques et d'un état organico-psychique, il relèverait tout entier ou principalement de la psychologie morbide. Peut-être, il est vrai, aurait-on du mal à expliquer comment, dans ces conditions, il peut être si étroitement personnel à chaque groupe social : car, d'un pays à l'autre, le milieu cosmique ne diffère pas très sensiblement. Pourtant, un fait important ne laisserait pas d'être acquis : c'est qu'on pourrait rendre compte de certaines, tout au moins, des variations que présente ce phénomène, sans faire intervenir de causes sociales.

Parmi les facteurs de cette espèce, il en est deux seulement auxquels on a attribué une influence suicidogène ; c'est le climat et la température saisonnière.

(1) *Bibliographie*. — Lombroso, *Pensiero e Meteore* ; Ferri, Variations thermométriques et criminalité, in *Archives d'Anth. criminelle*, 1887 ; Corre, Le délit et le suicide à Brest, in *Arch. d'Anth. crim.*, 1890, p. 109 et suiv., 259 et suiv. ; du même, *Crime et suicide*, p. 605-639 ; Morselli, p. 103-157.

I

Voici comment les suicides se distribuent sur la carte d'Europe, selon les différents degrés de latitude :

Du 36ᵉ au 43ᵉ degré de latitude...   21,1 suicides par million d'habitants
Du 43ᵉ au 50ᵉ   —   —   ...   93,3   —   —
Du 50ᵉ au 55ᵉ   —   —   ...   172,5   —   —
Au-delà..........................   88,1   —   —

C'est donc dans le sud et au nord de l'Europe que le suicide est *minimum* ; c'est au centre qu'il est le plus développé : avec plus de précision, Morselli a pu dire que l'espace compris entre le 47ᵉ et le 57ᵉ degré de latitude, d'une part, et le 20ᵉ et le 40ᵉ degré de longitude, de l'autre, était le lieu de prédilection du suicide. Cette zone coïncide assez bien avec la région la plus tempérée de l'Europe. Faut-il voir dans cette coïncidence un effet des influences climatériques ?

C'est la thèse qu'a soutenue Morselli, non toutefois sans quelque hésitation. On ne voit pas bien, en effet, quel rapport il peut y avoir entre le climat tempéré et la tendance au suicide ; il faudrait donc que les faits fussent singulièrement concordants pour imposer une telle hypothèse. Or, bien loin qu'il y ait un rapport entre le suicide et tel ou tel climat, il est constant qu'il a fleuri sous tous les climats. Aujourd'hui, l'Italie en est relativement exempte ; mais il y fut très fréquent au temps de l'Empire, alors que Rome était la capitale de l'Europe civilisée. De même, sous le ciel brûlant de l'Inde, il a été, à certaines époques, très développé (1).

La configuration même de cette zone montre bien que le climat n'est pas la cause des nombreux suicides qui s'y commettent. La tache qu'elle forme sur la carte n'est pas constituée par une seule bande, à peu près égale et homogène, qui comprendrait tous les pays soumis au même climat, mais par deux

(1) V. plus bas, liv. II, chap. IV, p. 234, 235, 241.

taches distinctes : l'une qui a pour centre l'Ile-de-France et les départements circonvoisins, l'autre la Saxe et la Prusse. Elles coïncident donc, non avec une région climatérique nettement définie, mais avec les deux principaux foyers de la civilisation européenne. C'est, par conséquent, dans la nature de cette civilisation, dans la manière dont elle se distribue entre les différents pays, et non dans les vertus mystérieuses du climat, qu'il faut aller chercher la cause qui fait l'inégal penchant des peuples pour le suicide.

On peut expliquer de même un autre fait que Guerry avait déjà signalé, que Morselli confirme par des observations nouvelles et qui, s'il n'est pas sans exceptions, est pourtant assez général. Dans les pays qui ne font pas partie de la zone centrale, les régions qui en sont le plus rapprochées, soit au Nord soit au Sud, sont aussi les plus éprouvées par le suicide. C'est ainsi qu'en Italie il est surtout développé au Nord, tandis qu'en Angleterre et en Belgique il l'est davantage au Midi. Mais on n'a aucune raison d'imputer ces faits à la proximité du climat tempéré. N'est-il pas plus naturel d'admettre que les idées, les sentiments, en un mot, les courants sociaux qui poussent avec tant de force au suicide les habitants de la France septentrionale et de l'Allemagne du Nord, se retrouvent dans les pays voisins qui vivent un peu de la même vie, mais avec une

TABLEAU X

Distribution régionale du suicide en Italie

	Suicidés par million d'habitants			Le taux de chaque région exprimé en fonction de celui du Nord représenté par 100		
	Période 1866-67	1864-76	1884-86	1866-67	1864-76	1884-86
Nord.......	33,8	43,6	63	100	100	100
Centre	25,6	40,8	88	75	93	139
Sud	8,3	16,5	21	24	37	33

moindre intensité ? Voici, d'ailleurs, qui montre combien est grande l'influence des causes sociales sur cette répartition du suicide. En Italie, jusqu'en 1870, ce sont les provinces du Nord qui comptaient le plus de suicides, le Centre venait ensuite et le Sud en troisième lieu. Mais peu à peu, la distance entre le Nord et le Centre a diminué et les rangs respectifs ont fini par être intervertis (voir tableau X, p. 84). Le climat des différentes régions est cependant resté le même. Ce qu'il y a eu de changé, c'est que, par suite de la conquête de Rome en 1870, la capitale de l'Italie a été transportée au centre du pays. Le mouvement scientifique, artistique, économique s'est déplacé dans le même sens. Les suicides ont suivi.

Il n'y a donc pas lieu d'insister davantage sur une hypothèse que rien ne prouve et que tant de faits infirment.

II

L'influence de la température saisonnière paraît mieux établie. Les faits peuvent être diversement interprétés, mais ils sont constants.

Si, au lieu de les observer, on essayait de prévoir par le raisonnement quelle doit être la saison la plus favorable au suicide, on croirait volontiers que c'est celle où le ciel est le plus sombre, où la température est la plus basse ou la plus humide. L'aspect désolé que prend alors la nature n'a-t-il pas pour effet de disposer à la rêverie, d'éveiller les passions tristes, de provoquer à la mélancolie ? D'ailleurs, c'est aussi l'époque où la vie est le plus rude, parce qu'il nous faut une alimentation plus riche pour suppléer à l'insuffisance de la chaleur naturelle et qu'il est plus difficile de se la procurer. C'est déjà pour cette raison que Montesquieu considérait les pays brumeux et froids comme particulièrement favorables au développement du suicide et, pendant longtemps, cette opinion fit loi. En l'appliquant aux saisons, on en arriva à croire que c'est à l'automne que devait se trouver l'apogée du suicide. Quoique Esquirol eût déjà émis des doutes sur l'exactitude de cette théorie, Falret en acceptait encore le principe (1). La statistique l'a aujourd'hui définitivement réfutée. Ce n'est ni en hiver, ni en automne que le suicide atteint son *maximum*, mais pendant la belle saison, alors que la nature est la plus riante et la température la plus douce. L'homme quitte de préférence la vie au moment où elle est le plus facile. Si, en effet, on divise l'année en deux semestres, l'un qui comprend les six mois les plus chauds (de mars à août inclusivement), l'autre les six mois les plus froids, c'est toujours le premier qui compte le plus de suicides. *Il n'est pas un pays qui fasse exception à cette loi.* La proportion, à quelques unités près, est la même partout. Sur 1 000 suicides annuels, il y en a de 590 à 600 qui sont commis pendant la belle saison et 400 seulement pendant le reste de l'année.

Le rapport entre le suicide et les variations de la température peut même être déterminé avec plus de précision.

Si l'on convient d'appeler hiver le trimestre qui va de décembre à février inclus, printemps celui qui s'étend de mars à mai, été celui qui commence en juin pour finir en août, et automne les trois mois suivants, et si l'on classe ces quatre saisons suivant l'importance de leur mortalité-suicide, on trouve que presque partout l'été tient la première place. Morselli a pu comparer à ce point de vue 34 périodes différentes appartenant à 18 Etats européens, et il a constaté que dans 30 cas, c'est-à-dire 88 fois sur cent, le maximum des suicides tombait pendant la période estivale, trois fois seulement au printemps, une seule fois en automne. Cette dernière irrégularité que l'on a observée dans le seul grand-duché de Bade et à un seul moment de son histoire est sans valeur, car elle résulte d'un calcul qui porte sur une période de temps trop courte ; d'ailleurs, elle ne s'est pas reproduite aux périodes ultérieures. Les trois autres exceptions ne sont guère plus significatives. Elles se rapportent à la Hollande, à l'Irlande, à la Suède. Pour ce qui est des deux premiers pays, les chiffres

---

(1) *De l'hypocondrie*, etc., p. 28.

effectifs qui ont servi de base à l'établissement des moyennes saisonnières sont trop faibles pour qu'on en puisse rien conclure avec certitude ; il n'y a que 387 cas pour la Hollande et 755 pour l'Irlande. Du reste, la statistique de ces deux peuples n'a pas toute l'autorité désirable. Enfin, pour la Suède, c'est seulement pendant la période 1835-51 que le fait a été constaté. Si donc on s'en tient aux Etats sur lesquels nous sommes authentiquement renseignés, on peut dire que la loi est absolue et universelle.

L'époque où a lieu le minimum n'est pas moins régulière : 30 fois sur 34, c'est-à-dire 88 fois sur cent, il arrive en hiver ; les quatre autres fois en automne. Les quatre pays qui s'écartent de la règle sont l'Irlande et la Hollande (comme dans le cas précédent), le canton de Berne et la Norvège. Nous savons quelle est la portée des deux premières anomalies ; la troisième en a moins encore, car elle n'a été observée que sur un ensemble de 97 suicides. En résumé 26 fois sur 34, soit 76 fois sur cent, les saisons se rangent dans l'ordre suivant : été, printemps, automne, hiver. Ce rapport est vrai sans aucune exception du Danemark, de la Belgique, de la France, de la Prusse, de la Saxe, de la Bavière, du Wurtemberg, de l'Autriche, de la Suisse, de l'Italie et de l'Espagne.

Non seulement les saisons se classent de la même manière, mais la part proportionnelle de chacune diffère à peine d'un pays à l'autre. Pour rendre cette invariabilité plus sensible, nous avons, dans le tableau XI (v. p. 88), exprimé le contingent de chaque saison dans les principaux Etats européens en fonction du total annuel ramené à mille. On voit que les mêmes séries de nombres reviennent presque identiquement dans chaque colonne.

De ces faits incontestables Ferri et Morselli ont conclu que la température avait sur la tendance au suicide une influence directe ; que la chaleur, par l'action mécanique qu'elle exerce sur les fonctions cérébrales, entraînait l'homme à se tuer. Ferri a même essayé d'expliquer de quelle manière elle produisait cet effet. D'une part, dit-il, la chaleur augmente l'excitabilité

TABLEAU XI

*Part proportionnelle de chaque saison
dans le total annuel des suicides de chaque pays*

	Danemark (1858-65)	Belgique (1841-49)	France (1835-43)	Saxe (1847-58)	Bavière (1858-65)	Autriche (1858-59)	Prusse (1869-72)
Eté	312	301	306	307	308	315	290
Printemps	284	275	283	281	282	281	284
Automne.	227	229	210	217	218	219	227
Hiver ...	177	195	201	195	192	185	199
	1 000	1 000	1 000	1 000	1 000	1 000	1 000

du système nerveux ; de l'autre, comme, avec la saison chaude, l'organisme n'a pas besoin de consommer autant de matériaux pour entretenir sa propre température au degré voulu, il en résulte une accumulation de forces disponibles qui tendent naturellement à trouver leur emploi. Pour cette double raison, il y a, pendant l'été, un surcroît d'activité, une pléthore de vie qui demande à se dépenser et ne peut guère se manifester que sous forme d'actes violents. Le suicide est une de ces manifestations, l'homicide en est une autre, et voilà pourquoi les morts volontaires se multiplient pendant cette saison en même temps que les crimes de sang. D'ailleurs, l'aliénation mentale, sous toutes ses formes, passe pour se développer à cette époque ; il est donc naturel, a-t-on dit, que le suicide, par suite des rapports qu'il soutient avec la folie, évolue de la même manière.

Cette théorie, séduisante par sa simplicité, paraît, au premier abord, concorder avec les faits. Il semble même qu'elle n'en soit que l'expression immédiate. En réalité, elle est loin d'en rendre compte.

III

En premier lieu, elle implique une conception très contestable du suicide. Elle suppose, en effet, qu'il a toujours pour antécédent psychologique un état de surexcitation, qu'il consiste en un acte violent et n'est possible que par un grand déploiement de force. Or, au contraire, il résulte très souvent d'une extrême dépression. Si le suicide exalté ou exaspéré se rencontre, le suicide morne n'est pas moins fréquent ; nous aurons l'occasion de l'établir. Mais il est impossible que la chaleur agisse de la même manière sur l'un et sur l'autre ; si elle stimule le premier, elle doit rendre le second plus rare. L'influence aggravante qu'elle pourrait avoir sur certains sujets serait neutralisée et comme annulée par l'action modératrice qu'elle exercerait sur les autres ; par conséquent, elle ne pourrait pas se manifester, surtout d'une façon aussi sensible, à travers les données de la statistique. Les variations qu'elles présentent selon les saisons doivent donc avoir une autre cause. Quant à y voir un simple contrecoup des variations similaires que subirait, au même moment, l'aliénation mentale, il faudrait, pour pouvoir accepter cette explication, admettre entre le suicide et la folie une relation plus immédiate et plus étroite que celle qui existe. D'ailleurs, il n'est même pas prouvé que les saisons agissent de la même manière sur ces deux phénomènes (1), et, quand même ce parallélisme serait incontestable, il resterait encore à savoir si ce sont les changements de la température saisonnière qui font monter et descendre la courbe de l'aliénation mentale. Il n'est pas sûr que des causes d'une

(1) On ne peut juger de la manière dont les cas de folie se répartissent entre les saisons que par le nombre des entrées dans les asiles. Or, un tel critère est très insuffisant ; car les familles ne font pas interner les malades au moment précis où la maladie éclate, mais plus tard. De plus, en prenant ces renseignements tels que nous les avons, ils sont loin de montrer une concordance parfaite entre les variations saisonnières de la folie et celles du suicide. D'après une statistique de Cazauvieilh, sur 1 000 entrées annuelles à Charenton, la part de chaque saison serait la suivante : hiver, 222 ; printemps, 283 ; été, 261 ; automne, 231. Le même calcul fait pour l'ensemble des aliénés admis dans les asiles de la Seine donne des résultats analogues : hiver, 234 ; printemps, 266 ; été, 249 ; automne, 248. On voit : 1° que le maximum tombe au printemps et non en été ; encore faut-il tenir compte de ce fait que, pour les raisons indiquées, le maximum réel doit être antérieur ; 2° que les écarts entre les différentes saisons sont très faibles. Ils sont autrement marqués pour ce qui concerne les suicides.

tout autre nature ne puissent produire ou contribuer à produire ce résultat.

Mais, de quelque manière qu'on explique cette influence attribuée à la chaleur, voyons si elle est réelle.

Il semble bien résulter de quelques observations que les chaleurs trop violentes excitent l'homme à se tuer. Pendant l'expédition d'Egypte, le nombre des suicides augmenta, paraît-il, dans l'armée française et on imputa cet accroissement à l'élévation de la température. Sous les tropiques, il n'est pas rare de voir des hommes se précipiter brusquement à la mer quand le soleil darde verticalement ses rayons. Le Dr Dietrich raconte que, dans un voyage autour du monde accompli de 1844 à 1847 par le comte Charles de Gortz, il remarqua une impulsion irrésistible, qu'il nomme *the horrors*, chez les marins de l'équipage et qu'il décrit ainsi : « Le mal, dit-il, se manifeste généralement dans la saison d'hiver lorsque, après une longue traversée, les marins ayant mis pied à terre, se placent sans précautions autour d'un poêle ardent et se livrent, suivant l'usage, aux excès de tout genre. C'est en rentrant à bord que se déclarent les symptômes du terrible *horrors*. Ceux que l'affection atteint sont poussés par une puissance irrésistible à se jeter dans la mer, soit que le vertige les saisisse au milieu de leurs travaux, au sommet des mâts, soit qu'il survienne durant le sommeil dont les malades sortent violemment en poussant des hurlements affreux. » On a également observé que le *sirocco*, qui ne peut souffler sans rendre la chaleur étouffante, a sur le suicide une influence analogue (1).

Mais elle n'est pas spéciale à la chaleur ; le froid violent agit de même. C'est ainsi que, pendant la retraite de Moscou, notre armée, dit-on, fut éprouvée par de nombreux suicides. On ne saurait donc invoquer ces faits pour expliquer comment il se fait que, régulièrement, les morts volontaires sont plus nombreuses en été qu'en automne, et en automne qu'en hiver ; car tout ce

---

(1) Nous rapportons ces faits d'après Brierre de Boismont, *op. cit.*, p. 60-62.

qu'on en peut conclure, c'est que les températures extrêmes, quelles qu'elles soient, favorisent le développement du suicide. On comprend, du reste, que les excès de tout genre, les changements brusques et violents survenus dans le milieu physique, troublent l'organisme, déconcertent le jeu normal des fonctions et déterminent ainsi des sortes de délires au cours desquels l'idée du suicide peut surgir et se réaliser, si rien ne la contient. Mais il n'y a aucune analogie entre ces perturbations exceptionnelles et anormales et les variations graduées par lesquelles passe la température dans le cours de chaque année. La question reste donc entière. C'est à l'analyse des données statistiques qu'il faut en demander la solution.

Si la température était la cause fondamentale des oscillations que nous avons constatées, le suicide devrait régulièrement varier comme elle. Or il n'en est rien. On se tue beaucoup plus au printemps qu'en automne, quoiqu'il fasse alors un peu plus froid :

	France		Italie	
	Sur 1 000 suicides annuels combien à chaque saison	Température moyenne des saisons	Sur 1 000 suicides annuels combien à chaque saison	Température moyenne des saisons
Printemps ...	284	10,2°	297	12,9°
Automne	227	11,1°	196	13,1°

Ainsi, tandis que le thermomètre monte de 0,9° en France, et de 0,2° en Italie, le chiffre des suicides diminue de 21 % dans le premier de ces pays et de 35 % dans l'autre. De même, la température de l'hiver est, en Italie, beaucoup plus basse que celle de l'automne (2,3° au lieu de 13,1°), et pourtant, la mortalité-suicide est à peu près la même dans les deux saisons (196 cas d'un côté, 194 de l'autre). Partout, la différence entre le printemps et l'été est très faible pour les suicides, tandis qu'elle est très élevée pour la température. En France, l'écart est de 78 % pour l'une et seulement de 8 % pour l'autre ; en Prusse, il est respectivement de 121 % et de 4 %.

Cette indépendance par rapport à la température est encore plus sensible si l'on observe le mouvement des suicides, non plus par saisons, mais par mois. Ces variations mensuelles sont, en effet, soumises à la loi suivante qui s'applique à tous les pays d'Europe : *A partir du mois de janvier inclus la marche du suicide est régulièrement ascendante de mois en mois jusque vers juin et régulièrement régressive à partir de ce moment jusqu'à la fin de l'année.* Le plus généralement, 62 fois sur cent, le maximum tombe en juin, 25 fois en mai et 12 fois en juillet. Le minimum a eu lieu 60 fois sur cent en décembre, 22 fois en janvier, 15 fois en novembre et 3 fois en octobre. D'ailleurs, les irrégularités les plus marquées sont données, pour la plupart, par des séries trop petites pour avoir une grande signification. Là où l'on peut suivre le développement du suicide sur un long espace de temps, comme en France, on le voit croître jusqu'en juin, décroître ensuite jusqu'en janvier et la distance entre les extrêmes n'est pas inférieure à 90 ou 100 % en moyenne. Le suicide n'arrive donc pas à son apogée aux mois les plus chauds qui sont août ou juillet ; au contraire, à partir d'août, il commence à baisser et très sensiblement. De même dans la majeure partie des cas, il ne descend pas à son point le plus bas en janvier qui est le mois le plus froid, mais en décembre. Le tableau XII (v. p. 93) montre pour chaque mois que la correspondance entre les mouvements du thermomètre et ceux du suicide n'a rien de régulier ni de constant.

Dans un même pays, des mois dont la température est sensiblement la même produisent un nombre proportionnel de suicides très différent (par exemple, mai et septembre, avril et octobre en France, juin et septembre en Italie, etc.). L'inverse n'est pas moins fréquent ; janvier et octobre, février et août, en France, comptent autant de suicides malgré des différences énormes de température, et il en est de même d'avril et de juillet en Italie et en Prusse. De plus, les chiffres proportionnels sont presque rigoureusement les mêmes pour chaque mois dans ces différents pays, quoique la température mensuelle soit très inégale d'un pays à l'autre. Ainsi, mai dont la température est de 10,47° en

Tableau XII (1)

	France (1866-70)		Italie (1883-88)			Prusse (1876-78, 80-82, 85-89)	
	Température moyenne	Combien de suicides chaque mois sur 1 000 suicides annuels	Température moyenne		Combien de suicides chaque mois sur 1 000 suicides annuels	Température moyenne (1848-77)	Combien de suicides chaque mois sur 1 000 suicides annuels
			Rome	Naples			
Janvier.....	2,4°	68	6,8°	8,4°	69	0,28°	61
Février......	4,0°	80	8,2°	9,3°	80	0,73°	67
Mars	6,4°	86	10,4°	10,7°	81	2,74°	78
Avril	10,1°	102	13,5°	14,0°	98	6,79°	99
Mai	14,2°	105	18,0°	17,9°	103	10,47°	104
Juin	17,2°	107	21,9°	21,5°	105	14,05°	105
Juillet	18,9°	100	24,9°	24,3°	102	15,22°	99
Août........	18,5°	82	24,3°	24,2°	93	14,60°	90
Septembre ..	15,7°	74	21,2°	21,5°	73	11,60°	83
Octobre.....	11,3°	70	16,3°	17,1°	65	7,79°	78
Novembre ..	6,5°	66	10,9°	12,2°	63	2,93°	70
Décembre ...	3,7°	61	7,9°	9,5°	61	0,60°	61

Prusse, de 14,2° en France et de 18° en Italie, donne dans la première 104 suicides, 105 dans la seconde et 103 dans la troisième (2). On peut faire la même remarque pour presque tous les autres mois. Le cas de décembre est particulièrement significatif. Sa part dans le total annuel des suicides est rigoureusement la même pour les trois sociétés comparées (61 suicides pour mille) ; et pourtant le thermomètre à cette époque de l'année marque en moyenne 7,9° à Rome, 9,5° à Naples, tandis qu'en Prusse il ne s'élève pas au-dessus de 0,67°. Non seulement les températures mensuelles ne sont pas les mêmes, mais elles évoluent suivant des lois différentes dans les différentes contrées ; ainsi, en France, le thermomètre monte plus de janvier à avril

---

(1) Tous les mois dans ce tableau ont été ramenés à 30 jours. — Les chiffres relatifs aux températures sont empruntés pour la France à l'*Annuaire du bureau des longitudes*, et, pour l'Italie, aux *Annali dell' Ufficio centrale de Meteorologia*.

(2) On ne saurait trop remarquer cette constance des chiffres proportionnels sur la signification de laquelle nous reviendrons (liv. III, chap. I).

que d'avril à juin, tandis que c'est l'inverse en Italie. Les variations thermométriques et celles du suicide sont donc sans aucun rapport.

Si, d'ailleurs, la température avait l'influence qu'on suppose, celle-ci devrait se faire sentir également dans la distribution géographique des suicides. Les pays les plus chauds devraient être les plus éprouvés. La déduction s'impose avec une telle évidence que l'école italienne y recourt elle-même, quand elle entreprend de démontrer que la tendance homicide, elle aussi, s'accroît avec la chaleur. Lombroso, Ferri, se sont attachés à établir que, comme les meurtres sont plus fréquents en été qu'en hiver, ils sont aussi plus nombreux au Sud qu'au Nord. Malheureusement, quand il s'agit du suicide, la preuve se retourne contre les criminologistes italiens : car c'est dans les pays méridionaux de l'Europe qu'il est le moins développé. L'Italie en compte cinq fois moins que la France ; l'Espagne et le Portugal sont presque indemnes. Sur la carte française des suicides, la seule tache blanche qui ait quelque étendue est formée par les départements situés au sud de la Loire. Sans doute, nous n'entendons pas dire que cette situation soit réellement un effet de la température ; mais, quelle qu'en soit la raison, elle constitue un fait inconciliable avec la théorie qui fait de la chaleur un stimulant du suicide (1).

Le sentiment de ces difficultés et de ces contradictions a amené Lombroso et Ferri à modifier légèrement la doctrine de l'école, mais sans en abandonner le principe. Suivant Lombroso, dont Morselli reproduit l'opinion, ce ne serait pas tant l'intensité de la chaleur qui provoquerait au suicide que l'arrivée des

(1) Il est vrai que, suivant ces auteurs, le suicide ne serait qu'une variété de l'homicide. L'absence de suicides dans les pays méridionaux ne serait donc qu'apparente, car elle serait compensée par un excédent d'homicides. Nous verrons plus loin ce qu'il faut penser de cette identification. Mais, dès maintenant, comment ne pas voir que cet argument se retourne contre ses auteurs ? Si l'excès d'homicides qu'on observe dans les pays chauds compense le manque de suicides, comment cette même compensation ne s'établirait-elle pas aussi pendant la saison chaude ? D'où vient que cette dernière est à la fois fertile en homicides de soi-même et en homicides d'autrui ?

premières chaleurs, que le contraste entre le froid qui s'en va et la saison chaude qui commence. Celle-ci surprendrait l'organisme au moment où il n'est pas encore habitué à cette température nouvelle. Mais il suffit de jeter un coup d'œil sur le tableau XII pour s'assurer que cette explication est dénuée de tout fondement. Si elle était exacte, on devrait voir la courbe qui figure les mouvements mensuels du suicide rester horizontale pendant l'automne et l'hiver, puis monter tout à coup à l'instant précis où arrivent ces premières chaleurs, source de tout le mal, pour redescendre non moins brusquement une fois que l'organisme a eu le temps de s'y acclimater. Or tout au contraire, la marche en est parfaitement régulière : la montée, tant qu'elle dure, est à peu près la même d'un mois à l'autre. Elle s'élève de décembre à janvier, de janvier à février, de février à mars, c'est-à-dire pendant les mois où les premières chaleurs sont encore loin et elle redescend progressivement de septembre à décembre, alors qu'elles sont depuis si longtemps terminées qu'on ne saurait attribuer cette décroissance à leur disparition. D'ailleurs à quel moment se montrent-elles ? On s'entend généralement pour les faire commencer en avril. En effet, de mars à avril, le thermomètre monte de 6,4º à 10,1º ; l'augmentation est donc de 57 %, tandis qu'elle n'est plus que de 40 % d'avril à mai, de 21 % de mai à juin. On devrait donc constater en avril une poussée exceptionnelle de suicides. En réalité, l'accroissement qui se produit alors n'est pas supérieur à celui qu'on observe de janvier à février (18 %). Enfin, comme cet accroissement non seulement se maintient, mais encore se poursuit, quoique avec plus de lenteur, jusqu'en juin et même jusqu'en juillet, il paraît bien difficile de l'imputer à l'action du printemps, à moins de prolonger cette saison jusqu'à la fin de l'été et de n'en exclure que le seul mois d'août.

D'ailleurs, si les premières chaleurs étaient à ce point funestes, les premiers froids devraient avoir la même action. Eux aussi surprennent l'organisme qui en a perdu l'habitude et troublent les fonctions vitales jusqu'à ce que la réadaptation soit un fait accompli. Cependant, il ne se produit en automne aucune ascension qui ressemble même de loin à celle que l'on observe au printemps. Aussi ne comprenons-nous pas comment Morselli, après avoir reconnu que, d'après sa théorie, le passage du chaud au froid doit avoir les mêmes effets que la transition inverse, a pu ajouter : « Cette action des premiers froids peut se vérifier soit dans nos tableaux statistiques, soit, mieux encore, dans la seconde élévation que présentent toutes nos courbes en automne, aux mois d'octobre et de novembre, c'est-à-dire quand le passage de la saison chaude à la saison froide est le plus vivement ressenti par l'organisme humain et spécialement par le système nerveux (1). » On n'a qu'à se reporter au tableau XII pour voir que cette assertion est absolument contraire aux faits. Des chiffres mêmes donnés par Morselli, il résulte que, d'octobre à novembre, le nombre des suicides n'augmente presque dans aucun pays, mais, au contraire, diminue. Il n'y a d'exceptions que pour le Danemark, l'Irlande, une période de l'Autriche (1851-54) et l'augmentation est minime dans les trois cas (2). En Danemark, ils passent de 68 pour mille à 71, en Irlande de 62 à 66, en Autriche de 65 à 68. De même, en octobre, il ne se produit d'accroissement que dans huit cas sur trente et une observation, à savoir pendant une période de la Norvège, une de la Suède, une de la Saxe, une de la Bavière, de l'Autriche, du duché de Bade et deux du Wurtemberg. Toutes les autres fois il y a baisse ou état stationnaire. En résumé, vingt et une fois sur trente et une, ou 67 fois sur cent, il y a diminution régulière de septembre à décembre.

La continuité parfaite de la courbe, tant dans sa phase progressive que dans la phase inverse, prouve donc que les variations mensuelles du suicide ne peuvent résulter d'une crise passagère de l'organisme, se produisant une fois ou deux dans l'année, à la suite d'une rupture d'équilibre brusque et tempo-

(1) *Op. cit.*, p. 148.
(2) Nous laissons de côté les chiffres qui concernent la Suisse. Ils ne sont calculés que sur une seule année (1876) et, par conséquent, on n'en peut rien conclure. D'ailleurs la hausse d'octobre à novembre est bien faible. Les suicides passent de 83 pour mille à 90.

raire. Mais elles ne peuvent dépendre que de causes qui varient, elles aussi, avec la même continuité.

IV

Il n'est pas impossible d'apercevoir dès maintenant de quelle nature sont ces causes.

Si l'on compare la part proportionnelle de chaque mois dans le total des suicides annuels à la longueur moyenne de la journée au même moment de l'année, les deux séries de nombres que l'on obtient ainsi varient exactement de la même manière (v. tableau XIII).

Le parallélisme est parfait. Le maximum est, de part et d'autre,

Tableau XIII

Comparaison des variations mensuelles des suicides avec la longueur moyenne des journées en France

	Longueur des jours (1)	Accroissement et diminution	Combien de suicides par mois sur 1 000 suicides annuels	Accroissement et diminution
		Accroissement		Accroissement
Janvier	9 h 19'		68	
Février	10 h 56'	De janvier à	80	De janvier à
Mars	12 h 47'	avril, 55 %.	86	avril, 50 %.
Avril	14 h 29'		102	
Mai	15 h 48'	D'avril à juin,	105	D'avril à juin,
Juin	16 h 3'	10 %.	107	5 %.
		Diminution		Diminution
Juillet	15 h 4'	De juin à août,	100	De juin à août,
Août	13 h 25'	17 %.	82	24 %.
Septembre	11 h 39'	D'août à octo-	74	D'août à octo-
Octobre	9 h 51'	bre, 27 %.	70	bre, 27 %.
Novembre	8 h 31'	D'octobre à dé-	66	D'octobre à dé-
Décembre	8 h 11'	cembre, 17 %.	61	cembre, 13 %.

(1) La longueur indiquée est celle du dernier jour du mois.

atteint au même moment et le minimum de même ; dans l'intervalle, les deux ordres de faits marchent *pari passu*. Quand les jours s'allongent vite, les suicides augmentent beaucoup (janvier à avril) ; quand l'accroissement des uns se ralentit, celui des autres fait de même (avril à juin). La même correspondance se retrouve dans la période de décroissance. Même les mois différents où le jour est à peu près de même durée ont à peu près le même nombre de suicides (juillet et mai, août et avril).

Une correspondance aussi régulière et aussi précise ne peut être fortuite. Il doit donc y avoir une relation entre la marche du jour et celle du suicide. Outre que cette hypothèse résulte immédiatement du tableau XIII, elle permet d'expliquer un fait que nous avons signalé précédemment. Nous avons vu que, dans les principales sociétés européennes, les suicides se répartissent rigoureusement de la même manière entre les différentes parties de l'année, saisons ou mois (1). Les théories de Ferri et de Lombroso ne pouvaient rendre aucunement compte de cette curieuse uniformité, car la température est très différente dans les différentes contrées de l'Europe et elle y évolue diversement. Au contraire, la longueur de la journée est sensiblement la même pour tous les pays européens que nous avons comparés.

Mais ce qui achève de démontrer la réalité de ce rapport, c'est ce fait que, en toute saison, la majeure partie des suicides a lieu de jour. Brierre de Boismont a pu dépouiller les dossiers de 4 595 suicides accomplis à Paris de 1834 à 1843. Sur 3 518 cas dont le moment a pu être déterminé, 2 094 avaient été commis le jour, 766 le soir et 658 la nuit. Les suicides du jour et du soir représentent donc les quatre cinquièmes de la somme totale et les premiers, à eux seuls, en sont déjà les trois cinquièmes.

La statistique prussienne a recueilli sur ce point des documents plus nombreux. Ils se rapportent à 11 822 cas qui se sont

---

(1) Cette uniformité nous dispense de compliquer le tableau XIII. Il n'est pas nécessaire de comparer les variations mensuelles de la journée et celles du suicide dans d'autres pays que la France, puisque les unes et les autres sont sensiblement les mêmes partout, pourvu qu'on ne compare pas des pays de latitudes trop différentes.

produits pendant les années 1869-72. Ils ne font que confirmer les conclusions de Brierre de Boismont. Comme les rapports sont sensiblement les mêmes chaque année, nous ne donnons pour abréger que ceux de 1871 et 1872 :

Tableau XIV

	Combien de suicides à chaque moment de la journée sur 1 000 suicides journaliers	
	1871	1872
Première matinée (1)	35,9	35,9
Deuxième —	158,3 ⎫	159,7 ⎫
Milieu du jour	73,1 ⎬ 375	71,5 ⎬ 391,9
Après-midi	143,6 ⎭	160,7 ⎭
Le soir	53,5	61,0
La nuit	212,6	219,3
Heure inconnue	322	291,9
	1 000	1 000

La prépondérance des suicides diurnes est évidente. Si donc le jour est plus fécond en suicides que la nuit, il est naturel que ceux-ci deviennent plus nombreux à mesure qu'il devient plus long.

Mais d'où vient cette influence du jour ?

Certainement, on ne saurait invoquer, pour en rendre compte, l'action du soleil et de la température. En effet, les suicides commis au milieu de la journée, c'est-à-dire au moment de la plus grande chaleur, sont beaucoup moins nombreux que ceux du soir ou de la seconde matinée. On verra même plus bas qu'en plein midi il se produit un abaissement sensible. Cette explication écartée, il n'en reste plus qu'une de possible, c'est que le jour favorise le suicide parce que c'est le moment où les

---

(1) Ce terme désigne la partie du jour qui suit immédiatement le lever du soleil.

affaires sont le plus actives, où les relations humaines se croisent et s'entrecroisent, où la vie sociale est le plus intense.

Les quelques renseignements que nous avons sur la manière dont le suicide se répartit entre les différentes heures de la journée ou entre les différents jours de la semaine confirment cette interprétation. Voici d'après 1 993 cas observés par Brierre de Boismont à Paris et 548 cas, relatifs à l'ensemble de la France et réunis par Guerry, quelles seraient les principales oscillations du suicide dans les 24 heures :

Paris		France	
	Nombre des suicides par heure		Nombre des suicides par heure
De minuit à 6 h	55	De minuit à 6 h	30
De 6 h à 11 h	*108*	De 6 h à midi	*61*
De 11 h à midi	81	De midi à 14 h	32
De midi à 16 h	*105*	De 14 h à 18 h	*47*
De 16 h à 20 h	81	De 18 h à minuit	38
De 20 h à minuit	61		

On voit qu'il y a deux moments où le suicide bat son plein ; ce sont ceux où le mouvement des affaires est le plus rapide, le matin et l'après-midi. Entre ces deux périodes, il en est une de repos où l'activité générale est momentanément suspendue ; le suicide s'arrête un instant. C'est vers onze heures à Paris et vers midi en province que se produit cette accalmie. Elle est plus prononcée et plus prolongée dans les départements que dans la capitale, par cela seul que c'est l'heure où les provinciaux prennent leur principal repas ; aussi le stationnement du suicide y est-il plus marqué et de plus de durée. Les données de la statistique prussienne, que nous avons rapportées un peu plus haut, pourraient fournir l'occasion de remarques analogues (1).

(1) On a une autre preuve du rythme de repos et d'activité par lequel passe la vie sociale aux différents moments de la journée dans la manière

D'autre part, Guerry, ayant déterminé pour 6 587 cas le jour de la semaine où ils avaient été commis, a obtenu l'échelle que nous reproduisons au tableau XV (v. p. 101). Il en ressort que le suicide diminue à la fin de la semaine à partir du vendredi. Or, on sait que les préjugés relatifs au vendredi ont pour effet de ralentir la vie publique. La circulation sur les che-

Tableau XV

	Part de chaque jour sur 1 000 suicidés hebdomadaires	Part proportionnelle de chaque sexe (en %)	
		Hommes	Femmes
Lundi	15,20	69	31
Mardi	15,71	68	32
Mercredi	14,90	68	32
Jeudi	15,68	67	33
Vendredi	13,74	67	33
Samedi	11,19	69	31
Dimanche	13,57	64	36

mins de fer est, ce jour, beaucoup moins active que les autres. On hésite à nouer des relations et à entreprendre des affaires en cette journée de mauvais augure. Le samedi, dès l'après-midi, un commencement de détente commence à se produire ; dans certains pays, le chômage est assez étendu ; peut-être aussi la perspective du lendemain exerce-t-elle par avance une influence calmante sur les esprits. Enfin, le dimanche, l'activité économique cesse complètement. Si des manifestations d'un autre genre ne remplaçaient alors celles qui disparaissent, si les lieux de plaisir ne se remplissaient au moment où les ateliers, les bureaux et les magasins se vident, on peut pen-

dont les accidents varient selon les heures. Voici comment, d'après le bureau de statistique prussienne, ils se répartiraient :

De 6 h à midi	1 011	accidents en moyenne par heure	
De midi à 14 h	686	—	—
De 14 h à 18 h	1 191	—	—
De 18 h à 19 h	979	—	—

ser que l'abaissement du suicide, le dimanche, serait encore plus accentué. On remarquera que ce même jour est celui où la part relative de la femme est le plus élevée ; or c'est aussi en ce jour qu'elle sort le plus de cet intérieur où elle est comme retirée le reste de la semaine et qu'elle vient se mêler un peu à la vie commune (1).

Tout concourt donc à prouver que si le jour est le moment de la journée qui favorise le plus le suicide, c'est que c'est aussi celui où la vie sociale est dans toute son effervescence. Mais alors nous tenons une raison qui nous explique comment le nombre des suicides s'élève à mesure que le soleil reste plus longtemps au-dessus de l'horizon. C'est que le seul allongement des jours ouvre, en quelque sorte, une carrière plus vaste à la vie collective. Le temps du repos commence pour elle plus tard et finit plus tôt. Elle a plus d'espace pour se développer. Il est donc nécessaire que les effets qu'elle implique se développent au même moment et, puisque le suicide est l'un d'eux, qu'il s'accroisse.

Mais cette première cause n'est pas la seule. Si l'activité publique est plus intense en été qu'au printemps et au printemps qu'en automne et qu'en hiver, ce n'est pas seulement parce que le cadre extérieur, dans lequel elle se déroule, s'élargit à mesure qu'on avance dans l'année ; c'est qu'elle est directement excitée pour d'autres raisons.

L'hiver est pour la campagne une époque de repos qui va

---

(1) Il est remarquable que ce contraste entre la première et la seconde moitié de la semaine se retrouve dans le mois. Voici, en effet, d'après Brierre de Boismont, *op. cit.*, p. 424, comment 4 595 suicides parisiens se répartiraient :

Pendant les dix premiers jours du mois 1 727
— suivants 1 488
— derniers 1 380

L'infériorité numérique de la dernière décade est encore plus grande qu'il ne ressort de ces chiffres ; car à cause du 31e jour, elle renferme souvent 11 jours au lieu de 10. On dirait que le rythme de la vie sociale reproduit les divisions du calendrier ; qu'il y a comme un renouveau d'activité toutes les fois qu'on entre dans une période nouvelle et une sorte d'alanguissement à mesure qu'elle tend vers sa fin.

jusqu'à la stagnation. Toute la vie est comme arrêtée ; les relations sont rares et à cause de l'état de l'atmosphère et parce que le ralentissement des affaires leur enlève leur raison d'être. Les habitants sont plongés dans un véritable sommeil. Mais, dès le printemps, tout commence à se réveiller : les occupations reprennent, les rapports se nouent, les échanges se multiplient, il se produit de véritables mouvements de population pour satisfaire aux besoins du travail agricole. Or, ces conditions particulières de la vie rurale ne peuvent manquer d'avoir une grande influence sur la distribution mensuelle des suicides, puisque la campagne fournit plus de la moitié du chiffre total des morts volontaires ; en France, de 1873 à 1878, elle avait à son compte 18 470 cas sur un ensemble de 36 365. Il est donc naturel qu'ils deviennent plus nombreux à mesure qu'on s'éloigne de la mauvaise saison. Ils atteignent leur *maximum* en juin ou en juillet, c'est-à-dire à l'époque où la campagne est en pleine activité. En août, tout commence à s'apaiser, les suicides diminuent. La diminution n'est rapide qu'à partir d'octobre et surtout de novembre ; c'est peut-être parce que plusieurs récoltes n'ont lieu qu'en automne.

Les mêmes causes agissent, d'ailleurs, quoique à un moindre degré, sur l'ensemble du territoire. La vie urbaine est, elle aussi, plus active pendant la belle saison. Parce que les communications sont alors plus faciles, on se déplace plus volontiers et les rapports intersociaux deviennent plus nombreux. Voici, en effet, comment se répartissent par saisons les recettes de nos grandes lignes, pour la grande vitesse seulement (année 1887) (1) :

Hiver	71,9	millions de francs
Printemps	86,7	— —
Eté	105,1	— —
Automne	98,1	— —

Le mouvement intérieur de chaque ville passe par les mêmes phases. Pendant cette même année 1887, le nombre

---

(1) D'après le *Bulletin du ministère des Travaux publics*.

des voyageurs transportés d'un point de Paris à l'autre a crû régulièrement de janvier (655 791 voyageurs) à juin (848 831) pour décroître à partir de cette époque jusqu'en décembre (659 960) avec la même continuité (1).

Une dernière expérience va confirmer cette interprétation des faits. Si, pour les raisons qui viennent d'être indiquées, la vie urbaine doit être plus intense en été et au printemps que dans le reste de l'année, cependant, l'écart entre les différentes saisons y doit être moins marqué que dans les campagnes. Car les affaires commerciales et industrielles, les travaux artistiques et scientifiques, les rapports mondains ne sont pas suspendus en hiver au même degré que l'exploitation agricole. Les occupations des citadins peuvent se poursuivre à peu près également toute l'année. La plus ou moins longue durée des jours doit avoir surtout peu d'influence dans les grands centres, parce que l'éclairage artificiel y restreint plus qu'ailleurs la période d'obscurité. Si donc les variations mensuelles ou saisonnières du suicide dépendent de l'inégale intensité de la vie collective, elles doivent être moins prononcées dans les grandes villes que dans l'ensemble du pays. Or les faits sont rigoureusement conformes à notre déduction. Le tableau XVI (v. p. 105)

(1) *Ibid.* A tous ces faits qui tendent à démontrer l'accroissement de l'activité sociale pendant l'été on peut ajouter le suivant : c'est que les accidents sont plus nombreux pendant la belle saison que pendant les autres. Voici comme ils se répartissent en Italie :

	1886	1887	1888
Printemps	1 370	2 582	2 457
Eté	1 823	3 290	3 085
Automne	1 474	2 560	2 780
Hiver	1 190	2 748	3 032

Si, à ce point de vue, l'hiver vient quelquefois après l'été, c'est uniquement parce que les chutes y sont plus nombreuses à cause de la glace et que le froid, par lui-même, produit des accidents spéciaux. Si l'on fait abstraction de ceux qui ont cette origine, les saisons se rangent dans le même ordre que pour le suicide.

montre, en effet, que si en France, en Prusse, en Autriche, en Danemark il y a entre le minimum et le maximum un accroissement de 52, 45, et même 68 %, à Paris, à Berlin, à Hambourg, etc., cet écart est en moyenne de 20 à 25 % et descend même jusqu'à 12 % (Francfort).

On voit de plus que, dans les grandes villes, contrairement à ce qui se passe dans le reste de la société, c'est généralement au printemps qu'a lieu le maximum. Alors même que le printemps est dépassé par l'été (Paris et Francfort), l'avance de

Tableau XVI

Variations saisonnières du suicide dans quelques grandes villes comparées à celles du pays tout entier

	Paris (1888-92)	Berlin (1882-85-87-89-90)	Hambourg (1887-91)	Vienne (1871-72)	Francfort (1867-75)	Genève (1838-47) (1852-54)	France (1835-43)	Prusse (1869-72)	Autriche (1858-59)
	\multicolumn{9}{c}{Chiffres proportionnels pour 1 000 suicides annuels}
Hiver	218	231	239	234	239	232	201	199	185
Printemps	262	287	289	302	245	288	283	284	281
Eté	277	248	232	211	278	253	306	290	315
Automne	241	232	258	253	238	227	210	227	219

	Paris	Berlin	Hambourg	Vienne	Francfort	Genève	France	Prusse	Autriche
	\multicolumn{9}{c}{Chiffres proportionnels de chaque saison exprimés en fonction de celui de l'hiver ramené à 100}
Hiver	100	100	100	100	100	100	100	100	100
Printemps	120	*124*	*120*	*129*	102	*124*	140	142	151
Eté	*127*	107	107	90	*112*	109	152	145	*168*
Automne	100	100,3	103	108	99	97	104	114	118

cette dernière saison est légère. C'est que, dans les centres importants, il se produit pendant la belle saison un véritable exode des principaux agents de la vie publique qui, par suite, manifeste une légère tendance au ralentissement (1).

En résumé, nous avons commencé par établir que l'action directe des facteurs cosmiques ne pouvait expliquer les variations mensuelles ou saisonnières du suicide. Nous voyons maintenant de quelle nature en sont les causes véritables, dans quelle direction elles doivent être cherchées et ce résultat positif confirme les conclusions de notre examen critique. Si les morts volontaires deviennent plus nombreuses de janvier à juillet, ce n'est pas parce que la chaleur exerce une influence perturbatrice sur les organismes, c'est parce que la vie sociale est plus intense. Sans doute, si elle acquiert cette intensité, c'est que la position du soleil sur l'écliptique, l'état de l'atmosphère, etc., lui permettent de se développer plus à l'aise que pendant l'hiver. Mais ce n'est pas le milieu physique qui la stimule directement ; surtout ce n'est pas lui qui affecte la marche des suicides. Celle-ci dépend de conditions sociales.

Il est vrai que nous ignorons encore comment la vie collective peut avoir cette action. Mais on comprend dès à présent que, si elle renferme les causes qui font varier le taux des suicides, celui-ci doit croître ou décroître selon qu'elle est plus ou moins active. Quant à déterminer plus précisément quelles sont ces causes, ce sera l'objet du livre prochain.

---

(1) On remarquera de plus que les chiffres proportionnels des différentes saisons sont sensiblement les mêmes dans les grandes villes comparées, tout en différant de ceux qui se rapportent aux pays auxquels ces villes appartiennent. Ainsi nous retrouvons partout cette constance du taux des suicides dans les milieux sociaux identiques. Le courant suicidogène varie de la même manière aux différents moments de l'année à Berlin, à Vienne, à Genève, à Paris, etc. On pressent dès lors tout ce qu'il a de réalité.

Chapitre IV

L'IMITATION[1]

Mais, avant de rechercher les causes sociales du suicide, il est un dernier facteur psychologique dont il nous faut déterminer l'influence à cause de l'extrême importance qui lui a été attribuée dans la genèse des faits sociaux en général et du suicide en particulier. C'est l'imitation.

Que l'imitation soit un phénomène purement psychologique, c'est ce qui ressort avec évidence de ce fait qu'elle peut avoir lieu entre individus que n'unit aucun lien social. Un homme peut en imiter un autre sans qu'ils soient solidaires l'un de l'autre ou d'un même groupe dont ils dépendent également, et la propagation imitative n'a pas, à elle seule, le pouvoir de les solidariser. Un éternuement, un mouvement choréiforme, une impulsion homicide peuvent se transférer d'un sujet à un autre sans qu'il y ait entre eux autre chose qu'un rapprochement fortuit et passager. Il n'est nécessaire ni qu'il y ait entre eux aucune communauté intellectuelle ou morale, ni qu'ils échangent des services, ni même qu'ils parlent une même langue, et ils ne se trouvent pas plus liés après le transfert qu'avant. En somme, le procédé par lequel nous imitons nos semblables est aussi celui qui nous sert à reproduire les bruits de la nature, les formes des choses, les mouvements des êtres. Puisqu'il n'a rien

---

(1) *Bibliographie.* — Lucas, *De l'imitation contagieuse*, Paris, 1833. — Despine, *De la contagion morale*, 1870; *De l'imitation*, 1871.— Moreau de Tours (Paul), *De la contagion du suicide*, Paris, 1875. — Aubry, *Contagion du meurtre*, Paris, 1888. — Tarde, *Les lois de l'imitation (passim)*. *Philosophie pénale*, p. 319 et suiv., Paris, F. Alcan. — Corre, *Crime et suicide*, p. 207 et suiv.

de social dans le second cas, il en est de même du premier. Il a son origine dans certaines propriétés de notre vie représentative, qui ne résultent d'aucune influence collective. Si donc il était établi qu'il contribue à déterminer le taux des suicides, il en résulterait que ce dernier dépend directement, soit en totalité soit en partie, de causes individuelles.

I

Mais, avant d'examiner les faits, il convient de fixer le sens du mot. Les sociologues sont tellement habitués à employer les termes sans les définir, c'est-à-dire, à ne pas déterminer ni circonscrire méthodiquement l'ordre de choses dont ils entendent parler, qu'il leur arrive sans cesse de laisser une même expression s'étendre, à leur insu, du concept qu'elle visait primitivement ou paraissait viser, à d'autres notions plus ou moins voisines. Dans ces conditions, l'idée finit par devenir d'une ambiguïté qui défie la discussion. Car, n'ayant pas de contours définis, elle peut se transformer presque à volonté selon les besoins de la cause et sans qu'il soit possible à la critique de prévoir par avance tous les aspects divers qu'elle est susceptible de prendre. C'est notamment le cas de ce qu'on a appelé l'instinct d'imitation.

Ce mot est couramment employé pour désigner à la fois les trois groupes de faits qui suivent :

1º Il arrive que, au sein d'un même groupe social dont tous les éléments sont soumis à l'action d'une même cause ou d'un faisceau de causes semblables, il se produit entre les différentes consciences une sorte de nivellement, en vertu duquel tout le monde pense ou sent à l'unisson. Or, on a très souvent donné le nom d'imitation à l'ensemble d'opérations d'où résulte cet accord. Le mot désigne alors la propriété qu'ont les états de conscience, éprouvés simultanément par un certain nombre de sujets différents, d'agir les uns sur les autres et de se combiner entre eux de manière à donner naissance à un état nouveau. En employant le mot dans ce sens, on entend dire que cette combinaison est due à une imitation réciproque de chacun par tous et de tous par chacun (1). C'est, a-t-on dit, « dans les assemblées tumultueuses de nos villes, dans les grandes scènes de nos révolutions » (2) que l'imitation ainsi conçue manifesterait le mieux sa nature. C'est là qu'on verrait le mieux comment des hommes réunis peuvent, par l'action qu'ils exercent les uns sur les autres, se transformer mutuellement.

2º On a donné le même nom au besoin qui nous pousse à nous mettre en harmonie avec la société dont nous faisons partie et, dans ce but, à adopter les manières de penser ou de faire qui sont générales autour de nous. C'est ainsi que nous suivons les modes, les usages, et, comme les pratiques juridiques et morales ne sont que des usages précisés et particulièrement invétérés, c'est ainsi que nous agissons le plus souvent quand nous agissons moralement. Toutes les fois que nous ne voyons pas les raisons de la maxime morale à laquelle nous obéissons, nous nous y conformons uniquement parce qu'elle a pour elle l'autorité sociale. Dans ce sens, on a distingué l'imitation des modes de celle des coutumes, selon que nous prenons pour modèles nos ancêtres ou nos contemporains.

3º Enfin, il peut se faire que nous reproduisions un acte qui s'est passé devant nous ou à notre connaissance, uniquement parce qu'il s'est passé devant nous ou que nous en avons entendu parler. En lui-même, il n'a pas de caractère intrinsèque qui soit pour nous une raison de le rééditer. Nous ne le copions ni parce que nous le jugeons utile, ni pour nous mettre d'accord avec notre modèle, mais simplement pour le copier. La représentation que nous nous en faisons détermine automatiquement les mouvements qui le réalisent à nouveau. C'est ainsi que nous bâillons, que nous rions, que nous pleurons, parce que nous voyons quelqu'un bâiller, rire, pleurer. C'est ainsi encore que

---

(1) BORDIER, *Vie des sociétés*, Paris, 1887, p. 77. — TARDE, *Philosophie pénale*, p. 321.

(2) TARDE, *ibid.*, p. 319-320.

l'idée homicide passe d'une conscience dans l'autre. C'est la singerie pour elle-même.

Or, ces trois sortes de faits sont très différentes les unes des autres.

Et d'abord, *la première ne saurait être confondue avec les suivantes, car elle ne comprend aucun fait de reproduction proprement dite*, mais des synthèses *sui generis* d'états différents ou, tout au moins, d'origines différentes. Le mot d'imitation ne saurait donc servir à la désigner à moins de perdre toute acception distincte.

Analysons, en effet, le phénomène. Un certain nombre d'hommes assemblés sont affectés de la même manière par une même circonstance et ils s'aperçoivent de cette unanimité, au moins partielle, à l'identité des signes par lesquels se manifeste chaque sentiment particulier. Qu'arrive-t-il alors ? Chacun se représente confusément l'état dans lequel on se trouve autour de lui. Des images qui expriment les différentes manifestations émanées des divers points de la foule avec leurs nuances diverses se forment dans les esprits. Jusqu'ici, il ne s'est encore rien produit qui puisse être appelé du nom d'imitation ; il y a eu simplement impressions sensibles, puis sensations, identiques en tout point à celles que déterminent en nous les corps extérieurs (1). Que se passe-t-il ensuite ? Une fois éveillées dans ma conscience, ces représentations variées viennent s'y combiner les unes avec les autres et avec celle qui constitue mon sentiment propre. Ainsi se forme un état nouveau qui n'est plus mien au même degré que le précédent, qui est moins entaché de particularisme et qu'une série d'élaborations répétées, mais analogues à la précédente, va

---

(1) En attribuant ces images à un *processus* d'imitation, voudrait-on dire qu'elles sont de simples copies des états qu'elles expriment ? Mais d'abord, ce serait une métaphore singulièrement grossière, empruntée à la vieille et inadmissible théorie des espèces sensibles. De plus, si l'on prend le mot d'imitation dans ce sens, il faut l'étendre à toutes nos sensations et à toutes nos idées indistinctement ; car il n'en est pas dont on ne puisse dire, en vertu de la même métaphore, qu'elles reproduisent l'objet auquel elles se rapportent. Dès lors, toute la vie intellectuelle devient un produit de l'imitation.

de plus en plus débarrasser de ce qu'il peut encore avoir de trop particulier. De telles combinaisons ne sauraient être davantage qualifiées faits d'imitation, à moins qu'on ne convienne d'appeler ainsi toute opération intellectuelle par laquelle deux ou plusieurs états de conscience similaires s'appellent les uns les autres par suite de leurs ressemblances, puis fusionnent et se confondent en une résultante qui les absorbe et qui en diffère. Sans doute, toutes les définitions de mots sont permises. Mais il faut reconnaître que celle-là serait particulièrement arbitraire et, par suite, ne pourrait être qu'une source de confusion, car elle ne laisse au mot rien de son acception usuelle. Au lieu d'imitation, c'est bien plutôt création qu'il faudrait dire, puisque de cette compositions de forces résulte quelque chose de nouveau. Ce procédé est même le seul par lequel l'esprit ait le pouvoir de créer.

On dira peut-être que cette création se réduit à accroître l'intensité de l'état initial. Mais d'abord, un changement quantitatif ne laisse pas d'être une nouveauté. De plus, la quantité des choses ne peut changer sans que la qualité en soit altérée ; un sentiment, en devenant deux ou trois fois plus violent, change complètement de nature. En fait, il est constant que la manière dont les hommes assemblés s'affectent mutuellement peut transformer une réunion de bourgeois inoffensifs en un monstre redoutable. Singulière imitation que celle qui produit de semblables métamorphoses ! Si l'on a pu se servir d'un terme aussi impropre pour désigner ce phénomène, c'est, sans doute, qu'on a vaguement imaginé chaque sentiment individuel comme se modelant sur ceux d'autrui. Mais, en réalité, il n'y a là ni modèles ni copies. Il y a pénétration, fusion d'un certain nombre d'états au sein d'un autre qui s'en distingue : c'est l'état collectif.

Il n'y aurait, il est vrai, aucune impropriété à appeler imitation la cause d'où cet état résulte, si l'on admettait que, toujours, il a été inspiré à la foule par un meneur. Mais, outre que cette assertion n'a jamais reçu même un commencement de preuve et se trouve contredite par une multitude de faits où le chef est manifestement le produit de la foule au lieu d'en être la cause informatrice, en tout cas, dans la mesure où cette action directrice est réelle, elle n'a aucun rapport avec ce qu'on a appelé l'imitation réciproque, puisqu'elle est unilatérale ; par conséquent, nous n'avons pas à en parler pour l'instant. Il faut, avant tout, nous garder avec soin des confusions qui ont tant obscurci la question. De même, si l'on disait qu'il y a toujours dans une assemblée des individus qui adhèrent à l'opinion commune, non d'un mouvement spontané, mais parce qu'elle s'impose à eux, on énoncerait une incontestable vérité. Nous croyons même qu'il n'y a jamais, en pareil cas, de conscience individuelle qui ne subisse plus ou moins cette contrainte. Mais, puisque celle-ci a pour origine la force *sui generis* dont sont investies les pratiques ou les croyances communes quand elles sont constituées, elle ressortit à la seconde des catégories de faits que nous avons distinguées. Examinons donc cette dernière et voyons dans quel sens elle mérite d'être appelée du nom d'imitation.

Elle diffère tout au moins de la précédente en ce qu'elle implique une reproduction. Quand on suit une mode ou qu'on observe une coutume, on fait ce que d'autres ont fait et font tous les jours. Seulement, il suit de la définition même que cette répétition n'est pas due à ce qu'on a appelé l'instinct d'imitation, mais, d'une part, à la sympathie qui nous pousse à ne pas froisser le sentiment de nos compagnons pour pouvoir mieux jouir de leur commerce, de l'autre, au respect que nous inspirent les manières d'agir ou de penser collectives et à la pression directe ou indirecte que la collectivité exerce sur nous pour prévenir les dissidences et entretenir en nous ce sentiment de respect. L'acte n'est pas reproduit parce qu'il a eu lieu en notre présence ou à notre connaissance et que nous aimons la reproduction en elle-même et pour elle-même, mais parce qu'il nous apparaît comme obligatoire et, dans une certaine mesure, comme utile. Nous l'accomplissons, non parce qu'il a été accompli purement et simplement, mais parce qu'il porte l'estampille sociale et que nous avons pour celle-ci une déférence à laquelle, d'ailleurs, nous ne pouvons manquer sans de sérieux inconvénients. En un mot, *agir par respect ou par crainte de l'opinion, ce n'est pas agir par imitation*. De tels actes ne se distinguent pas essentiellement de ceux que nous concertons toutes les fois que nous innovons. Ils ont lieu, en effet, en vertu d'un caractère qui leur est inhérent et qui nous les fait considérer comme devant être faits. Mais quand nous nous insurgeons contre les usages au lieu de les suivre, nous ne sommes pas déterminés d'une autre manière ; si nous adoptons une idée neuve, une pratique originale, c'est qu'elle a des qualités intrinsèques qui nous la font apparaître comme devant être adoptée. Assurément, les motifs qui nous déterminent ne sont pas de même nature dans les deux cas ; mais le mécanisme psychologique est identiquement le même. De part et d'autre, entre la représentation de l'acte et l'exécution s'intercale une opération intellectuelle qui consiste dans une appréhension, claire ou confuse, rapide ou lente, du caractère déterminant, quel qu'il soit. La manière dont nous nous conformons aux mœurs ou aux modes de notre pays n'a donc rien de commun (1) avec la singerie machinale qui nous fait reproduire les mouvements dont nous sommes les témoins. Il y a entre ces deux façons d'agir toute la distance qui sépare la conduite raisonnable et délibérée du réflexe automatique. La première a ses raisons alors même qu'elles ne sont pas exprimées sous forme de jugements explicites. La seconde n'en a pas ; elle résulte immédiatement de la seule vue de l'acte, sans aucun autre intermédiaire mental.

On conçoit dès lors à quelles erreurs on s'expose quand on réunit sous un seul et même nom deux ordres de faits aussi différents. Qu'on y prenne garde, en effet ; quand on parle d'imitation, on sous-entend phénomène de contagion et l'on passe, non sans raison d'ailleurs, de la première de ces idées à la seconde avec la plus extrême facilité. Mais qu'y a-t-il de contagieux dans le fait d'accomplir un précepte de morale, de déférer à l'autorité de la tradition ou de l'opinion publique ? Il se

(1) Il peut se faire, sans doute, dans des cas particuliers, qu'une mode ou une tradition soit reproduite par pure singerie ; mais alors elle n'est pas repro-

trouve ainsi que, au moment où l'on croit avoir réduit deux réalités l'une à l'autre, on n'a fait que confondre des notions très distinctes. On dit en pathologie biologique qu'une maladie est contagieuse, quand elle est due tout entière ou à peu près au développement d'un germe qui s'est, du dehors, introduit dans l'organisme. Mais inversement, dans la mesure où ce germe n'a pu se développer que grâce au concours actif du terrain sur lequel il s'est fixé, le mot de contagion devient impropre. De même, pour qu'un acte puisse être attribué à une contagion morale, il ne suffit pas que l'idée nous en ait été inspirée par un acte similaire. Il faut, de plus, qu'une fois entrée dans l'esprit elle se soit d'elle-même et automatiquement transformée en mouvement. Alors il y a réellement contagion, puisque c'est l'acte extérieur qui, pénétrant en nous sous forme de représentation, se reproduit de lui-même. Il y a également imitation, puisque l'acte nouveau est tout ce qu'il est par la vertu du modèle dont il est la copie. Mais si l'impression que ce dernier suscite en nous ne peut produire ses effets que grâce à notre consentement et avec notre participation, il ne peut plus être question de contagion que par figure, et la figure est inexacte. Car ce sont les raisons qui nous ont fait consentir qui sont les causes déterminantes de notre action, non l'exemple que nous avons eu sous les yeux. C'est nous qui en sommes les auteurs, alors même que nous ne l'avons pas inventée (1). Par suite, toutes ces expressions, tant de fois répétées, de propagation imitative, d'expansion contagieuse ne sont pas de mise et doivent être rejetées. Elles dénaturent les faits au lieu d'en rendre compte ; elles voilent la question au lieu de l'élucider.

En résumé, si l'on tient à s'entendre soi-même, on ne peut pas désigner par un même nom le *processus* en vertu duquel,

(1) Il est vrai qu'on a parfois appelé imitation tout ce qui n'est pas invention originale. A ce compte, il est clair que presque tous les actes humains sont des faits d'imitation ; car les inventions proprement dites sont bien rares. Mais, précisément parce que, alors, le mot d'imitation désigne à peu près tout, il ne désigne plus rien de déterminé. Une pareille terminologie ne peut être qu'une source de confusions.

au sein d'une réunion d'hommes, un sentiment collectif s'élabore, celui d'où résulte notre adhésion aux règles communes ou traditionnelles de la conduite, enfin celui qui détermine les moutons de Panurge à se jeter à l'eau parce que l'un d'eux a commencé. Autre chose est *sentir en commun*, autre chose *s'incliner devant l'autorité de l'opinion*, autre chose, enfin, *répéter automatiquement ce que d'autres ont fait*. Du premier ordre de faits, toute reproduction est absente ; dans le second, elle n'est que la conséquence d'opérations logiques (1), de jugements et de raisonnements, implicites ou formels, qui sont l'élément essentiel du phénomène ; elle ne peut donc servir à le définir. Elle n'en devient le tout que dans le troisième cas. Là, elle tient toute la place : l'acte nouveau n'est que l'écho de l'acte initial. Non seulement il le réédite, mais cette réédition n'a pas de raison d'être en dehors d'elle-même, ni d'autre cause que l'ensemble de propriétés qui fait de nous, dans certaines circonstances, des êtres imitatifs. C'est donc aux faits de cette catégorie, qu'il faut exclusivement réserver le nom d'imitation, si l'on veut qu'il ait une signification définie, et nous dirons : *Il y a imitation quand un acte a pour antécédent immédiat la représentation d'un acte semblable, antérieurement accompli par autrui, sans que, entre cette représentation et l'exécution s'intercale aucune opération intellectuelle, explicite ou implicite, portant sur les caractères intrinsèques de l'acte reproduit.*

Quand donc on se demande quelle est l'influence de l'imitation sur le taux des suicides, c'est dans cette acception qu'il faut

---

(1) Il est vrai qu'on a parlé d'une imitation logique (v. TARDE, *Lois de l'imitation*, 1re éd., p. 158) ; c'est celle qui consiste à reproduire un acte parce qu'il sert à une fin déterminée. Mais une telle imitation n'a manifestement rien de commun avec le penchant imitatif ; les faits qui dérivent de l'une doivent donc être soigneusement distingués de ceux qui sont dus à l'autre. Ils ne s'expliquent pas du tout de la même manière. D'un autre côté, comme nous venons de le faire voir, l'imitation-mode, l'imitation-coutume sont aussi logiques que les autres, quoiqu'elles aient à certains égards leur logique spéciale.

employer le mot (1). Si l'on n'en détermine pas ainsi le sens, on s'expose à prendre une expression purement verbale pour une explication. En effet, quand on dit d'une manière d'agir ou de penser qu'elle est un fait d'imitation, on tend que l'imitation en rend compte, et c'est pourquoi l'on croit avoir tout dit quand on a prononcé ce mot prestigieux. Or, il n'a cette propriété que dans les cas de reproduction automatique. Là, il peut constituer par lui-même une explication satisfaisante (2), car tout ce qui s'y passe est un produit de la contagion imitative. Mais quand nous suivons une coutume, quand nous nous conformons à une pratique morale, c'est dans la nature de cette pratique, dans les caractères propres de cette coutume, dans les sentiments qu'elles nous inspirent que se trouvent les raisons de notre docilité. Quand donc, à propos de cette sorte d'actes, on parle d'imitation, on ne nous fait, en réalité, rien comprendre ; on nous apprend seulement que le fait reproduit par nous n'est pas nouveau, c'est-à-dire qu'il est reproduit, mais sans nous expliquer aucunement pourquoi il s'est produit ni pourquoi nous le reproduisons. Encore bien moins ce mot peut-il remplacer l'analyse du *processus* si complexe d'où résultent les sentiments collectifs et dont nous n'avons pu donner plus haut qu'une description conjecturale et approximative (3). Voilà

---

(1) Les faits imités à cause du prestige moral ou intellectuel du sujet, individuel ou collectif, qui sert de modèle, rentrent plutôt dans la seconde catégorie. Car cette imitation n'a rien d'automatique. Elle implique un raisonnement : on agit comme la personne à laquelle on a donné sa confiance, parce que la supériorité qu'on lui reconnaît garantit la convenance de ses actes. On a pour la suivre les raisons qu'on a pour la respecter. Aussi n'a-t-on rien fait pour expliquer de tels actes quand on a simplement dit qu'ils étaient imités. Ce qui importe, c'est de savoir les causes de la confiance ou du respect qui ont déterminé cette soumission.

(2) Et encore, comme nous le verrons plus bas, l'imitation, à elle seule, n'est-elle une explication suffisante que bien rarement.

(3) Car il faut bien se dire que nous ne savons que vaguement en quoi il consiste. Comment, au juste, se produisent les combinaisons d'où résulte l'état collectif, quels sont les éléments qui y entrent, comment se dégage l'état dominant, toutes ces questions sont beaucoup trop complexes pour pouvoir

comment l'emploi impropre de ce terme peut faire croire qu'on a résolu ou avancé les questions, alors qu'on a seulement réussi à se les dissimuler à soi-même.

C'est aussi à condition de définir ainsi l'imitation qu'on aura éventuellement le droit de la considérer comme un facteur psychologique du suicide. En effet, ce qu'on a appelé l'imitation réciproque est un phénomène éminemment social : car c'est l'élaboration en commun d'un sentiment commun. De même, la reproduction des usages, des traditions, est un effet de causes sociales, car elle est due au caractère obligatoire, au prestige spécial dont sont investies les croyances et les pratiques collectives par cela seul qu'elles sont collectives. Par conséquent, dans la mesure où l'on pourrait admettre que le suicide se répand par l'une ou l'autre de ces voies, c'est de causes sociales et non de conditions individuelles qu'il se trouverait dépendre.

Les termes du problème étant ainsi définis, examinons les faits.

II

Il n'est pas douteux que l'idée du suicide ne se communique contagieusement. Nous avons déjà parlé de ce couloir où quinze invalides vinrent successivement se pendre et de cette fameuse guérite du camp de Boulogne qui fut, en peu de temps, le théâtre de plusieurs suicides. Des faits de ce genre ont été très fréquemment observés dans l'armée : dans le

---

être résolues par la seule introspection. Toutes sortes d'expériences et d'observations seraient nécessaires qui ne sont pas faites. Nous savons encore bien mal comment et d'après quelles lois même les états mentaux de l'individu isolé se combinent entre eux ; à plus forte raison, sommes-nous loin de connaître le mécanisme des combinaisons beaucoup plus compliquées qui résultent de la vie en groupe. Nos explications ne sont trop souvent que des métaphores. Nous ne songeons donc pas à considérer ce que nous en avons dit plus haut comme une expression exacte du phénomène ; nous nous sommes seulement proposé de faire voir qu'il y avait là tout autre chose que de l'imitation.

4e chasseurs à Provins en 1862, dans le 15e de ligne en 1864, au 41e d'abord à Montpellier, puis à Nîmes, en 1868, etc. En 1813, dans le petit village de Saint-Pierre-Monjau, une femme se pend à un arbre, plusieurs autres viennent s'y prendre à courte distance. Pinel raconte qu'un prêtre se pendit dans le voisinage d'Etampes ; quelques jours après, deux autres se tuaient et plusieurs laïques les imitaient (1). Quand Lord Castelreagh se jeta dans le Vésuve, plusieurs de ses compagnons suivirent son exemple. L'arbre de Timon le Misanthrope est resté historique. La fréquence de ces cas de contagion dans les établissements de détention est également affirmée par de nombreux observateurs (2).

Toutefois, il est d'usage de rapporter à ce sujet et d'attribuer à l'imitation un certain nombre de faits qui nous paraissent avoir une autre origine. C'est le cas notamment de ce qu'on a parfois appelé les suicides obsidionaux. Dans son *Histoire de la guerre des Juifs contre les Romains* (3), Josèphe raconte que, pendant l'assaut de Jérusalem, un certain nombre d'assiégés se tuèrent de leurs propres mains. En particulier, quarante Juifs, réfugiés dans un souterrain, décidèrent de se donner la mort et ils s'entretuèrent. Les Xanthiens, rapporte Montaigne, assiégés par Brutus, « se précipitèrent pêle-mêle, hommes, femmes et enfants à un si furieux appétit de mourir, qu'on ne faict rien pour fuir la mort que ceuls-ci ne fassent pour fuir la vie : de manière qu'à peine Brutus peut en sauver un bien petit nombre » (4). Il ne semble pas que ces *suicides en masse* aient pour origine un ou deux cas individuels dont ils ne seraient que la répétition. Ils paraissent résulter d'une résolution collective, d'un véritable *consensus* social plutôt que d'une simple propagation contagieuse. L'idée ne naît pas chez un sujet en particulier pour se répandre de là chez les

---

(1) V. le détail des faits dans Legoyt, *op. cit.*, p. 227 et suiv.
(2) V. des faits semblables dans Ebrard, *op. cit.*, p. 376.
(3) III, 26.
(4) *Essais*, II, 3.

autres ; mais elle est élaborée par l'ensemble du groupe qui, placé tout entier dans une situation désespérée, se dévoue collectivement à la mort. Les choses ne se passent pas autrement toutes les fois qu'un corps social, quel qu'il soit, réagit en commun sous l'action d'une même circonstance. L'entente ne change pas de nature parce qu'elle s'établit dans un élan de passion : elle ne serait pas essentiellement autre, si elle était plus méthodique et plus réfléchie. Il y a donc impropriété à parler d'imitation.

Nous pourrions en dire autant de plusieurs autres faits du même genre. Tel celui que rapporte Esquirol : « Les historiens, dit-il, assurent que les Péruviens et les Mexicains, désespérés de la destruction de leur culte..., se tuèrent en si grand nombre qu'il en périt plus de leurs propres mains que par le fer et le feu de leurs barbares conquérants. » Plus généralement, pour pouvoir incriminer l'imitation, il ne suffit pas de constater que des suicides assez nombreux se produisent au même moment dans un même lieu. Car ils peuvent être dus à un état général du milieu social, d'où résulte une disposition collective du groupe qui se traduit sous forme de suicides multiples. En définitive, il y aurait peut-être intérêt, pour préciser la terminologie, à distinguer les épidémies morales des contagions morales ; ces deux mots qui sont indifféremment employés l'un pour l'autre désignent en réalité deux sortes de choses très différentes. L'épidémie est un fait social, produit de causes sociales ; la contagion ne consiste jamais qu'en ricochets, plus ou moins répétés, de faits individuels (1).

Cette distinction, une fois admise, aurait certainement pour effet de diminuer la liste des suicides imputables à l'imitation ;

---

(1) On verra plus loin que, dans toute société, il y a de tout temps et normalement une disposition collective qui se traduit sous forme de suicides. Cette disposition diffère de ce que nous proposons d'appeler épidémie, en ce qu'elle est chronique, qu'elle constitue un élément normal du tempérament moral de la société. L'épidémie est, elle aussi, une disposition collective, mais qui éclate exceptionnellement, qui résulte de causes anormales et, le plus souvent, passagères.

néanmoins, il est incontestable qu'ils sont très nombreux. Il n'y a peut-être pas de phénomène qui soit plus facilement contagieux. L'impulsion homicide elle-même n'a pas autant d'aptitude à se répandre. Les cas où elle se propage automatiquement sont moins fréquents et, surtout, le rôle de l'imitation y est, en général, moins prépondérant ; on dirait que, contrairement à l'opinion commune, l'instinct de conservation est moins fortement enraciné dans les consciences que les sentiments fondamentaux de la moralité, puisqu'il résiste moins bien à l'action des mêmes causes. Mais, ces faits reconnus, la question que nous nous sommes posée au début de ce chapitre reste entière. De ce que le suicide peut se communiquer d'individu à individu, il ne suit pas *a priori* que cette contagiosité produise des effets sociaux, c'est-à-dire affecte le taux social des suicides, seul phénomène que nous étudions. Si incontestable qu'elle soit, il peut très bien se faire qu'elle n'ait que des conséquences individuelles et sporadiques. Les observations qui précèdent ne résolvent donc pas le problème ; mais elles en montrent mieux la portée. Si, en effet, l'imitation est, comme on l'a dit, une source originale et particulièrement féconde de phénomènes sociaux, c'est surtout à propos du suicide qu'elle doit témoigner de son pouvoir, puisqu'il n'est pas de fait sur lequel elle ait plus d'empire. Ainsi, le suicide va nous offrir un moyen de vérifier par une expérience décisive la réalité de cette vertu merveilleuse que l'on prête à l'imitation.

III

Si cette influence existe, c'est surtout dans la répartition géographique des suicides qu'elle doit être sensible. On doit voir, dans certains cas, le taux caractéristique d'un pays ou d'une localité se communiquer pour ainsi dire aux localités voisines. C'est donc la carte qu'il faut consulter. Mais il faut l'interroger avec méthode.

Certains auteurs ont cru pouvoir faire intervenir l'imitation toutes les fois que deux ou plusieurs départements limitrophes manifestent pour le suicide un penchant de même intensité. Cependant, cette diffusion à l'intérieur d'une même région peut très bien tenir à ce que certaines causes, favorables au développement du suicide, y sont, elles aussi, également répandues, à ce que le milieu social y est partout le même. Pour pouvoir être assuré qu'une tendance ou une idée se répand par imitation, il faut qu'on la voie sortir des milieux où elle est née pour en envahir d'autres qui, par eux-mêmes, n'étaient pas de nature à la susciter. Car, ainsi que nous l'avons montré, il n'y a propagation imitative que dans la mesure où le fait imité et lui seul, sans le concours d'autres facteurs, détermine automatiquement les faits qui le reproduisent. Il faut donc, pour déterminer la part de l'imitation dans le phénomène qui nous occupe, un critère moins simple que celui dont on s'est si souvent contenté.

Avant tout, il ne saurait y avoir imitation s'il n'existe un modèle à imiter ; il n'y a pas de contagion sans un foyer d'où elle émane et où elle a, par suite, son maximum d'intensité. De même, on ne sera fondé à admettre que le penchant au suicide se communique d'une partie à l'autre de la société que si l'observation révèle l'existence de certains centres de rayonnement. Mais à quels signes les reconnaîtra-t-on ?

D'abord, ils doivent se distinguer de tous les points environnants par une plus grande aptitude au suicide ; on doit les voir se détacher sur la carte par une teinte plus prononcée que les contrées ambiantes. En effet, comme, naturellement, l'imitation y agit aussi, en même temps que les causes vraiment productrices du suicide, les cas ne peuvent manquer d'y être plus nombreux. En second lieu, pour que ces centres puissent jouer le rôle qu'on leur prête et, par conséquent, pour qu'on soit en droit de rapporter à leur influence les faits qui se produisent autour d'eux, il faut que chacun d'eux soit en quelque sorte le point de mire des pays voisins. Il est clair qu'il ne peut être imité s'il n'est en vue. Si les regards sont ailleurs, les suicides auront beau y être nombreux, ils seront comme s'ils n'étaient pas parce qu'ils seront ignorés ; par suite, ils ne se reproduiront pas. Or, les populations ne peuvent avoir les yeux ainsi fixés que sur un point qui occupe dans la vie régionale une place importante. Autrement dit, c'est autour des capitales et des grandes villes que les phénomènes de contagion doivent être le plus marqués. On peut même d'autant mieux s'attendre à les y observer que, dans ce cas, l'action propagatrice de l'imitation est aidée et renforcée par d'autres facteurs, à savoir par l'autorité morale des grands centres qui communique parfois à leurs manières de faire une si grande puissance d'expansion. C'est donc là que l'imitation doit avoir des effets sociaux ; si elle en produit quelque part. Enfin, comme, de l'aveu de tout le monde l'influence de l'exemple, toutes choses égales, s'affaiblit avec la distance, les régions limitrophes devront être d'autant plus épargnées qu'elles seront plus distantes du foyer principal, et inversement. Telles sont les trois conditions auxquelles doit au moins satisfaire la carte des suicides pour qu'on puisse attribuer, même partiellement, la forme qu'elle affecte, à l'imitation. Encore y aura-t-il toujours lieu de rechercher si cette disposition géographique n'est pas due à la disposition parallèle des conditions d'existence dont dépend le suicide.

Ces règles posées, faisons-en l'application.

Les cartes usuelles où, pour ce qui concerne la France, le taux des suicides n'est exprimé que par départements, ne sauraient suffire pour cette recherche. En effet, elles ne permettent pas d'observer les effets possibles de l'imitation là où ils doivent être le plus sensibles, à savoir entre les différentes parties d'un même département. De plus, la présence d'un arrondissement très ou très peu productif de suicides peut élever ou abaisser artificiellement la moyenne départementale et créer ainsi une discontinuité apparente entre les autres arrondissements et ceux des départements voisins, ou bien, au contraire, masquer une discontinuité réelle. Enfin, l'action des grandes villes est ainsi trop noyée pour pouvoir être facilement aperçue. Nous avons donc construit, spécialement pour l'étude de cette question, une carte par arrondissements ; elle se rapporte à la période quinquennale 1887-1891. La lecture nous en a donné les résultats les plus inattendus (1).

Ce qui y frappe tout d'abord, c'est, vers le Nord, l'existence d'une grande tache dont la partie principale occupe l'emplacement de l'ancienne Ile-de-France, mais qui entame assez profondément la Champagne et s'étend jusqu'en Lorraine. Si elle était due à l'imitation, le foyer en devrait être à Paris qui est le seul centre en vue de toute cette contrée. En fait, c'est à l'influence de Paris qu'on l'impute d'ordinaire ; Guerry disait même que, si l'on part d'un point quelconque de la périphérie du pays (Marseille excepté) en se dirigeant vers la capitale, on voit les suicides se multiplier de plus en plus à mesure qu'on s'en rapproche. Mais si la carte par départements pouvait donner une apparence de raison à cette interprétation, la carte par arrondissements lui ôte tout fondement. Il se trouve, en effet, que la Seine a un taux de suicides moindre que tous les arrondissements circonvoisins. Elle en compte seulement 471 par million d'habitants, tandis que Coulommiers en a 500, Versailles 514, Melun 518, Meaux 525, Corbeil 559, Pontoise 561, Provins 562. Même les arrondissements champenois dépassent de beaucoup ceux qui touchent le plus à la Seine : Reims a 501 suicides, Epernay 537, Arcis-sur-Aube 548, Château-Thierry 623. Déjà dans son étude sur *Le suicide en Seine-et-Marne*, le Dr Leroy signalait avec étonnement ce fait que l'arrondissement de Meaux comptait relativement plus de suicides que la Seine (2). Voici les chiffres qu'il nous donne :

	Période 1851-63	Période 1865-66
Arrondissement de Meaux........	1 suicide sur 2 418 hab.	1 suicide sur 2 547 hab.
Seine	— 2 750 —	— 2 822 —

(1) V. pl. II, p. 124-125.
(2) *Op. cit.*, p. 213. — D'après le même auteur, même les départements complets de Marne et de Seine-et-Marne auraient, en 1865-66, dépassé la Seine. La Marne aurait alors compté 1 suicidé sur 2 791 habitants ; la Seine-et-Marne, 1 sur 2 768 ; la Seine, 1 sur 2 822.

PLANCHE II. — SUICIDES EN FRANCE, PAR ARRONDISSEMENTS (1887-1891)

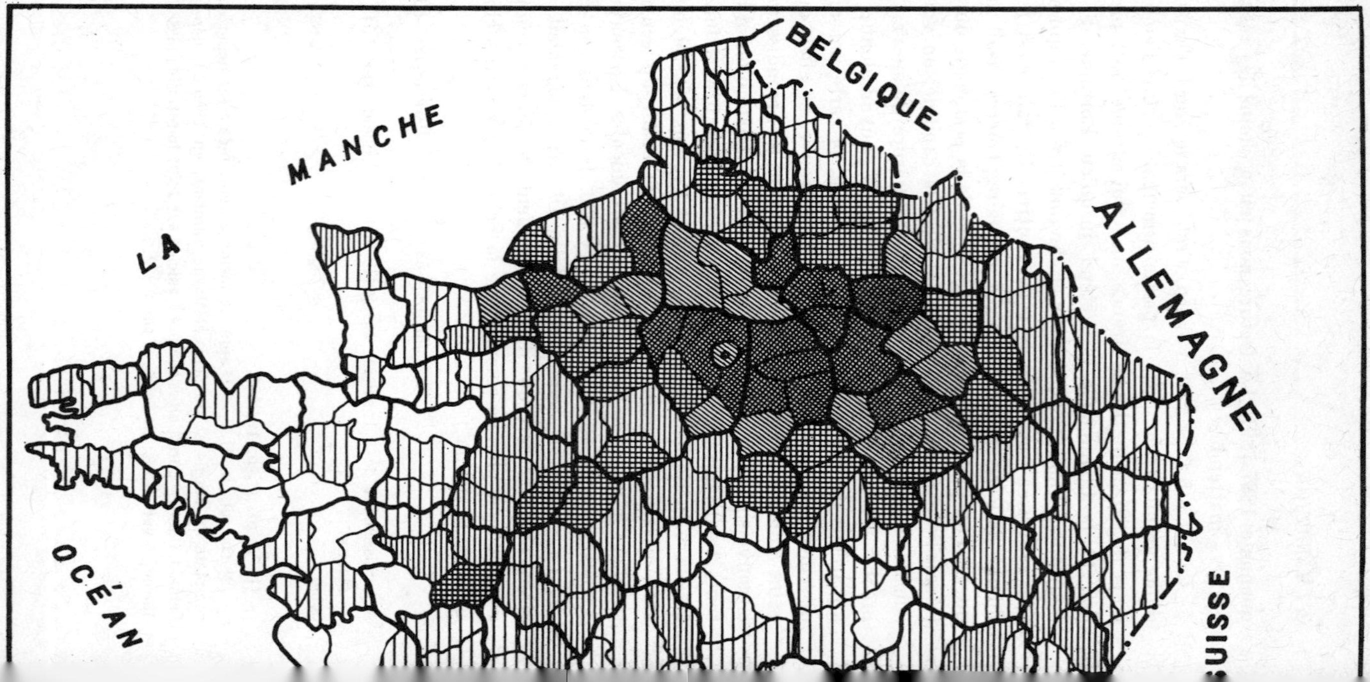

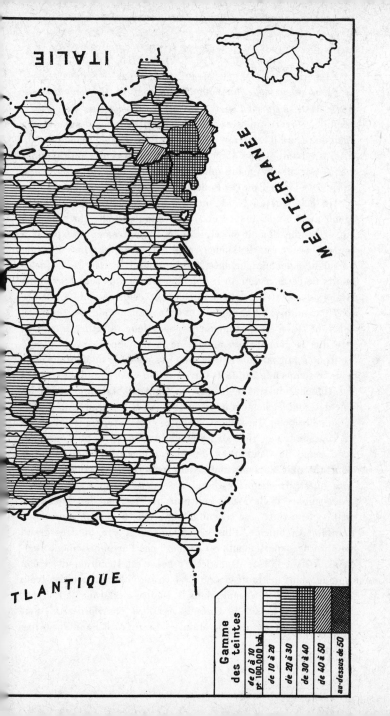

Et l'arrondissement de Meaux n'était pas seul dans ce cas. *Le même auteur nous fait connaître les noms de 166 communes du même département où l'on se tuait à cette époque plus qu'à Paris.* Singulier foyer qui serait à ce point inférieur aux foyers secondaires qu'il est censé alimenter ! Pourtant, la Seine mise de côté, il est impossible d'apercevoir un autre centre de rayonnement. Car il est encore plus difficile de faire graviter Paris autour de Corbeil ou de Pontoise.

Un peu plus au Nord, on aperçoit une autre tache, moins égale, mais d'une nuance encore très foncée ; elle correspond à la Normandie. Si donc elle était due à un mouvement d'expansion contagieuse, c'est de Rouen, capitale de la province et ville particulièrement importante, qu'elle devrait partir. Or les deux points de cette région où le suicide sévit le plus sont l'arrondissement de Neufchâtel (509 suicides) et celui de Pont-Audemer (537 par million d'habitants) ; et ils ne sont même pas contigus. (Partant, ce n'est certainement pas à leur influence que peut être due la constitution morale de la province.)

Tout à fait au Sud-Est, le long des côtes de la Méditerranée, nous trouvons une bande de territoire qui va des limites extrêmes des Bouches-du-Rhône jusqu'à la frontière italienne et où les suicides sont également très nombreux. Il s'y trouve une véritable métropole, Marseille et, à l'autre extrémité, un grand centre de vie mondaine, Nice. Or les arrondissements les plus éprouvés sont ceux de Toulon et de Forcalquier. Personne ne dira pourtant que Marseille soit à leur remorque. De même, sur la côte ouest, Rochefort est seul à se détacher par une couleur assez sombre de la masse continue que forment les deux Charentes et où se trouve cependant une ville beaucoup plus considérable, Angoulême. Plus généralement, il y a un très grand nombre de départements où ce n'est pas l'arrondissement chef-lieu qui tient la tête. Dans les Vosges, c'est Remiremont et non Epinal ; dans la Haute-Saône c'est Gray, ville morte ou en train de mourir, et non Vesoul ; dans le Doubs, c'est Dôle et Poligny, non Besançon ; dans la Gironde, ce n'est pas Bordeaux, mais La Réole et Bazas ; dans le Maine-et-Loire, c'est Saumur au lieu d'Angers ; dans la Sarthe, Saint-Calais au lieu de Le Mans ; dans le Nord, Avesnes, au lieu de Lille, etc. Pourtant, dans aucun de ces cas, l'arrondissement, qui prend ainsi le pas sur le chef-lieu, ne renferme la ville la plus importante du département.

On voudrait pouvoir poursuivre cette comparaison, non seulement d'arrondissement à arrondissement, mais de commune à commune. Malheureusement, une carte communale des suicides est impossible à construire pour toute l'étendue du pays. Mais, dans son intéressante monographie, le Dr Leroy a fait ce travail pour le département de Seine-et-Marne. Or, après avoir classé toutes les communes de ce département d'après leur taux de suicides, en commençant par celles où il est le plus élevé, il a trouvé les résultats suivants : « La Ferté-sous-Jouarre (4 482 h.), la première ville importante de la liste, est au n° 124 ; Meaux (10 762 h.), vient au n° 130 ; Provins (7 547 h.), au n° 135 ; Coulommiers (4 628 h.), au n° 138. Le rapprochement des numéros d'ordre de ces villes est même curieux en ce qu'il laisse supposer une influence régnant la même sur toutes [1]. Lagny (3 468 h.), et si près de Paris, ne vient qu'au n° 219 ; Montereau-Faut-Yonne (6 217 h.), au n° 245 ; Fontainebleau (11 939 h.), au n° 247... Enfin Melun (11 170 h.), chef-lieu du département, ne vient qu'au 279e rang. Par contre, si l'on examine les 25 communes qui occupent la tête de la liste, on verra qu'à l'exception de 2, ce sont des communes ayant une population peu considérable [2]. »

---

[1] Bien entendu, il ne saurait être question d'une influence contagieuse. Ce sont trois chefs-lieux d'arrondissement, d'importance à peu près égale, et séparés par une multitude de communes dont les taux sont très différents. Tout ce que prouve, au contraire, ce rapprochement, c'est que les groupes sociaux de même dimension et placés dans des conditions d'existence suffisamment analogues, ont un même taux de suicides, sans qu'il soit pour cela nécessaire qu'ils agissent les uns sur les autres.

[2] *Op. cit.*, p. 193-194. La très petite commune qui tient la tête (Lesche) compte 1 suicide sur 630 habitants, soit 1 587 suicides pour un million, de quatre à cinq fois plus que Paris. Et ce ne sont pas là des cas particuliers à la Seine-et-Marne. Nous devons à l'obligeance du Dr Legoupils,

Si nous sortons de France, nous pourrons faire des constatations identiques. La partie de l'Europe où l'on se tue le plus est celle qui comprend le Danemark et l'Allemagne centrale. Or, dans cette vaste zone, le pays qui, de beaucoup, l'emporte sur tous les autres, c'est la Saxe-Royale ; elle a 311 suicides par million d'habitants. Le duché de Saxe-Altenbourg vient immédiatement après (303 suicides) tandis que le Brandebourg n'en a que 204. Il s'en faut pourtant que l'Allemagne ait les yeux fixés sur ces deux petits Etats. Ce n'est ni Dresde ni Altenbourg qui donnent le ton à Hambourg et à Berlin. De même, de toutes les provinces italiennes, c'est Bologne et Livourne qui ont proportionnellement le plus de suicides (88 et 84) ; Milan, Gênes, Turin et Rome, d'après les moyennes établies par Morselli pour les années 1864-1876, ne viennent que beaucoup plus loin.

En définitive, ce que nous montrent toutes les cartes, c'est que le suicide, loin de se disposer plus ou moins concentriquement autour de certains foyers à partir desquels il irait en se dégradant progressivement, se présente, au contraire, par grandes masses à peu près homogènes (mais à peu près seulement) et dépourvues de tout noyau central. Une telle configuration n'a donc rien qui décèle l'influence de l'imitation. Elle

de Trouville, des renseignements sur trois communes minuscules de l'arrondissement de Pont-l'Evêque, Villerville (978 h.), Cricquebœuf (150 h.) et Pennedepie (333 h.). Le taux des suicides calculé pour des périodes qui varient entre 14 et 25 ans y est respectivement de 429, de 800 et de 1 081 pour 1 million d'habitants.

Sans doute, il reste vrai, en général, que les grandes villes comptent plus de suicides que les petites ou que les campagnes. Mais la proposition n'est vraie qu'en gros et comporte bien des exceptions. Il y a, d'ailleurs, une manière de la concilier avec les faits qui précèdent et qui paraissent la contredire. Il suffit d'admettre que les grandes villes se forment et se développent sous l'influence des mêmes causes qui déterminent le développement du suicide, plus qu'elles ne contribuent à le déterminer elles-mêmes. Dans ces conditions, il est naturel qu'elles soient nombreuses dans les régions fécondes en suicides, mais sans qu'elles aient le monopole des morts volontaires ; rares, au contraire, là où l'on se tue peu, sans que le petit nombre des suicides soit dû à leur absence. Ainsi leur taux moyen serait en général supérieur à celui des campagnes tout en pouvant lui être inférieur dans certains cas.

indique seulement que le suicide ne tient pas à des circonstances locales, variables d'une ville à l'autre, mais que les conditions qui le déterminent sont toujours d'une certaine généralité. Il n'y a ici ni imitateurs ni imités, mais identité relative dans les effets due à une identité relative dans les causes. Et on s'explique aisément qu'il en soit ainsi si, comme tout ce qui précède le fait déjà prévu, le suicide dépend essentiellement de certains états du milieu social. Car ce dernier garde généralement la même constitution sur d'assez larges étendues de territoire. Il est donc naturel que, partout où il est le même, il ait les mêmes conséquences sans que la contagion y soit pour rien. C'est pourquoi il arrive le plus souvent que, dans une même région, le taux des suicides se soutienne à peu près au même niveau. Mais d'un autre côté, comme jamais les causes qui le produisent n'y peuvent être réparties avec une parfaite homogénéité, il est inévitable que, d'un point à l'autre, d'un arrondissement à l'arrondissement voisin, il présente parfois des variations plus ou moins importantes, comme celles que nous avons constatées.

Ce qui prouve que cette explication est fondée, c'est qu'on le voit se modifier brusquement et du tout au tout chaque fois que le milieu social change brusquement. Jamais celui-ci n'étend son action au-delà de ses limites naturelles. Jamais un pays que des conditions particulières prédisposent spécialement au suicide n'impose, par le seul prestige de l'exemple, son penchant aux pays voisins, si ces mêmes conditions ou d'autres semblables ne s'y trouvent pas au même degré. Ainsi, le suicide est à l'état endémique en Allemagne et l'on a pu voir déjà avec quelle violence il y sévit ; nous montrerons plus loin que le protestantisme est la cause principale de cette aptitude exceptionnelle. Cependant, trois régions font exception à la règle générale ; ce sont les provinces rhénanes avec la Westphalie, la Bavière et surtout la Souabe bavaroise, enfin la Posnanie. Ce sont les seules de toute l'Allemagne qui comptent moins de 100 suicides par million d'habitants. Sur la carte (1) elles apparaissent comme

(1) Voir pl. III, p. 130-131.

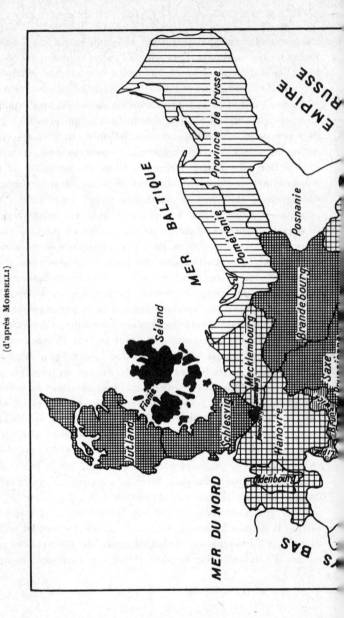

PLANCHE III. — *SUICIDES DANS L'EUROPE CENTRALE*
(d'après Morselli)

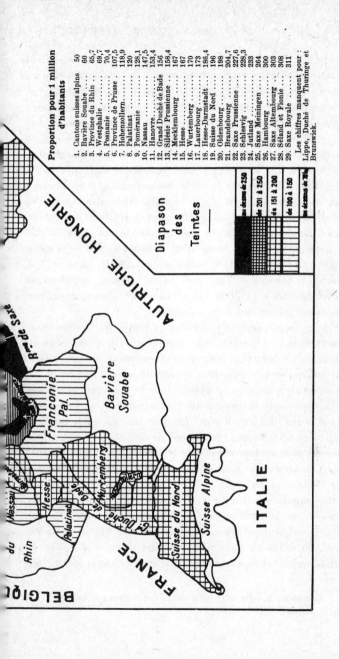

Proportion pour 1 million d'habitants

1. Cantons suisses alpins   50
2. Bavière Souabe   60
3. Province du Rhin   65,7
4. Westphalie   69,7
5. Posnanie   70,4
6. Province de Prusse   107,5
7. Hohenzollern   118,9
8. Palatinat   120
9. Poméranie   128,1
10. Nassau   147,5
11. Hanovre   153,4
12. Grand Duché de Bade   156
13. Silésie Prussienne   158,4
14. Mecklembourg   167
15. Hesse   167
16. Wurtemberg   170
17. Lauembourg   173
18. Hesse-Darmstadt   186,4
19. Suisse du Nord   196
20. Oldenbourg   198
21. Brandebourg   204,7
22. Saxe Prussienne   227,6
23. Schleswig   228,3
24. Jutland   233
25. Saxe Meiningen   264
26. Hambourg   300
27. Saxe Altembourg   303
28. Séland et Fionie   308
29. Saxe Royale   311

Les chiffres manquent pour : Lippe, Duché de Thuringe et Brunswick.

trois îlots perdus et les taches claires qui les représentent contrastent avec les teintes foncées qui les environnent. C'est qu'elles sont toutes trois catholiques. Ainsi, le courant suicidogène si intense qui circule autour d'elles ne parvient pas à les entamer ; il s'arrête à leurs frontières par cela seul qu'il ne trouve pas au-delà les conditions favorables à son développement. De même, en Suisse, le Sud est tout entier catholique ; tous les éléments protestants sont au Nord. Or, à voir comme ces deux pays s'opposent l'un à l'autre sur la carte des suicides (1), on pourrait croire qu'ils ressortissent à des sociétés différentes. Quoiqu'ils se touchent de tous les côtés, qu'ils soient en relations constantes, chacun conserve au point de vue du suicide son individualité. La moyenne est aussi basse d'un côté qu'élevée de l'autre. De même, à l'intérieur de la Suisse septentrionale, Lucerne, Uri, Unterwald, Schwyz et Zug, cantons catholiques, comptent au plus 100 suicides par million, quoiqu'ils soient entourés de cantons protestants qui en ont bien davantage.

Une autre expérience pourrait être tentée qui confirmerait, pensons-nous, les preuves qui précèdent. Un phénomène de contagion morale ne peut guère se produire que de deux manières : ou le fait qui sert de modèle se répand de bouche en bouche par l'intermédiaire de ce qu'on appelle la voix publique, ou ce sont les journaux qui le propagent. Généralement, on s'en prend surtout à ces derniers, il n'est pas douteux, en effet, qu'ils ne constituent un puissant instrument de diffusion. Si donc l'imitation est pour quelque chose dans le développement des suicides, on doit les voir varier suivant la place que les journaux occupent dans l'attention publique.

Malheureusement, cette place est assez difficile à déterminer. Ce n'est pas le nombre des périodiques, mais celui de leurs lecteurs, qui seul peut permettre de mesurer l'étendue de leur action. Or, dans un pays peu centralisé, comme la Suisse, les journaux peuvent être nombreux parce que chaque localité a le

(1) Voir même planche et, pour le détail des chiffres par canton, liv. II, chap. V, tableau XXVI.

sien, et pourtant, comme chacun d'eux est peu lu, leur puissance de propagation est médiocre. Au contraire, un seul journal comme le *Times*, le *New York Herald*, le *Petit Journal*, etc., agit sur un immense public. Même, il semble que la presse ne puisse guère avoir l'influence dont on l'accuse sans une certaine centralisation. Car, là où chaque région a sa vie propre, on s'intéresse moins à ce qui se passe au-delà du petit horizon où l'on borne sa vue ; les faits lointains passent davantage inaperçus et, pour cette raison même, sont recueillis avec moins de soin. Il y a ainsi moins d'exemples qui sollicitent l'imitation. Il en est tout autrement là où le nivellement des milieux locaux ouvre à la sympathie et à la curiosité un champ d'action plus étendu, et où, répondant à ces besoins, de grands organes concentrent chaque jour tous les événements importants du pays ou des pays voisins pour en renvoyer ensuite la nouvelle dans toutes les directions. Alors les exemples, s'accumulant, se renforcent mutuellement. Mais on comprend qu'il est à peu près impossible de comparer la clientèle des différents journaux d'Europe et surtout d'apprécier le caractère plus ou moins local de leurs informations. Cependant, sans que nous puissions donner de notre affirmation une preuve régulière, il nous paraît difficile que, sur ces deux points, la France et l'Angleterre soient inférieures au Danemark, à la Saxe et même aux différents pays d'Allemagne. Pourtant, on s'y tue beaucoup moins. De même, sans sortir de France, rien n'autorise à supposer qu'on lise sensiblement moins de journaux au sud de la Loire qu'au nord ; or on sait quel contraste il y a entre ces deux régions sous le rapport du suicide. Sans vouloir attacher plus d'importance qu'il ne convient à un argument que nous ne pouvons établir sur des faits bien définis, nous croyons cependant qu'il repose sur d'assez fortes vraisemblances pour mériter quelque attention.

IV

En résumé, s'il est certain que le suicide est contagieux d'individu à individu, jamais on ne voit l'imitation le propager de manière à affecter le taux social des suicides. Elle peut bien donner naissance à des cas individuels plus ou moins nombreux, mais elle ne contribue pas à déterminer le penchant inégal qui entraîne les différentes sociétés, et à l'intérieur de chaque société les groupes sociaux plus particuliers, au meurtre de soi-même. Le rayonnement qui en résulte est toujours très limité ; il est, de plus, intermittent. Quand il atteint un certain degré d'intensité, ce n'est jamais que pour un temps très court.

Mais il y a une raison plus générale qui explique comment les effets de l'imitation ne sont pas appréciables à travers les chiffres de la statistique. C'est que, réduite à ses seules forces, l'imitation ne peut rien sur le suicide. Chez l'adulte, sauf dans les cas très rares de monoïdéisme plus ou moins absolu, l'idée d'un acte ne suffit pas à engendrer un acte similaire, à moins qu'elle ne tombe sur un sujet qui, de lui-même, y est particulièrement enclin. « J'ai toujours remarqué, écrit Morel, que l'imitation, si puissante que soit son influence, et que l'impression causée par le récit ou la lecture d'un crime exceptionnel ne suffisaient pas pour provoquer des actes similaires chez des individus qui auraient été parfaitement sains d'esprit (1). » De même, le Dr Paul Moreau de Tours a cru pouvoir établir, d'après ses observations personnelles, que le suicide contagieux ne se rencontre jamais que chez des individus fortement prédisposés (2).

Il est vrai que, comme cette prédisposition lui paraissait

---

(1) *Traité des maladies mentales*, p. 243.
(2) *De la contagion du suicide*, p. 42.

dépendre essentiellement de causes organiques, il lui était assez difficile d'expliquer certains cas qu'on ne peut rapporter à cette origine, à moins d'admettre des combinaisons de causes tout à fait improbables et vraiment miraculeuses. Comment croire que les 15 invalides dont nous avons parlé se soient justement trouvés tous atteints de dégénérescence nerveuse ? Et l'on en peut dire autant des faits de contagion si fréquemment observés dans l'armée ou dans les prisons. Mais ces faits sont facilement explicables une fois qu'on a reconnu que le penchant au suicide pouvait être créé par le milieu social. Car, alors, on est en droit de les attribuer, non à un hasard inintelligible qui, des points les plus divers de l'horizon, aurait assemblé dans une même caserne ou dans un même établissement pénitentiaire un nombre relativement considérable d'individus atteints tous d'une même tare mentale, mais à l'action du milieu commun au sein duquel ils vivent. Nous verrons, en effet, que, dans les prisons et dans les régiments, il existe un état collectif qui incline au suicide les soldats et les détenus aussi directement que peut le faire la plus violente des névroses. L'exemple est la cause occasionnelle qui fait éclater l'impulsion ; mais ce n'est pas lui qui la crée et, si elle n'existait pas, il serait inoffensif.

On peut donc dire que, sauf dans de très rares exceptions, l'imitation n'est pas un facteur original du suicide. Elle ne fait que rendre apparent un état qui est la vraie cause génératrice de l'acte et qui, vraisemblablement, eût toujours trouvé moyen de produire son effet naturel, alors même qu'elle ne serait pas intervenue ; car il faut que la prédisposition soit particulièrement forte pour qu'il suffise de si peu de chose pour la faire passer à l'acte. Il n'est donc pas étonnant que les faits ne portent pas la marque de l'imitation, puisqu'elle n'a pas d'action en propre et que celle même qu'elle exerce est très restreinte.

Une remarque d'un intérêt pratique peut servir de corollaire à cette conclusion.

Certains auteurs, attribuant à l'imitation un pouvoir qu'elle n'a pas, ont demandé que la reproduction des suicides et des crimes fût interdite aux journaux (1). Il est possible que cette prohibition réussisse à alléger de quelques unités le montant annuel de ces différents actes. Mais il est très douteux qu'elle puisse en modifier le taux social. L'intensité du penchant collectif resterait la même, car l'état moral des groupes ne serait pas changé pour cela. Si donc on met en regard des problématiques et très faibles avantages que pourrait avoir cette mesure, les graves inconvénients qu'entraînerait la suppression de toute publicité judiciaire, on conçoit que le législateur mette quelque hésitation à suivre le conseil des spécialistes. En réalité, ce qui peut contribuer au développement du suicide ou du meurtre, ce n'est pas le fait d'en parler, c'est la manière dont on en parle. Là où ces pratiques sont abhorrées, les sentiments qu'elles soulèvent se traduisent à travers les récits qui en sont faits et, par suite, neutralisent plus qu'elles n'excitent les prédispositions individuelles. Mais inversement, quand la société est moralement désemparée, l'état d'incertitude où elle est lui inspire pour les actes immoraux une sorte d'indulgence qui s'exprime involontairement toutes les fois qu'on en parle et qui en rend moins sensible l'immoralité. Alors l'exemple devient vraiment redoutable, non parce qu'il est l'exemple, mais parce que la tolérance ou l'indifférence sociale diminuent l'éloignement qu'il devrait inspirer.

Mais ce que montre surtout ce chapitre, c'est combien est peu fondée la théorie qui fait de l'imitation la source éminente de toute vie collective. Il n'est pas de fait aussi facilement transmissible par voie de contagion que le suicide, et pourtant nous venons de voir que cette contagiosité ne produit pas d'effets sociaux. Si, dans ce cas, l'imitation est à ce point dépourvue d'influence sociale, elle n'en saurait avoir davantage dans les autres ; les vertus qu'on lui attribue sont donc imaginaires. Elle peut bien, dans un cercle restreint, déterminer quelques rééditions d'une même pensée ou d'une même action, mais jamais elle n'a de répercussions assez étendues ni assez profondes

(1) V. notamment Aubry, *Contagion du meurtre*, 1re éd., p. 87.

pour atteindre et modifier l'âme de la société. Les états collectifs, grâce à l'adhésion à peu près unanime et généralement séculaire dont ils sont l'objet, sont beaucoup trop résistants pour qu'une innovation privée puisse en venir à bout. Comment un individu, qui n'est rien de plus qu'un individu (1), pourrait-il avoir la force suffisante pour façonner la société à son image ? Si nous n'en étions encore à nous représenter le monde social presque aussi grossièrement que le primitif fait pour le monde physique, si, contrairement à toutes les inductions de la science, nous n'en étions encore à admettre, au moins tacitement et sans nous en rendre compte, que les phénomènes sociaux ne sont pas proportionnels à leurs causes, nous ne nous arrêterions même pas à une conception qui, si elle est d'une simplicité biblique, est en même temps en contradiction flagrante avec les principes fondamentaux de la pensée. On ne croit plus aujourd'hui que les espèces zoologiques ne soient que des variations individuelles propagées par l'hérédité (2) ; il n'est pas plus admissible que le fait social ne soit qu'un fait individuel qui s'est généralisé. Mais ce qui est surtout insoutenable, c'est que cette généralisation puisse être due à je ne sais quelle aveugle contagion. On est même en droit de s'étonner qu'il soit encore nécessaire de discuter une hypothèse qui, outre les graves objections qu'elle soulève, n'a jamais reçu même un commencement de démonstration expérimentale. Car on n'a jamais montré à propos d'un ordre défini de faits sociaux que l'imitation pouvait en rendre compte, et moins encore, qu'elle seule pouvait en rendre compte. On s'est contenté d'énoncer la proposition sous forme d'apho-

(1) Nous entendons par là l'individu, abstraction faite de tout ce que la confiance ou l'admiration collective peuvent lui ajouter de pouvoir. Il est clair, en effet, qu'un fonctionnaire ou un homme populaire, outre les forces individuelles qu'ils tiennent de la naissance, incarnent des forces sociales qu'ils doivent aux sentiments collectifs dont ils sont l'objet et qui leur permettent d'avoir une action sur la marche de la société. Mais ils n'ont cette influence qu'autant qu'ils sont autre chose que des individus.

(2) V. DELAGE, *La structure du protoplasme et les théories de l'hérédité*, Paris, 1895, p. 813 et suiv.

risme, en l'appuyant sur des considérations vaguement métaphysiques. Pourtant la sociologie ne pourra prétendre à être considérée comme une science que quand il ne sera plus permis à ceux qui la cultivent de dogmatiser ainsi, en se dérobant aussi manifestement aux obligations régulières de la preuve.

LIVRE II

CAUSES SOCIALES ET TYPES SOCIAUX

Chapitre Premier

MÉTHODE POUR LES DÉTERMINER

Les résultats du livre précédent ne sont pas purement négatifs. Nous y avons établi, en effet, qu'il existe pour chaque groupe social une tendance spécifique au suicide que n'expliquent ni la constitution organico-psychique des individus ni la nature du milieu physique. Il en résulte, par élimination, qu'elle doit nécessairement dépendre de causes sociales et constituer par elle-même un phénomène collectif ; même certains des faits que nous avons examinés, notamment les variations géographiques et saisonnières du suicide, nous avaient expressément amené à cette conclusion. C'est cette tendance qu'il nous faut maintenant étudier de plus près.

I

Pour y parvenir, le mieux serait, à ce qu'il semble, de rechercher d'abord si elle est simple et indécomposable, ou si elle ne consisterait pas plutôt en une pluralité de tendances différentes que l'analyse peut isoler et qu'il conviendrait d'étudier séparément. Dans ce cas, voici comment on devrait procéder. Comme, unique ou non, elle n'est observable qu'à travers les suicides individuels qui la manifestent, c'est de ces derniers qu'il faudrait partir. On en observerait donc le plus grand nombre possible, en dehors, bien entendu, de ceux qui relèvent de l'aliénation mentale, et on les décrirait. S'ils se trouvaient tous avoir les mêmes caractères essentiels, on les confondrait en une seule et même classe ; dans l'hypothèse contraire, qui est de beaucoup la plus vraisemblable — car ils sont trop divers pour ne pas comprendre plusieurs variétés — on constituerait un certain nombre d'espèces d'après leurs ressemblances et leurs différences. Autant on aurait reconnu de types distincts, autant on admettrait de courants suicidogènes dont on chercherait ensuite à déterminer les causes et l'importance respective. C'est à peu près la méthode que nous avons suivie dans notre examen sommaire du suicide vésanique.

Malheureusement, une classification des suicides raisonnables d'après leurs formes ou caractères morphologiques est impraticable, parce que les documents nécessaires font presque totalement défaut. En effet, pour pouvoir la tenter, il faudrait avoir de bonnes descriptions d'un grand nombre de cas particuliers. Il faudrait savoir dans quel état psychique se trouvait le suicidé au moment où il a pris sa résolution, comment il en a préparé l'accomplissement, comment il l'a finalement exécutée, s'il était agité ou déprimé, calme ou enthousiaste, anxieux ou irrité, etc. Or, nous n'avons guère de renseignements de ce genre que pour quelques cas de suicides vésaniques, et c'est justement grâce aux observations et aux descriptions ainsi recueillies par les aliénistes qu'il a été possible de constituer les principaux types de suicide dont la folie est la cause déterminante. Pour les autres, nous sommes à peu près privés de toute information. Seul, Brierre de Boismont a essayé de faire ce travail descriptif pour 1328 cas où le suicidé avait laissé des lettres ou des écrits que l'auteur a résumés dans son livre. Mais d'abord, ce résumé est beaucoup trop bref. Puis, les confidences que le sujet lui-même nous fait sur son état sont le plus souvent insuffisantes, quand elles ne sont pas suspectes. Il n'est que trop porté à se tromper sur lui-même et sur la nature de ses dispositions ; par exemple, il s'imagine agir avec sang-froid, alors qu'il est au comble de la surexcitation. Enfin, outre qu'elles ne sont pas assez objectives, ces observations portent sur un trop petit nombre de faits pour qu'on en puisse tirer des conclusions précises. On entrevoit bien quelques lignes très vagues de démarcation et nous saurons mettre à profit les indications qui s'en dégagent ; mais elles sont trop peu définies pour servir de base à une classification régulière. Au reste, étant donné la manière dont s'accomplissent la plupart des suicides, des observations comme il faudrait en avoir sont à peu près impossibles.

Mais nous pouvons arriver à notre but par une autre voie. Il suffira de renverser l'ordre de nos recherches. En effet, il ne peut y avoir des types différents de suicides qu'autant que les causes dont ils dépendent sont elles-mêmes différentes. Pour que chacun d'eux ait une nature qui lui soit propre, il faut qu'il ait aussi des conditions d'existence qui lui soient spéciales. Un même antécédent ou un même groupe d'antécédents ne peut produire tantôt une conséquence et tantôt une autre, car, alors, la différence qui distingue le second du premier serait elle-même sans cause ; ce qui serait la négation du principe de causalité. Toute distinction spécifique constatée entre les causes implique donc une distinction semblable entre les effets. Dès lors, nous pouvons constituer les types sociaux du suicide, non en les classant directement d'après leurs caractères préalablement décrits, mais en classant les causes qui les produisent. Sans nous préoccuper de savoir pourquoi ils se différencient les uns des autres, nous chercherons tout de suite quelles sont les conditions sociales dont ils dépendent ; puis nous grouperons ces conditions suivant leurs ressemblances et leurs différences en un certain nombre de classes séparées, et nous pourrons être certains qu'à chacune de ces classes correspondra un type déterminé de suicide. En un mot, notre classification, au lieu d'être morphologique, sera, d'emblée, étiologique. Ce n'est pas, d'ailleurs, une infériorité, car on pénètre beaucoup mieux la nature d'un phénomène quand on en sait la cause que quand on en connaît seulement les caractères, même essentiels.

Cette méthode, il est vrai, a le défaut de postuler la diversité des types sans les atteindre directement. Elle peut en établir l'existence, le nombre, non les caractères distinctifs. Mais il est possible d'obvier à cet inconvénient, au moins dans une certaine mesure. Une fois que la nature des causes sera connue, nous pourrons essayer d'en déduire la nature des effets, qui se trouveront ainsi caractérisés et classés du même coup par cela seul qu'ils seront rattachés à leurs souches respectives. Il est vrai que, si cette déduction n'était aucunement guidée par les faits, elle risquerait de se perdre en combinaisons de pure fantaisie. Mais nous pourrons l'éclairer à l'aide des quelques renseignements dont nous disposons sur la morphologie des suicides. Ces informations, à elles seules, sont trop incomplètes et trop incertaines pour pouvoir nous donner un principe de classification ; mais elles pourront être utilisées, une fois que les cadres de cette classification seront établis. Elles nous montreront dans quel sens la déduction devra être dirigée et, par les exemples qu'elles nous fourniront, nous serons assurés que les espèces ainsi constituées déductivement ne sont pas imaginaires. Ainsi, des causes nous redescendrons aux effets et notre classification étiologique se complétera par une classification morphologique qui pourra servir à vérifier la première, et réciproquement.

A tous égards, cette méthode renversée est la seule qui convienne au problème spécial que nous nous sommes posé. Il ne faut pas perdre de vue, en effet, que ce que nous étudions c'est le taux social des suicides. Les seuls types qui doivent nous intéresser sont donc ceux qui contribuent à le former et en fonction desquels il varie. Or, il n'est pas prouvé que toutes les modalités individuelles de la mort volontaire aient cette propriété. Il en est qui, tout en ayant un certain degré de généralité, ne sont pas ou ne sont pas assez liées au tempérament moral de la société pour entrer, en qualité d'élément caractéristique, dans la physionomie spéciale que chaque peuple présente sous le rapport du suicide. Ainsi, nous avons vu que l'alcoolisme n'est pas un facteur dont dépende l'aptitude personnelle de chaque société ; et cependant, il y a évidemment des suicides alcooliques et en assez grand nombre. Ce n'est donc pas une description, même bien faite, des cas particuliers qui pourra jamais nous apprendre quels sont ceux qui ont un caractère sociologique. Si l'on veut savoir de quels confluents divers résulte le suicide considéré comme phénomène collectif, c'est sous sa forme collective, c'est-à-dire à travers les données statistiques, qu'il faut, dès l'abord, l'envisager. C'est le taux social qu'il faut directement prendre pour objet d'analyse ; il faut aller du tout aux parties. Mais il est clair qu'il ne peut être analysé que par rapport aux causes différentes dont il dépend ; car, en elles-mêmes, les unités par l'addition desquelles il est formé sont homogènes et ne se distinguent pas qualitativement. C'est donc à la détermination des causes qu'il faut nous attacher sans retard, quitte à chercher ensuite comment elles se répercutent chez les individus.

II

Mais ces causes, comment les atteindre ?

Dans les constatations judiciaires qui ont lieu toutes les fois qu'un suicide est commis, on note le mobile (chagrin de famille, douleur physique ou autre, remords ou ivrognerie, etc.), qui paraît en avoir été la cause déterminante et, dans les comptes rendus statistiques de presque tous les pays, on trouve un tableau spécial où les résultats de ces enquêtes sont consignés sous ce titre : *Motifs présumés des suicides*. Il semble donc naturel de mettre à profit ce travail tout fait et de commencer notre recherche par la comparaison de ces documents. Ils nous indiquent, en effet, à ce qu'il semble, les antécédents immédiats des différents suicides ; or, n'est-il pas de bonne méthode, pour comprendre le phénomène que nous étudions, de remonter d'abord à ses causes les plus prochaines, sauf à s'élever ensuite plus haut dans la série des phénomènes, si la nécessité s'en fait sentir.

Mais, comme le disait déjà Wagner il y a longtemps, ce qu'on appelle statistique des motifs de suicides, c'est, en réalité, une statistique des opinions que se font de ces motifs les agents, souvent subalternes, chargés de ce service d'informations. On sait, malheureusement, que les constatations officielles sont trop souvent défectueuses, alors même qu'elles portent sur des faits matériels et ostensibles que tout observateur consciencieux peut saisir et qui ne laissent aucune place à l'appréciation. Mais combien elles doivent être tenues en suspicion quand elles ont pour objet, non d'enregistrer simplement un événement accompli, mais de l'interpréter et de l'expliquer ! C'est toujours un problème difficile que de préciser la cause d'un phénomène. Il faut au savant toute sorte d'observations et d'expériences pour résoudre une seule de ces questions. Or, de tous les phénomènes, les volitions humaines sont les plus complexes. On conçoit, dès lors, ce que peuvent valoir ces jugements improvisés qui, d'après quelques renseignements hâtivement recueillis, prétendent assigner une origine définie à chaque cas particulier. Aussitôt qu'on croit avoir découvert parmi les antécédents de la victime quelques-uns de ces faits qui passent communément pour mener au désespoir, on juge inutile de chercher davantage et, suivant que le sujet est réputé avoir récemment subi des pertes d'argent ou éprouvé des chagrins de famille ou avoir quelque goût pour la boisson, on incrimine ou son ivrognerie ou ses douleurs domestiques ou ses déceptions économiques. On ne saurait donner comme base à une explication des suicides des informations aussi suspectes.

Il y a plus, alors même qu'elles seraient plus dignes de foi, elles ne pourraient pas nous rendre de grands services, car les mobiles qui sont ainsi, à tort ou à raison, attribués aux suicides, n'en sont pas les causes véritables. Ce qui le prouve, c'est que les nombres proportionnels de cas, imputés par les statistiques à chacune de ces causes présumées, restent presque identiquement les mêmes, alors que les nombres absolus présentent, au contraire, les variations les plus considérables. En France, de 1856 à 1878, le suicide augmente de 40 % environ, et de plus de 100 % en Saxe pendant la période 1854-1880 (1 171 cas au lieu de 547). Or, dans les deux pays, chaque catégorie de motifs conserve d'une époque à l'autre la même importance respective. C'est ce que montre le tableau XVII (voir p. 146).

Si l'on considère que les chiffres qui y sont rapportés ne sont et ne peuvent être que de grossières approximations, et si, par conséquent, on n'attache pas trop d'importance à de légères différences, on reconnaîtra qu'ils restent sensiblement constants. Mais pour que la part contributive de chaque raison présumée reste proportionnellement la même alors que le suicide est deux fois plus développé, il faut admettre que chacune d'elles a acquis une efficacité double. Or ce ne peut être par suite d'une rencontre fortuite qu'elles deviennent toutes en même temps deux fois plus meurtrières. On en vient donc forcément à conclure qu'elles sont toutes placées sous la dépendance d'un état plus général, dont elles sont tout au plus des reflets plus ou moins fidèles. C'est lui qui fait qu'elles sont plus ou moins productives de suicides et qui, par conséquent, est la vraie cause déterminante de ces derniers. C'est donc cet état qu'il nous faut atteindre, sans nous attarder aux contrecoups éloignés qu'il peut avoir dans les consciences particulières.

Un autre fait, que nous empruntons à Legoyt [1], montre mieux encore à quoi se réduit l'action causale de ces différents mobiles. Il n'est pas de professions plus différentes l'une de l'autre que l'agriculture et les fonctions libérales. La vie d'un artiste, d'un savant, d'un avocat, d'un officier, d'un magistrat ne ressemble en rien à celle d'un agriculteur. On peut donc regarder comme certain que les causes sociales du suicide ne sont pas les mêmes pour les uns et pour les autres. Or, non seulement c'est aux mêmes raisons que sont attribués les suicides de ces deux catégories de sujets, mais encore l'importance respective de ces différentes raisons serait presque

---

[1] *Op. cit.*, p. 358.

Tableau XVII
Part de chaque catégorie de motifs sur 100 suicides annuels de chaque sexe

	Hommes		Femmes	
	1856-60	1874-78	1856-60	1874-78

France (1)

Misère et revers de fortune	13,30	11,79	5,38	5,77
Chagrin de famille	11,68	12,53	12,79	16,00
Amour, jalousie, débauche, inconduite	15,48	16,98	13,16	12,20
Chagrins divers	23,70	23,43	17,16	20,22
Maladies mentales	25,67	27,09	45,75	41,81
Remords, crainte de condamnation à la suite de crime	0,84	—	0,19	—
Autres causes et causes inconnues	9,33	8,18	5,51	4
Total	100,00	100,00	100,00	100,00

	Hommes		Femmes	
	1854-78	1880	1854-78	1880

Saxe (2)

Douleurs physiques	5,64	5,86	7,43	7,98
Chagrins domestiques	2,39	3,30	3,18	1,72
Revers de fortune et misère	9,52	11,28	2,80	4,42
Débauche, jeu	11,15	10,74	1,59	0,44
Remords, crainte de poursuites, etc.	10,41	8,51	10,44	6,21
Amour malheureux	1,79	1,50	3,74	6,20
Troubles mentaux, folie religieuse	27,94	30,27	50,64	54,43
Colère	2,00	3,29	3,04	3,09
Dégoût de la vie	9,58	6,67	5,37	5,76
Causes inconnues	19,58	18,58	11,77	9,75
Total	100,00	100,00	100,00	100,00

(1) D'après Legoyt, p. 342.
(2) D'après Oettingen, *Moralstatistik*, tables annexes, p. 110.

rigoureusement la même dans l'une et dans l'autre. Voici, en effet, quels ont été en France, pendant les années 1874-78, les rapports centésimaux des principaux mobiles de suicide dans ces deux professions :

	Agriculture	Professions libérales
Perte d'emploi, revers de fortune, misère	8,15	8,87
Chagrins de famille	14,45	13,14
Amour contrarié et jalousie	1,48	2,01
Ivresse et ivrognerie	13,23	6,41
Suicides d'auteurs de crimes ou délits	4,09	4,73
Souffrances physiques	15,91	19,89
Maladies mentales	35,80	34,04
Dégoût de la vie, contrariétés diverses	2,93	4,94
Causes inconnues	3,96	5,97
	100,00	100,00

Sauf pour l'ivresse et l'ivrognerie, les chiffres, surtout ceux qui ont le plus d'importance numérique, diffèrent bien peu d'une colonne à l'autre. Ainsi, à s'en tenir à la seule considération des mobiles, on pourrait croire que les causes suicidogènes sont, non sans doute de même intensité, mais de même nature dans les deux cas. Et pourtant, en réalité, ce sont des forces très différentes qui poussent au suicide le laboureur et le raffiné des villes. C'est donc que ces raisons que l'on donne au suicide ou que le suicidé se donne à lui-même pour s'expliquer son acte, n'en sont, le plus généralement, que les causes apparentes. Non seulement elles ne sont que les répercussions individuelles d'un état général, mais elles l'expriment très infidèlement, puisqu'elles sont les mêmes alors qu'il est tout autre. Elles marquent, peut-on dire, les points faibles de l'individu, ceux par où le courant, qui vient du dehors l'inciter à se détruire, s'insinue le plus facilement en lui. Mais elles ne font pas partie de ce courant lui-même et ne peuvent, par conséquent, nous aider à le comprendre.

Nous voyons donc sans regret certains pays comme l'Angleterre et l'Autriche renoncer à recueillir ces prétendues causes de suicide. C'est d'un tout autre côté que doivent se porter les efforts de la statistique. Au lieu de chercher à résoudre ces insolubles problèmes de casuistique morale, qu'elle s'attache à noter avec plus de soin les concomitants sociaux du suicide. En tout cas, pour nous, nous nous faisons une règle de ne pas faire intervenir dans nos recherches des renseignements aussi douteux que faiblement instructifs ; en fait, les suicidographes n'ont jamais réussi à en tirer aucune loi intéressante. Nous n'y recourrons donc qu'accidentellement, quand ils nous paraîtront avoir une signification spéciale et présenter des garanties particulières. Sans nous préoccuper de savoir sous quelles formes peuvent se traduire chez les sujets particuliers les causes productrices du suicide, nous allons directement tâcher de déterminer ces dernières. Pour cela, laissant de côté, pour ainsi dire, l'individu en tant qu'individu, ses mobiles et ses idées, nous nous demanderons immédiatement quels sont les états des différents milieux sociaux (confessions religieuses, famille, société politique, groupes professionnels, etc.), en fonction desquels varie le suicide. C'est seulement ensuite que, revenant aux individus, nous chercherons comment ces causes générales s'individualisent pour produire les effets homicides qu'elles impliquent.

Chapitre II

LE SUICIDE ÉGOÏSTE

Observons d'abord la manière dont les différentes confessions religieuses agissent sur le suicide.

I

Si l'on jette un coup d'œil sur la carte des suicides européens, on reconnaît à première vue que dans les pays purement catholiques, comme l'Espagne, le Portugal, l'Italie, le suicide est très peu développé, tandis qu'il est à son maximum dans les pays protestants, en Prusse, en Saxe, en Danemark. Les moyennes suivantes, calculées par Morselli, confirment ce premier résultat :

	Moyenne des suicides pour 1 million d'habitants
Etats protestants	190
— mixtes (protestants et catholiques)	96
— catholiques	58
— catholiques grecs	40

Toutefois, l'infériorité des catholiques grecs ne peut être sûrement attribuée à la religion ; car, comme leur civilisation est très différente de celle des autres nations européennes, cette inégalité de culture peut être la cause de cette moindre aptitude. Mais il n'en est pas de même de la plupart des sociétés catholiques et protestantes. Sans doute, elles ne sont pas toutes au même niveau intellectuel et moral ; pourtant, les ressemblances sont assez essentielles pour qu'on ait quelque droit d'attribuer à la différence des cultes le contraste si marqué qu'elles présentent au point de vue du suicide.

Néanmoins, cette première comparaison est encore trop sommaire. Malgré d'incontestables similitudes, les milieux sociaux dans lesquels vivent les habitants de ces différents pays ne sont pas identiquement les mêmes. La civilisation de l'Espagne et celle du Portugal sont bien au-dessous de celle de l'Allemagne ; il peut donc se faire que cette infériorité soit la raison de celle que nous venons de constater dans le développement du suicide. Si l'on veut échapper à cette cause d'erreur et déterminer avec plus de précision l'influence du catholicisme et celle du protestantisme sur la tendance au suicide, il faut comparer les deux religions au sein d'une même société.

De tous les grands Etats de l'Allemagne, c'est la Bavière qui compte, et de beaucoup, le moins de suicides. Il n'y en a guère, annuellement que 90 par million d'habitants depuis 1874, tandis que la Prusse en a 133 (1871-75), le duché de Bade 156, le Wurtemberg 162, la Saxe 300. Or, c'est aussi là que les catholiques sont le plus nombreux ; il y en a 713,2 sur 1 000 habitants. Si, d'autre part, on compare les différentes provinces de ce royaume, on trouve que les suicides y sont en raison directe

Provinces bavaroises (1867-75) (1)

Provinces à minorité catholique (moins de 50 %)	Suicides par million d'habitants	Provinces à majorité catholique (50 à 90 %)	Suicides par million d'habitants	Provinces où il y a plus de 90 % de catholiques	Suicides par million d'habitants
Palatinat du Rhin	167	Basse-Franconie	157	Haut-Palatinat.	64
Franconie centrale	207	Souabe	118	Haute-Bavière.	114
Haute - Franconie	204			Basse-Bavière..	49
Moyenne	192	Moyenne ...	135	Moyenne ...	75

(1) La population au-dessous de 15 ans a été défalquée.

du nombre des protestants, en raison inverse de celui des catholiques (v. tableau précédent, p. 150). Ce ne sont pas seulement les rapports des moyennes qui confirment la loi ; mais tous les nombres de la première colonne sont supérieurs à ceux de la seconde et ceux de la seconde à ceux de la troisième sans qu'il y ait aucune irrégularité.

Il en est de même en Prusse :

Provinces de Prusse (1883-90)

Provinces où il y a plus de 90 % de protestants	Suicides par million d'habitants	Provinces où il y a de 89 à 68 % de protestants	Suicides par million d'habitants	Provinces où il y a de 40 à 50 % de protestants	Suicides par million d'habitants	Provinces où il y a de 32 à 28 % de protestants	Suicides par million d'habitants
Saxe ...	309,4	Hanovre	212,3	Prusse occidentale ..	123,9	Posen ...	96,4
Schleswig	312,9	Hesse	200,3	Silésie	260,2	Pays du Rhin...	100,3
Poméranie ...	171,5	Brandebourg et Berlin ..	296,3	Westphalie	107,5	Hohenzollern....	90,1
		Prusse orientale	171,3				
Moyenne	264,6	Moyenne	220,0	Moyenne ..	163,6	Moyenne .	95,6

Dans le détail, sur les 14 provinces ainsi comparées, il n'y a que deux légères irrégularités : la Silésie qui, par le nombre relativement important de ses suicides, devrait appartenir à la seconde catégorie, se trouve seulement dans la troisième, tandis qu'au contraire la Poméranie serait mieux à sa place dans la seconde colonne que dans la première.

La Suisse est intéressante à étudier à ce même point de vue. Car, comme on y rencontre des populations françaises et allemandes, on y peut observer séparément l'influence du culte sur chacune de ces deux races. Or elle est la même sur l'une et sur l'autre. Les cantons catholiques donnent quatre et cinq fois moins de suicides que les cantons protestants, quelle que soit leur nationalité.

	Suicides par million d'habitants		
	Cantons français	Cantons allemands	Ensemble des cantons de toutes nationalités
Catholiques	83	87	86,7
Mixtes			212,0
Protestants	453	293	326,3

L'action du culte est donc si puissante qu'elle domine toutes les autres.

D'ailleurs, on a pu, dans un assez grand nombre de cas, déterminer directement le nombre des suicides par million d'habitants de chaque population confessionnelle. Voici les chiffres trouvés par différents observateurs :

Tableau XVIII

Suicides, dans les différents pays pour un million de sujets de chaque confession

		Protestants	Catholiques	Juifs	Noms des observateurs
Autriche	(1852-59)	79,5	51,3	20,7	Wagner
Prusse	(1849-55)	159,9	49,6	46,4	Id.
	(1869-72)	187	69	96	Morselli
	(1890)	240	100	180	Prinzing
Bade	(1852-62)	139	117	87	Legoyt
	(1870-74)	171	136,7	124	Morselli
	(1878-88)	242	170	210	Prinzing
Bavière	(1844-56)	135,4	49,1	105,9	Morselli
	(1884-91)	224	94	193	Prinzing
Wurtemberg	(1846-60)	113,5	77,9	65,6	Wagner
	(1873-76)	190	120	60	Nous-même
	(1881-90)	170	119	142	Id.

Ainsi, partout, sans aucune exception (1), les protestants fournissent beaucoup plus de suicides que les fidèles des autres

---

(1) Nous n'avons pas de renseignements sur l'influence des cultes en France. Voici pourtant ce que dit Leroy dans son étude sur la Seine-et-

cultes. L'écart oscille entre un *minimum* de 20 à 30 % et un *maximum* de 300 %. Contre une pareille unanimité de faits concordants, il est vain d'invoquer, comme le fait Mayr (1), le cas unique de la Norvège et de la Suède qui, quoique protestantes, n'ont qu'un chiffre moyen de suicides. D'abord, ainsi que nous en faisions la remarque au début de ce chapitre, ces comparaisons internationales ne sont pas démonstratives, à moins qu'elles ne portent sur un assez grand nombre de pays, et même dans ce cas, elles ne sont pas concluantes. Il y a d'assez grandes différences entre les populations de la presqu'île scandinave et celles de l'Europe centrale pour qu'on puisse comprendre que le protestantisme ne produise pas exactement les mêmes effets sur les unes et sur les autres. Mais de plus, si, pris en lui-même, le taux des suicides n'est pas très considérable dans ces deux pays, il apparaît relativement élevé si l'on tient compte du rang modeste qu'ils occupent parmi les peuples civilisés d'Europe. Il n'y a pas de raison de croire qu'ils soient parvenus à un niveau intellectuel supérieur à celui de l'Italie, il s'en faut, et pourtant on s'y tue de deux à trois fois plus (90 à 100 suicides par million d'habitants au lieu de 40). Le protestantisme ne serait-il pas la cause de cette aggravation relative ? Ainsi, non seulement le fait n'infirme pas la loi qui vient d'être établie sur un si grand nombre d'observations, mais il tend plutôt à la confirmer (2).

Pour ce qui est des juifs, leur aptitude au suicide est toujours moindre que celle des protestants ; très généralement, elle est aussi inférieure, quoique dans une moindre proportion, à celle des catholiques. Cependant, il arrive que ce dernier rapport est renversé ; c'est surtout dans les temps récents que ces cas d'inversion se rencontrent. Jusqu'au milieu du siècle,

---

Marne : dans les communes de Quincy, Nanteuil-les-Meaux, Mareuil, les protestants donnent un suicide sur 310 habitants, les catholiques 1 sur 678 (*op. cit.*, p. 203).

(1) *Handwoerterbuch der Staatswissenschaften*, Supplément, t. I, p. 702.

(2) Reste le cas de l'Angleterre, pays non catholique où l'on ne se tue pas beaucoup. Il sera expliqué plus bas, v. p. 160-161.

les juifs se tuent moins que les catholiques dans tous les pays, sauf en Bavière (1) ; c'est seulement vers 1870 qu'ils commencent à perdre de leur ancien privilège. Encore est-il très rare qu'ils dépassent de beaucoup le taux des catholiques. D'ailleurs, il ne faut pas perdre de vue que les juifs vivent, plus exclusivement que les autres groupes confessionnels, dans les villes et de professions intellectuelles. A ce titre, ils sont plus fortement enclins au suicide que les membres des autres cultes, et cela pour des raisons étrangères à la religion qu'ils pratiquent. Si donc, malgré cette influence aggravante, le taux du judaïsme est si faible, on peut croire que, à situation égale, c'est de toutes les religions celle où l'on se tue le moins.

Les faits ainsi établis, comment les expliquer ?

II

Si l'on songe que, partout, les juifs sont en nombre infime et que, dans la plupart des sociétés où ont été faites les observations précédentes, les catholiques sont en minorité, on sera tenté de voir dans ce fait la cause qui explique la rareté relative des morts volontaires dans ces deux cultes (2). On conçoit, en effet, que les confessions les moins nombreuses, ayant à lutter contre l'hostilité des populations ambiantes, soient obligées, pour se maintenir, d'exercer sur elles-mêmes un contrôle sévère et de s'astreindre à une discipline particulièrement rigoureuse. Pour justifier la tolérance, toujours précaire, qui leur est accordée, elles sont tenues à plus de moralité. En dehors de ces considérations, certains faits semblent réellement impliquer que ce facteur spécial n'est pas sans quelque influence.

---

(1) La Bavière est encore la seule exception : les juifs s'y tuent deux fois plus que les catholiques. La situation du judaïsme dans ce pays a-t-elle quelque chose d'exceptionnel ? Nous ne saurions le dire.

(2) Legoyt, *op. cit.*, p. 205 ; Oettingen, *Moralstatistik*, p. 654.

En Prusse, l'état de minorité où se trouvent les catholiques est très accusé ; car ils ne représentent que le tiers de la population totale. Aussi se tuent-ils trois fois moins que les protestants. L'écart diminue en Bavière où les deux tiers des habitants sont catholiques ; les morts volontaires de ces derniers ne sont plus à celles des protestants que comme 100 est à 275 ou même comme 100 est à 238, selon les périodes. Enfin, dans l'Empire d'Autriche, qui est presque tout entier catholique, il n'y a plus que 155 suicides protestants pour 100 catholiques. Il semblerait donc que, quand le protestantisme devient minorité, sa tendance au suicide diminue.

Mais d'abord, le suicide est l'objet d'une trop grande indulgence pour que la crainte du blâme, si léger, qui le frappe, puisse agir avec une telle puissance, même sur des minorités que leur situation oblige à se préoccuper particulièrement du sentiment public. Comme c'est un acte qui ne lèse personne, on n'en fait pas un grand grief aux groupes qui y sont plus enclins que d'autres et il ne risque pas d'accroître beaucoup l'éloignement qu'ils inspirent, comme ferait certainement une fréquence plus grande des crimes et des délits. D'ailleurs, l'intolérance religieuse, quand elle est très forte, produit souvent un effet opposé. Au lieu d'exciter les dissidents à respecter davantage l'opinion, elle les habitue à s'en désintéresser. Quand on se sent en butte à une hostilité irrémédiable, on renonce à la désarmer et on ne s'obstine que plus opiniâtrement dans les mœurs les plus réprouvées. C'est ce qui est arrivé fréquemment aux juifs et, par conséquent, il est douteux que leur exceptionnelle immunité n'ait pas d'autre cause.

Mais, en tout cas, cette explication ne saurait suffire à rendre compte de la situation respective des protestants et des catholiques. Car si, en Autriche et en Bavière, où le catholicisme a la majorité, l'influence préservatrice qu'il exerce est moindre elle est encore très considérable. Ce n'est donc pas seulement à son état de minorité qu'il la doit. Plus généralement, quelle que soit la part proportionnelle de ces deux cultes dans l'ensemble de la population, partout où l'on a pu les comparer au point de vue du suicide, on a constaté que les protestants se tuent beaucoup plus que les catholiques. Il y a même des pays comme le Haut-Palatinat, la Haute-Bavière, où la population est presque tout entière catholique (92 et 96 %) et où, cependant, il y a 300 et 423 suicides protestants pour 100 catholiques. Le rapport même s'élève jusqu'à 528 % dans la Basse-Bavière où la religion réformée ne compte pas tout à fait un fidèle sur 100 habitants. Donc, quand même la prudence obligatoire des minorités serait pour quelque chose dans l'écart si considérable que présentent ces deux religions, la plus grande part en est certainement due à d'autres causes.

C'est dans la nature de ces deux systèmes religieux que nous les trouverons. Cependant, ils prohibent tous les deux le suicide avec la même netteté ; non seulement ils le frappent de peines morales d'une extrême sévérité, mais l'un et l'autre enseignent également qu'au-delà du tombeau commence une vie nouvelle où les hommes seront punis de leurs mauvaises actions, et le protestantisme met le suicide au nombre de ces dernières, tout aussi bien que le catholicisme. Enfin, dans l'un et dans l'autre culte, ces prohibitions ont un caractère divin ; elles ne sont pas présentées comme la conclusion logique d'un raisonnement bien fait, mais leur autorité est celle de Dieu lui-même. Si donc le protestantisme favorise le développement du suicide, ce n'est pas qu'il le traite autrement que ne fait le catholicisme. Mais alors, si, sur ce point particulier, les deux religions ont les mêmes préceptes, leur inégale action sur le suicide doit avoir pour cause quelqu'un des caractères plus généraux par lesquels elles se différencient.

Or, la seule différence essentielle qu'il y ait entre le catholicisme et le protestantisme, c'est que le second admet le libre examen dans une bien plus large proportion que le premier. Sans doute, le catholicisme, par cela seul qu'il est une religion idéaliste, fait déjà à la pensée et à la réflexion une bien plus grande place que le polythéisme gréco-latin ou que le monothéisme juif. Il ne se contente plus de manœuvres machinales, mais c'est sur les consciences qu'il aspire à régner. C'est donc à elles qu'il s'adresse et, alors même qu'il demande à la raison une aveugle soumission, c'est en lui parlant le langage de la raison. Il n'en est pas moins vrai que le catholique reçoit sa foi toute faite, sans examen. Il ne peut même pas la soumettre à un contrôle historique, puisque les textes originaux sur lesquels on l'appuie lui sont interdits. Tout un système hiérarchique d'autorités est organisé, et avec un art merveilleux, pour rendre la tradition invariable. Tout ce qui est *variation* est en horreur à la pensée catholique. Le protestant est davantage l'auteur de sa croyance. La Bible est mise entre ses mains et nulle interprétation ne lui en est imposée. La structure même du culte réformé rend sensible cet état d'individualisme religieux. Nulle part, sauf en Angleterre, le clergé protestant n'est hiérarchisé ; le prêtre ne relève que de lui-même et de sa conscience, comme le fidèle. C'est un guide plus instruit que le commun des croyants, mais sans autorité spéciale pour fixer le dogme. Mais ce qui atteste le mieux que cette liberté d'examen, proclamée par les fondateurs de la réforme, n'est pas restée à l'état d'affirmation platonique, c'est cette multiplicité croissante de sectes de toute sorte qui contraste si énergiquement avec l'unité indivisible de l'Eglise catholique.

Nous arrivons donc à ce premier résultat que le penchant du protestantisme pour le suicide doit être en rapport avec l'esprit de libre examen dont est animée cette religion. Attachons-nous à bien comprendre ce rapport. Le libre examen n'est lui-même que l'effet d'une autre cause. Quand il fait son apparition, quand les hommes, après avoir, pendant longtemps, reçu leur foi toute faite de la tradition, réclament le droit de se la faire eux-mêmes, ce n'est pas à cause des attraits intrinsèques de la libre recherche, car elle apporte avec elle autant de douleurs que de joies. Mais c'est qu'ils ont désormais besoin de cette liberté. Or, ce besoin lui-même ne peut avoir qu'une seule cause : c'est l'ébranlement des croyances traditionnelles. Si elles s'imposaient toujours avec la même énergie, on ne penserait même pas à en faire la critique. Si elles avaient toujours la même autorité, on ne demanderait pas à vérifier la source de cette autorité. La réflexion ne se développe que si elle est nécessitée à se développer, c'est-à-dire si un certain nombre d'idées et de sentiments irréfléchis qui, jusque-là, suffisaient à diriger la conduite, se trouvent avoir perdu leur efficacité. Alors, elle intervient pour combler le vide qui s'est fait, mais qu'elle n'a pas fait. De même qu'elle s'éteint à mesure que la pensée et l'action se prennent sous forme d'habitudes automatiques, elle ne se réveille qu'à mesure que les habitudes toutes faites se désorganisent. Elle ne revendique ses droits contre l'opinion commune que si celle-ci n'a plus la même force, c'est-à-dire si elle n'est plus au même degré commune. Si donc ces revendications ne se produisent pas seulement pendant un temps et sous forme de crise passagère, si elles deviennent chroniques, si les consciences individuelles affirment d'une manière constante leur autonomie, c'est qu'elles continuent à être tiraillées dans des sens divergents, c'est qu'une nouvelle opinion ne s'est pas reformée pour remplacer celle qui n'est plus. Si un nouveau système de croyances s'était reconstitué, qui parût à tout le monde aussi indiscutable que l'ancien, on ne songerait pas davantage à le discuter. Il ne serait même pas permis de le mettre en discussion ; car des idées que partage toute une société tirent de cet assentiment une autorité qui les rend sacro-saintes et les met au-dessus de toute contestation. Pour qu'elles soient plus tolérantes, il faut qu'elles soient déjà devenues l'objet d'une adhésion moins générale et moins complète, qu'elles aient été affaiblies par des controverses préalables.

Ainsi, s'il est vrai de dire que le libre examen, une fois qu'il est proclamé, multiplie les schismes, il faut ajouter qu'il les suppose et qu'il en dérive, car il n'est réclamé et institué comme un principe que pour permettre à des schismes latents ou à demi déclarés de se développer plus librement. Par conséquent, si le protestantisme fait à la pensée individuelle une plus grande part que le catholicisme, c'est qu'il compte moins de croyances et de pratiques communes. Or, une soirée religieuse n'existe pas sans un *credo* collectif et elle est d'autant plus une et d'autant plus forte que ce *credo* est plus étendu. Car elle n'unit pas les hommes par l'échange et la réciprocité des services, lien temporel qui comporte et suppose même des différences, mais qu'elle est impuissante à nouer. Elle ne les socialise qu'en les attachant tous à un même corps de doctrines et elle les socialise d'autant mieux que ce corps de doctrines est plus vaste et plus solidement constitué. Plus il y a de manières d'agir et de penser, marquées d'un caractère religieux, soustraites, par conséquent, au libre examen, plus aussi l'idée de Dieu est présente à tous les détails de l'existence et fait converger vers un seul et même but les volontés individuelles. Inversement, plus un groupe confessionnel abandonne au jugement des particuliers, plus il est absent de leur vie, moins il a de cohésion et de vitalité. Nous arrivons donc à cette conclusion, que la supériorité du protestantisme au point de vue du suicide vient de ce qu'il est une Eglise moins fortement intégrée que l'Eglise catholique.

Du même coup, la situation du judaïsme se trouve expliquée. En effet, la réprobation dont le christianisme les a pendant longtemps poursuivis, a créé entre les juifs des sentiments de solidarité d'une particulière énergie. La nécessité de lutter contre une animosité générale, l'impossibilité même de communiquer librement avec le reste de la population les ont obligés à se tenir étroitement serrés les uns contre les autres. Par suite, chaque communauté devint une petite société, compacte et cohérente, qui avait d'elle-même et de son unité un très vif sentiment. Tout le monde y pensait et y vivait de la même manière ; les divergences individuelles y étaient rendues à peu près impossibles à cause de la communauté de l'existence et de l'étroite et incessante surveillance exercée par tous sur chacun. L'Eglise juive s'est ainsi trouvée être plus fortement concentrée qu'aucune autre, rejetée qu'elle était sur elle-même par l'intolérance dont elle était l'objet. Par conséquent, par analogie avec ce que nous venons d'observer à propos du protestantisme, c'est à cette même cause que doit s'attribuer le faible penchant des juifs pour le suicide, en dépit des circonstances de toute sorte qui devraient, au contraire, les y incliner. Sans doute, en un sens, c'est à l'hostilité qui les entoure qu'ils doivent ce privilège. Mais si elle a cette influence, ce n'est pas qu'elle leur impose une moralité plus haute ; c'est qu'elle les oblige à vivre étroitement unis. C'est parce que la société religieuse à laquelle ils appartiennent est solidement cimentée qu'ils sont à ce point préservés. D'ailleurs, l'ostracisme qui les frappe n'est que l'une des causes qui produisent ce résultat ; la nature même des croyances juives y doit contribuer pour une large part. Le judaïsme, en effet, comme toutes les religions inférieures, consiste essentiellement en un corps de pratiques qui réglementent minutieusement tous les détails de l'existence et ne laissent que peu de place au jugement individuel.

III

Plusieurs faits viennent confirmer cette explication.

En premier lieu, de tous les grands pays protestants, l'Angleterre est celui où le suicide est le plus faiblement développé. On n'y compte, en effet, que 80 suicides environ par million d'habitants, alors que les sociétés réformées d'Allemagne en ont de 140 à 400 ; et cependant, le mouvement général des idées et des affaires ne paraît pas y être moins intense qu'ailleurs (1). Or il se trouve que, en même temps, l'Eglise anglicane est bien plus fortement intégrée que les autres églises protestantes. On a pris, il est vrai, l'habitude de voir dans l'Angleterre la terre classique de la liberté individuelle ; mais, en réalité, bien des faits montrent que le nombre des croyances ou des pratiques communes et obligatoires, soustraites, par suite, au libre examen des individus, y est plus considérable qu'en Allemagne. D'abord, la loi y sanctionne encore beaucoup de

(1) Il est vrai que la statistique des suicides anglais n'est pas d'une grande exactitude. A cause des pénalités attachées au suicide, beaucoup de cas sont portés comme morts accidentelles. Cependant, ces inexactitudes ne suffisent pas à expliquer l'écart si considérable entre ce pays et l'Allemagne.

prescriptions religieuses : telles sont la loi sur l'observation du dimanche, celle qui défend de mettre en scène des personnages quelconques des Saintes Ecritures, celle qui, récemment encore, exigeait de tout député une sorte d'acte de foi religieux, etc. Ensuite, on sait combien le respect des traditions est général et fort en Angleterre : il est impossible qu'il ne soit pas étendu aux choses de la religion comme aux autres. Or le traditionalisme très développé exclut toujours plus ou moins les mouvements propres de l'individu. Enfin, de tous les clergés protestants, le clergé anglican est le seul qui soit hiérarchisé. Cette organisation extérieure traduit évidemment une unité interne qui n'est pas compatible avec un individualisme religieux très prononcé.

D'ailleurs, l'Angleterre est aussi le pays protestant où les cadres du clergé sont le plus riches. On y comptait, en 1876, 908 fidèles en moyenne pour chaque ministre du culte, au lieu de 932 en Hongrie, 1 100 en Hollande, 1 300 en Danemark, 1 440 en Suisse et 1 600 en Allemagne (1). Or, le nombre des prêtres n'est pas un détail insignifiant et un caractère superficiel sans rapport avec la nature intrinsèque des religions. La preuve, c'est que, partout, le clergé catholique est beaucoup plus considérable que le clergé réformé. En Italie, il y a un prêtre pour 267 catholiques, pour 419 en Espagne, pour 536 en Portugal, pour 540 en Suisse, pour 823 en France, pour 1 050 en Belgique. C'est que le prêtre est l'organe naturel de la foi et de la tradition et que, ici comme ailleurs, l'organe se développe nécessairement dans la même mesure que la fonction. Plus la vie religieuse est intense, plus il faut d'hommes pour la diriger. Plus il y a de dogmes et de préceptes dont l'interprétation n'est pas abandonnée aux consciences particulières, plus il faut d'autorités compétentes pour en dire le sens ; d'un autre côté, plus ces autorités sont nombreuses, plus elles encadrent de près l'individu et mieux elles le contiennent. Ainsi le cas de l'Angleterre, loin d'infirmer notre théorie, en est une vérification. Si

(1) OETTINGEN, *Moralstatistik*, p. 626.

le protestantisme n'y produit pas les mêmes effets que sur le continent, c'est que la société religieuse y est bien plus fortement constituée et, par là, se rapproche de l'Eglise catholique.

Mais voici une preuve confirmative d'une plus grande généralité.

Le goût du libre examen ne peut pas s'éveiller sans être accompagné du goût de l'instruction. La science, en effet, est le seul moyen dont la libre réflexion dispose pour arriver à ses fins. Quand les croyances ou les pratiques irraisonnées ont perdu leur autorité, il faut bien, pour en trouver d'autres, faire appel à la conscience éclairée dont la science n'est que la forme la plus haute. Au fond, ces deux penchants n'en font qu'un et ils résultent de la même cause. En général, les hommes n'aspirent à s'instruire que dans la mesure où ils sont affranchis du joug de la tradition ; car tant que celle-ci est maîtresse des intelligences, elle suffit à tout et ne tolère pas facilement de puissance rivale. Mais inversement, on recherche la lumière dès que la coutume obscure ne répond plus aux nécessités nouvelles. Voilà pourquoi la philosophie, cette forme première et synthétique de la science, apparaît dès que la religion a perdu de son empire, mais à ce moment-là seulement ; et on la voit ensuite donner progressivement naissance à la multitude des sciences particulières, à mesure que le besoin qui l'a suscitée va lui-même en se développant. Si donc nous ne nous sommes pas mépris, si l'affaiblissement progressif des préjugés collectifs et coutumiers incline au suicide et si c'est de là que vient la prédisposition spéciale du protestantisme, on doit pouvoir constater les deux faits suivants : 1° le goût de l'instruction doit être plus vif chez les protestants que chez les catholiques ; 2° en tant qu'il dénote un ébranlement des croyances communes, il doit, d'une manière générale, varier comme le suicide. Les faits confirment-ils cette double hypothèse ?

Si l'on rapproche la France catholique de la protestante Allemagne par les sommets seulement, c'est-à-dire, si l'on compare uniquement les classes les plus élevées des deux nations, il semble que nous soyons en état de soutenir la comparaison. Dans les grands centres de notre pays, la science n'est ni moins en honneur ni moins répandue que chez nos voisins ; il est même certain que, à ce point de vue, nous l'emportons sur plusieurs pays protestants. Mais si, dans les parties éminentes des deux sociétés, le besoin de s'instruire est également ressenti, il n'en est pas de même dans les couches profondes et, s'il atteint à peu près dans les deux pays la même intensité *maxima*, l'intensité moyenne est moindre chez nous. On en peut dire autant de l'ensemble des nations catholiques comparées aux nations protestantes. A supposer que, pour la très haute culture, les premières ne le cèdent pas aux secondes, il en est tout autrement pour ce qui regarde l'instruction populaire. Tandis que, chez les peuples protestants (Saxe, Norvège, Suède, Bade, Danemark et Prusse), sur 1 000 enfants en âge scolaire, c'est-à-dire de 6 à 12 ans, il y en avait, en moyenne, 957 qui fréquentaient l'école pendant les années 1877-1878, les peuples catholiques (France, Autriche-Hongrie, Espagne et Italie), n'en comptaient que 667 soit 31 % en moins. Les rapports sont les mêmes pour les périodes 1874-75 et 1860-61 (1). Le pays protestant où ce chiffre est le moins élevé, la Prusse, est encore bien au-dessus de la France qui tient la tête des pays catholiques ; la première compte 897 élèves sur 1 000 enfants, la seconde 766 seulement (2). De toute l'Allemagne, c'est la Bavière qui comprend le plus de catholiques ; c'est elle aussi qui comprend le plus d'illettrés. De toutes les provinces de Bavière, le Haut-Palatinat est une des plus foncièrement catholiques, c'est aussi celle où l'on rencontre le plus de conscrits qui ne savent ni lire ni écrire (15 % en 1871). Même coïncidence en Prusse pour le duché de Posen et la province de Prusse (3). Enfin, dans l'ensemble du royaume, en 1871, on comptait 66 illettrés sur 1 000 protestants et 152

(1) OETTINGEN, *Moralstatistik*, p. 586.
(2) Dans une de ces périodes (1877-78) la Bavière dépasse légèrement la Prusse ; mais le fait ne se produit que cette seule fois.
(3) OETTINGEN, *ibid.*, p. 582.

sur 1 000 catholiques. Le rapport est le même pour les femmes des deux cultes (1).

On objectera peut-être que l'instruction primaire ne peut servir à mesurer l'état de l'instruction générale. Ce n'est pas, a-t-on dit souvent, parce qu'un peuple compte plus ou moins d'illettrés qu'il est plus ou moins instruit. Acceptons cette réserve, quoique, à vrai dire, les divers degrés de l'instruction soient peut-être plus solidaires qu'il ne semble et qu'il soit difficile à l'un d'eux de se développer sans que les autres se développent en même temps (2). En tout cas, si le niveau de la culture primaire ne reflète qu'imparfaitement celui de la culture scientifique, il indique avec une certaine exactitude dans quelle mesure un peuple, pris dans son ensemble, éprouve le besoin du savoir. Il faut qu'il en sente au plus haut point la nécessité pour s'efforcer d'en répandre les éléments jusque dans les dernières classes. Pour mettre ainsi à la portée de tout le monde les moyens de s'instruire, pour aller même jusqu'à proscrire légalement l'ignorance, il faut qu'il trouve indispensable à sa propre existence d'étendre et d'éclairer les consciences. En fait, si les nations protestantes ont attaché tant d'importance à l'instruction élémentaire, c'est qu'elles ont jugé nécessaire que chaque individu fût capable d'interpréter la Bible. Or ce que nous voulons atteindre en ce moment, c'est l'intensité moyenne de ce besoin, c'est le prix que chaque peuple reconnaît à la science, non la valeur de ses savants et de leurs découvertes. A ce point de vue spécial, l'état du haut enseignement et de la production proprement scientifique serait un mauvais critère ; car il nous révélerait seulement ce qui se passe dans une portion restreinte de la société. L'enseignement populaire et général est un indice plus sûr.

Notre première proposition ainsi démontrée, reste à prouver la seconde. Est-il vrai que le besoin de l'instruction, dans la mesure où il correspond à un affaiblissement de la foi commune, se

(1) Morselli, *op. cit.*, p. 223.

(2) D'ailleurs, on verra plus loin, p. 169, que les enseignements secondaire et supérieur sont également plus développés chez les protestants que chez les catholiques.

développe comme le suicide ? Déjà le fait que les protestants sont plus instruits que les catholiques et se tuent davantage est une première présomption. Mais la loi ne se vérifie pas seulement quand on compare un de ces cultes à l'autre. Elle s'observe également à l'intérieur de chaque confession religieuse.

L'Italie est tout entière catholique. Or, l'instruction populaire et le suicide y sont distribués exactement de la même manière (v. tableau XIX).

TABLEAU XIX (1)

*Provinces italiennes
comparées sous le rapport du suicide et de l'instruction*

1er groupe de provinces	Nombre de contrats (en %) où les 2 époux sont lettrés	Suicides par million d'habitants	2e groupe de provinces	Époux lettrés	Suicides	3e groupe de provinces	Époux lettrés	Suicides
Piémont ...	53,09	35,6	Venise	19,56	32,0	Sicile	8,98	18,5
Lombardie .	44,29	40,4	Emilie	19,31	62,9	Abbruzes ..	6,35	15,7
Ligurie	41,15	47,3	Ombrie ...	15,46	30,7	Pouille	6,81	16,3
Rome	32,61	41,7	Marche	14,46	34,6	Calabre ...	4,67	8,1
Toscane ...	24,33	40,6	Campanie .	12,45	21,6	Basilicate .	4,35	15,0
			Sardaigne .	10,14	13,3			
Moyennes	39,09	41,1	Moyennes	15,23	32,5	Moyennes	6,23	14,7

Non seulement les moyennes correspondent exactement, mais la concordance se retrouve dans le détail. Il n'y a qu'une exception ; c'est l'Emilie où, sous l'influence de causes locales, les suicides sont sans rapport avec le degré de l'instruction. On peut faire les mêmes observations en France. Les départements où il y a le plus d'époux illettrés (au-dessus de 20 %) sont la Corrèze, la Corse, les Côtes-du-Nord, la Dordogne, le Finistère, les Landes, le Morbihan, la Haute-Vienne ; tous sont

(1) Les chiffres relatifs aux époux lettrés sont empruntés à OETTINGEN, *Moralstatistik,* annexes, tableau 85 ; ils se rapportent aux années 1872-78, les suicides à la période 1864-76.

relativement indemnes de suicides. Plus généralement, parmi les départements où il y a plus de 10 % d'époux ne sachant ni lire ni écrire, il n'en est pas un seul qui appartienne à cette région du Nord-Est qui est la terre classique des suicides français (1).

Si l'on compare les pays protestants entre eux, on retrouve le même parallélisme. On se tue plus en Saxe qu'en Prusse ; la Prusse a plus d'illettrés que la Saxe (5,52 % au lieu de 1,3 en 1865). La Saxe présente même cette particularité que la population des écoles y est supérieure au chiffre légalement obligatoire. Pour 1 000 enfants en âge scolaire, on en comptait, en 1877-78, 1 031 qui fréquentaient les classes : c'est-à-dire que beaucoup continuaient leurs études après le temps prescrit. Le fait ne se rencontre dans aucun autre pays (2). Enfin, de tous les pays protestants, l'Angleterre est, nous le savons, celui où l'on se tue le moins ; c'est aussi celui qui, pour l'instruction, se rapproche le plus des pays catholiques. En 1865, il y avait encore 23 % des soldats de l'armée de mer qui ne savaient pas lire et 27 % qui ne savaient pas écrire.

D'autres faits peuvent encore être rapprochés des précédents et servir à les confirmer.

Les professions libérales et, plus généralement, les classes aisées sont certainement celles où le goût de la science est le plus vivement ressenti et où l'on vit le plus d'une vie intellectuelle. Or, quoique la statistique du suicide par professions et par classes ne puisse pas être toujours établie avec une suffisante précision, il est incontestable qu'il est exceptionnellement fréquent dans les classes les plus élevées de la société. En France, de 1826 à 1880, ce sont les professions libérales qui tiennent la tête ; elles fournissent 550 suicides par million de sujets du même groupe professionnel, tandis que les domestiques, qui viennent immédiatement après, n'en ont que 290 (3). En Italie, Morselli a pu isoler

---

(1) V. *Annuaire statistique de la France*, 1892-94, p. 50 et 51.
(2) Oettingen, *Moralstatistik*, p. 586.
(3) Compte général de la justice criminelle de 1882, p. cxv.

les carrières qui sont exclusivement vouées à l'étude et il a trouvé qu'elles dépassaient de beaucoup toutes les autres par l'importance de leur apport. Il l'estime, en effet, pour la période 1868-76, à 482,6 par million d'habitants de la même profession ; l'armée ne vient qu'ensuite avec 404,1 et la moyenne générale du pays n'est que de 32. En Prusse (années 1883-90), le corps des fonctionnaires publics, qui est recruté avec grand soin et qui constitue une élite intellectuelle, l'emporte sur toutes les autres professions avec 832 suicides ; les services sanitaires et l'enseignement, tout en venant beaucoup plus bas, ont encore des chiffres fort élevés (439 et 301). Il en est de même en Bavière. Si on laisse de côté l'armée dont la situation au point de vue du suicide est exceptionnelle pour des raisons qui seront exposées plus loin, les fonctionnaires publics sont au second rang, avec 454 suicides, et touchent presque au premier ; car ils ne sont dépassés que de bien peu par le commerce dont le taux est de 465 ; les arts, la littérature et la presse suivent de près avec 416 (1). Il est vrai qu'en Belgique et en Wurtemberg les classes instruites paraissent moins spécialement éprouvées ; mais la nomenclature professionnelle y est trop peu précise pour qu'on puisse attribuer beaucoup d'importance à ces deux irrégularités.

En second lieu, nous avons vu que, dans tous les pays du monde, la femme se suicide beaucoup moins que l'homme. Or elle est aussi beaucoup moins instruite. Essentiellement traditionaliste, elle règle sa conduite d'après les croyances établies et n'a pas de grands besoins intellectuels. En Italie, pendant les années 1878-79, sur 10 000 époux, il y en avait 4 808 qui ne pouvaient pas signer leur contrat de mariage ; sur 10 000 épouses, il y en avait 7 029 (2). En France, le rapport était en 1879 de 199 époux et de 310 épouses pour 1 000 mariages. En Prusse, on retrouve le même écart entre les deux sexes, tant chez les protestants que chez les catholiques (3). En Angleterre,

(1) V. Prinzing, *op. cit.*, p. 28-31. — Il est curieux qu'en Prusse la presse et les arts donnent un chiffre assez ordinaire (279 suicides).
(2). Oettingen, *Moralstatistik*, annexes, tableau 83.
(3) Morselli, p. 223.

il est bien moindre que dans les autres pays d'Europe. En 1879, on comptait 138 époux illettrés pour mille contre 185 épouses et, depuis 1851, la proportion est sensiblement la même (1). Mais l'Angleterre est aussi le pays où la femme se rapproche le plus de l'homme pour le suicide. Pour 1 000 suicides féminins, on comptait 2 546 suicides masculins en 1858-60, 2 745 en 1863-67, 2 861 en 1872-76, alors que, partout ailleurs (2), la femme se tue quatre, cinq ou six fois moins que l'homme. Enfin, aux Etats-Unis, les conditions de l'expérience sont presque renversées ; ce qui la rend particulièrement instructive. Les femmes nègres ont, paraît-il, une instruction égale et même supérieure à celle de leurs maris. Or, plusieurs observateurs rapportent (3) qu'elles ont aussi une très forte prédisposition au suicide qui irait même parfois jusqu'à dépasser celle des femmes blanches. La proportion serait, dans certains endroits, de 350 %.

Il y a cependant un cas où il pourrait sembler que notre loi ne se vérifie pas.

De toutes les confessions religieuses, le judaïsme est celle où l'on se tue le moins ; et pourtant, il n'en est pas où l'instruction soit plus répandue. Déjà sous le rapport des connaissances élémentaires, les juifs sont pour le moins au même niveau que les protestants. En effet, en Prusse (1871), sur 1 000 juifs de chaque sexe, il y avait 66 hommes illettrés et 125 femmes ; du côté des protestants, les nombres étaient presque identiquement les mêmes, 66 d'une part et 114 de l'autre. Mais c'est surtout à l'enseignement secondaire et supérieur que les juifs participent proportionnellement plus que les membres des autres cultes ; c'est ce que prouvent les chiffres suivants que nous empruntons à la statistique prussienne (années 1875-76) (4).

---

(1) OETTINGEN, *ibid.*, p. 577.

(2) A l'exception de l'Espagne. Mais, outre que l'exactitude de la statistique espagnole nous laisse sceptique, l'Espagne n'est pas comparable aux grandes nations de l'Europe centrale et septentrionale.

(3) BALY et BOUDIN. Nous citons d'après MORSELLI, p. 225.

(4) D'après Alwin PETERSILIE, Zur Statistik der höheren Lehranstalten in Preussen, in *Zeitschr. d. preus. stat. Bureau*, 1877, p. 109 et suiv.

	Catholiques	Protestants	Juifs
Part de chaque culte sur 100 habitants en général	33,8	64,9	1,3
Part de chaque culte sur 100 élèves de l'enseignement secondaire	17,3	73,1	9,6

En tenant compte des différences de population, les juifs fréquentent les Gymnases, *Realschulen*, etc., environ 14 fois plus que les catholiques et 7 fois plus que les protestants. Il en est de même dans l'enseignement supérieur. Sur 1 000 jeunes catholiques qui fréquentent les établissements scolaires de tout degré, il y en a seulement 1,3 à l'Université ; sur 1 000 protestants, il y en a 2,5 ; pour les juifs, la proportion s'élève à 16 (1).

Mais si le juif trouve le moyen d'être à la fois très instruit et très faiblement enclin au suicide, c'est que la curiosité dont il fait preuve a une origine toute spéciale. C'est une loi générale que les minorités religieuses, pour pouvoir se maintenir plus sûrement contre les haines dont elles sont l'objet ou simplement par suite d'une sorte d'émulation, s'efforcent d'être supérieures en savoir aux populations qui les entourent. C'est ainsi que les protestants eux-mêmes montrent d'autant plus de goût pour la science qu'ils sont une moindre partie de la population générale (2). Le juif cherche donc à s'instruire, non pour

(1) *Zeitschr. d. pr. stat. Bureau*, 1889, p. xx.

(2) Voici, en effet, de quelle manière très inégale les protestants fréquentent les établissements d'enseignement secondaire dans les différentes provinces de Prusse :

	Rapport de la population protestante à la population totale	Rapport moyen des élèves protestants au total des élèves	Différence entre le deuxième rapport et le premier
1er groupe	De 98,7 à 87,2 %. Moyenne 94,6	90,8	— 3,8
2e —	De 80 à 50 %. — 70,3	75,3	+ 5
3e —	De 50 à 40 %. — 46,4	56,0	+ 10,4
4e —	Au-dessous. — 29,2	61,0	+ 31,8

remplacer par des notions réfléchies ses préjugés collectifs, mais simplement pour être mieux armé dans la lutte. C'est pour lui un moyen de compenser la situation désavantageuse que lui fait l'opinion et, quelquefois, la loi. Et comme, par elle-même, la science ne peut rien sur la tradition qui a gardé toute sa vigueur, il superpose cette vie intellectuelle à son activité coutumière sans que la première entame la seconde. Voilà d'où vient la complexité de sa physionomie. Primitif par certains côtés, c'est, par d'autres, un cérébral et un raffiné. Il joint ainsi les avantages de la forte discipline qui caractérise les petits groupements d'autrefois aux bienfaits de la culture intense dont nos grandes sociétés actuelles ont le privilège. Il a toute l'intelligence des modernes sans partager leur désespérance.

Si donc, dans ce cas, le développement intellectuel n'est pas en rapport avec le nombre des morts volontaires, c'est qu'il n'a pas la même origine ni la même signification que d'ordinaire. Ainsi, l'exception n'est qu'apparente ; elle ne fait même que confirmer la loi. Elle prouve, en effet, que si, dans les milieux instruits, le penchant au suicide est aggravé, cette aggravation est bien due, comme nous l'avons dit, à l'affaiblissement des croyances traditionnelles et à l'état d'individualisme moral qui en résulte ; car elle disparaît quand l'instruction a une autre cause et répond à d'autres besoins.

IV

De ce chapitre se dégagent deux conclusions importantes.

En premier lieu, nous y voyons pourquoi, en général, le

Ainsi, là où le protestantisme est en grande majorité, sa population scolaire n'est pas en rapport avec sa population générale. Dès que la minorité catholique s'accroît, la différence entre les deux populations, de négative, devient positive et cette différence positive devient plus grande à mesure que les protestants deviennent moins nombreux. Le culte catholique, lui aussi, montre plus de curiosité intellectuelle là où il est en minorité (v. OETTINGEN, *Moralstatistik*, p. 650).

suicide progresse avec la science. Ce n'est pas elle qui détermine ce progrès. Elle est innocente et rien n'est plus injuste que de l'accuser ; l'exemple du juif est sur ce point démonstratif. Mais ces deux faits sont des produits simultanés d'un même état général qu'ils traduisent sous des formes différentes. L'homme cherche à s'instruire et il se tue parce que la société religieuse dont il fait partie a perdu de sa cohésion ; mais il ne se tue pas parce qu'il s'instruit. Ce n'est même pas l'instruction qu'il acquiert qui désorganise la religion ; mais c'est parce que la religion se désorganise que le besoin de l'instruction s'éveille. Celle-ci n'est pas recherchée comme un moyen pour détruire les opinions reçues, mais parce que la destruction en est commencée. Sans doute, une fois que la science existe, elle peut combattre en son nom et pour son compte et se poser en antagoniste des sentiments traditionnels. Mais ses attaques seraient sans effet si ces sentiments étaient encore vivaces ; ou plutôt, elles ne pourraient même pas se produire. Ce n'est pas avec des démonstrations dialectiques qu'on déracine la foi ; il faut qu'elle soit déjà profondément ébranlée par d'autres causes pour ne pouvoir résister au choc des arguments.

Bien loin que la science soit la source du mal, elle est le remède et le seul dont nous disposions. Une fois que les croyances établies ont été emportées par le cours des choses, on ne peut pas les rétablir artificiellement ; mais il n'y a plus que la réflexion qui puisse nous aider à nous conduire dans la vie. Une fois que l'instinct social est émoussé, l'intelligence est le seul guide qui nous reste et c'est par elle qu'il faut nous refaire une conscience. Si périlleuse que soit l'entreprise, l'hésitation n'est pas permise, car nous n'avons pas le choix. Que ceux-là donc qui n'assistent pas sans inquiétude et sans tristesse à la ruine des vieilles croyances, qui sentent toutes les difficultés de ces périodes critiques, ne s'en prennent pas à la science d'un mal dont elle n'est pas la cause, mais qu'elle cherche, au contraire, à guérir ! Qu'ils se gardent de la traiter en ennemie ! Elle n'a pas l'influence dissolvante qu'on lui prête, mais elle est la seule arme qui nous permette de lutter contre la dissolution dont elle résulte elle-même. La proscrire n'est pas une solution. Ce n'est pas en lui imposant silence qu'on rendra jamais leur autorité aux traditions disparues ; on ne fera que nous rendre plus impuissants à les remplacer. Il est vrai qu'il faut se défendre avec le même soin de voir dans l'instruction un but qui se suffit à soi-même, alors qu'elle n'est qu'un moyen. Si ce n'est pas en enchaînant artificiellement les esprits qu'on pourra leur faire désapprendre le goût de l'indépendance, ce n'est pas assez de les libérer pour leur rendre l'équilibre. Encore faut-il qu'ils emploient cette liberté comme il convient.

En second lieu, nous voyons pourquoi, d'une manière générale, la religion a sur le suicide une action prophylactique. Ce n'est pas, comme on l'a dit parfois, parce qu'elle le condamne avec moins d'hésitation que la morale laïque, ni parce que l'idée de Dieu communique à ses préceptes une autorité exceptionnelle et qui fait plier les volontés, ni parce que la perspective d'une vie future et des peines terribles qui y attendent les coupables donnent à ses prohibitions une sanction plus efficace que celles dont disposent les législations humaines. Le protestant ne croit pas moins en Dieu et en l'immortalité de l'âme que le catholique. Il y a plus, la religion qui a le moindre penchant pour le suicide, à savoir le judaïsme, est précisément la seule qui ne le proscrive pas formellement, et c'est aussi celle où l'idée d'immortalité joue le moindre rôle. La Bible, en effet, ne contient aucune disposition qui défende à l'homme de se tuer (1) et, d'un autre côté, les croyances relatives à une autre vie y sont très indécises. Sans doute, sur l'un et sur l'autre point, l'enseignement rabbinique a peu à peu comblé les lacunes

---

(1) La seule prescription pénale que nous connaissions est celle dont nous parle Flavius Josèphe, dans son *Histoire de la guerre des Juifs contre les Romains* (III, 25), et il y est simplement dit que « les corps de ceux qui se donnent volontairement la mort demeurent sans sépulture jusqu'après le coucher du soleil, quoiqu'il soit permis d'enterrer auparavant ceux qui ont été tués à la guerre ». On peut même se demander si c'est là une mesure pénale.

du livre sacré ; mais il n'en a pas l'autorité. Ce n'est donc pas à la nature spéciale des conceptions religieuses qu'est due l'influence bienfaisante de la religion. Si elle protège l'homme contre le désir de se détruire, ce n'est pas parce qu'elle lui prêche, avec des arguments *sui generis*, le respect de sa personne ; c'est parce qu'elle est une société. Ce qui constitue cette société, c'est l'existence d'un certain nombre de croyances et de pratiques communes à tous les fidèles, traditionnelles et, par suite, obligatoires. Plus ces états collectifs sont nombreux et forts, plus la communauté religieuse est fortement intégrée ; plus aussi elle a de vertu préservatrice. Le détail des dogmes et des rites est secondaire. L'essentiel, c'est qu'ils soient de nature à alimenter une vie collective d'une suffisante intensité. Et c'est parce que l'Eglise protestante n'a pas le même degré de consistance que les autres, qu'elle n'a pas sur le suicide la même action modératrice.

Chapitre III

LE SUICIDE ÉGOÏSTE
(suite)

Mais si la religion ne préserve du suicide que parce qu'elle est et dans la mesure où elle est une société, il est probable que d'autres sociétés produisent le même effet. Observons donc à ce point de vue la famille et la société politique.

I

Si l'on ne consulte que les chiffres absolus, les célibataires paraissent se tuer moins que les gens mariés. Ainsi, en France, pendant la période 1873-78, il y a eu 16 264 suicides de gens mariés, tandis que les célibataires n'en ont donné que 11 709. Le premier de ces nombres est au second comme 100 est à 132. Comme la même proportion s'observe aux autres périodes et dans d'autres pays, certains auteurs avaient autrefois enseigné que le mariage et la vie de famille multiplient les chances de suicide. Il est certain que si, suivant la conception courante, on voit avant tout dans le suicide un acte de désespoir déterminé par les difficultés de l'existence, cette opinion a pour elle toutes les vraisemblances. Le célibataire, en effet, a la vie plus facile que l'homme marié. Le mariage n'apporte-t-il pas avec lui toute sorte de charges et de responsabilités ? Ne faut-il pas, pour assurer le présent et l'avenir d'une famille, s'imposer plus de privations et de peines que pour subvenir aux besoins d'un homme isolé (1) ? Cependant, si évident qu'il paraisse, ce raisonnement *a priori* est entièrement faux, et les faits ne lui donnent une apparence de raison que pour avoir été mal analysés. C'est ce que Bertillon père a été le premier à établir par un ingénieux calcul que nous allons reproduire (2).

En effet, pour bien apprécier les chiffres précédemment cités, il faut tenir compte de ce qu'un très grand nombre de célibataires ont moins de 16 ans, tandis que tous les gens mariés sont plus âgés. Or, jusqu'à 16 ans, la tendance au suicide est très faible par le seul fait de l'âge. En France, on ne compte à cette période de la vie qu'un ou deux suicides par million d'habitants ; à la période qui suit, il y en a déjà vingt fois plus. La présence d'un très grand nombre d'enfants au-dessous de 16 ans parmi les célibataires abaisse donc indûment l'aptitude moyenne de ces derniers, car cette atténuation est due à l'âge et non au célibat. S'ils fournissent, en apparence, un moindre contingent au suicide, ce n'est pas parce qu'ils ne sont pas mariés, mais parce que beaucoup d'entre eux ne sont pas encore sortis de l'enfance. Si donc on veut comparer ces deux populations de manière à dégager quelle est l'influence de l'état civil et celle-là seulement, il faut se débarrasser de cet élément perturbateur et ne rapprocher des gens mariés que les célibataires au-dessus de 16 ans en éliminant les autres. Cette soustraction faite, on trouve que, pendant les années 1863-68, il y a eu, en moyenne, pour un million de célibataires au-dessus de 16 ans, 173 suicides, et pour un million de mariés 154,5. Le premier de ces nombres est au second comme 112 est à 100.

Il y a donc une aggravation qui tient au célibat. Mais elle est beaucoup plus considérable que ne l'indiquent les chiffres pré-

(1) V. WAGNER, *Die Gesetzmässigkeit*, etc., p. 177.
(2) V. article « Mariage », in *Dictionnaire encyclopédique des sciences médicales*, 2ᵉ série, v. p. 50 et suiv. — Cf., sur cette question, J. BERTILLON fils, Les célibataires, les veufs et les divorcés au point de vue du mariage, in *Revue scientifique*, février 1879. — DU MÊME, un article dans le *Bulletin de la Société d'Anthropologie*, 1880, p. 280 et suiv. — DURKHEIM, Suicide et natalité, in *Revue philosophique*, novembre 1888.

cédents. En effet, nous avons raisonné comme si tous les célibataires au-dessus de 16 ans et tous les époux avaient le même âge moyen. Or, il n'en est rien. En France, la majorité des garçons, exactement les 58/100, est comprise entre 15 et 20 ans, la majorité des filles, exactement les 57/100, a moins de 25 ans. L'âge moyen des premiers est de 26,8, des secondes, de 28,4. Au contraire, l'âge moyen des époux se trouve entre 40 et 45 ans. D'un autre côté, voici comment le suicide progresse suivant l'âge pour les deux sexes réunis :

De 16 à 21 ans...   45,9 suicides par million d'habitants
 − 21 − 30 − ...   97,9   —   —
 − 31 − 40 − ...   114,5   —   —
 − 41 − 50 − ...   164,4   —   —

Ces chiffres se rapportent aux années 1848-57. Si donc l'âge agissait seul, l'aptitude des célibataires au suicide ne pourrait être supérieure à 97,9 et celle des gens mariés serait comprise entre 114,5 et 164,4, c'est-à-dire d'environ 140. Les suicides des époux seraient à ceux des célibataires comme 100 est à 69. Les seconds ne représenteraient que les deux tiers des premiers ; or, nous savons que, en fait, ils leur sont supérieurs. La vie de famille a ainsi pour résultat de renverser le rapport. Tandis que, si l'association familiale ne faisait pas sentir son influence, les gens mariés devraient, en vertu de leur âge, se tuer moitié plus que les célibataires, ils se tuent sensiblement moins. On peut dire, par conséquent, que l'état de mariage diminue de moitié environ le danger du suicide ; ou, pour parler avec plus de précision, il résulte du célibat une aggravation qui est exprimée par le rapport $\frac{112}{69} = 1,6$. Si donc, l'on convient de représenter par l'unité la tendance des époux pour le suicide, il faudra figurer par 1,6 celle des célibataires du même âge moyen.

Les rapports sont sensiblement les mêmes en Italie. Par suite de leur âge, les époux (années 1873-77) devraient donner 102 suicides pour 1 million et les célibataires au-dessus de 16 ans, 77 seulement ; le premier de ces nombres est au second comme

100 est à 75 (1). Mais, en fait, ce sont les gens mariés qui se tuent le moins ; ils ne produisent que 71 cas pour 86 que fournissent les célibataires, soit 100 pour 121. L'aptitude des célibataires est donc à celle des époux dans le rapport de 121 à 75, soit 1,6, comme en France. On pourrait faire des constatations analogues dans les différents pays. Partout, le taux des gens mariés est plus ou moins inférieur à celui des célibataires (2), alors que, en vertu de l'âge, il devrait être plus élevé. En Wurtemberg, de 1846 à 1860, ces deux nombres étaient entre eux comme 100 est à 143, en Prusse de 1873 à 1875 comme 100 est à 111.

Mais, si, dans l'état actuel des informations, cette méthode de calcul est, dans presque tous les cas, la seule qui soit applicable, si, par conséquent, il est nécessaire de l'employer pour établir la généralité du fait, les résultats qu'elle donne ne peuvent être qu'assez grossièrement approximatifs. Elle suffit, sans doute, à montrer que le célibat aggrave la tendance au suicide ; mais elle ne donne de l'importance de cette aggravation qu'une idée imparfaitement exacte. En effet, pour séparer l'influence de l'âge et celle de l'état civil, nous avons pris pour point de repère le rapport entre le taux des suicides de 30 ans et celui de 45 ans. Malheureusement, l'influence de l'état civil a déjà marqué ce rapport lui-même de son empreinte ; car le contingent propre à chacun de ces deux âges a été calculé pour les célibataires et les mariés pris ensemble. Sans doute, si la proportion des époux et des garçons était la même aux deux périodes, ainsi que celle des filles et des femmes, il y aurait compensation et l'action de l'âge ressortirait seule. Mais il en va tout autrement. Tandis que, à 30 ans, les garçons sont un peu plus nombreux que les époux (746 111 d'un côté, 714 278 de l'autre, d'après le dénombrement de 1891), à 45 ans, au contraire, ils ne sont plus qu'une petite minorité (333 033) contre 1 864 401 mariés) ; il en est de

---

(1) Nous supposons que l'âge moyen des groupes est le même qu'en France. L'erreur qui peut résulter de cette supposition est très légère.

(2) A condition de considérer les deux sexes réunis. On verra plus tard l'importance de cette remarque (liv. II, chap. V, § 3).

même dans l'autre sexe. Par suite de cette inégale distribution, leur grande aptitude au suicide ne produit pas les mêmes effets dans les deux cas. Elle élève beaucoup plus le premier taux que le second. Celui-ci est donc relativement trop faible et la quantité dont il devrait dépasser l'autre, si l'âge agissait seul, est artificiellement diminuée. Autrement dit, l'écart qu'il y a, sous le rapport du suicide, *et par le fait seul de l'âge*, entre la population de 25 à 30 ans et celle de 40 à 45 est certainement plus grand que ne le montre cette manière de le calculer. Or, c'est cet écart dont l'économie constitue presque toute l'immunité dont bénéficient les gens mariés. Celle-ci apparaît donc moindre qu'elle n'est en réalité.

Cette méthode a même donné lieu à de plus graves erreurs. Ainsi, pour déterminer l'influence du veuvage sur le suicide, on s'est quelquefois contenté de comparer le taux propre aux veufs à celui des gens de tout état civil qui ont le même âge moyen, soit 65 ans environ. Or, un million de veufs, en 1863-68, produisait 628 suicides ; un million d'hommes de 65 ans (tout état civil réuni) environ 461. On pouvait donc conclure de ces chiffres que, même à âge égal, les veufs se tuent sensiblement plus qu'aucune autre classe de la population. C'est ainsi que s'est accrédité le préjugé qui fait du veuvage la plus disgraciée de toutes les conditions au point de vue du suicide (1). En réalité, si la population de 65 ans ne donne pas plus de suicides, c'est qu'elle est presque tout entière composée de mariés (997 198 contre 134 238 célibataires). Si donc ce rapprochement suffit à prouver que les veufs se tuent plus que les mariés du même âge, on n'en peut rien inférer en ce qui concerne leur tendance au suicide comparée à celle des célibataires.

Enfin, quand on ne compare que des moyennes, on ne peut apercevoir qu'en gros les faits et leurs rapports. Ainsi, il peut très bien arriver que, en général, les mariés se tuent moins que les célibataires et que, pourtant, à certains âges, ce rapport soit

---

(1) V. Bertillon, art. « Mariage », in *Dict. encycl.*, 2ᵉ série, v. p. 52. — Morselli, p. 348. — Corre, *Crime et suicide*, p. 472.

exceptionnellement renversé ; nous verrons qu'en effet le cas se rencontre. Or ces exceptions, qui peuvent être instructives pour l'explication du phénomène, ne sauraient être manifestées par la méthode précédente. Il peut y avoir aussi, d'un âge à l'autre, des changements qui, sans aller jusqu'à l'inversion complète, ont cependant leur importance et qu'il est, par conséquent, utile de faire apparaître.

Le seul moyen d'échapper à ces inconvénients est de déterminer le taux de chaque groupe, pris à part, pour chaque âge de la vie. Dans ces conditions, on pourra comparer, par exemple, les célibataires de 25 à 30 ans aux époux et aux veufs du même âge, et de même pour les autres périodes ; l'influence de l'état civil sera ainsi dégagée de toute autre et les variations de toute sorte par lesquelles elle peut passer seront rendues apparentes. C'est, d'ailleurs, la méthode que Bertillon a, le premier, appliquée à la mortalité et à la nuptialité. Malheureusement, les publications officielles ne nous fournissent pas les éléments nécessaires pour cette comparaison (1). Elles nous font connaître, en effet, l'âge des suicidés indépendamment de leur état civil. La seule qui, à notre connaissance, ait suivi une autre pratique est celle du grand-duché d'Oldenbourg (y compris les principautés de Lubeck et de Birkenfeld) (2). Pour les années 1871-85, elle nous donne la distribution des suicides par âge, pour chaque catégorie d'état civil considérée isolément. Mais ce petit Etat n'a compté pendant ces quinze années que 1 369 suicides. Comme d'un aussi petit nombre de cas on ne peut rien conclure avec certitude, nous avons entrepris de faire nous-même ce travail pour notre pays à l'aide de documents iné-

---

(1) Et pourtant le travail à faire pour réunir ces informations, considérable quand il est entrepris par un particulier, pourrait être effectué sans grande peine par les bureaux officiels de statistique. On nous donne toute sorte de renseignements sans intérêt et on nous tait le seul qui nous permettrait d'apprécier, comme on le verra plus loin, l'état où se trouve la famille dans les différentes sociétés d'Europe.

(2) Il y a bien aussi une statistique suédoise, reproduite dans le *Bulletin de démographie internationale*, année 1878, p. 195, qui donne les mêmes renseignements. Mais elle est inutilisable. D'abord, les veufs y sont confondus

dits que possède le ministère de la Justice. Notre recherche a porté sur les années 1889, 1890 et 1891. Nous avons classé ainsi environ 25 000 suicides. Outre que, par lui-même, un tel chiffre

avec les célibataires, ce qui rend la comparaison peu significative, car des conditions aussi différentes demandent à être distinguées. Mais de plus, nous la croyons erronée. Voici en effet quels chiffres on y trouve :

	16 à 25 ans	26 à 35 ans	36 à 45 ans	46 à 55 ans	56 à 65 ans	66 à 75 ans	Au-delà
Suicides pour 100 000 habitants de chaque sexe, du même état civil et du même âge							
Hommes :							
Mariés..............	10,51	10,58	18,77	24,08	26,29	20,76	9,48
Non mariés (veufs et célibataires)	5,69	25,73	66,95	90,72	150,08	229,27	333,35
Femmes :							
Mariées	2,63	2,76	4,15	5,55	7,09	4,67	7,64
Non mariées........	2,99	6,14	13,23	17,05	25,98	51,93	34,69
Combien les non-mariés se tuent-ils de fois plus que les mariés du même sexe et du même âge ?							
Hommes..............	0,5	2,4	3,5	3,7	5,7	11	37
Femmes	1,13	2,22	3,18	3,04	3,66	11,12	4,5

Ces résultats nous ont, dès le premier abord, paru suspects en ce qui concerne l'énorme degré de préservation dont jouiraient les mariés des âges avancés, tant ils s'écartent de tous les faits que nous connaissons. Pour procéder à une vérification que nous jugions indispensable, nous avons recherché les nombres absolus de suicides commis par chaque groupe d'âge dans le même pays et pendant la même période. Ce sont les suivants pour le sexe masculin :

	16 à 25 ans	26 à 35 ans	36 à 45 ans	46 à 55 ans	56 à 65 ans	66 à 75 ans	Au-dessus
Mariés................	16	220	567	640	383	140	15
Non-mariés	283	519	410	269	217	156	56

En rapprochant ces chiffres des nombres proportionnels donnés ci-dessus on peut se convaincre qu'une erreur a été commise. En effet, de 66 à 75 ans, les mariés et les non-mariés donnent presque le même nombre absolu de suicides, alors que, par 100 000 habitants, les premiers se tueraient 11 fois moins que

est assez important pour servir de base à une induction, nous nous sommes assuré qu'il n'était pas nécessaire d'étendre nos observations à une plus longue période. En effet, d'une année à l'autre, le contingent de chaque âge reste, dans chaque groupe, très sensiblement le même. Il n'y a donc pas lieu d'établir les moyennes d'après un plus grand nombre d'années.

Les tableaux XX et XXI (v. p. 182 et 183) contiennent ces différents résultats. Pour en rendre la signification plus sensible, nous avons mis pour chaque âge, à côté du chiffre qui exprime le taux des veufs et celui des époux, ce que nous appelons *le coefficient de préservation* soit des seconds par rapport aux premiers soit des uns et des autres par rapport aux célibataires. Par ce mot, nous désignons le nombre qui indique combien, dans un groupe, on se tue de fois moins que dans un autre considéré au même âge. Quand donc nous dirons que le coefficient de préservation des époux de 25 ans par rapport aux garçons est 3, il faudra entendre que, si l'on représente par 1 la tendance au suicide des époux à ce moment de la vie, il faudra représenter par 3 celle des célibataires à la même période. Naturellement, quand le coefficient de préservation descend au-dessous de l'unité, il se transforme, en réalité, en un coefficient d'aggravation.

les seconds. Pour cela, il faudrait qu'à cet âge il y eût environ 10 fois (exactement 9,2 fois) plus d'époux que de non-mariés, c'est-à-dire que de veufs et célibataires réunis. Pour la même raison, au-dessus de 75 ans, la population mariée devrait être exactement 10 fois plus considérable que l'autre. Or cela est impossible. A ces âges avancés, les veufs sont très nombreux et, joints aux célibataires, ils sont ou égaux ou même supérieurs en nombre aux époux. On pressent par là quelle erreur a probablement été commise. On a dû additionner ensemble les suicides des célibataires et des veufs et ne diviser le total ainsi obtenu que par le chiffre représentant la population célibataire seule, tandis que les suicides des époux ont été divisés par un chiffre représentant la population veuve et la population mariée réunies. Ce qui tend à faire croire qu'on a dû procéder ainsi, c'est que le degré de préservation dont jouiraient les époux n'est extraordinaire que vers les âges avancés, c'est-à-dire quand le nombre des veufs devient assez important pour fausser gravement les résultats du calcul. Et l'invraisemblance est à son maximum après 75 ans, c'est-à-dire quand les veufs sont très nombreux.

Tableau XX
Grand-duché d'Oldenbourg
Suicides commis dans chaque sexe par 10 000 habitants de chaque groupe d'âge et d'état civil pendant l'ensemble de la période 1871-85 (1)

Ages	Célibataires	Epoux	Veufs	Coefficients de préservation des Epoux Par rapport aux célibataires	Epoux Par rapport aux veufs	Veufs Par rapport aux célibataires
Hommes						
De 0 à 20	7,2	769,2		0,09		
De 20 à 30	70,6	49,0	285,7	1,40	5,8	0,24
De 30 à 40	130,4	73,6	76,9	1,77	1,04	1,69
De 40 à 50	188,8	95,0	285,7	1,97	3,01	0,66
De 50 à 60	263,6	137,8	271,4	1,90	1,90	0,97
De 60 à 70	242,8	148,3	304,7	1,63	2,05	0,79
Au-delà ...	266,6	114,2	259,0	2,30	2,26	1,02
Femmes						
De 0 à 20	3,9	95,2		0,04		
De 20 à 30	39,0	17,4		2,24		
De 30 à 40	32,3	16,8	30,0	1,92	1,78	1,07
De 40 à 50	52,9	18,6	68,1	2,85	3,66	0,77
De 50 à 60	66,6	31,1	50,0	2,14	1,60	1,33
De 60 à 70	62,5	37,2	55,8	1,68	1,50	1,12
Au-delà ...		120	91,4		1,31	

Les lois qui se dégagent de ces tableaux peuvent se formuler ainsi :

1º *Les mariages trop précoces ont une influence aggravante sur le suicide, surtout en ce qui concerne les hommes.* Il est vrai que ce résultat, étant calculé d'après un très petit nombre de cas, aurait besoin d'être confirmé ; en France, de 15 à 20 ans, il ne se commet guère, année moyenne, qu'un suicide d'époux, exactement 1,33. Cependant, comme le fait s'observe également dans le grand-duché d'Oldenbourg, et même pour les

(1) Les chiffres se rapportent donc, non à l'année moyenne, mais au total des suicides commis pendant ces quinze années.

Tableau XXI
France (1889-1891)
Suicides commis par 1 000 000 d'habitants de chaque groupe d'âge et d'état civil année moyenne

Ages	Céliba-taires	Epoux	Veufs	Coeff. Epoux / célibataires	Coeff. Epoux / veufs	Coeff. Veufs / célibataires
Hommes						
15-20 ...	113	500		0,22		
20-25 ...	237	97	142	2,40	1,45	1,66
25-30 ...	394	122	412	3,20	3,37	0,95
30-40 ...	627	226	560	2,77	2,47	1,12
40-50 ...	975	340	721	2,86	2,12	1,35
50-60 ...	1 434	520	979	2,75	1,88	1,46
60-70 ...	1 768	635	1 166	2,78	1,83	1,51
70-80 ...	1 983	704	1 288	2,81	1,82	1,54
Au-delà .	1 571	770	1 154	2,04	1,49	1,36
Femmes						
15-20 ...	79,4	33	333	2,39	10	0,23
20-25 ...	106	53	66	2,00	1,05	1,60
25-30 ...	151	68	178	2,22	2,61	0,84
30-40 ...	126	82	205	1,53	2,50	0,61
40-50 ...	171	106	168	1,61	1,58	1,01
50-60 ...	204	151	199	1,35	1,31	1,02
60-70 ...	189	158	257	1,19	1,62	0,77
70-80 ...	206	209	248	0,98	1,18	0,83
Au-delà .	176	110	240	1,60	2,18	0,79

femmes, il est peu vraisemblable qu'il soit fortuit. Même la statistique suédoise, que nous avons rapportée plus haut (1), manifeste la même aggravation, du moins pour le sexe masculin.

(1) V. plus haut p. 180. — On pourrait croire, il est vrai, que cette situation défavorable des époux de 15 à 20 ans vient de ce que leur âge moyen est supérieur à celui des célibataires de la même période. Mais ce qui prouve qu'il y a réelle aggravation, c'est que le taux des époux de l'âge suivant (20 à 25 ans) est cinq fois moindre.

Or, si, pour les raisons que nous avons exposées, nous croyons cette statistique inexacte pour les âges avancés, nous n'avons aucun motif de la révoquer en doute pour les premières périodes de l'existence, alors qu'il n'y a pas encore de veufs. On sait, d'ailleurs, que la mortalité des époux et des épouses trop jeunes dépasse très sensiblement celle des garçons et des filles du même âge. Mille célibataires hommes entre 15 et 20 ans donnent chaque année 8,9 décès, mille hommes mariés du même âge 51, soit 473 % en plus. L'écart est moindre pour l'autre sexe, 9,9 pour les épouses, 8,3 pour les filles ; le premier de ces nombres est seulement au second comme 119 est à 100 (1). Cette plus grande mortalité des jeunes ménages est évidemment due à des raisons sociales ; car si elle avait principalement pour cause l'insuffisante maturité de l'organisme, c'est dans le sexe féminin qu'elle serait le plus marquée, par suite des dangers propres à la parturition. Tout tend donc à prouver que les mariages prématurés déterminent un état moral dont l'action est nocive, surtout sur les hommes.

2º *A partir de 20 ans, les mariés des deux sexes bénéficient d'un coefficient de préservation par rapport aux célibataires.* Il est supérieur à celui qu'avait calculé Bertillon. Le chiffre de 1,6, indiqué par cet observateur, est plutôt un minimum qu'une moyenne (2).

Ce coefficient évolue suivant l'âge. Il arrive rapidement à un maximum qui a lieu entre 25 et 30 ans, en France, entre 30 et 40 à Oldenbourg ; à partir de ce moment, il décroît jusqu'à la dernière période de la vie où se produit parfois un léger relèvement.

3º *Le coefficient de préservation des mariés par rapport aux*

---

(1) V. Bertillon, art. « Mariage », p. 43 et suiv.

(2) Il n'y a qu'une exception ; ce sont les femmes de 70 à 80 ans dont le coefficient descend légèrement au-dessous de l'unité. Ce qui détermine ce fléchissement, c'est l'action du département de la Seine. Dans les autres départements (v. tableau XXII, p. 204), le coefficient des femmes de cet âge est supérieur à l'unité ; cependant, il est à remarquer que, même en province, il est inférieur à celui des autres âges.

célibataires varie avec les sexes. En France, ce sont les hommes qui sont favorisés et l'écart entre les deux sexes est considérable ; pour les époux, la moyenne est de 2,73, tandis que, pour les épouses, elle n'est que de 1,56, soit 43 % en moins. Mais à Oldenbourg, c'est l'inverse qui a lieu ; la moyenne est pour les femmes de 2,16 et pour les hommes de 1,83 seulement. Il est à noter que, en même temps, la disproportion est moindre ; le second de ces nombres n'est inférieur au premier que de 16 %. Nous dirons donc que *le sexe le plus favorisé à l'état de mariage varie suivant les sociétés et que la grandeur de l'écart entre le taux des deux sexes varie elle-même selon la nature du sexe le plus favorisé.* Nous rencontrerons, chemin faisant, des faits qui confirmeront cette loi.

4° *Le veuvage diminue le coefficient des époux des deux sexes, mais, le plus souvent, il ne le supprime pas complètement.* Les veufs se tuent plus que les gens mariés, mais, en général, moins que les célibataires. Leur coefficient s'élève même dans certains cas jusqu'à 1,60 et 1,66. Comme celui des époux, il change avec l'âge, mais suivant une évolution irrégulière et dont il est impossible d'apercevoir la loi.

Tout comme pour les époux, *le coefficient de préservation des veufs par rapport aux célibataires varie avec les sexes.* En France, ce sont les hommes qui sont favorisés ; leur coefficient moyen est de 1,32 tandis que, pour les veuves, il descend au-dessous de l'unité, 0,84, soit 37 % en moins. Mais à Oldenbourg, ce sont les femmes qui ont l'avantage comme pour le mariage ; elles ont un coefficient moyen de 1,07, tandis que celui des veufs est au-dessous de l'unité, 0,89, soit 17 % en moins. Comme à l'état de mariage, quand c'est la femme qui est le plus préservée, l'écart entre les sexes est moindre que là où l'homme a l'avantage. Nous pouvons donc dire dans les mêmes termes que *le sexe le plus favorisé à l'état de veuvage varie selon les sociétés et que la grandeur de l'écart entre le taux des deux sexes varie elle-même selon la nature du sexe le plus favorisé.*

Les faits étant ainsi établis, il nous faut chercher à les expliquer.

II

L'immunité dont jouissent les gens mariés ne peut être attribuée qu'à l'une des deux causes suivantes :

Ou bien elle est due à l'influence du milieu domestique. Ce serait alors la famille qui, par son action, neutraliserait le penchant au suicide ou l'empêcherait d'éclore.

Ou bien elle est due à ce qu'on peut appeler la sélection matrimoniale. Le mariage, en effet, opère mécaniquement dans l'ensemble de la population une sorte de triage. Ne se marie pas qui veut ; on a peu de chances de réussir à fonder une famille si l'on ne réunit certaines qualités de santé, de fortune et de moralité. Ceux qui ne les ont pas, à moins d'un concours exceptionnel de circonstances favorables, sont donc, bon gré mal gré, rejetés dans la classe des célibataires qui se trouve ainsi comprendre tout le déchet humain du pays. C'est là que se rencontrent les infirmes, les incurables, les gens trop pauvres ou notoirement tarés. Dès lors, si cette partie de la population est à ce point inférieure à l'autre, il est naturel qu'elle témoigne de son infériorité par une mortalité plus élevée, par une criminalité plus considérable, enfin par une plus grande aptitude au suicide. Dans cette hypothèse, ce ne serait donc pas la famille qui préserverait du suicide, du crime ou de la maladie ; le privilège des époux leur viendrait simplement de ce que ceux-là seuls sont admis à la vie de famille qui offrent déjà de sérieuses garanties de santé physique et morale.

Bertillon paraît avoir hésité entre ces deux explications et les avoir admises concurremment. Depuis, M. Letourneau, dans son *Evolution du mariage et de la famille* (1), a catégoriquement opté pour la seconde. Il se refuse à voir dans la supériorité

---

(1) Paris, 1888, p. 436.

incontestable de la population mariée une conséquence et une preuve de la supériorité de l'état de mariage. Il aurait moins précipité son jugement s'il n'avait pas aussi sommairement observé les faits.

Sans doute, il est assez vraisemblable que les gens mariés ont, en général, une constitution physique et morale plutôt meilleure que les célibataires. Il s'en faut, cependant, que la sélection matrimoniale ne laisse arriver au mariage que l'élite de la population. Il est surtout douteux que les gens sans fortune et sans position se marient sensiblement moins que les autres. Ainsi qu'on l'a fait remarquer (1), ils ont généralement plus d'enfants qu'on n'en a dans les classes aisées. Si donc l'esprit de prévoyance ne met pas obstacle à ce qu'ils accroissent leur famille au-delà de toute prudence, pourquoi les empêcherait-il d'en fonder une ? D'ailleurs, des faits répétés prouveront dans la suite que la misère n'est pas un des facteurs dont dépend le taux social des suicides. Pour ce qui concerne les infirmes, outre que bien des raisons font souvent passer sur leurs infirmités, il n'est pas du tout prouvé que ce soit dans leurs rangs que se recrutent de préférence les suicidés. Le tempérament organico-psychique qui prédispose le plus l'homme à se tuer est la neurasthénie sous toutes ses formes. Or, aujourd'hui, la neurasthénie passe plutôt pour une marque de distinction que pour une tare. Dans nos sociétés raffinées, éprises des choses de l'intelligence, les nerveux constituent presque une noblesse. Seuls les fous caractérisés sont exposés à se voir refuser l'accès du mariage. Cette élimination restreinte ne suffit pas à expliquer l'importante immunité des gens mariés (2).

En dehors de ces considérations un peu *a priori*, des faits

---

(1) J. BERTILLON fils, article cité de la *Revue scientifique*.

(2) Pour rejeter l'hypothèse d'après laquelle la situation privilégiée des mariés serait due à la sélection matrimoniale, on a quelquefois allégué la prétendue aggravation qui résulterait du veuvage. Mais nous venons de voir que cette aggravation n'existe pas par rapport aux célibataires. Les veufs se tuent plutôt moins que les individus non mariés. L'argument ne porte donc pas.

nombreux démontrent que la situation respective des mariés et des célibataires est due à de tout autres causes.

Si elle était un effet de la sélection matrimoniale, on devrait la voir s'accuser dès que cette sélection commence à opérer, c'est-à-dire à partir de l'âge où garçons et filles commencent à se marier. A ce moment, on devrait constater un premier écart, qui irait ensuite en croissant peu à peu à mesure que le triage s'effectue, c'est-à-dire à mesure que les gens mariables se marient et cessent ainsi d'être confondus avec cette tourbe qui est prédestinée par sa nature à former la classe des célibataires irréductibles. Enfin, le maximum devrait être atteint à l'âge où le bon grain est complètement séparé de l'ivraie, où toute la population admissible au mariage y a été réellement admise, où il n'y a plus parmi les célibataires que ceux qui sont irrémédiablement voués à cette condition par leur infériorité physique ou morale. C'est entre 30 et 40 ans que ce moment doit être placé ; au-delà on ne se marie plus guère.

Or, en fait, le coefficient de préservation évolue selon une tout autre loi. Au point de départ, il est très souvent remplacé par un coefficient d'aggravation. Les tout jeunes époux sont plus enclins au suicide que les célibataires ; il n'en serait pas ainsi s'ils portaient en eux-mêmes et de naissance leur immunité. En second lieu, le maximum est réalisé presque d'emblée. Dès le premier âge où la condition privilégiée des gens mariés commence à s'affirmer (entre 20 et 25 ans), le coefficient atteint un chiffre qu'il ne dépasse plus guère dans la suite. Or, à cette période, il n'y a (1) que 148 000 époux contre 1 430 000 garçons, et 626 000 épouses contre 1 049 000 filles (nombres ronds). Les célibataires comprennent donc alors au milieu d'eux la majeure partie de cette élite que l'on dit être appelée par ses qualités congénitales à former plus tard l'aristocratie des époux ; l'écart entre les deux classes au point de vue du suicide devrait par conséquent être faible, alors qu'il est déjà considérable. De même, à l'âge suivant (entre 25 et 30 ans), sur les 2 millions

---

(1) Ces chiffres se rapportent à la France et au dénombrement de 1891.

d'époux qui doivent apparaître entre 30 et 40 ans, il y en a plus d'un million qui ne sont pas encore mariés ; et pourtant, bien loin que le célibat bénéficie de leur présence dans ses rangs, c'est alors qu'il fait la plus mauvaise figure. Jamais, pour ce qui est du suicide, ces deux parties de la population ne sont aussi distantes l'une de l'autre. Au contraire, entre 30 et 40 ans, alors que la séparation est achevée, que la classe des époux a ses cadres à peu près complets, le coefficient de préservation, au lieu d'arriver à son apogée et d'exprimer ainsi que la sélection conjugale est elle-même parvenue à son terme, subit une chute brusque et importante. Il passe, pour les hommes, de 3,20 à 2,77 ; pour les femmes, la régression est encore plus accentuée, 1,53 au lieu de 2,22, soit une diminution de 32 %.

D'autre part, ce triage, de quelque façon qu'il s'effectue, doit se faire également pour les filles et pour les garçons ; car les épouses ne se recrutent pas d'une autre manière que les époux. Si donc la supériorité morale des gens mariés est simplement un produit de la sélection, elle doit être égale pour les deux sexes et, par suite, il en doit être de même de l'immunité contre le suicide. Or, en réalité, les époux sont en France sensiblement plus protégés que les épouses. Pour les premiers, le coefficient de préservation s'élève jusqu'à 3,20, ne descend qu'une seule fois au-dessous de 2,04 et oscille généralement autour de 2,80, tandis que, pour les secondes, le *maximum* ne dépasse pas 2,22 (ou, au plus, 2,39) (1) et que le minimum est inférieur à l'unité (0,98). Aussi est-ce à l'état de mariage que, chez nous, la femme se rapproche le plus de l'homme pour le suicide. Voici, en effet, quelle était, pendant les années 1887-91, la part de chaque sexe aux suicides de chaque catégorie d'état civil :

(1) Nous faisons cette réserve parce que ce coefficient de 2,39 se rapporte à la période de 15 à 20 ans et que, comme les suicides d'épouses sont très rares à cet âge, le petit nombre de cas qui a servi de base au calcul en rend l'exactitude un peu douteuse.

	Part de chaque sexe			
	Sur 100 suicides de célibataires de chaque âge		Sur 100 suicides de mariés de chaque âge	
De 20 à 25 ans	70 hommes	30 femmes	65 hommes	35 femmes
De 25 à 30 —	73 —	27 —	65 —	35 —
De 30 à 40 —	84 —	16 —	74 —	26 —
De 40 à 50 —	86 —	14 —	77 —	23 —
De 50 à 60 —	88 —	12 —	78 —	22 —
De 60 à 70 —	91 —	9 —	81 —	19 —
De 70 à 80 —	91 —	9 —	78 —	22 —
Au-delà	90 —	10 —	88 —	12 —

Ainsi, à chaque âge (1) la part des épouses aux suicides des mariés est de beaucoup supérieure à la part des filles aux suicides des célibataires. Ce n'est pas, assurément, que l'épouse soit plus exposée que la fille ; les tableaux XX et XXI prouvent le contraire. Seulement, si elle ne perd pas à se marier, elle y gagne moins que l'époux. Mais alors, si l'immunité est à ce point inégale, c'est que la vie de famille affecte différemment la constitution morale des deux sexes. Ce qui prouve même

(1) Le plus souvent, quand on compare ainsi la situation respective des sexes dans deux conditions d'état civil différentes, on ne prend pas soin d'éliminer l'influence de l'âge ; mais on obtient alors des résultats inexacts. Ainsi, d'après la méthode ordinaire, on trouverait qu'en 1887-91 il y a eu 21 suicides de femmes mariées pour 79 d'époux et 19 suicides de filles sur 100 suicides de célibataires de tout âge. Ces chiffres donneraient une idée fausse de la situation. Le tableau ci-dessus montre que la différence entre la part de l'épouse et celle de la fille est, à tout âge, beaucoup plus grande. La raison en est que l'écart entre les sexes varie avec l'âge dans les deux conditions. Entre 70 et 80 ans, il est environ le double de ce qu'il était à 20 ans. Or, la population célibataire est presque tout entière composée de sujets au-dessous de 30 ans. Si donc on ne tient pas compte de l'âge, l'écart que l'on obtient est, en réalité, celui qui sépare garçons et filles vers la trentaine. Mais alors, en le comparant à celui qui sépare les époux sans distinction d'âge, comme ces derniers sont en moyenne âgés de 50 ans, c'est par rapport aux époux de cet âge que se fait la comparaison. Celle-ci se trouve ainsi faussée, et l'erreur est encore aggravée par ce fait que la distance entre les sexes ne varie pas de la même manière dans les deux groupes sous l'action de l'âge. Elle croit plus chez les célibataires que chez les gens mariés.

péremptoirement que cette inégalité n'a pas d'autre origine, c'est qu'on la voit naître et grandir sous l'action du milieu domestique. Le tableau XXI montre, en effet, qu'au point de départ le coefficient de préservation est à peine différent pour les deux sexes (2,93 ou 2 d'un côté, 2,40 de l'autre). Puis, peu à peu, la différence s'accentue, d'abord parce que le coefficient des épouses croît moins que celui des époux jusqu'à l'âge du maximum, et ensuite parce que la décroissance en est plus rapide et plus importante (1). Si donc il évolue ainsi à mesure que l'influence de la famille se prolonge, c'est qu'il en dépend.

Ce qui est plus démonstratif encore, c'est que la situation relative des sexes quant au degré de préservation dont jouissent les gens mariés n'est pas la même dans tous les pays. Dans le grand-duché d'Oldenbourg, ce sont les femmes qui sont favorisées et nous trouverons plus loin un autre cas de la même inversion. Cependant, en gros, la sélection conjugale se fait partout de la même manière. Il est donc impossible qu'elle soit le facteur essentiel de l'immunité matrimoniale ; car alors comment produirait-elle des résultats opposés dans les différents pays ? Au contraire, il est très possible que la famille soit, dans deux sociétés différentes, constituée de manière à agir différemment sur les sexes. C'est donc dans la constitution du groupe familial que doit se trouver la cause principale du phénomène que nous étudions.

Mais, si intéressant que soit ce résultat, il a besoin d'être précisé ; car le milieu domestique est formé d'éléments différents. Pour chaque époux, la famille comprend : 1º l'autre époux ; 2º les enfants. Est-ce au premier ou aux seconds qu'est due l'action salutaire qu'elle exerce sur le penchant au suicide ? En d'autres termes, elle est composée de deux associations différentes : il y a le groupe conjugal d'une part, de l'autre, le groupe familial proprement dit. Ces deux sociétés n'ont ni

---

(1) De même, on peut voir au tableau précédent que la part proportionnelle des épouses aux suicides des gens mariés dépasse de plus en plus la part des filles aux suicides des célibataires, à mesure qu'on avance en âge.

les mêmes origines, ni la même nature, ni, par conséquent, selon toute vraisemblance, les mêmes effets. L'une dérive d'un contrat et d'affinités électives, l'autre d'un phénomène naturel, la consanguinité ; la première lie entre eux deux membres d'une même génération, la seconde, une génération à la suivante ; celle-ci est aussi vieille que l'humanité, celle-là ne s'est organisée qu'à une époque relativement tardive. Puisqu'elles diffèrent à ce point, il n'est pas certain *a priori* qu'elles concourent toutes deux à produire le fait que nous cherchons à comprendre. En tout cas, si l'une et l'autre y contribuent, ce ne saurait être ni de la même manière ni, probablement, dans la même mesure. Il importe donc de chercher si l'une et l'autre y ont part et, en cas d'affirmative, quelle est la part de chacune.

On a déjà une preuve de la médiocre efficacité du mariage dans ce fait que la nuptialité a peu changé depuis le commencement du siècle, alors que le suicide a triplé. De 1821 à 1830, il y avait 7,8 mariages annuels par 1 000 habitants, 8 de 1831 à 1850, 7,9 en 1851-60, 7,8 de 1861 à 1870, 8 de 1871 à 1880. Pendant ce temps, le taux des suicides par million d'habitants passait de 54 à 180. De 1880 à 1888, la nuptialité a légèrement fléchi (7,4 au lieu de 8), mais cette décroissance est sans rapport avec l'énorme accroissement des suicides qui, de 1880 à 1887, ont augmenté de plus de 16 % (1). D'ail-

---

(1) Legoyt (*op. cit.*, p. 175) et Corre (*Crime et suicide*, p. 475) ont, cependant, cru pouvoir établir un rapport entre le mouvement des suicides et celui de la nuptialité. Mais leur erreur vient d'abord de ce qu'ils n'ont considéré qu'une trop courte période, puis de ce qu'ils ont comparé les années les plus récentes à une année anormale, 1872, où la nuptialité française a atteint un chiffre exceptionnel, inconnu depuis 1813, parce qu'il était nécessaire de combler les vides causés par la guerre de 1870 dans les cadres de la population mariée ; ce n'est pas par rapport à un pareil point de repère qu'on peut mesurer les mouvements de la nuptialité. La même observation s'applique à l'Allemagne et même à presque tous les pays d'Europe. Il semble qu'à cette époque la nuptialité ait subi comme un coup de fouet. Nous notons une hausse importante et brusque, qui se continue parfois jusqu'en 1873, en Italie, en Suisse, en Belgique, en Angleterre, en Hollande. On dirait que toute l'Europe a été mise à contribution pour réparer les pertes des deux pays

leurs, pendant la période 1865-88, la nuptialité moyenne de la France (7,7) est presque égale à celle du Danemark (7,8) et de l'Italie (7,6) ; pourtant ces pays sont aussi dissemblables que possible sous le rapport du suicide (1).

Mais nous avons un moyen beaucoup plus décisif de mesurer exactement l'influence propre de l'association conjugale sur le suicide ; c'est de l'observer là où elle est réduite à ses seules forces, c'est-à-dire, dans les ménages sans enfants.

Pendant les années 1887-1891, un million d'époux sans enfants a donné annuellement 644 suicides (2). Pour savoir dans quelle mesure l'état de mariage, à lui seul et abstraction faite de la famille, préserve du suicide, il n'y a qu'à comparer ce chiffre à celui que donnent les célibataires du même âge moyen. C'est cette comparaison que notre tableau XXI va nous permettre de faire, et ce n'est pas un des moindres services qu'il nous rendra. L'âge moyen des hommes mariés était alors, comme aujourd'hui, de 46 ans 8 mois 1/3. Un million de célibataires de cet âge produit environ *975* suicides. Or, 644 est à 975 comme 100 est à 150, c'est-à-dire que les époux stériles ont un coefficient de préservation de *1,5* seulement ; ils ne se tuent qu'un tiers de fois moins que les célibataires du même âge. Il en est tout autrement quand il existe des enfants. Un million d'époux avec enfants produisait annuellement pendant cette même période *336* suicides seulement. Ce nombre est à *975* comme 100 est à 290 ; c'est-à-dire que, quand le mariage est fécond, le coefficient de préservation est presque doublé (*2,90* au lieu de *1,5*).

La société conjugale n'est donc que pour une faible part dans l'immunité des hommes mariés. Encore, dans le calcul précédent, avons-nous fait cette part un peu plus grande qu'elle n'est en réalité. Nous avons supposé, en effet, que les époux sans enfants ont le même âge moyen que les époux en général, alors qu'ils

---

éprouvés par la guerre. Il en est résulté naturellement au bout d'un temps une baisse énorme qui n'a pas la signification qu'on lui donne (v. OETTINGEN, *Moralstatistik*, annexes, tableaux 1, 2 et 3).

(1) D'après LEVASSEUR, *Population française*, t. II, p. 208.
(2) D'après le recensement de 1886, p. 123 du *Dénombrement*.

sont certainement moins âgés. Car ils comptent dans leurs rangs tous les époux les plus jeunes, qui n'ont pas d'enfants, non parce qu'ils sont irrémédiablement stériles, mais parce que, mariés trop récemment, ils n'ont pas encore eu le temps d'en avoir. En moyenne, c'est seulement à 34 ans que l'homme a son premier enfant (1), et pourtant c'est vers 28 ou 29 ans qu'il se marie. La partie de la population mariée qui a de 28 à 34 ans se trouve donc presque tout entière comprise dans la catégorie des époux sans enfants, ce qui abaisse l'âge moyen de ces derniers ; par suite, en l'estimant à 46 ans, nous l'avons certainement exagéré. Mais alors, les célibataires auxquels il eût fallu les comparer ne sont pas ceux de 46 ans, mais de plus jeunes qui, par conséquent, se tuent moins que les précédents. Le coefficient de 1,5 doit donc être un peu trop élevé ; si nous connaissions exactement l'âge moyen des maris sans enfants, on verrait que leur aptitude au suicide se rapproche de celle des célibataires plus encore que ne l'indiquent les chiffres précédents.

Ce qui montre bien, d'ailleurs, l'influence restreinte du mariage, c'est que les veufs avec enfants sont encore dans une meilleure situation que les époux sans enfants. Les premiers, en effet, donnent *937* suicides par million. Or ils ont un âge moyen de 61 ans 8 mois et 1/3. Le taux des célibataires du même âge (v. tableau XXI) est compris entre 1 434 et 1 768, soit environ *1 504*. Ce nombre est à 937, comme 160 est à 100. Les veufs, quand ils ont des enfants, ont donc un coefficient de préservation d'au moins *1,6*, supérieur par conséquent à celui des époux sans enfants. Et encore, en le calculant ainsi, l'avons-nous plutôt atténué qu'exagéré. Car les veufs qui ont de la famille ont certainement un âge plus élevé que les veufs en général. En effet, parmi ces derniers, sont compris tous ceux dont le mariage n'est resté stérile que pour avoir été prématurément rompu, c'est-à-dire les plus jeunes. C'est donc à des célibataires au-dessus de 62 ans (qui, en vertu de leur âge, ont une plus forte tendance au suicide), que les veufs avec enfants devraient être comparés.

(1) V. *Annuaire statistique de la France*, 15ᵉ vol., p. 43.

Il est clair que, de cette comparaison, leur immunité ne pourrait ressortir que renforcée (1).

Il est vrai que ce coefficient de 1,6 est sensiblement inférieur à celui des époux avec enfants, 2,9 ; la différence en moins est de 45 %. On pourrait donc croire que, à elle seule, la société matrimoniale a plus d'action que nous ne lui en avons reconnu, puisque, quand elle prend fin, l'immunité de l'époux survivant est à ce point diminuée. Mais cette perte n'est imputable que pour une faible part à la dissolution du mariage. La preuve en est que, là où il n'y a pas d'enfants, le veuvage produit de bien moindres effets. Un million de veufs sans enfants donne *1 258* suicides, nombre qui est à 1 504, contingent des célibataires de 62 ans, comme 100 est à 119. Le coefficient de préservation est donc encore de *1,2* environ, peu au-dessous par conséquent de celui des époux également sans enfants 1,5. Le premier de ces nombres n'est inférieur au second que de 20 %. Ainsi, quand la mort d'un époux n'a d'autre résultat que de rompre le lien conjugal, elle n'a pas sur la tendance au suicide du veuf de bien fortes répercussions. Il faut donc que le mariage, tant qu'il existe, ne contribue que faiblement à contenir cette tendance, puisqu'elle ne s'accroît pas davantage quand il cesse d'être.

Quant à la cause qui rend le veuvage relativement plus malfaisant quand le ménage a été fécond, c'est dans la présence des enfants qu'il faut aller la chercher. Sans doute, en un sens, les enfants rattachent le veuf à la vie, mais, en même temps, ils rendent plus aiguë la crise qu'il traverse. Car les relations conjugales ne sont plus seules atteintes ; mais, précisément parce qu'il existe cette fois une société domestique, le fonctionnement en est entravé. Un rouage essentiel fait défaut et tout le mécanisme en est déconcerté. Pour rétablir l'équilibre troublé, il faudrait que l'homme remplît une double tâche et s'acquittât de fonctions pour lesquelles il n'est pas fait. Voilà pourquoi il perd tant des avantages dont il jouissait pen-

---

(1) Pour la même raison, l'âge des époux avec enfants est supérieur à celui des époux en général et, par conséquent, le coefficient de préservation 2,9 doit être plutôt regardé comme au-dessous de la réalité.

dant la durée du mariage. Ce n'est pas parce qu'il n'est plus marié, c'est parce que la famille dont il est le chef est désorganisée. Ce n'est pas la disparition de l'épouse, mais de la mère qui cause ce désarroi.

Mais c'est surtout à propos de la femme que se manifeste avec éclat la faible efficacité du mariage, quand il ne trouve pas dans les enfants son complément naturel. Un million d'épouses sans enfants donne *221* suicides ; un million de filles du même âge (entre 42 et 43 ans) *150* seulement. Le premier de ces nombres est au second comme 100 est à 67 ; le coefficient de préservation tombe donc au-dessous de l'unité, il est égal à *0,67*, c'est-à-dire qu'il y a, en réalité, aggravation. *Ainsi, en France, les femmes mariées sans enfants se tuent moitié plus que les célibataires du même sexe et du même âge.* Déjà, nous avions constaté que, d'une manière générale, l'épouse profite moins de la vie de famille que l'époux. Nous voyons maintenant quelle en est la cause ; c'est que, par elle-même, la société conjugale nuit à la femme et aggrave sa tendance au suicide.

Si, néanmoins, la généralité des épouses nous a paru jouir d'un coefficient de préservation, c'est que les ménages stériles sont l'exception et que, par conséquent, dans la majorité des cas, la présence des enfants corrige et atténue la mauvaise action du mariage. Encore celle-ci n'est-elle qu'atténuée. Un million de femmes avec enfants donne *79* suicides ; si l'on rapproche ce chiffre de celui qui exprime le taux des filles de 42 ans, soit *150*, on trouve que l'épouse, alors même qu'elle est aussi mère, ne bénéficie que d'un coefficient de préservation de *1,89*, inférieur par conséquent de 35 % à celui des époux qui sont dans la même condition (1). On ne saurait donc, pour ce qui est du

---

(1) Un écart analogue se retrouve entre le coefficient des époux sans enfants et celui des épouses sans enfants ; il est toutefois beaucoup plus considérable. Le second (0,67) est inférieur au premier (1,5) de 66 %. La présence des enfants fait donc regagner à la femme la moitié du terrain qu'elle perd en se mariant. C'est dire que, si elle bénéficie moins que l'homme du mariage, elle profite, au contraire, plus que lui de la famille, c'est-à-dire des enfants. Elle est plus sensible que lui à leur heureuse influence.

suicide, souscrire à cette proposition de Bertillon : « Quand la femme entre sous la raison conjugale, elle gagne plus que l'homme à cette association ; mais elle déchoit nécessairement plus que l'homme quand elle en sort (1). »

III

Ainsi l'immunité que présentent les gens mariés en général est due, tout entière pour un sexe et en majeure partie pour l'autre, à l'action, non de la société conjugale, mais de la société familiale. Cependant, nous avons vu que, même s'il n'y a pas d'enfants, les hommes tout au moins sont protégés dans le rapport de 1 à 1,5. Une économie de 50 suicides sur 150 ou de 33 %, si elle est bien au-dessous de celle qui se produit quand la famille est complète, n'est cependant pas une quantité négligeable et il importe de comprendre quelle en est la cause. Est-elle due aux bienfaits spéciaux que le mariage rendrait au sexe masculin, ou bien n'est-elle pas plutôt un effet de la sélection matrimoniale ? Car si nous avons pu démontrer que cette dernière ne joue pas le rôle capital qu'on lui a attribué, il n'est pas prouvé qu'elle soit sans aucune influence.

Un fait paraît même, au premier abord, devoir imposer cette hypothèse. Nous savons que le coefficient de préservation des époux sans enfants survit en partie au mariage ; il tombe seulement de 1,5 à 1,2. Or, cette immunité des veufs sans enfants ne saurait évidemment être attribuée au veuvage qui, par lui-même, n'est pas de nature à diminuer le penchant au suicide, mais ne peut, au contraire, que le renforcer. Elle résulte donc d'une cause antérieure et qui, pourtant, ne paraît pas devoir être le mariage puisqu'elle continue à agir alors même qu'il est dissous par la mort de la femme. Mais alors, ne consisterait-elle pas dans quelque qualité native des époux que la sélection

(1) Article « Mariage », *Dict. encycl.*, 2ᵉ série, t. V, p. 36.

conjugale ferait apparaître, mais ne créerait pas ? Comme elle existerait avant le mariage et en serait indépendante, il serait tout naturel qu'elle durât plus que lui. Si la population des mariés est une élite, il en est nécessairement de même de celle des veufs. Il est vrai que cette supériorité congénitale a de moindres effets chez ces derniers puisqu'ils sont protégés contre le suicide à un moindre degré. Mais on conçoit que la secousse produite par le veuvage puisse neutraliser en partie cette influence préventive, et l'empêcher de produire tous ses résultats.

Mais, pour que cette explication pût être acceptée, il faudrait qu'elle fût applicable aux deux sexes. On devrait donc trouver aussi chez les femmes mariées quelques traces au moins de cette prédisposition naturelle qui, toutes choses égales, les préserverait du suicide plus que les célibataires. Or, déjà, le fait que, en l'absence d'enfants, elles se tuent plus que les filles du même âge, est assez peu conciliable avec l'hypothèse qui les suppose dotées, dès la naissance, d'un coefficient personnel de préservation. Cependant, on pourrait encore admettre que ce coefficient existe pour la femme comme pour l'homme, mais qu'il est totalement annulé pendant la durée du mariage par l'action funeste que ce dernier exerce sur la constitution morale de l'épouse. Mais, si les effets n'en étaient que contenus et masqués par l'espèce de déchéance morale que subit la femme en entrant dans la société conjugale, ils devraient réapparaître quand cette société se dissout, c'est-à-dire au veuvage. On devrait voir alors la femme, débarrassée du joug matrimonial qui la déprimait, ressaisir tous ses avantages et affirmer enfin sa supériorité native sur celles de ses congénères qui n'ont pu se faire admettre au mariage. En d'autres termes, la veuve sans enfants devrait avoir, par rapport aux célibataires, un coefficient de préservation qui se rapproche tout au moins de celui dont jouit le veuf sans enfants. Or il n'en est rien. Un million de veuves sans enfants fournit annuellement *322* suicides ; un million de filles de 60 ans (âge moyen des veuves) en produit un nombre compris entre 189 et 204, soit environ 196. Le premier de ces nombres est au second comme 100 est à 60. Les veuves sans enfants ont donc un coefficient au-dessous de l'unité, c'est-à-dire un coefficient d'aggravation ; il est égal à *0,60*, inférieur même légèrement à celui des épouses sans enfants (0,67). Par conséquent, ce n'est pas le mariage qui empêche ces dernières de manifester pour le suicide l'éloignement naturel qu'on leur attribue.

On répondra peut-être que ce qui empêche le complet rétablissement de ces heureuses qualités dont le mariage aurait suspendu les manifestations, c'est que le veuvage est pour la femme un état pire encore. C'est, en effet, une idée très répandue que la veuve est dans une situation plus critique que le veuf. On insiste sur les difficultés économiques et morales contre lesquelles il lui faut lutter quand elle est obligée de subvenir elle-même à son existence et, surtout, aux besoins de toute une famille. On a même cru que cette opinion était démontrée par les faits. Suivant Morselli (1), la statistique établirait que la femme dans le veuvage serait moins éloignée de l'homme pour l'aptitude au suicide que pendant le mariage ; et comme, mariée, elle est déjà plus rapprochée à cet égard du sexe masculin que quand elle est célibataire, il en résulterait qu'il n'y a pas pour elle de plus détestable condition. A l'appui de cette thèse, Morselli cite les chiffres suivants qui ne se rapportent qu'à la France, mais qui, avec de légères variantes, peuvent s'observer chez tous les peuples d'Europe :

Années	Part de chaque sexe sur 100 suicides de mariés (en %)		Part de chaque sexe sur 100 suicides de veufs (en %)	
	Hommes	Femmes	Hommes	Femmes
1871	79	21	71	29
1872	78	22	68	32
1873	79	21	69	31
1874	74	26	57	43
1875	81	19	77	23
1876	82	18	78	22

(1) *Op. cit.*, p. 342.

La part de la femme dans les suicides commis par les deux sexes à l'état de veuvage semble être, en effet, beaucoup plus considérable que dans les suicides de mariés. N'est-ce pas la preuve que le veuvage lui est beaucoup plus pénible que ne lui était le mariage ? S'il en est ainsi, il n'y a rien d'étonnant à ce que, même une fois veuve, les bons effets de son naturel soient, encore plus qu'avant, empêchés de se manifester.

Malheureusement, cette prétendue loi repose sur une erreur de fait. Morselli a oublié qu'il y avait partout deux fois plus de veuves que de veufs. En France, en nombres ronds, il y a deux millions des premières pour un million seulement des seconds. En Prusse, d'après le recensement de 1890, on trouve 450 000 pour les uns et 1 319 000 pour les autres ; en Italie, 571 000 d'une part et 1 322 000 de l'autre. Dans ces conditions, il est tout naturel que la contribution des veuves soit plus élevée que celle des épouses qui, elles, sont évidemment en nombre égal aux époux. Si l'on veut que la comparaison comporte quelque enseignement, il faut ramener à l'égalité les deux populations. Mais si l'on prend cette précaution, on obtient des résultats contraires à ceux qu'a trouvés Morselli. A l'âge moyen des veufs, c'est-à-dire à 60 ans, un million d'épouses donne 154 suicides et un million d'époux 577. La part des femmes est donc de *21* %. Elle diminue sensiblement dans le veuvage. En effet, un million de veuves donne 210 cas, un million de veufs 1 017 ; d'où il suit que, sur 100 suicides de veufs des deux sexes, les femmes n'en comptent que *17*. Au contraire, la part des hommes s'élève de 79 à 83 %. Ainsi, en passant du mariage au veuvage, l'homme perd plus que la femme, puisqu'il ne conserve pas certains des avantages qu'il devait à l'état conjugal. Il n'y a donc aucune raison de supposer que ce changement de situation soit moins laborieux et moins troublant pour lui que pour elle ; c'est l'inverse qui est la vérité. On sait, d'ailleurs, que la mortalité des veufs dépasse de beaucoup celle des veuves ; il en est de même de leur nuptialité. Celle des premiers est, à chaque âge, trois ou quatre fois plus forte que celle des garçons, tandis que celle des secondes n'est que légèrement supérieure à celle des filles. La femme met donc autant de froideur à convoler en secondes noces que l'homme y met d'ardeur (1). Il en serait autrement si sa condition de veuf lui était à ce point légère et si la femme, au contraire, avait à la supporter autant de mal qu'on a dit (2).

Mais s'il n'y a rien dans le veuvage qui paralyse spécialement les dons naturels qu'aurait la femme par cela seul qu'elle est une élue du mariage, et s'ils ne témoignent alors de leur présence par aucun signe appréciable, tout motif manque pour supposer qu'ils existent. L'hypothèse de la sélection matrimoniale ne s'applique donc pas du tout au sexe féminin. Rien n'autorise à penser que la femme appelée au mariage possède une constitution privilégiée qui la prémunisse dans une certaine mesure contre le suicide. Par conséquent, la même supposition est tout aussi peu fondée en ce qui concerne l'homme. Ce coefficient de 1,5 dont jouissent les époux sans enfants ne vient pas de ce qu'ils sont recrutés dans les parties les plus saines de la population ; ce ne peut donc être qu'un effet du mariage. Il faut admettre que la société conjugale, si désastreuse pour la femme, est, au contraire, même en l'absence d'enfants, bienfaisante à l'homme. Ceux qui y entrent ne constituent pas une aristocratie de naissance ; ils n'apportent pas tout fait, dans le mariage, un tempérament qui les détourne du suicide, mais ils acquièrent ce tempérament en vivant de la vie conjugale. Du moins, s'ils ont quelques prérogatives naturelles, elles ne peuvent être que très vagues et indéterminées ; car elles restent sans effet, jusqu'à ce que certaines autres conditions soient données. Tant il est vrai que le suicide dépend principalement,

---

(1) V. Bertillon, Les célibataires, les veufs, etc., *Rev. scient.*, 1879.
(2) Morselli invoque également à l'appui de sa thèse qu'au lendemain des guerres les suicides de veuves subissent une hausse beaucoup plus considérable que ceux de filles ou d'épouses. Mais c'est tout simplement qu'à ce moment la population des veuves s'accroît dans des proportions exceptionnelles ; il est donc naturel qu'elle produise plus de suicides et que cette élévation persiste jusqu'à ce que l'équilibre se soit rétabli et que les différentes catégories d'état civil soient revenues à leur niveau normal.

non des qualités congénitales des individus, mais des causes qui leur sont extérieures et qui les dominent !

Cependant, une dernière difficulté reste à résoudre. Si ce coefficient de 1,5, indépendant de la famille, est dû au mariage, d'où vient qu'il lui survit et se retrouve au moins sous une forme atténuée (1,2) chez le veuf sans enfants ? Si l'on rejette la théorie de la sélection matrimoniale qui rendait compte de cette survivance, comment la remplacer ?

Il suffit de supposer que les habitudes, les goûts, les tendances contractées pendant le mariage ne disparaissent pas une fois qu'il est dissous et rien n'est plus naturel que cette hypothèse. Si donc l'homme marié, alors même qu'il n'a pas d'enfants, éprouve pour le suicide un éloignement relatif, il est inévitable qu'il garde quelque chose de ce sentiment quand il se trouve veuf. Seulement, comme le veuvage ne va pas sans un certain ébranlement moral et que, comme nous le montrerons plus loin, toute rupture d'équilibre pousse au suicide, ces dispositions ne se maintiennent qu'affaiblies. Inversement, mais pour la même raison, puisque l'épouse stérile se tue plus que si elle était restée fille, elle conserve, une fois veuve, cette plus forte inclination, même un peu renforcée à cause du trouble et de la désadaptation qu'apporte toujours avec lui le veuvage. Seulement, comme les mauvais effets que le mariage avait pour elle lui rendent ce changement d'état plus facile, cette aggravation est très légère. Le coefficient s'abaisse seulement de quelques centièmes (0,60 au lieu de 0,67) (1).

---

(1) Quand il y a des enfants, la baisse que subissent les deux sexes par le fait du veuvage est presque la même. Le coefficient des maris avec enfants est de 2,9 ; il devient de 1,6. Celui des femmes, dans les mêmes conditions, passe de 1,89 à 1,06. La diminution est de 45 % pour les premiers, de 44 % pour les secondes. C'est que, comme nous l'avons déjà dit, le veuvage produit deux sortes d'effets ; il trouble : 1° la société conjugale ; 2° la société familiale. Le premier trouble est beaucoup moins senti par la femme que par l'homme, précisément parce qu'elle profite moins du mariage. Mais, en revanche, le second l'est davantage ; car il lui est souvent plus difficile de se substituer à l'époux dans la direction de la famille qu'à lui de la remplacer dans ses fonctions domestiques. Quand donc il y a des enfants, il se produit

Cette explication est confirmée par ce fait qu'elle n'est qu'un cas particulier d'une proposition plus générale qui peut se formuler ainsi : *Dans une même société, la tendance au suicide, à l'état de veuvage, est, pour chaque sexe, fonction de la tendance au suicide qu'a le même sexe à l'état de mariage.* Si l'époux est fortement préservé, le veuf l'est aussi, quoique, bien entendu, dans une moindre mesure ; si le premier n'est que faiblement détourné du suicide, le second ne l'est pas ou ne l'est que très peu. Pour s'assurer de l'exactitude de ce théorème, il suffit de se reporter aux tableaux XX et XXI et aux conclusions qui en ont été déduites. Nous y avons vu qu'un sexe est toujours plus favorisé que l'autre dans le mariage comme dans le veuvage. Or, celui des deux qui est privilégié par rapport à l'autre dans la première de ces conditions conserve son privilège dans la seconde. En France, les époux ont un plus fort coefficient de préservation que les épouses ; celui des veufs est également plus élevé que celui des veuves. A Oldenbourg, c'est l'inverse qui a lieu parmi les gens mariés : la femme jouit d'une immunité plus importante que l'homme. La même inversion se reproduit entre veufs et veuves.

Mais comme ces deux seuls cas pourraient justement passer pour une preuve insuffisante et que, d'autre part, les publications statistiques ne nous donnent pas les éléments nécessaires pour vérifier notre proposition dans d'autres pays, nous avons eu recours au procédé suivant afin d'étendre le champ de nos comparaisons : nous avons calculé séparément le taux des suicides, pour chaque groupe d'âge et d'état civil, dans le département de la Seine d'une part, dans le reste des départements réunis ensemble, de l'autre. Les deux groupes sociaux, ainsi isolés l'un de l'autre, sont assez différents pour qu'il y ait lieu de s'attendre à ce que la comparaison en soit instructive. Et en effet, la vie de famille y agit très différemment sur le suicide (v. tableau XXII).

---

une sorte de compensation qui fait que la tendance au suicide des deux sexes varie, par l'effet du veuvage, dans les mêmes proportions. Ainsi c'est surtout quand il n'y a pas d'enfants, que la femme veuve regagne une part du terrain qu'elle avait perdu à l'état de mariage.

Tableau XXII

Comparaison du taux des suicides par million d'habitants de chaque groupe d'âge et d'état civil dans la Seine et en province (1889-1891)

Ages	Hommes Célibataires	Époux	Veufs	Coeff. prés. Des époux	Coeff. prés. Des veufs	Femmes Célibataires	Épouses	Veuves	Coeff. prés. Des épouses	Coeff. prés. Des veuves
Province										
15-20	100	400		0,25		67	36	375	1,86	0,17
20-25	214	95	153	2,25	1,39	95	52	76	1,82	1,25
25-30	365	103	373	3,54	0,97	122	64	156	1,90	0,78
30-40	590	202	511	2,92	1,15	101	74	174	1,36	0,58
40-50	976	295	633	3,30	1,54	147	95	149	1,54	0,98
50-60	1 445	470	852	3,07	1,69	178	136	174	1,30	1,02
60-70	1 790	582	1 047	3,07	1,70	163	142	221	1,14	0,73
70-80	2 000	664	1 252	3,01	1,59	200	191	233	1,04	0,85
Au-delà	1 458	762	1 129	1,91	1,29	160	108	221	1,48	0,72
Moyennes des coefficients de préservation				2,88	1,45				1,49	0,78
Seine										
15-20	280	2 000		0,14		224				
20-25	487	128		3,80		196	64		3,06	
25-30	599	298	714	2,01	0,83	328	103	296	3,18	1,10
30-40	869	436	912	1,99	0,95	281	156	373	1,80	0,75
40-50	985	808	1 459	1,21	0,67	357	217	289	1,64	1,23
50-60	1 367	1 152	2 321	1,18	0,58	456	353	410	1,29	1,11
60-70	1 500	1 559	2 902	0,96	0,51	515	471	637	1,09	0,80
70-80	1 783	1 741	2 082	1,02	0,85	326	677	464	0,48	0,70
Au-delà	1 923	1 111	2 089	1,73	0,92	508	277	591	1,83	0,85
Moyennes des coefficients de préservation				1,56	0,75				1,79	0,93

Dans les départements, l'époux est beaucoup plus préservé que l'épouse. Le coefficient du premier ne descend que quatre fois au-dessous de 3 (1), tandis que celui de la femme n'atteint

---

(1) On peut voir sur le tableau XXII qu'à Paris, comme en province, le coefficient des époux au-dessous de 20 ans est au-dessous de l'unité ; c'est-à-

jamais 2 ; la moyenne est, dans un cas, de 2,88, dans l'autre, de 1,49. Dans la Seine, c'est l'inverse ; le coefficient est en moyenne pour les époux de 1,56 seulement, tandis qu'il est pour les épouses de 1,79 (1). Or on retrouve exactement la même inversion entre veufs et veuves. En province, le coefficient moyen des veufs est élevé (1,45), celui des veuves est bien inférieur (0,78). Dans la Seine, au contraire, c'est le second qui l'emporte, il s'élève à 0,93, tout près de l'unité, tandis que l'autre tombe à 0,75. *Ainsi, quel que soit le sexe favorisé, le veuvage suit régulièrement le mariage.*

Il y a plus, si l'on cherche selon quel rapport le coefficient des époux varie d'un groupe social à l'autre et si l'on fait ensuite la même recherche pour les veufs, on trouve les surprenants résultats qui suivent :

$$\frac{\text{Coefficient des époux de province}}{\text{Coefficient des époux de la Seine}} = \frac{2,88}{1,56} = 1,84$$

$$\frac{\text{Coefficient des veufs de province}}{\text{Coefficient des veufs de la Seine}} = \frac{1,45}{0,75} = 1,93$$

et pour les femmes :

$$\frac{\text{Coefficient des épouses de la Seine}}{\text{Coefficient des épouses de province}} = \frac{1,79}{1,49} = 1,20$$

$$\frac{\text{Coefficient des veuves de la Seine}}{\text{Coefficient des veuves de province}} = \frac{0,93}{0,78} = 1,19$$

Les rapports numériques sont, pour chaque sexe, égaux à quelques centièmes d'unité près ; pour les femmes, l'égalité est même presque absolue. Ainsi, non seulement quand le coefficient des époux s'élève ou s'abaisse, celui des veufs fait de même, mais encore il croît ou décroît exactement dans la même mesure. Ces relations peuvent même être exprimées sous une forme plus

---

dire qu'il y a pour eux aggravation. C'est une confirmation de la loi précédemment énoncée.

(1) On voit que, quand le sexe féminin est le plus favorisé par le mariage, la disproportion entre les sexes est bien moindre que quand c'est l'époux qui a l'avantage ; nouvelle confirmation d'une remarque faite plus haut.

démonstrative encore de la loi que nous avons énoncée. Elles impliquent, en effet, que, partout, quel que soit le sexe, le veuvage diminue l'immunité des époux suivant un rapport constant :

$$\frac{\text{Epoux de province}}{\text{Veufs de province}} = \frac{2,88}{1,45} = 1,98 \qquad \frac{\text{Epoux de la Seine}}{\text{Veufs de la Seine}} = \frac{1,56}{0,75} = 2,0$$

$$\frac{\text{Epouses de province}}{\text{Veuves de province}} = \frac{1,49}{0,78} = 1,91 \qquad \frac{\text{Epouses de la Seine}}{\text{Veuves de la Seine}} = \frac{1,79}{0,93} = 1,92$$

Le coefficient des veufs est environ la moitié de celui des époux. Il n'y a donc aucune exagération à dire que l'aptitude des veufs pour le suicide est fonction de l'aptitude correspondante des gens mariés ; en d'autres termes, la première est, en partie, une conséquence de la seconde. Mais alors, puisque le mariage, même en l'absence d'enfants, préserve le mari, il n'est pas surprenant que le veuf garde quelque chose de cette heureuse disposition.

En même temps qu'il résout la question que nous nous étions posée, ce résultat jette quelque lumière sur la nature du veuvage. Il nous apprend, en effet, que le veuvage n'est pas par lui-même une condition irrémédiablement mauvaise. Il arrive très souvent qu'il vaut mieux que le célibat. La vérité, c'est que la constitution morale des veufs et des veuves n'a rien de spécifique, mais dépend de celle des gens mariés du même sexe et dans le même pays. Elle n'en est que le prolongement. Dites-moi comment, dans une société donnée, le mariage et la vie de famille affectent hommes et femmes, je vous dirai ce qu'est le veuvage pour les uns et pour les autres. Il se trouve donc, par une heureuse compensation, que si, là où le mariage et la société domestique sont en bon état, la crise qu'ouvre le veuvage est plus douloureuse, on est mieux armé pour y faire face ; inversement, elle est moins grave quand la constitution matrimoniale et familiale laisse davantage à désirer, mais, en revanche, on est moins bien trempé pour y résister. Ainsi, dans les sociétés où l'homme profite de la famille plus que la femme, il souffre plus qu'elle quand il reste seul, mais, en même temps, il est mieux en état de supporter cette souffrance, parce que les salutaires influences qu'il a subies l'ont rendu plus réfractaire aux résolutions désespérées.

IV

Le tableau suivant résume les faits qui viennent d'être établis (1).

Influence de la famille sur le suicide dans chaque sexe

Hommes	Taux des suicides	Coefficient de préservation par rapport aux célibataires	Femmes	Taux des suicides	Coefficient de préservation par rapport aux célibataires
Célibataires de 45 ans.	975		Filles de 42 ans	150	
Epoux avec enfants ..	336	2,9	Epouses avec enfants .	79	1,89
— sans enfants ..	644	1,5	— sans enfants .	221	0,67
Célibataires de 60 ans.	1 504		Filles de 60 ans	196	
Veufs avec enfants ...	937	1,6	Veuves avec enfants .	186	1,06
— sans enfants....	1 258	1,2	— sans enfants ..	322	0,60

Il ressort de ce tableau et des remarques qui précèdent que le mariage a bien sur le suicide une action préservatrice qui lui est propre. Mais elle est très restreinte et, de plus, elle ne s'exerce qu'au profit d'un seul sexe. Quelque utile qu'il ait été

(1) M. BERTILLON (article cité de la *Revue scientifique*) avait déjà donné le taux des suicides pour les différentes catégories d'état civil suivant qu'il y avait des enfants ou non. Voici les résultats qu'il a trouvés (par million) :

Epoux	avec enfants.	205 suicides	Veufs	avec enfants	526
—	sans enfants.	478 —	—	sans enfants	1 004
Epouses	avec enfants.	45 —	Veuves	avec enfants	104
—	sans enfants.	158 —	—	sans enfants	238

Ces chiffres se rapportent aux années 1861-68. Etant donné l'accroissement général des suicides, ils confirment ceux que nous avons trouvés. Mais comme l'absence d'un tableau analogue à notre tableau XXI ne permettait pas

d'en établir l'existence — et on comprendra mieux cette utilité dans un prochain chapitre (1) — il reste que le facteur essentiel de l'immunité des gens mariés est la famille, c'est-à-dire le groupe complet formé par les parents et les enfants. Sans doute, comme les époux en sont membres, ils contribuent eux aussi, pour leur part, à produire ce résultat, seulement ce n'est pas comme mari ou comme femme, mais comme père ou comme mère, comme fonctionnaires de l'association familiale. Si la disparition de l'un d'eux accroît les chances que l'autre a de se tuer, ce n'est pas parce que les liens qui les unissaient personnellement l'un à l'autre sont rompus, mais parce qu'il en résulte un bouleversement de la famille dont le survivant subit le contre-coup. Nous réservant d'étudier plus loin l'action spéciale du mariage, nous dirons donc que la société domestique, tout comme la société religieuse, est un puissant préservatif contre le suicide.

Cette préservation est même d'autant plus complète que la famille est plus dense, c'est-à-dire comprend un plus grand nombre d'éléments.

Cette proposition a été déjà énoncée et démontrée par nous dans un article de la *Revue philosophique* paru en novembre 1888. Mais l'insuffisance des données statistiques qui étaient alors à notre disposition ne nous permit pas d'en faire la preuve avec toute la rigueur que nous eussions souhaitée. En effet, nous ignorions quel était l'effectif moyen des ménages de famille, tant dans la France en général que dans chaque département. Nous avions donc dû supposer que la densité familiale dépendait uniquement du nombre des enfants, et encore, ce nombre lui-même n'étant pas indiqué par le recensement, il nous fallut

---

de comparer époux et veufs aux célibataires du même âge, on n'en pouvait tirer aucune conclusion précise relativement aux coefficients de préservation. Nous nous demandons d'autre part s'ils se réfèrent au pays tout entier. On nous assure, en effet, au Bureau de la Statistique de France, que la distinction entre époux sans enfants et époux avec enfants n'a jamais été faite avant 1886 dans les dénombrements, sauf en 1855 pour les départements, moins la Seine.

(1) V. liv. II, chap. V, § 3.

l'estimer d'une manière indirecte en nous servant de ce qu'on appelle en démographie le croît physiologique, c'est-à-dire l'excédent annuel des naissances sur mille décès. Sans doute, cette substitution n'était pas irrationnelle, car, là où le croît est élevé, les familles, en général, ne peuvent guère manquer d'être denses. Cependant, la conséquence n'est pas nécessaire et, souvent, elle ne se produit pas. Là où les enfants ont l'habitude de quitter leurs parents tôt, soit pour émigrer, soit pour aller fonder des établissements à part, soit pour toute autre cause, la densité de la famille n'est pas en rapport avec leur nombre. En fait, la maison peut être déserte, quelque fécond qu'ait été le ménage. C'est ce qui arrive et dans les milieux cultivés, où l'enfant est envoyé très jeune au-dehors pour faire ou pour achever son éducation, et dans les régions misérables, où une dispersion prématurée est rendue nécessaire par les difficultés de l'existence. Inversement, malgré une natalité médiocre, la famille peut comprendre un nombre suffisant ou même élevé d'éléments, si les célibataires adultes ou même les enfants mariés continuent à vivre avec leurs parents et à former une seule et même société domestique. Pour toutes ces raisons, on ne peut mesurer avec quelque exactitude la densité relative des groupes familiaux que si l'on sait quelle en est la composition effective.

Le dénombrement de 1886, dont les résultats n'ont été publiés qu'à la fin de 1888, nous l'a fait connaître. Si donc, d'après les indications que nous y trouvons, on recherche quel rapport il y a, dans les différents départements français, entre le suicide et l'effectif moyen des familles, on trouve les résultats suivants :

	Suicides par million d'habitants (1878-1887)	Effectif moyen des ménages de famille pour 100 ménages (1886)
1er groupe (11 départements)	De 430 à 380	347
2e — (6 —)	De 300 à 240	360
3e — (15 —)	De 230 à 180	376
4e — (18 —)	De 170 à 130	393
5e — (26 —)	De 120 à 80	418
6e — (10 —)	De 70 à 30	434

A mesure que les suicides diminuent, la densité familiale s'accroît régulièrement.

Si, au lieu de comparer des moyennes, nous analysons le contenu de chaque groupe, nous ne trouvons rien qui ne confirme cette conclusion. En effet, pour la France entière, l'effectif moyen est de 39 personnes par 10 familles. Si donc, nous cherchons combien il y a de départements au-dessus ou au-dessous de la moyenne dans chacune de ces 6 classes, nous trouverons qu'elles sont ainsi composées :

	Dans chaque groupe combien de départements sont	
	Au-dessous de l'effectif moyen (en %)	Au-dessus de l'effectif moyen (en %)
1er groupe	100	0
2e —	84	16
3e —	60	30
4e —	33	63
5e —	19	81
6e —	0	100

Le groupe qui compte le plus de suicides ne comprend que des départements où l'effectif de la famille est au-dessous de la moyenne. Peu à peu, de la manière la plus régulière, le rapport se renverse jusqu'à ce que l'inversion devienne complète. Dans la dernière classe, où les suicides sont rares, tous les départements ont une densité familiale supérieure à la moyenne.

Les deux cartes (v. p. 211) ont, d'ailleurs, la même configuration générale. La région où les familles ont la moindre densité a sensiblement les mêmes limites que la zone suicidogène. Elle occupe, elle aussi, le Nord et l'Est et s'étend jusqu'à la Bretagne d'un côté, jusqu'à la Loire de l'autre. Au contraire, dans l'Ouest et dans le Sud, où les suicides sont peu nombreux, la famille a généralement un effectif élevé. Ce rapport se retrouve même dans certains détails. Dans la région septentrionale, on remarque deux départements qui se singularisent par leur

PLANCHE IV. — SUICIDES ET DENSITÉ FAMILIALE

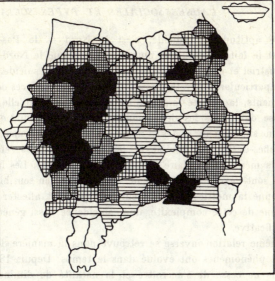

Suicides (1878-1887)

Proportion pour 100 000 habitants

1, De 31 à 48; **2**, De 24 à 30; **3**, De 18 à 23; **4**, De 13 à 17; **5**, De 8 à 12; **6**, De 3 à 7.

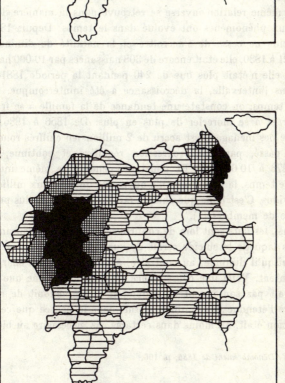

Densité moyenne des familles

Nombre de personnes pour 10 ménages

1, De 33 à 35; **2**, De 36 à 38; **3**, De 39 à 40; **4**, De 41 à 43; **5**, De 44 à 45; **6**, De 46 à 49.

Moyenne : 39.

médiocre aptitude au suicide, c'est le Nord et le Pas-de-Calais, et le fait est d'autant plus surprenant que le Nord est très industriel et que la grande industrie favorise le suicide. Or la même particularité se retrouve sur l'autre carte. Dans ces deux départements, la densité familiale est élevée, tandis qu'elle est très basse dans tous les départements voisins. Au sud, nous retrouvons sur les deux cartes la même tache sombre formée par les Bouches-du-Rhône, le Var et les Alpes-Maritimes, et, à l'ouest, la même tache claire formée par la Bretagne. Les irrégularités sont l'exception et elles ne sont jamais bien sensibles ; étant donné la multitude de facteurs qui peuvent affecter un phénomène de cette complexité, une coïncidence aussi générale est significative.

La même relation inverse se retrouve dans la manière dont ces deux phénomènes ont évolué dans le temps. Depuis 1826, le suicide ne cesse de s'accroître et la natalité de diminuer. De 1821 à 1830, elle était encore de 308 naissances par 10 000 habitants ; elle n'était plus que de 240 pendant la période 1881-88 et, dans l'intervalle, la décroissance a été ininterrompue. En même temps, on constate une tendance de la famille à se fragmenter et à se morceler de plus en plus. De 1856 à 1886, le nombre des ménages s'est accru de 2 millions en chiffres ronds ; il est passé, par une progression régulière et continue, de 8 796 276 à 10 662 423. Et pourtant, pendant le même intervalle de temps, la population n'a augmenté que de deux millions d'individus. C'est donc que chaque famille compte un plus petit nombre de membres (1).

Ainsi, les faits sont loin de confirmer la conception courante, d'après laquelle le suicide serait dû surtout aux charges de la vie, puisqu'il diminue, au contraire, à mesure que ces charges augmentent. Voilà une conséquence du malthusianisme que ne prévoyait pas son inventeur. Quand il recommandait de restreindre l'étendue des familles, c'était dans la pensée que cette restriction était, au moins dans certains cas, nécessaire au bien-

---

(1) V. *Dénombrement de 1886*, p. 106.

être général. Or, en réalité, c'est si bien une source de mal-être, qu'elle diminue chez l'homme le désir de vivre. Loin que les familles denses soient une sorte de luxe dont on peut se passer et que le riche seul doive s'offrir, c'est, au contraire, le pain quotidien sans lequel on ne peut subsister. Si pauvre qu'on soit, et même au seul point de vue de l'intérêt personnel, c'est le pire des placements que celui qui consiste à transformer en capitaux une partie de sa descendance.

Ce résultat concorde avec celui auquel nous étions précédemment arrivé. D'où vient, en effet, que la densité de la famille ait sur le suicide cette influence ? On ne saurait, pour répondre à la question, faire intervenir le facteur organique ; car si la stérilité absolue est surtout un produit de causes physiologiques, il n'en est pas de même de la fécondité insuffisante qui est le plus souvent volontaire et qui tient à un certain état de l'opinion. De plus, la densité familiale, telle que nous l'avons évaluée, ne dépend pas exclusivement de la natalité ; nous avons vu que, là où les enfants sont peu nombreux, d'autres éléments peuvent en tenir lieu et, inversement, que leur nombre peut rester sans effet s'ils ne participent pas effectivement et avec suite à la vie du groupe. Aussi n'est-ce pas davantage aux sentiments *sui generis* des parents pour leurs descendants immédiats qu'il faut attribuer cette vertu préservatrice. Du reste, ces sentiments eux-mêmes, pour être efficaces, supposent un certain état de la société domestique. Ils ne peuvent être puissants si la famille est désintégrée. C'est donc parce que la manière dont elle fonctionne varie suivant qu'elle est plus ou moins dense, que le nombre des éléments dont elle est composée affecte le penchant au suicide.

C'est que, en effet, la densité d'un groupe ne peut pas s'abaisser sans que sa vitalité diminue. Si les sentiments collectifs ont une énergie particulière, c'est que la force avec laquelle chaque conscience individuelle les éprouve retentit dans toutes les autres et réciproquement. L'intensité à laquelle ils atteignent dépend donc du nombre des consciences qui les ressentent en commun. Voilà pourquoi, plus une foule est grande, plus les passions qui s'y déchaînent sont susceptibles d'être violentes. Par conséquent, au sein d'une famille peu nombreuse, les sentiments, les souvenirs communs ne peuvent pas être très intenses ; car il n'y a pas assez de consciences pour se les représenter et les renforcer en les partageant. Il ne saurait s'y former de ces fortes traditions qui servent de liens entre les membres d'un même groupe, qui leur survivent même et rattachent les unes aux autres les générations successives. D'ailleurs, de petites familles sont nécessairement éphémères ; et, sans durée, il n'y a pas de société qui puisse être consistante. Non seulement les états collectifs y sont faibles, mais ils ne peuvent être nombreux ; car leur nombre dépend de l'activité avec laquelle les vues et les impressions s'échangent, circulent d'un sujet à l'autre, et, d'autre part, cet échange lui-même est d'autant plus rapide qu'il y a plus de gens pour y participer. Dans une société suffisamment dense, cette circulation est ininterrompue ; car il y a toujours des unités sociales en contact, tandis que, si elles sont rares, leurs relations ne peuvent être qu'intermittentes et il y a des moments où la vie commune est suspendue. De même, quand la famille est peu étendue, il y a toujours peu de parents ensemble ; la vie domestique est donc languissante et il y a des moments où le foyer est désert.

Mais dire d'un groupe qu'il a une moindre vie commune qu'un autre, c'est dire aussi qu'il est moins fortement intégré ; car l'état d'intégration d'un agrégat social ne fait que refléter l'intensité de la vie collective qui y circule. Il est d'autant plus un et d'autant plus résistant que le commerce entre ses membres est plus actif et plus continu. La conclusion à laquelle nous étions arrivé peut donc être complétée ainsi : de même que la famille est un puissant préservatif du suicide, elle en préserve d'autant mieux qu'elle est plus fortement constituée (1).

(1) Nous venons d'employer le mot de densité dans un sens un peu différent de celui que nous lui donnons d'ordinaire en sociologie. Généralement, nous définissons la densité d'un groupe en fonction, non du nombre absolu des individus associés (c'est plutôt ce que nous appelons le volume), mais du nombre des individus qui, à volume égal, sont effectivement en relations (v. *Règles de la Méth. sociol.*, p. 139). Mais dans le cas de la famille, la distinc-

V

Si les statistiques n'étaient pas aussi récentes, il serait facile de démontrer à l'aide de la même méthode que cette loi s'applique aux sociétés politiques. L'histoire nous apprend, en effet, que le suicide, qui est généralement rare dans les sociétés jeunes (1), en voie d'évolution et de concentration, se multiplie au contraire à mesure qu'elles se désintègrent. En Grèce, à Rome, il apparaît dès que la vieille organisation de la cité est ébranlée et les progrès qu'il y a faits marquent les étapes successives de la décadence. On signale le même fait dans l'Empire ottoman. En France, à la veille de la Révolution, le trouble dont était travaillée la société par suite de la décomposition de l'ancien système social se traduisit par une brusque poussée de suicides dont nous parlent les auteurs du temps (2).

Mais, en dehors de ces renseignements historiques, la statistique du suicide, quoiqu'elle ne remonte guère au-delà des soixante-dix dernières années, nous fournit de cette proposition quelques preuves qui ont sur les précédentes l'avantage d'une plus grande précision.

On a parfois écrit que les grandes commotions politiques mul-

---

tion entre le volume et la densité est sans intérêt, parce que, à cause des petites dimensions du groupe, tous les individus associés sont en relations effectives.

(1) Ne pas confondre les sociétés jeunes, appelées à un développement, avec les sociétés inférieures ; dans ces dernières, au contraire, les suicides sont très fréquents, comme on le verra au chapitre suivant.

(2) Voici ce qu'écrivait Helvétius en 1781 : « Le désordre des finances et le changement de la constitution de l'Etat répandirent une consternation générale. De nombreux suicides dans la capitale en sont la triste preuve. » Nous citons d'après Legoyt, p. 30. Mercier, dans son *Tableau de Paris* (1782), dit qu'en 25 ans le nombre des suicides a triplé à Paris.

tipliaient les suicides. Mais Morselli a bien montré que les faits contredisent cette opinion. Toutes les révolutions qui ont eu lieu en France au cours de ce siècle ont diminué le nombre des suicides au moment où elles se sont produites. En 1830, le total des cas tombe de 1 904, en 1829, à 1 756, soit une diminution brusque de près de 10 %. En 1848, la régression n'est pas moins importante ; le montant annuel passe de 3 647 à 3 301. Puis, pendant les années 1848-49, la crise qui vient d'agiter la France fait le tour de l'Europe ; partout, les suicides baissent, et la baisse est d'autant plus sensible que la crise a été plus grave et plus longue. C'est ce que montre le tableau suivant :

	Danemark	Prusse	Bavière	Saxe royale	Autriche
1847	345	1 852	217		611 (en 1846)
1848	305	1 649	215	398	
1849	337	1 527	189	328	452

En Allemagne, l'émotion a été beaucoup plus vive qu'en Danemark et la lutte plus longue même qu'en France où, sur-le-champ, un gouvernement nouveau se constitua ; aussi la diminution, dans les Etats allemands, se prolonge-t-elle jusqu'en 1849. Elle est, par rapport à cette dernière année, de 13 % en Bavière, de 18 % en Prusse ; en Saxe, en une seule année, de 1848 à 1849, elle est de 18 % également.

En 1851, le même phénomène ne se reproduit pas en France, non plus qu'en 1852. Les suicides restent stationnaires. Mais, à Paris, le coup d'Etat produit son effet accoutumé ; quoiqu'il ait été accompli en décembre, le chiffre des suicides tombe de 483 en 1851 à 446 en 1852 (— 8 %) et, en 1853, il reste encore à 463 (1). Ce fait tendrait à prouver que cette révolution gouvernementale a beaucoup plus ému Paris que la province, qu'elle semble avoir laissée presque indifférente.

(1) D'après Legoyt, p. 252.

D'ailleurs, d'une manière générale, l'influence de ces crises est toujours plus sensible dans la capitale que dans les départements. En 1830, à Paris, la décroissance a été de 13 % (269 cas au lieu de 307 l'année précédente et de 359 l'année suivante) ; en 1848, de 32 % (481 cas au lieu de 698) (1).

De simples crises électorales, pour peu qu'elles aient d'intensité, ont parfois le même résultat. C'est ainsi que, en France, le calendrier des suicides porte la trace visible du coup d'Etat parlementaire du 16 mai 1877 et de l'effervescence qui en est résultée, ainsi que des élections qui, en 1889, mirent fin à l'agitation boulangiste. Pour en avoir la preuve, il suffit de comparer la distribution mensuelle des suicides pendant ces deux années à celle des années les plus voisines.

	1876	1877	1878	1888	1889	1890
Mai	604	649	717	924	919	819
Juin	662	692	682	851	829	822
Juillet	625	*540*	693	825	818	888
Août	482	496	547	786	*694*	734
Septembre	394	378	512	673	*597*	720
Octobre	464	423	468	603	648	675
Novembre	400	413	415	589	618	571
Décembre	389	386	335	574	482	475

Pendant les premiers mois de 1877, les suicides sont supérieurs à ceux de 1876 (1 945 cas de janvier à avril au lieu de 1 784) et la hausse persiste en mai et en juin. C'est seulement à la fin de ce dernier mois que les Chambres sont dissoutes, la période électorale ouverte en fait, sinon en droit ; c'est même vraisemblablement le moment où les passions politiques furent le plus surexcitées, car elles durent se calmer un peu dans la suite par l'effet du temps et de la fatigue. Aussi, en juillet, les suicides, au lieu de continuer à dépasser ceux de l'année précédente, leur sont-ils inférieurs de 14 %. Sauf un léger arrêt en août, la baisse continue, quoique à un moindre degré,

(1) D'après MASARYCK, *Der Selbstmord*, p. 137.

jusqu'en octobre. C'est l'époque où la crise prend fin. Aussitôt qu'elle est terminée, le mouvement ascensionnel, un instant suspendu, recommence. En 1889, le phénomène est encore plus marqué. C'est au commencement d'août que la Chambre se sépare ; l'agitation électorale commence aussitôt et dure jusqu'à la fin de septembre ; c'est alors qu'eurent lieu les élections. Or, en août, il se produit, par rapport au mois correspondant de 1888, une brusque diminution de 12 %, qui se maintient en septembre, mais cesse non moins soudainement en octobre, c'est-à-dire dès que la lutte est close.

Les grandes guerres nationales ont la même influence que les troubles politiques. En 1866 éclate la guerre entre l'Autriche et l'Italie, les suicides diminuent de 14 % dans l'un et dans l'autre pays.

	1865	1866	1867
Italie..............	678	588	657
Autriche	1 464	1 265	1 407

En 1864, ç'avait été le tour du Danemark et de la Saxe. Dans ce dernier Etat, les suicides qui étaient à 643 en 1863, tombent à 545 en 1864 (— 16 %) pour revenir à 619 en 1865. Pour ce qui est du Danemark, comme nous n'avons pas le nombre des suicides en 1863, nous ne pouvons pas lui comparer celui de 1864 ; mais nous savons que le montant de cette dernière année (411) est le plus bas qui ait été atteint depuis 1852. Et comme en 1865 il s'élève à 451, il est bien probable que ce chiffre de 411 témoigne d'une baisse sérieuse.

La guerre de 1870-71 eut les mêmes conséquences en France et en Allemagne :

	1869	1870	1871	1872
Prusse	3 186	2 963	2 723	2 950
Saxe	710	657	653	687
France	5 114	4 157	4 490	5 275

On pourrait peut-être croire que cette diminution est due à ce que, en temps de guerre, une partie de la population civile est enrégimentée et que, dans une armée en campagne, il est bien difficile de tenir compte des suicides. Mais les femmes contribuent tout comme les hommes à cette diminution. En Italie, les suicides féminins passent de 130 en 1864 à 117 en 1866 ; en Saxe, de 133 en 1863 à 120 en 1864 et 114 en 1865 (— 15 %). Dans le même pays, en 1870, la chute n'est pas moins sensible ; de 130 en 1869, ils descendent à 114 en 1870 et restent à ce même niveau en 1871 ; la diminution est de 13 %, supérieure à celle que subissaient les suicides masculins au même moment. En Prusse, tandis que 616 femmes s'étaient tuées en 1869, il n'y en eut plus que 540 en 1871 (— 13 %). On sait, d'ailleurs, que les jeunes gens en état de porter les armes ne fournissent qu'un faible contingent au suicide. Six mois seulement de 1870 ont été pris par la guerre ; à cette époque et en temps de paix, un million de Français de 25 à 30 ans eussent donné tout au plus une centaine de suicides (1), tandis qu'entre 1870 et 1869 la différence en moins est de 1 057 cas.

On s'est aussi demandé si ce recul momentané en temps de crise ne viendrait pas de ce que, l'action de l'autorité administrative étant alors paralysée, la constatation des suicides se fait avec moins d'exactitude. Mais de nombreux faits démontrent que cette cause accidentelle ne suffit pas à rendre compte du phénomène. En premier lieu, il y a sa très grande généralité. Il se produit chez les vainqueurs comme chez les vaincus, chez les envahisseurs comme chez les envahis. De plus, quand la secousse a été très forte, les effets s'en font sentir même assez longtemps après qu'elle est passée. Les suicides ne se relèvent que lentement ; quelques années s'écoulent avant qu'ils ne soient revenus à leur point de départ ; il en est ainsi même dans des pays où, en temps normal, ils s'accroissent régulièrement chaque année. Quoique des omissions partielles soient, d'ailleurs, possibles et même probables à ces moments de perturbation, la diminution accusée par les statistiques a trop de constance pour qu'on puisse l'attribuer à une distrac-

---

(1) En effet, en 1889-91, le taux annuel, à cet âge, était seulement de 396 ; le taux semestriel de 200 environ. Or, de 1870 à 1890, le nombre des suicides à chaque âge a doublé.

tion passagère de l'administration comme à sa cause principale.

Mais la meilleure preuve que nous sommes en présence, non d'une erreur de comptabilité, mais d'un phénomène de psychologie sociale, c'est que toutes les crises politiques ou nationales n'ont pas cette influence. Celles-là seulement agissent qui excitent les passions. Déjà nous avons remarqué que nos révolutions ont toujours plus affecté les suicides de Paris que ceux des départements ; et cependant, la perturbation administrative était la même en province et dans la capitale. Seulement, ces sortes d'événements ont toujours beaucoup moins intéressé les provinciaux que les Parisiens dont ils étaient l'œuvre et qui y assistaient de plus près. De même, tandis que les grandes guerres nationales, comme celle de 1870-71, ont eu, tant en France qu'en Allemagne, une puissante action sur la marche des suicides, des guerres purement dynastiques comme celles de Crimée ou d'Italie, qui n'ont pas fortement ému les masses, sont restées sans effet appréciable. Même, en 1854, il se produisit une hausse importante (3 700 cas au lieu de 3 415 en 1853). On observe le même fait en Prusse lors des guerres de 1864 et de 1866. Les chiffres restent stationnaires en 1864 et montent un peu en 1866. C'est que ces guerres étaient dues tout entières à l'initiative des politiciens et n'avaient pas soulevé les passions populaires comme celle de 1870.

De ce même point de vue, il est intéressant de remarquer que, en Bavière, l'année 1870 n'a pas produit les mêmes effets que sur les autres pays de l'Allemagne, surtout de l'Allemagne du Nord. On y a compté plus de suicides en 1870 qu'en 1869 (452 au lieu de 425). C'est seulement en 1871 qu'une légère diminution se produit ; elle s'accentue un peu en 1872 où il n'y a plus que 412 cas, ce qui ne fait, d'ailleurs, qu'une baisse de 9 % par rapport à 1869 et de 4 % par rapport à 1870. Cependant, la Bavière a pris aux événements militaires la même part matérielle que la Prusse ; elle a également mobilisé toute son armée et il n'y a pas de raison pour que le désarroi administratif y ait été moindre. Seulement, elle n'a pas pris aux événements la même part morale. On sait, en effet, que la catholique Bavière est, de toute l'Allemagne, le pays qui a toujours le plus vécu de sa vie propre et s'est montré le plus jaloux de son autonomie. Il a participé à la guerre par la volonté de son roi, mais sans entrain. Il a donc résisté beaucoup plus que les autres peuples alliés au grand mouvement social qui agitait alors l'Allemagne ; c'est pourquoi le contrecoup ne s'y est fait sentir que plus tard et plus faiblement. L'enthousiasme ne vint qu'après et il fut modéré. Il fallut le vent de gloire qui s'éleva sur l'Allemagne au lendemain des succès de 1870 pour échauffer un peu la Bavière, jusque-là froide et récalcitrante (1).

De ce fait, on peut rapprocher le suivant qui a la même signification. En France, pendant les années 1870-71, c'est seulement dans les villes que le suicide a diminué :

| | Suicides pour un million d'habitants de la ||
	Population urbaine	Population rurale
1866-69	202	104
1870-72	161	110

Les constatations devaient pourtant être encore plus difficiles dans les campagnes que dans les villes. La vraie raison de cette différence est donc ailleurs. C'est que la guerre n'a produit toute son action morale que sur la population urbaine, plus sensible, plus impressionnable, et, aussi, mieux au courant des événements que la population rurale.

(1) Et encore n'est-il pas bien sûr que cette diminution de 1872 ait eu pour cause les événements de 1870. En effet, en dehors de la Prusse, la dépression des suicides ne s'est guère fait sentir au-delà de la période même de la guerre. En Saxe, la baisse de 1870, qui n'est, d'ailleurs, que de 8 %, ne s'accentue pas en 1871 et cesse en 1872 presque complètement. Dans le duché de Bade la diminution est limitée à 1870 ; 1871, avec 244 cas, dépasse 1869 de 10 %. Il semble donc que la Prusse ait été seule atteinte d'une sorte d'euphorie collective au lendemain de la victoire. Les autres Etats furent moins sensibles au gain de gloire et de puissance qui résulta de la guerre et, une fois la grande angoisse nationale passée, les passions sociales rentrèrent dans le repos.

Ces faits ne comportent donc qu'une explication. C'est que les grandes commotions sociales comme les grandes guerres populaires avivent les sentiments collectifs, stimulent l'esprit de parti comme le patriotisme, la foi politique comme la foi nationale et, concentrant les activités vers un même but, déterminent, au moins pour un temps, une intégration plus forte de la société. Ce n'est pas à la crise qu'est due la salutaire influence dont nous venons d'établir l'existence, mais aux luttes dont cette crise est la cause. Comme elles obligent les hommes à se rapprocher pour faire face au danger commun, l'individu pense moins à soi et davantage à la chose commune. On comprend, d'ailleurs, que cette intégration puisse n'être pas purement momentanée, mais survive parfois aux causes qui l'ont immédiatement suscitée, surtout quand elle est intense.

VI

Nous avons donc établi successivement les trois propositions suivantes :

Le suicide varie en raison inverse du degré d'intégration de la société religieuse.
—   —   — *domestique.*
—   —   — *politique.*

Ce rapprochement démontre que, si ces différentes sociétés ont sur le suicide une influence modératrice, ce n'est pas par suite de caractères particuliers à chacune d'elles, mais en vertu d'une cause qui leur est commune à toutes. Ce n'est pas à la nature spéciale des sentiments religieux que la religion doit son efficacité, puisque les sociétés domestiques et les sociétés politiques, quand elles sont fortement intégrées, produisent les mêmes effets ; c'est, d'ailleurs, ce que nous avons déjà prouvé en étudiant directement la manière dont les différentes religions agissent sur le suicide (1). Inversement, ce

---

(1) V. plus haut, p. 172.

n'est pas ce qu'ont de spécifique le lien domestique ou le lien politique qui peut expliquer l'immunité qu'ils confèrent ; car la société religieuse a le même privilège. La cause ne peut s'en trouver que dans une même propriété que tous ces groupes sociaux possèdent, quoique, peut-être, à des degrés différents. Or, la seule qui satisfasse à cette condition, c'est qu'ils sont tous des groupes sociaux, fortement intégrés. Nous arrivons donc à cette conclusion générale : Le suicide varie en raison inverse du degré d'intégration des groupes sociaux dont fait partie l'individu.

Mais la société ne peut se désintégrer sans que, dans la même mesure, l'individu ne soit dégagé de la vie sociale, sans que ses fins propres ne deviennent prépondérantes sur les fins communes, sans que sa personnalité, en un mot, ne tende à se mettre au-dessus de la personnalité collective. Plus les groupes auxquels il appartient sont affaiblis, moins il en dépend, plus, par suite, il ne relève que de lui-même pour ne reconnaître d'autres règles de conduite que celles qui sont fondées dans ses intérêts privés. Si donc on convient d'appeler égoïsme cet état où le moi individuel s'affirme avec excès en face du moi social et aux dépens de ce dernier, nous pourrons donner le nom d'égoïste au type particulier de suicide qui résulte d'une individuation démesurée.

Mais comment le suicide peut-il avoir une telle origine ?

Tout d'abord, on pourrait faire remarquer que, la force collective étant un des obstacles qui peuvent le mieux le contenir, elle ne peut s'affaiblir sans qu'il se développe. Quand la société est fortement intégrée, elle tient les individus sous sa dépendance, considère qu'ils sont à son service et, par conséquent, ne leur permet pas de disposer d'eux-mêmes à leur fantaisie. Elle s'oppose donc à ce qu'ils se dérobent par la mort aux devoirs qu'ils ont envers elle. Mais, quand ils refusent d'accepter comme légitime cette subordination, comment pourrait-elle imposer sa suprématie ? Elle n'a plus alors l'autorité nécessaire pour les retenir à leur poste, s'ils veulent le déserter, et, consciente de sa faiblesse, elle va jusqu'à leur reconnaître le droit de faire librement ce qu'elle ne peut plus empêcher. Dans la mesure où il est admis qu'ils sont les maîtres de leurs destinées, il leur appartient d'en marquer le terme. De leur côté, une raison leur manque pour supporter avec patience les misères de l'existence. Car, quand ils sont solidaires d'un groupe qu'ils aiment, pour ne pas manquer à des intérêts devant lesquels ils sont habitués à incliner les leurs, ils mettent à vivre plus d'obstination. Le lien qui les attache à leur cause commune les rattache à la vie et, d'ailleurs, le but élevé sur lequel ils ont les yeux fixés les empêche de sentir aussi vivement les contrariétés privées. Enfin, dans une société cohérente et vivace, il y a de tous à chacun et de chacun à tous un continuel échange d'idées et de sentiments et comme une mutuelle assistance morale, qui fait que l'individu, au lieu d'être réduit à ses seules forces, participe à l'énergie collective et vient y réconforter la sienne quand elle est à bout.

Mais ces raisons ne sont que secondaires. L'individualisme excessif n'a pas seulement pour résultat de favoriser l'action des causes suicidogènes, il est, par lui-même, une cause de ce genre. Non seulement il débarrasse d'un obstacle utilement gênant le penchant qui pousse les hommes à se tuer, mais il crée ce penchant de toutes pièces et donne ainsi naissance à un suicide spécial qu'il marque de son empreinte. C'est ce qu'il importe de bien comprendre, car c'est cela qui fait la nature propre du type de suicide qui vient d'être distingué et c'est par là que se justifie le nom que nous lui avons donné. Qu'y a-t-il donc dans l'individualisme qui puisse expliquer ce résultat ?

On a dit quelquefois que, en vertu de sa constitution psychologique, l'homme ne peut vivre s'il ne s'attache à un objet qui le dépasse et qui lui survive, et on a donné pour raison de cette nécessité un besoin que nous aurions de ne pas périr tout entiers. La vie, dit-on, n'est tolérable que si on lui aperçoit quelque raison d'être, que si elle a un but et qui en vaille la peine. Or l'individu, à lui seul, n'est pas une fin suffisante pour son activité. Il est trop peu de chose. Il n'est pas seulement borné dans l'espace, il est étroitement limité dans le temps.

Quand donc nous n'avons pas d'autre objectif que nous-mêmes, nous ne pouvons pas échapper à cette idée que nos efforts sont finalement destinés à se perdre dans le néant, puisque nous y devons rentrer. Mais l'anéantissement nous fait horreur. Dans ces conditions, on ne saurait avoir de courage à vivre, c'est-à-dire à agir et à lutter, puisque, de toute cette peine qu'on se donne, il ne doit rien rester. En un mot, l'état d'égoïsme serait en contradiction avec la nature humaine, et, par suite, trop précaire pour avoir des chances de durer.

Mais, sous cette forme absolue, la proposition est très contestable. Si, vraiment, l'idée que notre être doit finir nous était tellement odieuse, nous ne pourrions consentir à vivre qu'à condition de nous aveugler nous-mêmes et de parti pris sur la valeur de la vie. Car s'il est possible de nous masquer, dans une certaine mesure, la vue du néant, nous ne pouvons pas l'empêcher d'être ; quoi que nous fassions, il est inévitable. Nous pouvons bien reculer la limite de quelques générations, faire en sorte que notre nom dure quelques années ou quelques siècles de plus que notre corps ; un moment vient toujours, très tôt pour le commun des hommes, où il n'en restera plus rien. Car les groupes auxquels nous nous attachons ainsi afin de pouvoir, par leur intermédiaire, prolonger notre existence, sont eux-mêmes mortels ; ils sont, eux aussi, destinés à se dissoudre, emportant avec eux tout ce que nous y aurons mis de nous-mêmes. Ils sont infiniment rares ceux dont le souvenir est assez étroitement lié à l'histoire même de l'humanité pour être assuré de durer autant qu'elle. Si donc nous avions réellement une telle soif d'immortalité, ce ne sont pas des perspectives aussi courtes qui pourraient jamais servir à l'apaiser. D'ailleurs, qu'est-ce qui subsiste ainsi de nous ? Un mot, un son, une trace imperceptible et, le plus souvent, anonyme (1), rien, par conséquent

---

(1) Nous ne parlons pas du prolongement idéal d'existence qu'apporte avec elle la croyance à l'immortalité de l'âme, car : 1° ce n'est pas là ce qui peut expliquer pourquoi la famille ou l'attachement à la société politique nous préservent du suicide ; 2° ce n'est même pas cette croyance qui fait l'influence prophylactique de la religion ; nous l'avons montré plus haut.

qui soit en rapport avec l'intensité de nos efforts et qui puisse les justifier à nos yeux. En fait, quoique l'enfant soit naturellement égoïste, qu'il n'éprouve pas le moindre besoin de se survivre, et que le vieillard, à cet égard comme à tant d'autres, soit très souvent un enfant, l'un et l'autre ne laissent pas de tenir à l'existence autant et même plus que l'adulte ; nous avons vu, en effet, que le suicide est très rare pendant les quinze premières années et qu'il tend à décroître pendant l'extrême période de la vie. Il en est de même de l'animal dont la constitution psychologique ne diffère pourtant qu'en degrés de celle de l'homme. Il est donc faux que la vie ne soit jamais possible qu'à condition d'avoir en dehors d'elle-même sa raison d'être.

Et en effet, il y a tout un ordre de fonctions qui n'intéressent que l'individu ; ce sont celles qui sont nécessaires à l'entretien de la vie physique. Puisqu'elles sont faites uniquement pour ce but, elles sont tout ce qu'elles doivent être quand il est atteint. Par conséquent, dans tout ce qui les concerne, l'homme peut agir raisonnablement sans avoir à se proposer de fins qui le dépassent. Elles servent à quelque chose par cela seul qu'elles lui servent. C'est pourquoi, dans la mesure où il n'a pas d'autres besoins, il se suffit à lui-même et peut vivre heureux sans avoir d'autre objectif que de vivre. Seulement, ce n'est pas le cas du civilisé qui est parvenu à l'âge adulte. Chez lui, il y a une multitude d'idées, de sentiments, de pratiques qui sont sans aucun rapport avec les nécessités organiques. L'art, la morale, la religion, la foi politique, la science elle-même, n'ont pas pour rôle de réparer l'usure des organes ni d'en entretenir le bon fonctionnement. Ce n'est pas sur les sollicitations du milieu cosmique que toute cette vie supra-physique s'est éveillée et développée, mais sur celle du milieu social. C'est l'action de la société qui a suscité en nous ces sentiments de sympathie et de solidarité qui nous inclinent vers autrui ; c'est elle qui, nous façonnant à son image, nous a pénétrés de ces croyances religieuses, politiques, morales qui gouvernent notre conduite ; c'est pour pouvoir jouer notre rôle social que nous avons travaillé à étendre notre intelligence et c'est encore la société qui, en nous transmettant la science dont elle a le dépôt, nous a fourni les instruments de ce développement.

Par cela même que ces formes supérieures de l'activité humaine ont une origine collective, elles ont une fin de même nature. Comme c'est de la société qu'elles dérivent, c'est à elle aussi qu'elles se rapportent ; ou plutôt elles sont la société elle-même incarnée et individualisée en chacun de nous. Mais alors, pour qu'elles aient une raison d'être à nos yeux, il faut que l'objet qu'elles visent ne nous soit pas indifférent. Nous ne pouvons donc tenir aux unes que dans la mesure où nous tenons à l'autre, c'est-à-dire à la société. Au contraire, plus nous nous sentons détachés de cette dernière, plus aussi nous nous détachons de cette vie dont elle est à la fois la source et le but. Pourquoi ces règles de la morale, ces préceptes du droit qui nous astreignent à toutes sortes de sacrifices, ces dogmes qui nous gênent, s'il n'y a pas en dehors de nous quelque être à qui ils servent et dont nous soyons solidaires ? Pourquoi la science elle-même ? Si elle n'a pas d'autre utilité que d'accroître nos chances de survie, elle ne vaut pas la peine qu'elle coûte. L'instinct s'acquitte mieux encore de ce rôle ; les animaux en sont la preuve. Qu'était-il donc besoin de lui substituer une réflexion plus hésitante et plus sujette à l'erreur ? Mais pourquoi surtout la souffrance ? Mal positif pour l'individu, si c'est par rapport à lui seul que doit s'estimer la valeur des choses, elle est sans compensation et devient inintelligible. Pour le fidèle fermement attaché à sa foi, pour l'homme fortement engagé dans les liens d'une société familiale ou politique, le problème n'existe pas. D'eux-mêmes et sans réfléchir, ils rapportent ce qu'ils sont et ce qu'ils font, l'un à son Eglise ou à son Dieu, symbole vivant de cette même Eglise, l'autre à sa famille, l'autre à sa patrie ou à son parti. Dans leurs souffrances mêmes, ils ne voient que des moyens de servir à la glorification du groupe auquel ils appartiennent et ils lui en font hommage. C'est ainsi que le chrétien en arrive à aimer et à rechercher la douleur pour mieux témoigner de son mépris de la chair et se rapprocher davantage de son divin modèle. Mais, dans la mesure où le croyant doute, c'est-à-dire se sent moins solidaire de la confession religieuse dont il fait partie et s'en émancipe, dans la mesure où famille et cité deviennent étrangères à l'individu, il devient pour lui-même un mystère, et alors il ne peut échapper à l'irritante et angoissante question : à quoi bon ?

En d'autres termes, si, comme on l'a dit souvent, l'homme est double, c'est qu'à l'homme physique se surajoute l'homme social. Or ce dernier suppose nécessairement une société qu'il exprime et qu'il serve. Qu'elle vienne, au contraire, à se désagréger, que nous ne la sentions plus vivante et agissante autour et au-dessus de nous, et ce qu'il y a de social en nous se trouve dépourvu de tout fondement objectif. Ce n'est plus qu'une combinaison artificielle d'images illusoires, une fantasmagorie qu'un peu de réflexion suffit à faire évanouir ; rien, par conséquent, qui puisse servir de fin à nos actes. Et pourtant cet homme social est le tout de l'homme civilisé ; c'est lui qui fait le prix de l'existence. Il en résulte que les raisons de vivre nous manquent ; car la seule vie à laquelle nous puissions tenir ne répond plus à rien dans la réalité, et la seule qui soit encore fondée dans le réel ne répond plus à nos besoins. Parce que nous avons été initiés à une existence plus relevée, celle dont se contentent l'enfant et l'animal ne peut plus nous satisfaire et voilà que la première elle-même nous échappe et nous laisse désemparés. Il n'y a donc plus rien à quoi puissent se prendre nos efforts et nous avons la sensation qu'ils se perdent dans le vide. Voilà en quel sens il est vrai de dire qu'il faut à notre activité un objet qui la dépasse. Ce n'est pas qu'il nous soit nécessaire pour nous entretenir dans l'illusion d'une immortalité impossible ; c'est qu'il est impliqué dans notre constitution morale et qu'il ne peut se dérober, même en partie, sans que, dans la même mesure, elle perde ses raisons d'être. Il n'est pas besoin de montrer que, dans un tel état d'ébranlement, les moindres causes de découragement peuvent aisément donner naissance aux résolutions désespérées. Si la vie ne vaut pas la peine qu'on la vive, tout devient prétexte à s'en débarrasser.

Mais ce n'est pas tout. Ce détachement ne se produit pas seulement chez les individus isolés. Un des éléments constitutifs de tout tempérament national consiste dans une certaine façon d'estimer la valeur de l'existence. Il y a une humeur collective, comme il y a une humeur individuelle, qui incline les peuples à la tristesse ou à la gaieté, qui leur fait voir les choses sous des couleurs riantes ou sombres. Même, la société est seule en état de porter sur ce que vaut la vie humaine un jugement d'ensemble pour lequel l'individu n'est pas compétent. Car il ne connaît que lui-même et son petit horizon ; son expérience est donc trop restreinte pour pouvoir servir de base à une appréciation générale. Il peut bien juger que sa vie n'a pas de but ; il ne peut rien dire qui s'applique aux autres. La société, au contraire, peut, sans sophisme, généraliser le sentiment qu'elle a d'elle-même, de son état de santé et de maladie. Car les individus participent trop étroitement à sa vie pour qu'elle puisse être malade sans qu'ils soient atteints. Sa souffrance devient nécessairement leur souffrance. Parce qu'elle est le tout, le mal qu'elle ressent se communique aux parties dont elle est faite. Mais alors, elle ne peut se désintégrer sans avoir conscience que les conditions régulières de la vie générale sont troublées dans la même mesure. Parce qu'elle est la fin à laquelle est suspendue la meilleure partie de nous-mêmes, elle ne peut pas sentir que nous lui échappons sans se rendre compte en même temps que notre activité reste sans but. Puisque nous sommes son œuvre, elle ne peut pas avoir le sentiment de sa déchéance sans éprouver que, désormais, cette œuvre ne sert plus à rien. Ainsi se forment des courants de dépression et de désenchantement qui n'émanent d'aucun individu en particulier, mais qui expriment l'état de désagrégation où se trouve la société. Ce qu'ils traduisent, c'est le relâchement des liens sociaux, c'est une sorte d'asthénie collective, de malaise social comme la tristesse individuelle, quand elle est chronique, traduit à sa façon le mauvais état organique de l'individu. Alors apparaissent ces systèmes métaphysiques et religieux qui, réduisant en formules ces sentiments obscurs, entreprennent de démontrer aux hommes que la vie n'a pas de sens et que c'est se tromper soi-même que de lui en attribuer. Alors se constituent des morales nouvelles qui, érigeant le fait en droit, recommandent le suicide ou, tout au moins y acheminent, en recommandant de vivre le moins possible. Au moment où elles se produisent, il semble qu'elles aient été inventées de toutes pièces par leurs auteurs et on s'en prend parfois à ces derniers du découragement qu'ils prêchent. En réalité, elles sont un effet plutôt qu'une cause ; elles ne font que symboliser, en un langage abstrait et sous une forme systématique, la misère physiologique du corps social (1). Et comme ces courants sont collectifs, ils ont, par suite de cette origine, une autorité qui fait qu'ils s'imposent à l'individu et le poussent avec plus de force encore dans le sens où l'incline déjà l'état de désemparement moral qu'a suscité directement en lui la désintégration de la société. Ainsi, au moment même où il s'affranchit avec excès du milieu social, il en subit encore l'influence. Si individualisé que chacun soit, il y a toujours quelque chose qui reste collectif, c'est la dépression et la mélancolie qui résultent de cette individuation exagérée. On communie dans la tristesse, quand on n'a plus rien d'autre à mettre en commun.

Ce type de suicide mérite donc bien le nom que nous lui avons donné. L'égoïsme n'en est pas un facteur simplement auxiliaire ; c'en est la cause génératrice. Si, dans ce cas, le lien qui rattache l'homme à la vie se relâche, c'est que le lien qui le rattache à la société s'est lui-même détendu. Quant aux incidents de l'existence privée, qui paraissent inspirer immédiatement le suicide et qui passent pour en être les conditions déterminantes, ce ne sont en réalité que des causes occasionnelles. Si l'individu cède au moindre choc des circonstances, c'est que l'état où se trouve la société en a fait une proie toute prête pour le suicide.

Plusieurs faits confirment cette explication. Nous savons que le suicide est exceptionnel chez l'enfant et qu'il diminue chez le vieillard parvenu aux dernières limites de la vie ; c'est que, chez l'un et chez l'autre, l'homme physique tend à redevenir

---

(1) Et voilà pourquoi il est injuste d'accuser ces théoriciens de la tristesse de généraliser des impressions personnelles. Ils sont l'écho d'un état général.

tout l'homme. La société est encore absente du premier qu'elle n'a pas eu le temps de former à son image ; elle commence à se retirer du second ou, ce qui revient au même, il se retire d'elle. Par suite, ils se suffisent davantage. Ayant moins besoin de se compléter par autre chose qu'eux-mêmes, ils sont aussi moins exposés à manquer de ce qui est nécessaire pour vivre. L'immunité de l'animal n'a pas d'autres causes. De même, nous verrons dans le prochain chapitre que, si les sociétés inférieures pratiquent un suicide qui leur est propre, celui dont nous venons de parler est plus ou moins complètement ignoré d'elles. C'est que, la vie sociale y étant très simple, les penchants sociaux des individus ont le même caractère et, par conséquent, il leur faut peu de chose pour être satisfaits. Ils trouvent aisément au-dehors un objectif auquel il puissent s'attacher. Partout où il va, le primitif, s'il peut emporter avec lui ses dieux et sa famille, a tout ce que réclame sa nature sociale.

Voilà enfin pourquoi il se fait que la femme peut, plus facilement que l'homme, vivre isolée. Quand on voit la veuve supporter sa condition beaucoup mieux que le veuf et rechercher le mariage avec une moindre passion, on est porté à croire que cette aptitude à se passer de la famille est une marque de supériorité ; on dit que les facultés affectives de la femme, étant très intenses, trouvent aisément leur emploi en dehors du cercle domestique, tandis que son dévouement nous est indispensable pour nous aider à supporter la vie. En réalité, si elle a ce privilège, c'est que sa sensibilité est plutôt rudimentaire que très développée. Comme elle vit plus que l'homme en dehors de la vie commune, la vie commune la pénètre moins : la société lui est moins nécessaire parce qu'elle est moins imprégnée de sociabilité. Elle n'a que peu de besoins qui soient tournés de ce côté, et elle les contente à peu de frais. Avec quelques pratiques de dévotion, quelques animaux à soigner, la vieille fille a sa vie remplie. Si elle reste si fidèlement attachée aux traditions religieuses et si, par suite, elle y trouve contre le suicide un utile abri, c'est que ces formes sociales très simples suffisent à toutes ses exigences. L'homme, au contraire, y est maintenant à l'étroit. Sa pensée et son activité, à mesure qu'elles se développent, débordent de plus en plus ces cadres archaïques. Mais alors, il lui en faut d'autres. Parce qu'il est un être social plus complexe, il ne peut se maintenir en équilibre que s'il trouve au-dehors plus de points d'appui, et c'est parce que son assiette morale dépend de plus de conditions qu'elle se trouble aussi plus facilement.

Chapitre IV

LE SUICIDE ALTRUISTE [1]

Dans l'ordre de la vie, rien n'est bon sans mesure. Un caractère biologique ne peut remplir les fins auxquelles il doit servir qu'à condition de ne pas dépasser certaines limites. Il en est ainsi des phénomènes sociaux. Si, comme nous venons de le voir, une individuation excessive conduit au suicide, une individuation insuffisante produit les mêmes effets. Quand l'homme est détaché de la société, il se tue facilement, il se tue aussi quand il y est trop fortement intégré.

I

On a dit quelquefois [2] que le suicide était inconnu des sociétés inférieures. En ces termes, l'assertion est inexacte. Il est vrai que le suicide égoïste, tel que nous venons de le constituer, ne

[1] *Bibliographie*. — Steinmetz, Suicide among primitive Peoples, in *American Anthropologist*, janvier 1894. — Waitz, *Anthropologie der Naturvoelker*, passim. — Suicides dans les armées, in *Journal de la société de statistique*, 1874, p. 250. — Millar, Statistic of military suicide, in *Journal of the statistical society*, Londres, juin 1874. — Mesnier, *Du suicide dans l'armée*, Paris, 1881. — Bournet, *Criminalité en France et en Italie*, p. 83 et suiv. — Roth, Die Selbstmorde in der K. u. K. Armee, in den Iahren 1873-80, in *Statistische Monatschrift*, 1892. — Rosenfeld, Die Selbstmorde in der Preussischen Armee, in *Militarwochenblatt*, 1894, 3es Beiheft. — Du même, Der Selbstmord in der K. u. K. oest erreischischen Heere, in *Deutsche Worte*, 1893. — Antony, Suicide dans l'armée allemande, in *Arch. de méd. et de phar. militaire*, Paris, 1895.

[2] Oettingen, *Moralstatistik*, p. 762.

paraît pas y être fréquent. Mais il en est un autre qui s'y trouve à l'état endémique.

Bartholin, dans son livre *De causis contemptae mortis a Danis*, rapporte que les guerriers danois regardaient comme une honte de mourir dans leur lit, de vieillesse ou de maladie, et se suicidaient pour échapper à cette ignominie. Les Goths croyaient de même que ceux qui meurent de mort naturelle sont destinés à croupir éternellement dans des antres remplis d'animaux venimeux (1). Sur les limites des terres des Wisigoths, il y avait un rocher élevé, dit *La Roche des Aïeux*, du haut duquel les vieillards se précipitaient quand ils étaient las de la vie. On retrouve la même coutume chez les Thraces, les Hérules, etc. Silvius Italicus dit des Celtes espagnols : « C'est une nation prodigue de son sang et très portée à hâter la mort. Dès que le Celte a franchi les années de la force florissante, il supporte impatiemment le cours du temps et dédaigne de connaître la vieillesse ; le terme de son destin est dans sa main (2). » Aussi assignaient-ils un séjour de délices à ceux qui se donnaient la mort et un souterrain affreux à ceux qui mouraient de maladie ou de décrépitude. Le même usage s'est longtemps maintenu dans l'Inde. Peut-être cette complaisance pour le suicide n'était-elle pas dans les Védas, mais elle était certainement très ancienne. A propos du suicide du brahmane Calanus, Plutarque dit : « Il se sacrifia lui-même ainsi que le portait la coutume des sages du pays (3) » ; et Quinte-Curce : « Il existe parmi eux une espèce d'hommes sauvages et grossiers auxquels on donne le nom de sages. A leurs yeux, c'est une gloire de prévenir le jour de la mort, et ils se font brûler vivants dès que la longueur de l'âge ou de la maladie commence à les tourmenter. La mort, quand on l'attend, est, selon eux, le déshonneur de la vie ; aussi ne rendent-ils aucun honneur aux corps qu'a détruits la vieillesse. Le feu serait souillé s'il ne recevait l'homme res-

---

(1) Cité d'après Brierre de Boismont, p. 23.
(2) *Punica*, I, 225 et suiv.
(3) *Vie d'Alexandre*, CXIII.

pirant encore (1). » Des faits semblables sont signalés à Fidji (2), aux Nouvelles-Hébrides, à Manga, etc. (3). A Céos, les hommes qui avaient dépassé un certain âge se réunissaient en un festin solennel où, la tête couronnée de fleurs, ils buvaient joyeusement la ciguë (4). Mêmes pratiques chez les Troglodytes (5) et chez les Sères, renommés pourtant pour leur moralité (6).

En dehors des vieillards, on sait que, chez ces mêmes peuples, les veuves sont souvent tenues de se tuer à la mort de leurs maris. Cette pratique barbare est tellement invétérée dans les mœurs indoues qu'elle persiste malgré les efforts des Anglais. En 1817, 706 veuves se suicidèrent dans la seule province de Bengale et, en 1821, on en compta 2 366 dans l'Inde entière. Ailleurs, quand un prince ou un chef meurt, ses serviteurs sont obligés de ne pas lui survivre. C'était le cas en Gaule. Les funérailles des chefs, dit Henri Martin, étaient de sanglantes hécatombes, on y brûlait solennellement leurs habits, leurs armes, leurs chevaux, leurs esclaves favoris, auxquels se joignaient les dévoués qui n'étaient pas morts au dernier combat (7). Jamais un dévoué ne devait survivre à son chef. Chez les Achantis, à la mort du roi, c'est une obligation pour ses officiers de mourir (8). Des observateurs ont rencontré le même usage à Hawaï (9).

Le suicide est donc certainement très fréquent chez les peuples primitifs. Mais il y présente des caractères très particuliers. Tous les faits qui viennent d'être rapportés rentrent, en effet, dans l'une des trois catégories suivantes :

1º Suicides d'hommes arrivés au seuil de la vieillesse ou atteints de maladie.

2º Suicides de femmes à la mort de leur mari.

(1) VIII, 9.
(2) V. WYATT GILL, *Myths and songs of the South Pacific*, p. 163.
(3) FRAZER, *Golden Bough*, t. I, p. 216 et suiv.
(4) STRABON, § 486. — ELIEN, V. H. 337.
(5) DIODORE DE SICILE, III, 33, §§ 5 et 6.
(6) POMPONIUS MELA, III, 7.
(7) *Histoire de France*, I, 81. Cf. CÉSAR, *De Bello Gallico*, VI, 19.
(8) V. SPENCER, *Sociologie*, t. II, p. 146.
(9) V. JARVES, *History of the Sandwich Islands*, 1843, p. 108.

3° Suicides de clients ou de serviteurs à la mort de leurs chefs.

Or, dans tous ces cas, si l'homme se tue, ce n'est pas parce qu'il s'en arroge le droit, mais, ce qui est bien différent, *parce qu'il en a le devoir*. S'il manque à cette obligation, il est puni par le déshonneur et aussi, le plus souvent, par des châtiments religieux. Sans doute, quand on nous parle de vieillards qui se donnent la mort, nous sommes, au premier abord, portés à croire que la cause en est dans la lassitude ou dans les souffrances ordinaires à cet âge. Mais si, vraiment, ces suicides n'avaient pas d'autre origine, si l'individu se tuait uniquement pour se débarrasser d'une vie insupportable, il ne serait pas tenu de le faire ; on n'est jamais obligé de jouir d'un privilège. Or, nous avons vu que, s'il persiste à vivre, l'estime publique se retire de lui : ici, les honneurs ordinaires des funérailles lui sont refusés, là, une vie affreuse est censée l'attendre au-delà du tombeau. La société pèse donc sur lui pour l'amener à se détruire. Sans doute, elle intervient aussi dans le suicide égoïste ; mais son intervention ne se fait pas de la même manière dans les deux cas. Dans l'un, elle se contente de tenir à l'homme un langage qui le détache de l'existence ; dans l'autre, elle lui prescrit formellement d'en sortir. Là, elle suggère ou conseille tout au plus ; ici, elle oblige et c'est par elle que sont déterminées les conditions et les circonstances qui rendent exigible cette obligation.

Aussi, est-ce en vue de fins sociales qu'elle impose ce sacrifice. Si le client ne doit pas survivre à son chef ou le serviteur à son prince, c'est que la constitution de la société implique entre les dévoués et leur patron, entre les officiers et le roi une dépendance tellement étroite qu'elle exclut toute idée de séparation. Il faut que la destinée de l'un soit celle des autres. Les sujets doivent suivre leur maître partout où il va, même au-delà du tombeau, aussi bien que ses vêtements et que ses armes ; si l'on pouvait concevoir qu'il en fût autrement, la subordination sociale ne serait pas tout ce qu'elle doit être (1). Il en est de

---

(1) Il est probable qu'il y a aussi au fond de ces pratiques la préoccupation d'empêcher l'esprit du mort de revenir sur la terre chercher les choses et les

même de la femme par rapport au mari. Quant aux vieillards, s'ils sont obligés de ne pas attendre la mort, c'est vraisemblablement, au moins dans un très grand nombre de cas, pour des raisons religieuses. En effet, c'est dans le chef de la famille qu'est censé résider l'esprit qui la protège. D'autre part, il est admis qu'un Dieu qui habite un corps étranger participe à la vie de ce dernier, passe par les mêmes phases de santé et de maladie et vieillit en même temps. L'âge ne peut donc diminuer les forces de l'un sans que l'autre soit affaibli du même coup, sans que le groupe, par suite, soit menacé dans son existence puisqu'il ne serait plus protégé que par une divinité sans vigueur. Voilà pourquoi, dans l'intérêt commun, le père est tenu de ne pas attendre l'extrême limite de la vie pour transmettre à ses successeurs le dépôt précieux dont il a la garde (1).

Cette description suffit à déterminer de quoi dépendent ces suicides. Pour que la société puisse ainsi contraindre certains de ses membres à se tuer, il faut que la personnalité individuelle compte alors pour bien peu de chose. Car, dès qu'elle commence à se constituer, le droit de vivre est le premier qui lui soit reconnu ; du moins, il n'est suspendu que dans des circonstances très exceptionnelles, comme la guerre. Mais cette faible individuation ne peut elle-même avoir qu'une seule cause. Pour que l'individu tienne si peu de place dans la vie collective, il faut qu'il soit presque totalement absorbé dans le groupe et, par conséquent, que celui-ci soit très fortement intégré. Pour que les parties aient aussi peu d'existence propre, il faut que le tout forme une masse compacte et continue. Et en effet, nous avons montré ailleurs que cette cohésion massive est bien celle des sociétés où s'observent les pratiques précédentes (2).

êtres qui lui tiennent de près. Mais cette préoccupation même implique que serviteurs et clients sont étroitement subordonnés au maître, qu'ils en sont inséparables et que, de plus, pour éviter les malheurs qui résulteraient de la persistance de l'Esprit sur cette terre, ils doivent se sacrifier dans l'intérêt commun.

(1) V. Frazer, *Golden Bough*, loc. cit. et *passim*.
(2) V. *Division du travail social*, passim.

Comme elles ne comprennent qu'un petit nombre d'éléments, tout le monde y vit de la même vie ; tout est commun à tous, idées, sentiments, occupations. En même temps, toujours parce que le groupe est petit, il est proche de chacun et peut ainsi ne perdre personne de vue ; il en résulte que la surveillance collective est de tous les instants, qu'elle s'étend à tout et prévient plus facilement les divergences. Les moyens manquent donc à l'individu pour se faire un milieu spécial, à l'abri duquel il puisse développer sa nature et se faire une physionomie qui ne soit qu'à lui. Indistinct de ses compagnons, pour ainsi dire, il n'est qu'une partie *aliquot* du tout, sans valeur par lui-même. Sa personne a si peu de prix que les attentats dirigés contre elle par les particuliers ne sont l'objet que d'une répression relativement indulgente. Il est dès lors naturel qu'il soit encore moins protégé contre les exigences collectives et que la société, pour la moindre raison, n'hésite pas à lui demander de mettre fin à une vie qu'elle estime pour si peu de chose.

Nous sommes donc en présence d'un type de suicide qui se distingue du précédent par des caractères tranchés. Tandis que celui-ci est dû à un excès d'individuation, celui-là a pour cause une individuation trop rudimentaire. L'un vient de ce que la société, désagrégée sur certains points ou même dans son ensemble, laisse l'individu lui échapper ; l'autre, de ce qu'elle le tient trop étroitement sous sa dépendance. Puisque nous avons appelé *égoïsme* l'état où se trouve le moi quand il vit de sa vie personnelle et n'obéit qu'à lui-même, le mot d'*altruisme* exprime assez bien l'état contraire, celui où le moi ne s'appartient pas, où il se confond avec autre chose que lui-même, où le pôle de sa conduite est situé en dehors de lui, à savoir dans un des groupes dont il fait partie. C'est pourquoi nous appellerons *suicide altruiste* celui qui résulte d'un altruisme intense. Mais puisqu'il présente en outre ce caractère qu'il est accompli comme un devoir, il importe que la terminologie adoptée exprime cette particularité. Nous donnerons donc le nom de *suicide altruiste obligatoire* au type ainsi constitué.

La réunion de ces deux adjectifs est nécessaire pour le définir ; car tout suicide altruiste n'est pas nécessairement obligatoire. Il en est qui ne sont pas aussi expressément imposés par la société, mais qui ont un caractère plus facultatif. Autrement dit, le suicide altruiste est une espèce qui comprend plusieurs variétés. Nous venons d'en déterminer une ; voyons les autres.

Dans ces mêmes sociétés dont nous venons de parler ou dans d'autres du même genre, on observe fréquemment des suicides dont le mobile immédiat et apparent est des plus futiles. Tite-Live, César, Valère-Maxime nous parlent, non sans un étonnement mêlé d'admiration, de la tranquillité avec laquelle les barbares de la Gaule et de la Germanie se donnaient la mort (1). Il y avait des Celtes qui s'engageaient à se laisser tuer pour du vin ou de l'argent (2). D'autres affectaient de ne se retirer ni devant les flammes de l'incendie ni devant les flots de la mer (3). Les voyageurs modernes ont observé des pratiques semblables dans une multitude de sociétés inférieures. En Polynésie, une légère offense suffit très souvent à déterminer un homme au suicide (4). Il en est de même chez les Indiens de l'Amérique du Nord ; c'est assez d'une querelle conjugale ou d'un mouvement de jalousie pour qu'un homme ou une femme se tuent (5). Chez les Dacotahs, chez les Creeks, le moindre désappointement entraîne souvent aux résolutions désespérées (6). On connaît la facilité avec laquelle les Japonais s'ouvrent le ventre pour la raison la plus insignifiante. On rapporte même qu'il s'y pratique une sorte de duel étrange où les adversaires luttent, non d'habileté à s'atteindre mutuellement, mais de dextérité à s'ouvrir le ventre de leurs propres mains (7). On signale des faits

---

(1) César, *Guerre des Gaules*, VI, 14. — Valère-Maxime, VI, 11 et 12. — Pline, *Hist. nat.*, IV, 12.
(2) Posidonius, XXIII, *ap.* Athen. Deipno, IV, 154.
(3) Elien, XII, 23.
(4) Waitz, *Anthropologie der Naturvoelker*, t. VI, p. 115.
(5) *Ibid.*, t. III, 1ᵉ Hœlfte, p. 102.
(6) Mary Eastman, *Dacotah*, p. 89, 169. — Lombroso, *L'Uomo delinquente*, 1884, p. 51.
(7) Lisle, *op. cit.*, p. 333.

analogues en Chine, en Cochinchine, au Thibet et dans le royaume de Siam.

Dans tous ces cas, l'homme se tue sans être expressément tenu de se tuer. Cependant, ces suicides ne sont pas d'une autre nature que le suicide obligatoire. Si l'opinion ne les impose pas formellement, elle ne laisse pas de leur être favorable. Comme c'est alors une vertu, et même la vertu par excellence, que de ne pas tenir à l'existence, on loue celui qui y renonce à la moindre sollicitation des circonstances ou même par simple bravade. Une prime sociale est ainsi attachée au suicide qui est par cela même encouragé, et le refus de cette récompense a, quoique à un moindre degré, les mêmes effets qu'un châtiment proprement dit. Ce qu'on fait dans un cas pour échapper à une flétrissure, on le fait dans l'autre pour conquérir plus d'estime. Quand on est habitué dès l'enfance à ne pas faire cas de la vie et à mépriser ceux qui y tiennent avec excès, il est inévitable qu'on s'en défasse pour le plus léger prétexte. On se décide sans peine à un sacrifice qui coûte si peu. Ces pratiques se rattachent donc, tout comme le suicide obligatoire, à ce qu'il y a de plus fondamental dans la morale des sociétés inférieures. Parce qu'elles ne peuvent se maintenir que si l'individu n'a pas d'intérêts propres, il faut qu'il soit dressé au renoncement et à une abnégation sans partage ; de là viennent ces suicides, en partie spontanés. Tout comme ceux que la société prescrit plus explicitement, ils sont dus à cet état d'impersonnalité ou, comme nous avons dit, d'altruisme, qui peut être regardé comme la caractéristique morale du primitif. C'est pourquoi nous leur donnerons également le nom d'altruistes, et si, pour mieux mettre en relief ce qu'ils ont de spécial, on doit ajouter qu'ils sont *facultatifs*, il faut simplement entendre par ce mot qu'ils sont moins expressément exigés par la société que quand ils sont strictement obligatoires. Ces deux variétés sont même si étroitement parentes qu'il est impossible de marquer le point où l'une commence et où l'autre finit.

Il est, enfin, d'autres cas où l'altruisme entraîne au suicide plus directement et avec plus de violence. Dans les exemples qui précèdent, il ne déterminait l'homme à se tuer qu'avec le concours des circonstances. Il fallait que la mort fût imposée par la société comme un devoir ou que quelque point d'honneur fût en jeu ou, tout au moins, que quelque événement désagréable eût achevé de déprécier l'existence aux yeux de la victime. Mais il arrive même que l'individu se sacrifie uniquement pour la joie du sacrifice, parce que le renoncement, en soi et sans raison particulière, est considéré comme louable.

L'Inde est la terre classique de ces sortes de suicides. Déjà sous l'influence du brahmanisme, l'Hindou se tuait facilement. Les lois de Manou ne recommandent, il est vrai, le suicide que sous certaines réserves. Il faut que l'homme soit déjà arrivé à un certain âge, qu'il ait laissé au moins un fils. Mais, ces conditions remplies, il n'a que faire de la vie. « Le Brahmane, qui s'est dégagé de son corps par l'une des pratiques mises en usage par les grands saints, exempt de chagrin et de crainte, est admis avec honneur dans le séjour de Brahma (1). » Quoiqu'on ait souvent accusé le bouddhisme d'avoir poussé ce principe jusqu'à ses plus extrêmes conséquences et érigé le suicide en pratique religieuse, en réalité, il l'a plutôt condamné. Sans doute, il enseignait que le suprême désirable était de s'anéantir dans le Nirvâna ; mais cette suspension de l'être peut et doit être obtenue dès cette vie et il n'est pas besoin de manœuvres violentes pour la réaliser. Toutefois, l'idée que l'homme doit fuir l'existence est si bien dans l'esprit de la doctrine et si conforme aux aspirations de l'esprit hindou, qu'on la retrouve sous des formes différentes dans les principales sectes qui sont nées du bouddhisme ou se sont constituées en même temps que lui. C'est le cas du jaïnisme. Quoiqu'un des livres canons de la religion jaïniste réprouve le suicide, lui reprochant d'accroître la vie, des inscriptions recueillies dans un très grand nombre de sanctuaires démontrent que, surtout chez les Jaïnas du Sud, le suicide religieux a été

---

(1) *Lois de Manou*, VI, 32 (trad. LOISELEUR).

d'une pratique très fréquente (1). Le fidèle se laissait mourir de faim (2). Dans l'Hindouisme, l'usage de chercher la mort dans les eaux du Gange ou d'autres rivières sacrées était très répandu. Les inscriptions nous montrent des rois et des ministres qui se préparent à finir ainsi leurs jours (3), et on assure qu'au commencement du siècle ces superstitions n'avaient pas complètement disparu (4). Chez les Bhils, il y avait un rocher du haut duquel on se précipitait par piété, afin de se dévouer à Siva (5) ; en 1822, un officier a encore assisté à l'un de ces sacrifices. Quant à l'histoire de ces fanatiques qui se font écraser en foule sous les roues de l'idole de Jaggarnat, elle est devenue classique (6). Charlevoix avait déjà observé des rites du même genre au Japon : « Rien n'est plus commun, dit-il, que de voir, le long des côtes de la mer, des barques remplies de ces fanatiques qui se précipitent dans l'eau chargés de pierres, ou qui percent leurs barques et se laissent submerger peu à peu en chantant les louanges de leurs idoles. Un grand nombre de spectateurs les suivent des yeux et exaltent jusqu'au ciel leur valeur et leur demandent, avant qu'ils disparaissent, leur bénédiction. Les sectateurs d'Amida se font enfermer et murer dans des cavernes où ils ont à peine assez d'espace pour y demeurer assis et où ils ne peuvent respirer que par un soupirail. Là, ils se laissent tranquillement mourir de faim. D'autres montent au sommet de rochers très élevés, au-dessus desquels il y a des mines de soufre d'où il sort de temps en temps des flammes. Ils ne cessent d'invoquer leurs dieux, ils les prient d'accepter le sacrifice de leur vie et ils demandent

---

(1) BARTH, *The religions of India*, Londres, 1891, p. 146.

(2) BÜHLER, *Über die Indische Secte der Jaïna*, Vienne, 1887, p. 10, 19 et 37.

(3) BARTH, *op. cit.*, p. 279.

(4) HEBER, *Narrative of a Journey through the Upper Provinces of India*, 1824-25, chap. XII.

(5) FORSYTH, *The Highlands of Central India*, Londres, 1871, p. 172-175.

(6) V. BURNELL, *Glossary*, 1866, au mot, *Jagarnnath*. La pratique a à peu près disparu ; cependant, on en a encore observé de nos jours des cas isolés. V. STIRLING, *Asiat. Resch.*, t. XV, p. 324.

qu'il s'élève quelques-unes de ces flammes. Dès qu'il en paraît une, ils la regardent comme un indice du consentement des dieux et ils se jettent la tête la première au fond des abîmes... La mémoire de ces prétendus martyrs est en grande vénération (1). »

Il n'est pas de suicides dont le caractère altruiste soit plus marqué. Dans tous ces cas, en effet, nous voyons l'individu aspirer à se dépouiller de son être personnel pour s'abîmer dans cette autre chose qu'il regarde comme sa véritable essence. Peu importe le nom dont il la nomme, c'est en elle et en elle seulement qu'il croit exister, et c'est pour être qu'il tend si énergiquement à se confondre avec elle. C'est donc qu'il se considère comme n'ayant pas d'existence propre. L'impersonnalité est ici portée à son maximum ; l'altruisme est à l'état aigu. Mais, dira-t-on, ces suicides ne viennent-ils pas simplement de ce que l'homme trouve la vie triste ? Il est clair que, quand on se tue avec cette spontanéité, on ne tient pas beaucoup à l'existence dont on se fait, par conséquent, une représentation plus ou moins mélancolique. Mais, à cet égard, tous les suicides se ressemblent. Ce serait pourtant une grave erreur que de ne faire entre eux aucune distinction ; car cette représentation n'a pas toujours la même cause et, par conséquent, malgré les apparences, n'est pas la même dans les différents cas. Tandis que l'égoïste est triste parce qu'il ne voit rien de réel au monde que l'individu, la tristesse de l'altruiste intempérant vient, au contraire, de ce que l'individu lui semble destitué de toute réalité. L'un est détaché de la vie parce que, n'apercevant aucun but auquel il puisse se prendre, il se sent inutile et sans raison d'être, l'autre, parce qu'il a un but, mais situé en dehors de cette vie, qui lui apparaît dès lors comme un obstacle. Aussi la différence des causes se retrouve-t-elle dans les effets et la mélancolie de l'un est-elle d'une tout autre nature que celle de l'autre. Celle du premier est faite d'un sentiment de lassitude incurable et de morne abattement, elle exprime

(1) *Histoire du Japon*, t. II.

un affaissement complet de l'activité qui, ne pouvant s'employer utilement, s'effondre sur elle-même. Celle du second, au contraire, est faite d'espoir ; car elle tient justement à ce que, au-delà de cette vie, de plus belles perspectives sont entrevues. Elle implique même l'enthousiasme et les élans d'une foi impatiente de se satisfaire et qui s'affirme par des actes d'une grande énergie.

Du reste, à elle seule, la manière plus ou moins sombre dont un peuple conçoit l'existence ne suffit pas à expliquer l'intensité de son penchant au suicide. Le chrétien ne se représente pas son séjour sur cette terre sous un aspect plus riant que le sectateur de Jina. Il n'y voit qu'un temps d'épreuves douloureuses ; lui aussi juge que sa vraie patrie n'est pas de ce monde, et pourtant on sait quelle aversion le christianisme professe et inspire pour le suicide. C'est que les sociétés chrétiennes font à l'individu une bien plus grande place que les sociétés antérieures. Elles lui assignent des devoirs personnels à remplir auxquels il lui est interdit de se dérober ; c'est seulement d'après la manière dont il s'est acquitté du rôle qui lui incombe ici-bas qu'il est admis ou non aux joies de l'au-delà, et ces joies elles-mêmes sont personnelles comme les œuvres qui y donnent droit. Ainsi, l'individualisme modéré qui est dans l'esprit du christianisme l'a empêché de favoriser le suicide, en dépit de ses théories sur l'homme et sur sa destinée.

Les systèmes métaphysiques et religieux qui servent comme de cadre logique à ces pratiques morales achèvent de prouver que telle en est bien l'origine et la signification. Depuis longtemps, en effet, on a remarqué qu'elles coexistent généralement avec des croyances panthéistes. Sans doute le jaïnisme, comme le bouddhisme, est athée ; mais le panthéisme n'est pas nécessairement théiste. Ce qui le caractérise essentiellement, c'est cette idée que ce qu'il y a de réel dans l'individu est étranger à sa nature, que l'âme qui l'anime n'est pas son âme et que, par conséquent, il n'a pas d'existence personnelle. Or, ce dogme est à la base des doctrines hindoues ; on le trouve déjà dans le brahmanisme. Inversement, là où le principe des êtres ne se confond pas avec eux, mais est conçu lui-même sous une forme individuelle, c'est-à-dire chez les peuples monothéistes comme les juifs, les chrétiens, les mahométans, ou polythéistes comme les Grecs et les Latins, cette forme du suicide est exceptionnelle. Jamais on ne l'y rencontre à l'état de pratique rituelle. C'est donc qu'entre elle et le panthéisme il y a vraisemblablement un rapport. Quel est-il ?

On ne peut admettre que ce soit le panthéisme qui ait produit le suicide. Ce ne sont pas des idées abstraites qui conduisent les hommes et on ne saurait expliquer le développement de l'histoire par le jeu de purs concepts métaphysiques. Chez les peuples comme chez les individus, les représentations ont avant tout pour fonction d'exprimer une réalité qu'elles ne font pas ; elles en viennent au contraire, et si elles peuvent servir ensuite à la modifier, ce n'est jamais que dans une mesure restreinte. Les conceptions religieuses sont des produits du milieu social bien loin qu'elles le produisent, et si, une fois formées, elles réagissent sur les causes qui les ont engendrées, cette réaction ne saurait être très profonde. Si donc ce qui constitue le panthéisme, c'est une négation plus ou moins radicale de toute individualité, une telle religion ne peut se former qu'au sein d'une société où, en fait, l'individu compte pour rien, c'est-à-dire est presque totalement perdu dans le groupe. Car les hommes ne peuvent se représenter le monde qu'à l'image du petit monde social où ils vivent. Le panthéisme religieux n'est donc qu'une conséquence et comme un reflet de l'organisation panthéistique de la société. Par conséquent, c'est aussi dans cette dernière que se trouve la cause de ce suicide particulier qui se présente partout en connexion avec le panthéisme.

Voilà donc constitué un second type de suicide qui comprend lui-même trois variétés : le suicide altruiste obligatoire, le suicide altruiste facultatif, le suicide altruiste aigu dont le suicide mystique est le parfait modèle. Sous ces différentes formes, il contraste de la manière la plus frappante avec le suicide égoïste. L'un est lié à cette rude morale qui estime pour rien ce qui n'intéresse que l'individu ; l'autre est solidaire de cette éthique raffinée qui met si haut la personnalité humaine qu'elle ne peut plus se subordonner à rien. Il y a donc entre eux toute la distance qui sépare les peuples primitifs des nations les plus cultivées.

Cependant, si les sociétés inférieures sont, par excellence, le terrain du suicide altruiste, il se rencontre aussi dans des civilisations plus récentes. On peut notamment classer sous cette rubrique la mort d'un certain nombre de martyrs chrétiens. Ce sont, en effet, des suicidés que tous ces néophytes qui, s'ils ne se tuaient pas eux-mêmes, se faisaient volontairement tuer. S'ils ne se donnaient pas eux-mêmes la mort, ils la cherchaient de toute leur force et se conduisaient de manière à la rendre inévitable. Or, pour qu'il y ait suicide, il suffit que l'acte, d'où la mort doit nécessairement résulter, ait été accompli par la victime en connaissance de cause. D'autre part, la passion enthousiaste avec laquelle les fidèles de la nouvelle religion allaient au-devant du dernier supplice montre que, à ce moment, ils avaient complètement aliéné leur personnalité au profit de l'idée dont ils s'étaient faits les serviteurs. Il est probable que les épidémies de suicide qui, à plusieurs reprises, désolèrent les monastères pendant le Moyen Age et qui paraissent avoir été déterminées par des excès de ferveur religieuse, étaient de même nature (1).

Dans nos sociétés contemporaines, comme la personnalité individuelle est de plus en plus affranchie de la personnalité collective, de pareils suicides ne sauraient être très répandus. On peut bien dire, sans doute, soit des soldats qui préfèrent la mort à l'humiliation de la défaite, comme le commandant Beaurepaire et l'amiral Villeneuve, soit des malheureux qui se tuent pour éviter une honte à leur famille, qu'ils cèdent à des mobiles altruistes. Car si les uns et les autres renoncent à la vie, c'est qu'il y a quelque chose qu'ils aiment mieux qu'eux-

---

(1) On a appelé *acedia* l'état moral qui déterminait ces suicides. V. Bourquelot, *Recherches sur les opinions et la législation en matière de mort volontaire pendant le Moyen Age*.

mêmes. Mais ce sont des cas isolés qui ne se produisent qu'exceptionnellement (1). Cependant, aujourd'hui encore, il existe parmi nous un milieu spécial où le suicide altruiste est à l'état chronique : c'est l'armée.

II

C'est un fait général dans tous les pays d'Europe que l'aptitude des militaires au suicide est très supérieure à celle de la population civile du même âge. La différence en plus varie entre 25 et 900 % (v. tableau XXIII).

Tableau XXIII

Comparaison des suicides militaires et des suicides civils dans les principaux pays d'Europe

		Suicides pour		Coefficient d'aggravation des soldats par rapport aux civils
		1 million de soldats	1 million de civils du même âge	
Autriche	(1876-90)	1 253	122	10
Etats-Unis	(1870-84)	680	80	8,5
Italie	(1876-90)	407	77	5,2
Angleterre	(1876-90)	209	79	2,6
Wurtemberg	(1846-58)	320	170	1,92
Saxe	(1847-58)	640	369	1,77
Prusse	(1876-90)	607	394	1,50
France	(1876-90)	333	265	1,25

(1) Il est vraisemblable que les suicides si fréquents chez les hommes de la Révolution étaient dus, au moins en partie, à un état d'esprit altruiste. En ces temps de luttes intérieures, d'enthousiasme collectif, la personnalité individuelle avait perdu de sa valeur. Les intérêts de la patrie ou du parti primaient tout. La multiplicité des exécutions capitales provient, sans doute, de la même cause. On tuait aussi facilement qu'on se tuait.

Le Danemark est le seul pays où le contingent des deux populations est sensiblement le même, 388 pour un million de civils et 382 pour un million de soldats pendant les années 1845-56. Encore les suicides d'officiers ne sont-ils pas compris dans ce chiffre (1).

Ce fait surprend d'autant plus au premier abord que bien des causes sembleraient devoir préserver l'armée du suicide. D'abord, les individus qui le composent représentent, au point de vue physique, la fleur du pays. Triés avec soin, ils n'ont pas de tares organiques qui soient graves (2). De plus, l'esprit de corps, la vie en commun devrait avoir ici l'influence prophylactique qu'elle exerce ailleurs. D'où vient donc une aussi considérable aggravation ?

Les simples soldats n'étant jamais mariés, on a incriminé le célibat. Mais d'abord, le célibat ne devrait pas avoir à l'armée d'aussi funestes conséquences que dans la vie civile ; car, comme nous venons de le dire, le soldat n'est pas un isolé. Il est membre d'une société très fortement constituée et qui est de nature à remplacer en partie la famille. Mais quoi qu'il en soit de cette hypothèse, il y a un moyen d'isoler ce facteur. Il suffit de comparer les suicides des soldats à ceux des célibataires du même âge ; le tableau XXI, dont on voit de nouveau l'importance, nous permet cette comparaison. Pendant les années 1888-91, on a compté, en France, *380* suicides pour un million de l'effectif ; au même moment, les garçons de 20 à 25 ans n'en donnaient que *237*. Pour 100 suicides de célibataires civils, il y avait donc 160 suicides militaires ; ce qui fait un coefficient d'aggravation, égal à 1,6, tout à fait indépendant du célibat.

Si l'on compte à part les suicides de sous-officiers, ce coef-

---

(1) Les chiffres relatifs aux suicides militaires sont empruntés soit aux documents officiels, soit à Wagner (*op. cit.*, p. 229 et suiv.) ; les chiffres relatifs aux suicides civils, aux documents officiels, aux indications de Wagner ou à Morselli. Pour les Etats-Unis, nous avons supposé que l'âge moyen, à l'armée, était, comme en Europe, de 20 à 30 ans.

(2) Preuve nouvelle de l'inefficacité du facteur organique en général et de la sélection matrimoniale en particulier.

ficient est encore plus élevé. Pendant la période 1867-74, un million de sous-officiers donnait une moyenne annuelle de *993* suicides. D'après un recensement fait en 1866, ils avaient un âge moyen d'un peu plus de 31 ans. Nous ignorons, il est vrai, à quel chiffre montaient alors les suicides célibataires de 30 ans ; les tableaux que nous avons dressés se rapportent à une époque beaucoup plus récente (1889-91) et ce sont les seuls qui existent : mais en prenant pour points de repère les chiffres qu'ils nous donnent, l'erreur que nous commettrons ne pourra avoir d'autre effet que d'abaisser le coefficient d'aggravation des sous-officiers au-dessous de ce qu'il était véritablement. En effet, le nombre des suicides ayant presque doublé de l'une de ces périodes à l'autre, le taux des célibataires de l'âge considéré a certainement augmenté. Par conséquent, en comparant les suicides des sous-officiers de 1867-74 à ceux des garçons de 1889-91, nous pourrons bien atténuer, mais non pas empirer la mauvaise influence de la profession militaire. Si donc, malgré cette erreur, nous trouvons néanmoins un coefficient d'aggravation, nous pourrons être assurés non seulement qu'il est réel, mais qu'il est sensiblement plus important qu'il n'apparaîtra d'après le calcul. Or, en 1889-91, un million de célibataires de 31 ans donnait un chiffre de suicides compris entre 394 et 627, soit environ *510*. Ce nombre est à 993 comme 100 est à 194 ; ce qui implique un coefficient d'aggravation de 1,94 que l'on peut presque porter à 4 sans craindre de dépasser la réalité (1).

Enfin, le corps des officiers a donné en moyenne, de 1862 à 1878, *430* suicides par million de sujets. Leur âge moyen, qui n'a pas dû varier beaucoup, était en 1866 de 37 ans 9 mois.

---

(1) Pendant les années 1867-74 le taux des suicides est d'environ 140 ; en 1889-91, il est de 210 à 220, soit une augmentation de près de 60 %. Si le taux des célibataires a crû dans la même mesure, et il n'y a pas de raison pour qu'il en soit autrement, il n'aurait été pendant la première de ces périodes que de 319, ce qui élèverait à 3,11 le coefficient d'aggravation des sous-officiers. Si nous ne parlons pas des sous-officiers après 1874, c'est que, à partir de ce moment, il y eut de moins en moins de sous-officiers de carrière.

Comme beaucoup d'entre eux sont mariés, ce n'est pas aux célibataires de cet âge qu'il faut les comparer, mais à l'ensemble de la population masculine, garçons et époux réunis. Or, à 37 ans, en 1863-68, un million d'hommes de tout état civil ne donnait qu'un peu de plus *200* suicides. Ce nombre est à 430, comme 100 est à 215, ce qui fait un coefficient d'aggravation de 2,15 qui ne dépend en rien du mariage ni de la vie de famille.

Ce coefficient qui, suivant les différents degrés de la hiérarchie, varie de 1,6 à près de 4, ne peut évidemment s'expliquer que par des causes propres à l'état militaire. Il est vrai que nous n'en avons directement établi l'existence que pour la France ; pour les autres pays, les données nécessaires pour isoler l'influence du célibat nous font défaut. Mais, comme l'armée française se trouve justement être la moins éprouvée par le suicide qui soit en Europe, à l'exception du seul Danemark, on peut être certain que le résultat précédent est général et même qu'il doit être encore plus marqué dans les autres Etats européens. A quelle cause l'attribuer ?

On a songé à l'alcoolisme qui, dit-on, sévit avec plus de violence dans l'armée que dans la population civile. Mais d'abord, si, comme nous l'avons montré, l'alcoolisme n'a pas d'influence définie sur le taux des suicides en général, il ne saurait en avoir davantage sur le taux des suicides militaires en particulier. Ensuite, les quelques années que dure le service, trois ans en France et deux ans et demi en Prusse, ne sauraient suffire à faire un assez grand nombre d'alcooliques invétérés pour que l'énorme contingent que l'armée fournit au suicide pût s'expliquer ainsi. Enfin, même d'après les observateurs qui attribuent le plus d'influence à l'alcoolisme, un dixième seulement des cas lui serait imputable. Par conséquent, quand même les suicides alcooliques seraient deux et même trois fois plus nombreux chez les soldats que chez les civils du même âge, ce qui n'est pas démontré, il resterait toujours un excédent considérable de suicides militaires auxquels il faudrait chercher une autre origine.

La cause que l'on a le plus fréquemment invoquée est le

dégoût du service. Cette explication concorde avec la conception courante qui attribue le suicide aux difficultés de l'existence ; car les rigueurs de la discipline, l'absence de liberté, la privation de tout confortable font que l'on est enclin à regarder la vie de caserne comme particulièrement intolérable. A vrai dire, il semble bien qu'il y ait beaucoup d'autres professions plus rudes et qui, pourtant, ne renforcent pas le penchant au suicide. Du moins, le soldat est toujours assuré d'avoir un gîte et une nourriture suffisante. Mais, quoi que vaillent ces considérations, les faits suivants démontrent l'insuffisance de cette explication simpliste :

1º Il est logique d'admettre que le dégoût du métier doit être beaucoup plus prononcé pendant les premières années de service et aller en diminuant à mesure que le soldat prend l'habitude de la vie de caserne. Au bout d'un certain temps, il doit se produire un acclimatement, soit par l'effet de l'accoutumance, soit que les sujets les plus réfractaires aient déserté ou se soient tués ; et cet acclimatement doit devenir d'autant plus complet que le séjour sous les drapeaux se prolonge davantage. Si donc c'était le changement d'habitudes et l'impossibilité de se faire à leur nouvelle existence qui déterminaient l'aptitude spéciale des soldats pour le suicide, on devrait voir le coefficient d'aggravation diminuer à mesure qu'ils sont depuis plus longtemps sous les armes. Or il n'en est rien, comme le prouve le tableau qui suit :

Armée française		Armée anglaise		
			Suicides par 100 000 sujets	
Service	Sous-officiers et soldats Suicides annuels pour 100 000 sujets (1862-69)	Age	Dans la métropole	Dans l'Inde
Ayant moins d'un an	28	20 à 25 ans .	20	13
De 1 à 3 ans	27	25 à 30 — .	39	39
De 3 à 5 —	40	30 à 35 — .	51	84
De 5 à 7 —	48	35 à 40 — .	71	103
De 7 à 10 —	76			

En France, en moins de 10 ans de service, le taux des suicides a presque triplé, tandis que, pour les célibataires civils, il passe seulement pendant ce même temps de 237 à 394. Dans les armées anglaises de l'Inde, il devient, en 20 ans, huit fois plus élevé ; jamais le taux des civils ne progresse aussi vite. C'est la preuve que l'aggravation propre à l'armée n'est pas localisée dans les premières années.

Il semble bien qu'il en est de même en Italie. Nous n'avons pas, il est vrai, les chiffres proportionnels rapportés à l'effectif de chaque contingent. Mais les chiffres bruts sont sensiblement les mêmes pour chacune des trois années de service, 15,1 pour la première, 14,8 pour la seconde, 14,3 pour la troisième. Or, il est bien certain que l'effectif diminue d'année en année, par suite des morts, des réformes, des mises en congé, etc. Les chiffres absolus n'ont donc pu se maintenir au même niveau que si les chiffres proportionnels se sont sensiblement accrus. Il n'est pourtant pas invraisemblable que, dans quelques pays, il y ait au début du service un certain nombre de suicides qui soient réellement dus au changement d'existence. On rapporte, en effet, qu'en Prusse les suicides sont exceptionnellement nombreux pendant les six premiers mois. De même en Autriche, sur 1 000 suicides, il y en a 156 accomplis pendant les trois premiers mois (1), ce qui est certainement un chiffre très considérable. Mais ces faits n'ont rien d'inconciliable avec ceux qui précèdent. Car il est très possible que, en dehors de l'aggravation temporaire qui se produit pendant cette période de perturbation, il y en ait une autre qui tienne à de tout autres causes et qui aille en croissant d'après une loi analogue à celle que nous avons observée en France et en Angleterre. Du reste, en France même, le taux de la seconde et de la troisième année est légèrement inférieur à celui de la première ; ce qui, pourtant, n'empêche pas la progression ultérieure (2).

---

(1) V. l'article de Roth, dans la *Stat. Monatschrift*, 1892, p. 200.

(2) Pour la Prusse et l'Autriche, nous n'avons pas l'effectif par année de service, c'est ce qui nous empêche d'établir les nombres proportionnels. En France, on a prétendu que si, au lendemain de la guerre, les suicides mili-

2º La vie militaire est beaucoup moins pénible, la discipline moins rude pour les officiers et les sous-officiers que pour les simples soldats. Le coefficient d'aggravation des deux premières catégories devrait donc être inférieur à celui de la troisième. Or, c'est le contraire qui a lieu : nous l'avons établi déjà pour la France ; le même fait se rencontre dans les autres pays. En Italie, les officiers présentaient pendant les années 1871-75 une moyenne annuelle de 565 cas pour un million tandis que la troupe n'en comptait que 230 (Morselli). Pour les sous-officiers, le taux est encore plus énorme, il dépasse 1 000 pour un million. En Prusse, tandis que les simples soldats ne donnent que 560 suicides pour un million, les sous-officiers en fournissent 1 140. En Autriche, il y a un suicide d'officier pour neuf suicides de simples soldats, alors qu'il y a évidemment beaucoup plus de neuf hommes de troupe par officier. De même, quoiqu'il n'y ait pas un sous-officier pour deux soldats, il y a un suicide des premiers pour 2,5 des seconds.

3º Le dégoût de la vie militaire devrait être moindre chez ceux qui la choisissent librement et par vocation. Les engagés volontaires et les rengagés devraient donc présenter une moindre aptitude au suicide. Tout au contraire, elle est exceptionnellement forte.

Années 1875-78	Taux des suicides pour 1 million	Age moyen probable	Taux des célibataires civils du même âge (1889-91)	Coefficient d'aggravation
Engagés volontaires.......	670	25 ans	Entre 237 et 394, soit 315	2,12
Rengagés	1 300	30 —	Entre 394 et 627, soit 510	2,54

taires avaient diminué, c'était parce que le service était devenu moins long (5 ans au lieu de 7). Mais cette diminution ne s'est pas maintenue et, à partir de 1882, les chiffres se sont sensiblement relevés. De 1882 à 1889, ils sont revenus à ce qu'ils étaient avant la guerre, oscillant entre 322 et 424 par million, et cela, quoique le service ait subi une nouvelle réduction, 3 ans au lieu de 5.

Pour les raisons que nous avons données, ces coefficients, calculés par rapport aux célibataires de 1889-91, sont certainement au-dessous de la réalité. L'intensité du penchant que manifestent les rengagés est surtout remarquable, puisqu'ils restent à l'armée après avoir fait l'expérience de la vie militaire.

Ainsi, les membres de l'armée qui sont le plus éprouvés par le suicide sont aussi ceux qui ont le plus la vocation de cette carrière, qui sont le mieux faits à ses exigences et le plus à l'abri des ennuis et des inconvénients qu'elle peut avoir. C'est donc que le coefficient d'aggravation qui est spécial à cette profession a pour cause, non la répugnance qu'elle inspire, mais, au contraire, l'ensemble d'états, habitudes acquises ou prédispositions naturelles, qui constituent l'esprit militaire. Or, la première qualité du soldat est une sorte d'impersonnalité que l'on ne rencontre nulle part, au même degré, dans la vie civile. Il faut qu'il soit exercé à faire peu de cas de sa personne, puisqu'il doit être prêt à en faire le sacrifice dès qu'il en a reçu l'ordre. Même en dehors de ces circonstances exceptionnelles, en temps de paix et dans la pratique quotidienne du métier, la discipline exige qu'il obéisse sans discuter et même, parfois, sans comprendre. Mais pour cela, une abnégation intellectuelle est nécessaire qui n'est guère compatible avec l'individualisme. Il faut ne tenir que faiblement à son individualité pour se conformer aussi docilement à des impulsions extérieures. En un mot, le soldat a le principe de sa conduite en dehors de lui-même ; ce qui est la caractéristique de l'état d'altruisme. De toutes les parties dont sont faites nos sociétés modernes, l'armée est, d'ailleurs, celle qui rappelle le mieux la structure des sociétés inférieures. Elle aussi consiste en un groupe massif et compact qui encadre fortement l'individu et l'empêche de se mouvoir d'un mouvement propre. Puisque donc cette constitution morale est le terrain naturel du suicide altruiste, il y a tout lieu de supposer que le suicide militaire a ce même caractère et provient de la même origine.

On s'expliquerait ainsi d'où vient que le coefficient d'aggravation augmente avec la durée du service ; c'est que cette aptitude au renoncement, ce goût de l'impersonnalité se développe par suite d'un dressage plus prolongé. De même, comme l'esprit militaire est nécessairement plus fort chez les rengagés et chez les gradés que chez les simples soldats, il est naturel que les premiers soient plus spécialement enclins au suicide que les seconds. Cette hypothèse permet même de comprendre la singulière supériorité que les sous-officiers ont, à cet égard, sur les officiers. S'ils se tuent davantage, c'est qu'il n'est pas de fonction qui exige au même degré l'habitude de la soumission et de la passivité. Quelque discipliné que soit l'officier, il doit être, dans une certaine mesure, capable d'initiative ; il a un champ d'action plus étendu, par suite, une individualité plus développée. Les conditions favorables au suicide altruiste sont donc moins complètement réalisées chez lui que chez le sous-officier ; ayant un plus vif sentiment de ce que vaut sa vie, il est moins porté à s'en défaire.

Non seulement cette explication rend compte des faits qui ont été antérieurement exposés, mais elle est, en outre, confirmée par ceux qui suivent.

1º Il ressort du tableau XXIII que le coefficient d'aggravation militaire est d'autant plus élevé que l'ensemble de la population civile a un moindre penchant au suicide, et inversement. Le Danemark est la terre classique du suicide, les soldats ne s'y tuent pas plus que le reste des habitants. Les Etats les plus féconds en suicides sont ensuite la Saxe, la Prusse et la France ; l'armée n'y est pas très éprouvée, le coefficient d'aggravation y varie entre 1,25 et 1,77. Il est, au contraire, très considérable pour l'Autriche, l'Italie, les Etats-Unis et l'Angleterre, pays où les civils se tuent très peu. Rosenfeld, dans l'article déjà cité, ayant procédé à un classement des principaux pays d'Europe au point de vue du suicide militaire, sans songer d'ailleurs à tirer de ce classement aucune conclusion théorique, est arrivé aux mêmes résultats. Voici, en effet, dans quel ordre il range les différents Etats avec les coefficients calculés par lui :

	Coefficient d'aggravation des soldats par rapport aux civils de 20-30 ans	Taux de la population civile par million
France	1,3	150 (1871-75)
Prusse	1,8	133 (1871-75)
Angleterre	2,2	73 (1876)
Italie	Entre 3 et 4	37 (1874-77)
Autriche	8	72 (1864-72)

Sauf que l'Autriche devrait venir avant l'Italie, l'inversion est absolument régulière (1).

Elle s'observe d'une manière encore plus frappante à l'intérieur de l'Empire austro-hongrois. Les corps d'armée qui ont le coefficient d'aggravation le plus élevé sont ceux qui tiennent garnison dans les régions où les civils jouissent de la plus forte immunité, et inversement :

Territoires militaires	Coefficient d'aggravation des soldats par rapport aux civils au-delà de 20 ans	Suicides des civils au-delà de 20 ans pour 1 million
Vienne (Autriche inférieure et supérieure, Salzbourg)	1,42	660
Brunn (Moravie et Silésie)	2,41 } Moyenne 2,46	580 } Moyenne 480
Prague (Bohême)	2,58	620
Innsbruck (Tyrol, Vorarlberg)	2,41	240
Zara (Dalmatie)	3,48 } Moyenne 3,82	250 } Moyenne 283
Graz (Steiermarck, Carinthie, Carniole)	3,58	290
Cracovie (Galicie et Bukovine)	4,41	310

Il n'y a qu'une exception, c'est celle du territoire d'Innsbruck où le taux des civils est faible et où le coefficient d'aggravation n'est que moyen.

De même, en Italie, Bologne est de tous les districts mili-

(1) On peut se demander si l'énormité du coefficient d'aggravation militaire en Autriche ne vient pas de ce que les suicides de l'armée sont plus exactement recensés que ceux de la population civile.

taires celui où les soldats se tuent le moins (180 suicides pour 1 000 000) ; c'est aussi celui où les civils se tuent le plus (89,5). Les Pouilles et les Abruzzes, au contraire, comptent beaucoup de suicides militaires (370 et 400 pour un million) et seulement 15 ou 16 suicides civils. On peut faire en France des remarques analogues. Le gouvernement militaire de Paris avec 260 suicides pour un million est bien au-dessous du corps d'armée de Bretagne qui en a 440. Même, à Paris, le coefficient d'aggravation doit être insignifiant puisque, dans la Seine, un million de célibataires de 20 à 25 ans donne 214 suicides.

Ces faits prouvent que les causes du suicide militaire sont, non seulement différentes, mais en raison inverse de celles qui contribuent le plus à déterminer les suicides civils. Or, dans les grandes sociétés européennes, ces derniers sont surtout dus à cette individuation excessive qui accompagne la civilisation. Les suicides militaires doivent donc dépendre de la disposition contraire, à savoir d'une individuation faible ou de ce que nous avons appelé l'état d'altruisme. En fait, les peuples où l'armée est le plus portée au suicide, sont aussi ceux qui sont le moins avancés et dont les mœurs se rapprochent le plus de celles qu'on observe dans les sociétés inférieures. Le traditionalisme, cet antagoniste par excellence de l'esprit individualiste, est beaucoup plus développé en Italie, en Autriche et même en Angleterre qu'en Saxe, en Prusse et en France. Il est plus intense à Zara, à Cracovie, qu'à Graz et qu'à Vienne, dans les Pouilles qu'à Rome ou à Bologne, dans la Bretagne que dans la Seine. Comme il préserve du suicide égoïste, on comprend sans peine que, là où il est encore puissant, la population civile compte peu de suicides. Seulement, il n'a cette influence prophylactique que s'il reste modéré. S'il dépasse un certain degré d'intensité, il devient lui-même une source originale de suicides. Mais l'armée, comme nous le savons, tend nécessairement à l'exagérer, et elle est d'autant plus exposée à excéder la mesure que son action propre est davantage aidée et renforcée par celle du milieu ambiant. L'éducation qu'elle donne a des effets d'autant plus violents qu'elle se trouve être plus conforme aux idées et aux sentiments de la population civile elle-même ; car, alors, elle n'est plus contenue par rien. Au contraire, là où l'esprit militaire est sans cesse et énergiquement contredit par la morale publique, il ne saurait être aussi fort que là où tout concourt à incliner le jeune soldat dans la même direction. On s'explique donc que, dans les pays où l'état d'altruisme est suffisant pour protéger dans une certaine mesure l'ensemble de la population, l'armée le porte facilement à un tel point qu'il y devient la cause d'une notable aggravation (1).

2° Dans toutes les armées, les troupes d'élite sont celles où le coefficient d'aggravation est le plus élevé.

	Age moyen réel ou probable	Suicides pour 1 million	Coefficient d'aggravation	
Corps spéciaux de Paris	De 30 à 35	570 (1862-78)	2,45	Par rapport à la population civile masculine, de 35 ans, tout état civil réuni (2).
Gendarmerie ...	De 30 à 35	570 (1873)	2,45	
Vétérans (supprimés en 1872).	De 45 à 55	2 860	2,37	Par rapport aux célibataires du même âge, des années 1889-91.

Ce dernier chiffre, ayant été calculé par rapport aux célibataires de 1889-91, est beaucoup trop faible, et pourtant il est bien supérieur à celui des troupes ordinaires. De même, dans l'armée d'Algérie, qui passe pour être l'école des vertus militaires, le suicide a donné pendant la période 1872-78 une mortalité double de celle qu'ont fournie, au même moment, les troupes stationnées en France (570 suicides pour 1 million au lieu de 280). Au contraire, les armes les moins éprouvées sont les

(1) On remarquera que l'état d'altruisme est inhérent à la région. Le corps d'armée de Bretagne n'est pas composé exclusivement de Bretons, mais il subit l'influence de l'état moral ambiant.
(2) Parce que les gendarmes et les gardes municipaux sont souvent mariés.

pontonniers, le génie, les infirmiers, les ouvriers d'administration, c'est-à-dire celles dont le caractère militaire est le moins accusé. De même, en Italie, tandis que l'armée, en général, pendant les années 1878-81 donnait seulement 430 cas pour un million, les bersagliers en avaient 580, les carabiniers 800, les écoles militaires et les bataillons d'instruction 1 010.

Or, ce qui distingue les troupes d'élite, c'est le degré intense auquel y atteint l'esprit d'abnégation et de renoncement militaire. Le suicide dans l'armée varie donc comme cet état moral.

3º Une dernière preuve de cette loi, c'est que le suicide militaire est partout en décadence. En France, en 1862, il y avait 630 cas pour un million ; en 1890 il n'y en a plus que 280. On a prétendu que cette décroissance était due aux lois qui ont réduit la durée du service. Mais ce mouvement de régression est bien antérieur à la nouvelle loi sur le recrutement. Il est continu depuis 1862, sauf un relèvement assez important de 1882 à 1888 (1). On le retrouve d'ailleurs partout. Les suicides militaires sont passés, en Prusse, de 716 pour un million, en 1877, à 457 en 1893 ; dans l'ensemble de l'Allemagne, de 707 en 1877, à 550 en 1890 ; en Belgique, de 391 en 1885, à 185 en 1891 ; en Italie, de 431 en 1876, à 389 en 1892. En Autriche et en Angleterre la diminution est peu sensible, mais il n'y a pas accroissement (1 209, en 1892, dans le premier de ces pays, et 210 dans le second en 1890, au lieu de 1 277 et 217 en 1876).

Or, si notre explication est fondée, c'est bien ainsi que les choses devaient se passer. En effet, il est constant que, pendant le même temps, il s'est produit dans tous ces pays un recul du vieil esprit militaire. A tort ou à raison, ces habitudes d'obéissance passive, de soumission absolue, en un mot d'impersonnalisme, si l'on veut nous permettre ce barbarisme, se sont trouvées de plus en plus en contradiction avec les exigences de la conscience publique. Elles ont, par conséquent, perdu du ter-

(1) Ce relèvement est trop important pour être accidentel. Si l'on remarque qu'il s'est produit exactement au moment où commençait la période des entreprises coloniales, on est fondé à se demander si les guerres auxquelles elles ont donné lieu n'ont pas déterminé un réveil de l'esprit militaire.

rain. Pour donner satisfaction aux aspirations nouvelles, la discipline est devenue moins rigide, moins compressive de l'individu (1). Il est d'ailleurs remarquable que, dans ces mêmes sociétés et pendant le même temps, les suicides civils n'ont fait qu'augmenter. C'est une nouvelle preuve que la cause dont ils dépendent est de nature contraire à celle qui fait le plus généralement l'aptitude spécifique des soldats.

Tout prouve donc que le suicide militaire n'est qu'une forme du suicide altruiste. Assurément, nous n'entendons pas dire que tous les cas particuliers qui se produisent dans les régiments ont ce caractère et cette origine. Le soldat, en revêtant l'uniforme, ne devient pas un homme entièrement nouveau ; les effets de l'éducation qu'il a reçue, de l'existence qu'il a menée jusque-là ne disparaissent pas comme par enchantement ; et d'ailleurs, il n'est pas tellement séparé du reste de la société qu'il ne participe pas à la vie commune. Il peut donc se faire que le suicide qu'il commet soit quelquefois civil par ses causes et par sa nature. Mais une fois qu'on a éliminé ces cas épars, sans liens entre eux, il reste un groupe compact et homogène, qui comprend la plupart des suicides dont l'armée est le théâtre et qui dépend de cet état d'altruisme sans lequel il n'y a pas d'esprit militaire. C'est le suicide des sociétés inférieures qui survit parmi nous parce que la morale militaire est elle-même, par certains côtés, une survivance de la morale primitive (2). Sous l'influence de cette prédisposition, le soldat se tue pour la moindre contrariété, pour les raisons les plus futiles, pour un refus de permission, pour une réprimande, pour une punition injuste, pour un arrêt dans l'avancement, pour une question de point d'honneur, pour un accès de jalousie passagère ou même, tout simplement, parce que d'autres suicides ont eu lieu sous

(1) Nous ne voulons pas dire que les individus souffraient de cette compression et se tuaient parce qu'ils en souffraient. Ils se tuaient davantage parce qu'ils étaient moins individualisés.

(2) Ce qui ne veut pas dire qu'elle doive, dès à présent, disparaître. Ces survivances ont leurs raisons d'être et il est naturel qu'une partie du passé subsiste au sein du présent. La vie est faite de ces contradictions.

ses yeux ou à sa connaissance. Voilà, en effet, d'où proviennent ces phénomènes de contagion que l'on a souvent observés dans les armées et dont nous avons, plus haut, rapporté des exemples. Ils sont inexplicables si le suicide dépend essentiellement de causes individuelles. On ne peut admettre que le hasard ait justement réuni dans tel régiment, sur tel point du territoire, un aussi grand nombre d'individus prédisposés à l'homicide de soi-même par leur constitution organique. D'autre part, il est encore plus inadmissible qu'une telle propagation imitative puisse avoir lieu en dehors de toute prédisposition. Mais tout s'explique aisément quand on a reconnu que la carrière des armes développe une constitution morale qui incline puissamment l'homme à se défaire de l'existence. Car il est naturel que cette constitution se trouve, à des degrés divers, chez la plupart de ceux qui sont ou qui ont passé sous les drapeaux, et, comme elle est pour les suicides un terrain éminemment favorable, il faut peu de chose pour faire passer à l'acte le penchant à se tuer qu'elle recèle ; l'exemple suffit pour cela. C'est pourquoi il se répand comme une traînée de poudre chez des sujets ainsi préparés à le suivre.

III

On peut mieux comprendre maintenant quel intérêt il y avait à donner une définition objective du suicide et à y rester fidèle.

Parce que le suicide altruiste, tout en présentant les traits caractéristiques du suicide, se rapproche, surtout dans ses manifestations les plus frappantes, de certaines catégories d'actes que nous sommes habitués à honorer de notre estime et même de notre admiration, on a souvent refusé de le considérer comme un homicide de soi-même. On se rappelle que, pour Esquirol et Falret, la mort de Caton et celle des Girondins n'étaient pas des suicides. Mais alors, si les suicides qui ont pour cause visible et immédiate l'esprit de renoncement et d'abnégation ne méritent pas cette qualification, elle ne saurait davantage convenir à ceux qui procèdent de la même disposition morale, quoique d'une manière moins apparente ; car les seconds ne diffèrent des premiers que par quelques nuances. Si l'habitant des îles Canaries qui se précipite dans un gouffre pour honorer son Dieu n'est pas un suicidé, comment donner ce nom au sectateur de Jina qui se tue pour rentrer dans le néant ; au primitif qui, sous l'influence du même état mental, renonce à l'existence pour une légère offense qu'il a subie ou simplement pour manifester son mépris de la vie, au failli qui aime mieux ne pas survivre à son déshonneur, enfin à ces nombreux soldats qui viennent tous les ans grossir le contingent des morts volontaires ? Car tous ces cas ont pour racine ce même état d'altruisme qui est également la cause de ce qu'on pourrait appeler le suicide héroïque. Les mettra-t-on seuls au rang des suicides et n'exclura-t-on que ceux dont le mobile est particulièrement pur ? Mais d'abord, d'après quel critérium fera-t-on le partage ? Quand un motif cesse-t-il d'être assez louable pour que l'acte qu'il détermine puisse être qualifié de suicide ? Puis, en séparant radicalement l'une de l'autre ces deux catégories de faits, on se condamne à en méconnaître la nature. Car c'est dans le suicide altruiste obligatoire que les caractères essentiels du type sont le mieux marqués. Les autres variétés n'en sont que des formes dérivées. Ainsi, ou bien on tiendra comme non avenu un groupe considérable de phénomènes instructifs, ou bien, si on ne les rejette pas tous, outre que l'on ne pourra faire entre eux qu'un choix arbitraire, on se mettra dans l'impossibilité d'apercevoir la souche commune à laquelle se rattachent ceux que l'on aura retenus. Tels sont les dangers auxquels on s'expose quand on fait dépendre la définition du suicide des sentiments subjectifs qu'il inspire.

D'ailleurs, même les raisons de sentiment par lesquelles on croit justifier cette exclusion, ne sont pas fondées. On s'appuie sur ce fait que les mobiles dont procèdent certains suicides altruistes se retrouvent, sous une forme à peine différente, à la base d'actes que tout le monde regarde comme moraux. Mais en est-il autrement du suicide égoïste ? Le sentiment de l'autonomie individuelle n'a-t-il pas sa moralité comme le sentiment contraire ? Si celui-ci est la condition d'un certain courage, s'il affermit les cœurs et va même jusqu'à les endurcir, l'autre les attendrit et les ouvre à la pitié. Si, là où règne le suicide altruiste, l'homme est toujours prêt à donner sa vie, en revanche, il ne fait pas plus de cas de celle d'autrui. Au contraire, là où il met tellement haut la personnalité individuelle qu'il n'aperçoit plus aucune fin qui la dépasse, il la respecte chez les autres. Le culte qu'il a pour elle fait qu'il souffre de tout ce qui peut la diminuer même chez ses semblables. Une plus large sympathie pour la souffrance humaine succède aux dévouements fanatiques des temps primitifs. Chaque sorte de suicide n'est donc que la forme exagérée ou déviée d'une vertu. Mais alors la manière dont ils affectent la conscience morale ne les différencie pas assez pour qu'on ait le droit d'en faire autant de genres séparés.

Chapitre V

LE SUICIDE ANOMIQUE

Mais la société n'est pas seulement un objet qui attire à soi, avec une intensité inégale, les sentiments et l'activité des individus. Elle est aussi un pouvoir qui les règle. Entre la manière dont s'exerce cette action régulatrice et le taux social des suicides il existe un rapport.

I

C'est un fait connu que les crises économiques ont sur le penchant au suicide une influence aggravante.

A Vienne, en 1873, éclate une crise financière qui atteint son maximum en 1874 ; aussitôt le nombre des suicides s'élève. De 141 en 1872, ils montent à 153 en 1873 et à 216 en 1874, avec une augmentation de 51 % par rapport à 1872 et de 41 % par rapport à 1873. Ce qui prouve bien que cette catastrophe est la seule cause de cet accroissement, c'est qu'il est surtout sensible au moment où la crise a été à l'état aigu, c'est-à-dire pendant les quatre premiers mois de 1874. Du 1er janvier au 30 avril on avait compté 48 suicides en 1871, 44 en 1872, 43 en 1873 ; il y en eut 73 en 1874. L'augmentation est de 70 %. La même crise ayant éclaté à la même époque à Francfort-sur-le-Main y a produit les mêmes effets. Dans les années qui précèdent 1874, il s'y commettait en moyenne 22 suicides par an ; en 1874, il y en eut 32, soit 45 % en plus.

On n'a pas oublié le fameux krach qui se produisit à la Bourse de Paris pendant l'hiver de 1882. Les conséquences s'en firent sentir non seulement à Paris, mais dans toute la France. De 1874 à 1886, l'accroissement moyen annuel n'est que de 2 % ; en 1882, il est de 7 %. De plus, il n'est pas également réparti entre les différents moments de l'année, mais il a lieu surtout pendant les trois premiers mois, c'est-à-dire à l'instant précis où le krach s'est produit. A ce seul trimestre reviennent les 59 centièmes de l'augmentation totale. Cette élévation est si bien le fait de circonstances exceptionnelles que, non seulement on ne la rencontre pas en 1861, mais qu'elle a disparu en 1883, quoique cette dernière année ait, dans l'ensemble, un peu plus de suicides que la précédente :

	1881	1882	1883
Année totale	6 741	7 213 (+ 7 %)	7 267
Premier trimestre .	1 589	1 770 (+ 11 %)	1 604

Ce rapport ne se constate pas seulement dans quelques cas exceptionnels ; il est la loi. Le chiffre des faillites est un baromètre qui reflète avec une suffisante sensibilité les variations par lesquelles passe la vie économique. Quand, d'une année à l'autre, elles deviennent brusquement plus nombreuses, on peut être assuré qu'il s'est produit quelque grave perturbation. De 1845 à 1869, il y a eu, à trois reprises, de ces élévations soudaines, symptômes de crises. Tandis que, pendant cette période, l'accroissement annuel du nombre des faillites est de 3,2 %, il est de 26 % en 1847, de 37 % en 1854, et de 20 % en 1861. Or, à ces trois moments, on constate également une ascension exceptionnellement rapide dans le chiffre des suicides. Tandis que, pendant ces 24 années, l'augmentation moyenne annuelle est seulement de 2 %, elle est de 17 % en 1847, de 8 % en 1854, de 9 % en 1861.

Mais à quoi ces crises doivent-elles leur influence ? Est-ce parce que, en faisant fléchir la fortune publique, elles augmentent la misère ? Est-ce parce que la vie devient plus difficile qu'on y renonce plus volontiers ? L'explication séduit par sa simplicité ; elle est d'ailleurs conforme à la conception courante du suicide. Mais elle est contredite par les faits.

En effet, si les morts volontaires augmentaient parce que la vie devient plus rude, elles devraient diminuer sensiblement quand l'aisance devient plus grande. Or si, quand le prix des aliments de première nécessité s'élève avec excès, les suicides font généralement de même, on ne constate pas qu'ils s'abaissent au-dessous de la moyenne dans le cas contraire. En Prusse, en 1850, le cours du blé descend au point le plus bas qu'il ait atteint pendant toute la période 1848-81 ; il était à 6 marcs 91 les 50 kilogrammes ; cependant, à ce moment même, les suicides passent de 1 527, où ils étaient en 1849, à 1 736, soit une augmentation de 13 %, et ils continuent à s'accroître pendant les années 1851, 1852, 1853 quoique le bon marché persiste. En 1858-59, un nouvel avilissement se produit ; néanmoins les suicides s'élèvent de 2 038 en 1857 à 2 126 en 1858, à 2 146 en 1859. De 1863 à 1866, les prix qui avaient atteint 11 marcs 04 en 1861 tombent progressivement jusqu'à 7 marcs 95 en 1864 et restent très modérés pendant toute la période ; les suicides, pendant ce même temps, augmentent de 17 % (2 112 en 1862, 2 485 en 1866) (1). On observe en Bavière des faits analogues. D'après une courbe construite par Mayr (2) pour la période 1835-61, c'est pendant les années 1857-58 et 1858-59 que le prix du seigle a été le plus bas ; or, les suicides qui, en 1857, n'étaient qu'au nombre de 286 montent à 329 en 1858, puis à 387 en 1859. Le même phénomène s'était déjà produit pendant les années 1848-50 : le blé, à ce moment, avait été très bon marché comme dans toute l'Europe. Et cependant, malgré une diminution légère et provisoire, due aux événements politiques et dont nous avons parlé, les suicides se maintinrent au même niveau. On en comptait 217 en 1847, il y en avait encore 215 en 1848 et si, en 1849, ils descendirent

---

(1) V. STARCK, *Verbrechen und Verg. in Preussen*, Berlin, 1884, p. 55.
(2) *Die Gesetzmässigkeit in Gesellschaftsleben*, p. 345.

un instant à 189, dès 1850, ils remontèrent et s'élevèrent jusqu'à 250.

C'est si peu l'accroissement de la misère qui fait l'accroissement des suicides que même des crises heureuses, dont l'effet est d'accroître brusquement la prospérité d'un pays, agissent sur le suicide tout comme des désastres économiques.

La conquête de Rome par Victor-Emmanuel en 1870, en fondant définitivement l'unité de l'Italie, a été pour ce pays le point de départ d'un mouvement de rénovation qui est en train d'en faire une des grandes puissances de l'Europe. Le commerce et l'industrie en reçurent une vive impulsion et des transformations s'y produisirent avec une extraordinaire rapidité. Tandis qu'en 1876, 4 459 chaudières à vapeur, d'une force totale de 54 000 chevaux, suffisaient aux besoins industriels, en 1887 le nombre des machines était de 9 983 et leur puissance, portée à 167 000 chevaux-vapeur, était triplée. Naturellement, la quantité des produits augmenta pendant le même temps selon la même proportion (1). Les échanges suivirent la progression ; non seulement la marine marchande, les voies de communication et de transport se développèrent, mais le nombre des choses et des gens transportés doubla (2). Comme cette suractivité générale amena une élévation des salaires (on estime à 35 % l'augmentation de 1873 à 1889), la situation matérielle des travailleurs s'améliora, d'autant plus que, au même moment, le prix du pain alla en baissant (3). Enfin, d'après les calculs de Bodio, la richesse privée serait passée de 45 milliards et demi, en moyenne, pendant la période 1875-80, à 51 milliards pendant les années 1880-85 et 54 milliards et demi en 1885-90 (4).

Or, parallèlement à cette renaissance collective, on constate un accroissement exceptionnel dans le nombre des suicides. De

---

(1) V. Fornasari di Verce, *La criminalita e le ricende economiche d'Italia*, Turin, 1894, p. 77-83.

(2) *Ibid.*, p. 108-117.

(3) *Ibid.*, p. 86-104.

(4) L'accroissement est moindre dans la période 1885-90 par suite d'une crise financière.

1866 à 1870, ils étaient à peu près restés constants ; de 1871 à 1877 ils augmentent de 36 %. Il y avait en

1864-70.	29 suicides pour 1 million		1874.	37	suicides pour 1 million
1871 ...	31	—	1875.	34	— —
1872 ...	33	—	1876.	36,5	— —
1873 ...	36	—	1877.	40,6	— —

Et depuis, le mouvement a continué. Le chiffre total qui était de 1 139 en 1877 est passé à 1 463 en 1889, soit une nouvelle augmentation de 28 %.

En Prusse, le même phénomène s'est produit à deux reprises. En 1866, ce royaume reçoit un premier accroissement. Il s'annexe plusieurs provinces importantes en même temps qu'il devient le chef de la confédération du Nord. Ce gain de gloire et de puissance est aussitôt accompagné d'une brusque poussée de suicides. Pendant la période 1856-60, il y avait eu, année moyenne, 123 suicides pour 1 million, et 122 seulement pendant les années 1861-65. Dans le quinquennium 1866-70, malgré la baisse qui se produisit en 1870, la moyenne s'élève à 133. L'année 1867, celle qui suivit immédiatement la victoire, est celle où le suicide atteignit le plus haut point auquel il fût parvenu depuis 1816 (1 suicide par 5 432 habitants tandis que, en 1864, il n'y avait qu'un cas sur 8 739).

Au lendemain de la guerre de 1870, une nouvelle transformation heureuse se produit. L'Allemagne est unifiée et placée tout entière sous l'hégémonie de la Prusse. Une énorme indemnité de guerre vient grossir la fortune publique ; le commerce et l'industrie prennent leur essor. Jamais le développement du suicide n'a été aussi rapide. De 1875 à 1886 il augmente de 90 %, passant de 3 278 cas à 6 212.

Les Expositions universelles, quand elles réussissent, sont considérées comme un événement heureux dans la vie d'une société. Elles stimulent les affaires, amènent plus d'argent dans le pays et passent pour augmenter la prospérité publique, surtout dans la ville même où elles ont lieu. Et cependant, il n'est pas impossible que, finalement, elles se soldent par une élévation considérable du chiffre des suicides. C'est ce qui paraît surtout avoir eu lieu pour l'Exposition de 1878. L'augmentation a été, cette année, la plus élevée qui se fût produite de 1874 à 1886. Elle fut de 8 %, par conséquent, supérieure à celle qu'a déterminée le krach de 1882. Et ce qui ne permet guère de supposer que cette recrudescence ait une autre cause que l'Exposition, c'est que les 86 centièmes de cet accroissement ont eu lieu juste pendant les six mois qu'elle a duré.

En 1889, le même fait ne s'est pas reproduit pour l'ensemble de la France. Mais il est possible que la crise boulangiste, par l'influence dépressive qu'elle a exercée sur la marche des suicides, ait neutralisé les effets contraires de l'Exposition. Ce qui est certain, c'est qu'à Paris, et quoique les passions politiques déchaînées aient dû avoir la même action que dans le reste du pays, les choses se passèrent comme en 1878. Pendant les 7 mois de l'Exposition, les suicides augmentèrent de près de 10 %, exactement 9,66, tandis que, dans le reste de l'année, ils restèrent au-dessous de ce qu'ils avaient été en 1888 et de ce qu'ils furent ensuite en 1890.

	1888	1889	1890
Les sept mois qui correspondent à l'Exposition ...	517	567	540
Les cinq autres mois	319	311	356

On peut se demander si, sans le boulangisme, la hausse n'aurait pas été plus prononcée.

Mais ce qui démontre mieux encore que la détresse économique n'a pas l'influence aggravante qu'on lui a souvent attribuée, c'est qu'elle produit plutôt l'effet contraire. En Irlande, où le paysan mène une vie si pénible, on se tue très peu. La misérable Calabre ne compte, pour ainsi dire, pas de suicides ; l'Espagne en a dix fois moins que la France. On peut même dire que la misère protège. Dans les différents départements français, les suicides sont d'autant plus nombreux qu'il y a plus de gens qui vivent de leurs revenus.

PLANCHE V. — SUICIDES ET RICHESSE

Suicides (1878-1887)

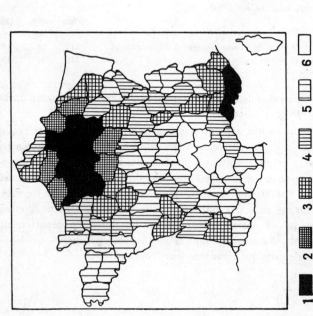

Proportion pour 100 000 habitants

1, De 31 à 48 ; **2**, De 24 à 30 ; **3**, De 18 à 23 ; **4**, De 13 à 17 ; **5**, De 8 à 12 ; **6**, De 3 à 7.

Personnes vivant de leurs revenus

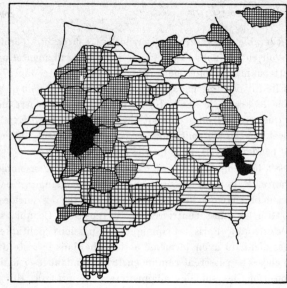

Nombre de personnes vivant de leurs revenus sur 1 000 habitants

1, Au-dessus de 100 ; **2**, De 71 à 100 ; **3**, De 51 à 70 ; **4**, De 41 à 50 ; **5**, De 31 à 40 ; **6**, De 10 à 30.

Départements où il se commet par 100 000 habitants (1878-1887)	Nombre moyen des personnes vivant de leurs revenus, par 1 000 habitants dans chaque groupe de départements (1886)
De 48 à 43 suicides (5 départements)..	127
— 38 à 31 — (6 —)..	73
— 30 à 24 — (6 —)..	69
— 23 à 18 — (15 —)..	59
— 17 à 13 — (18 —)..	49
— 12 à 8 — (26 —)..	49
— 7 à 3 — (10 —)..	42

La comparaison des cartes confirme celle des moyennes (v. planche V, p. 270).

Si donc les crises industrielles ou financières augmentent les suicides, ce n'est pas parce qu'elles appauvrissent, puisque des crises de prospérité ont le même résultat ; c'est parce qu'elles sont des crises, c'est-à-dire des perturbations de l'ordre collectif [1]. Toute rupture d'équilibre, alors même qu'il en résulte une plus grande aisance et un rehaussement de la vitalité générale, pousse à la mort volontaire. Toutes les fois que de graves réarrangements se produisent dans le corps social, qu'ils soient dus à un soudain mouvement de croissance ou à un cataclysme inattendu, l'homme se tue plus facilement. Comment est-ce possible ? Comment ce qui passe généralement pour améliorer l'existence peut-il en détacher ?

Pour répondre à cette question, quelques considérations préjudicielles sont nécessaires.

---

[1] Pour prouver que l'amélioration du bien-être diminue les suicides, on a essayé parfois d'établir que, quand l'émigration, cette soupape de sûreté de la misère, est largement pratiquée, les suicides baissent (v. LEGOYT, p. 257-259). Mais les cas où, au lieu d'une inversion, on constate un parallélisme entre ces deux phénomènes, sont nombreux. En Italie, de 1876 à 1890, le nombre des émigrants est passé de 76 pour 100 000 habitants à 335, chiffre qui a même été dépassé de 1887 à 1889. En même temps les suicides n'ont cessé de croître.

II

Un vivant quelconque ne peut être heureux et même ne peut vivre que si ses besoins sont suffisamment en rapport avec ses moyens. Autrement, s'ils exigent plus qu'il ne peut leur être accordé ou simplement autre chose, ils seront froissés sans cesse et ne pourront fonctionner sans douleur. Or, un mouvement qui ne peut se produire sans souffrance tend à ne pas se reproduire. Des tendances qui ne sont pas satisfaites s'atrophient et, comme la tendance à vivre n'est que la résultante de toutes les autres, elle ne peut pas ne pas s'affaiblir si les autres se relâchent.

Chez l'animal, du moins à l'état normal, cet équilibre s'établit avec une spontanéité automatique parce qu'il dépend de conditions purement matérielles. Tout ce que réclame l'organisme, c'est que les quantités de substance et d'énergie, employées sans cesse à vivre, soient périodiquement remplacées par des quantités équivalentes ; c'est que la réparation soit égale à l'usure. Quand le vide que la vie a creusé dans ses propres ressources est comblé, l'animal est satisfait et ne demande rien de plus. Sa réflexion n'est pas assez développée pour imaginer d'autres fins que celles qui sont impliquées dans sa nature physique. D'un autre côté, comme le travail exigé de chaque organe dépend lui-même de l'état général des forces vitales et des nécessités de l'équilibre organique, l'usure, à son tour, se règle sur la réparation et la balance se réalise d'elle-même. Les limites de l'une sont aussi celles de l'autre ; elles sont également inscrites dans la constitution même du vivant qui n'a pas le moyen de les dépasser.

Mais il n'en est pas de même de l'homme, parce que la plupart de ses besoins ne sont pas, ou ne sont pas au même degré, sous la dépendance du corps. A la rigueur, on peut encore considérer comme déterminable la quantité d'aliments matériels nécessaires à l'entretien physique d'une vie humaine, quoique la détermination soit déjà moins étroite que dans le cas précédent et la marge plus largement ouverte aux libres combinaisons du désir ; car, au-delà du minimum indispensable, dont la nature est prête à se contenter quand elle procède instinctivement, la réflexion, plus éveillée, fait entrevoir des conditions meilleures, qui apparaissent comme des fins désirables et qui sollicitent l'activité. Néanmoins, on peut admettre que les appétits de ce genre rencontrent tôt ou tard une borne qu'ils ne peuvent franchir. Mais comment fixer la quantité de bien-être, de confortable, de luxe que peut légitimement rechercher un être humain ? Ni dans la constitution organique, ni dans la constitution psychologique de l'homme, on ne trouve rien qui marque un terme à de semblables penchants. Le fonctionnement de la vie individuelle n'exige pas qu'ils s'arrêtent ici plutôt que là ; la preuve, c'est qu'ils n'ont fait que se développer depuis le commencement de l'histoire, que des satisfactions toujours plus complètes leur ont été apportées et que, pourtant, la santé moyenne n'est pas allée en s'affaiblissant. Surtout, comment établir la manière dont ils doivent varier selon les conditions, les professions, l'importance relative des services, etc. ? Il n'est pas de société où ils soient également satisfaits aux différents degrés de la hiérarchie sociale. Cependant, dans ses traits essentiels, la nature humaine est sensiblement la même chez tous les citoyens. Ce n'est donc pas elle qui peut assigner aux besoins cette limite variable qui leur serait nécessaire. Par conséquent, en tant qu'ils dépendent de l'individu seul, ils sont illimités. Par elle-même, abstraction faite de tout pouvoir extérieur qui la règle, notre sensibilité est un abîme sans fond que rien ne peut combler.

Mais alors, si rien ne vient la contenir du dehors, elle ne peut être pour elle-même qu'une source de tourments. Car des désirs illimités sont insatiables par définition et ce n'est pas sans raison que l'insatiabilité est regardée comme un signe de morbidité. Puisque rien ne les borne, ils dépassent toujours et infiniment les moyens dont ils disposent ; rien donc ne saurait les calmer. Une soif inextinguible est un supplice perpétuellement renouvelé. On a dit, il est vrai, que c'est le propre de l'activité humaine de se déployer sans terme assignable et de se proposer des fins qu'elle ne peut pas atteindre. Mais il est impossible d'apercevoir comment un tel état d'indétermination se concilie plutôt avec les conditions de la vie mentale qu'avec les exigences de la vie physique. Quelque plaisir que l'homme éprouve à agir, à se mouvoir, à faire effort, encore faut-il qu'il sente que ses efforts ne sont pas vains et qu'en marchant il avance. Or, on n'avance pas quand on ne marche vers aucun but ou, ce qui revient au même, quand le but vers lequel on marche est à l'infini. La distance à laquelle on en reste éloigné étant toujours la même quelque chemin qu'on ait fait, tout se passe comme si l'on s'était stérilement agité sur place. Même les regards jetés derrière soi et le sentiment de fierté que l'on peut éprouver en apercevant l'espace déjà parcouru ne sauraient causer qu'une bien illusoire satisfaction, puisque l'espace à parcourir n'est pas diminué pour autant. Poursuivre une fin inaccessible par hypothèse, c'est donc se condamner à un perpétuel état de mécontentement. Sans doute, il arrive à l'homme d'espérer contre toute raison et, même déraisonnable, l'espérance a ses joies. Il peut donc se faire qu'elle le soutienne quelque temps ; mais elle ne saurait survivre indéfiniment aux déceptions répétées de l'expérience. Or, qu'est-ce que l'avenir peut donner de plus que le passé, puisqu'il est à jamais impossible de parvenir à un état où l'on puisse se tenir et qu'on ne peut même se rapprocher de l'idéal entrevu ? Ainsi, plus on aura et plus on voudra avoir, les satisfactions reçues ne faisant que stimuler les besoins au lieu de les apaiser. Dira-t-on que, par elle-même, l'action est agréable ? Mais d'abord, c'est à condition qu'on s'aveugle assez pour n'en pas sentir l'inutilité. Puis, pour que ce plaisir soit ressenti et vienne tempérer et voiler à demi l'inquiétude douloureuse qu'il accompagne, il faut tout au moins que ce mouvement sans fin se déploie toujours à l'aise et sans être gêné par rien. Mais qu'il vienne à être entravé, et l'inquiétude reste seule avec le malaise qu'elle apporte avec elle. Or ce serait un miracle s'il ne surgissait jamais quelque infranchissable obstacle. Dans ces conditions, on ne tient à la vie que par un fil bien ténu et qui, à chaque instant, peut être rompu.

Pour qu'il en soit autrement, il faut donc avant tout que les passions soient limitées. Alors seulement, elles pourront être mises en harmonie avec les facultés et, par suite, satisfaites. Mais puisqu'il n'y a rien dans l'individu qui puisse leur fixer une limite, celle-ci doit nécessairement leur venir de quelque force extérieure à l'individu. Il faut qu'une puissance régulatrice joue pour les besoins moraux le même rôle que l'organisme pour les besoins physiques. C'est dire que cette puissance ne peut être que morale. C'est l'éveil de la conscience qui est venu rompre l'état d'équilibre dans lequel sommeillait l'animal ; seule donc la conscience peut fournir les moyens de le rétablir. La contrainte matérielle serait ici sans effet ; ce n'est pas avec des forces physico-chimiques qu'on peut modifier les cœurs. Dans la mesure où les appétits ne sont pas automatiquement contenus par des mécanismes physiologiques, ils ne peuvent s'arrêter que devant une limite qu'ils reconnaissent comme juste. Les hommes ne consentiraient pas à borner leurs désirs s'ils se croyaient fondés à dépasser la borne qui leur est assignée. Seulement, cette loi de justice, ils ne sauraient se la dicter à eux-mêmes pour les raisons que nous avons dites. Ils doivent donc la recevoir d'une autorité qu'ils respectent et devant laquelle ils s'inclinent spontanément. Seule, la société, soit directement et dans son ensemble, soit par l'intermédiaire d'un de ses organes, est en état de jouer ce rôle modérateur ; car elle est le seul pouvoir moral supérieur à l'individu, et dont celui-ci accepte la supériorité. Seule, elle a l'autorité nécessaire pour dire le droit et marquer aux passions le point au-delà duquel elles ne doivent pas aller. Seule aussi, elle peut apprécier quelle prime doit être offerte en perspective à chaque ordre de fonctionnaires, au mieux de l'intérêt commun.

Et en effet, à chaque moment de l'histoire, il y a dans la

conscience morale des sociétés un sentiment obscur de ce que valent respectivement les différents services sociaux, de la rémunération relative qui est due à chacun d'eux et, par conséquent, de la mesure de confortable qui convient à la moyenne des travailleurs de chaque profession. Les différentes fonctions sont comme hiérarchisées dans l'opinion et un certain coefficient de bien-être est attribué à chacune selon la place qu'elle occupe dans la hiérarchie. D'après les idées reçues, il y a, par exemple, une certaine manière de vivre qui est regardée comme la limite supérieure que puisse se proposer l'ouvrier dans les efforts qu'il fait pour améliorer son existence, et une limite inférieure au-dessous de laquelle on tolère difficilement qu'il descende, s'il n'a pas gravement démérité. L'une et l'autre sont différentes pour l'ouvrier de la ville et celui de la campagne, pour le domestique et pour le journalier, pour l'employé de commerce et pour le fonctionnaire, etc. De même encore, on blâme le riche qui vit en pauvre, mais on le blâme aussi s'il recherche avec excès les raffinements du luxe. En vain les économistes protestent ; ce sera toujours un scandale pour le sentiment public qu'un particulier puisse employer en consommations absolument superflues une trop grande quantité de richesses et il semble même que cette intolérance ne se relâche qu'aux époques de perturbation morale (1). Il y a donc une véritable réglementation qui, pour n'avoir pas toujours une forme juridique, ne laisse pas de fixer, avec une précision relative, le maximum d'aisance que chaque classe de la société peut légitimement chercher à atteindre. Du reste, l'échelle ainsi dressée, n'a rien d'immuable. Elle change, selon que le revenu collectif croît ou décroît et selon les changements qui se font dans les idées morales de la société. C'est ainsi que ce qui a le caractère du luxe pour une époque, ne l'a plus pour une autre ; que le bien-être, qui, pendant longtemps, n'était octroyé à une

---

(1) Cette réprobation est, actuellement, toute morale et ne paraît guère susceptible d'être sanctionnée juridiquement. Nous ne pensons pas qu'un rétablissement quelconque de lois somptuaires soit désirable ou simplement possible.

classe qu'à titre exceptionnel et surérogatoire, finit par apparaître comme rigoureusement nécessaire et de stricte équité.

Sous cette pression, chacun, dans sa sphère, se rend vaguement compte du point extrême jusqu'où peuvent aller ses ambitions et n'aspire à rien au-delà. Si, du moins, il est respectueux de la règle et docile à l'autorité collective, c'est-à-dire s'il a une saine constitution morale, il sent qu'il n'est pas bien d'exiger davantage. Un but et un terme sont ainsi marqués aux passions. Sans doute, cette détermination n'a rien de rigide ni d'absolu. L'idéal économique assigné à chaque catégorie de citoyens, est compris lui-même entre de certaines limites à l'intérieur desquelles les désirs peuvent se mouvoir avec liberté. Mais il n'est pas illimité. C'est cette limitation relative et la modération qui en résulte qui font les hommes contents de leur sort tout en les stimulant avec mesure à le rendre meilleur ; et c'est ce contentement moyen qui donne naissance à ce sentiment de joie calme et active ; à ce plaisir d'être et de vivre qui, pour les sociétés comme pour les individus, est la caractéristique de la santé. Chacun, du moins en général, est alors en harmonie avec sa condition et ne désire que ce qu'il peut légitimement espérer comme prix normal de son activité. D'ailleurs, l'homme n'est pas pour cela condamné à une sorte d'immobilité. Il peut chercher à embellir son existence ; mais les tentatives qu'il fait dans ce sens peuvent ne pas réussir sans le laisser désespéré. Car, comme il aime ce qu'il a et ne met pas toute sa passion à rechercher ce qu'il n'a pas, les nouveautés auxquelles il lui arrive d'aspirer peuvent manquer à ses désirs et à ses espérances sans que tout lui manque à la fois. L'essentiel lui reste. L'équilibre de son bonheur est stable parce qu'il est défini et il ne suffit pas de quelques mécomptes pour le bouleverser.

Toutefois, il ne servirait à rien que chacun considérât comme juste la hiérarchie des fonctions telle qu'elle est dressée par l'opinion, si, en même temps, on ne considérait comme également juste la façon dont ces fonctions se recrutent. Le travailleur n'est pas en harmonie avec sa situation sociale, s'il n'est pas convaincu qu'il a bien celle qu'il doit avoir. S'il se croit fondé à en occuper une autre, ce qu'il a ne saurait le satisfaire. Il ne suffit donc pas que le niveau moyen des besoins soit, pour chaque condition, réglé par le sentiment public, il faut encore qu'une autre réglementation, plus précise, fixe la manière dont les différentes conditions doivent être ouvertes aux particuliers. Et, en effet, il n'est pas de société où cette réglementation n'existe. Elle varie selon les temps et les lieux. Jadis elle faisait de la naissance le principe presque exclusif de la classification sociale ; aujourd'hui, elle ne maintient d'autre inégalité native que celle qui résulte de la fortune héréditaire et du mérite. Mais, sous ces formes diverses, elle a partout le même objet. Partout aussi, elle n'est possible que si elle est imposée aux individus par une autorité qui les dépasse, c'est-à-dire par l'autorité collective. Car elle ne peut s'établir sans demander aux uns ou aux autres et, plus généralement aux uns et aux autres, des sacrifices et des concessions, au nom de l'intérêt public.

Certains, il est vrai, ont pensé que cette pression morale deviendrait inutile du jour où la situation économique cesserait d'être transmise héréditairement. Si, a-t-on dit, l'héritage étant aboli, chacun entre dans la vie avec les mêmes ressources, si la lutte entre les compétiteurs s'engage dans des conditions de parfaite égalité, nul n'en pourra trouver les résultats injustes. Tout le monde sentira spontanément que les choses sont comme elles doivent être.

Il n'est effectivement pas douteux que, plus on se rapprochera de cette égalité idéale, moins aussi la contrainte sociale sera nécessaire. Mais ce n'est qu'une question de degré. Car il y aura toujours une hérédité qui subsistera, c'est celle des dons naturels. L'intelligence, le goût, la valeur scientifique, artistique, littéraire, industrielle, le courage, l'habileté manuelle sont des forces que chacun de nous reçoit en naissant, comme le propriétaire-né reçoit son capital, comme le noble, autrefois, recevait son titre et sa fonction. Il faudra donc encore une discipline morale pour faire accepter de ceux que la nature a le moins favorisés la moindre situation qu'ils doivent au hasard de leur naissance. Ira-t-on jusqu'à réclamer que le partage soit égal pour tous et qu'aucun avantage ne soit fait aux plus utiles et aux plus méritants ? Mais alors, il faudrait une discipline bien autrement énergique pour faire accepter de ces derniers un traitement simplement égal à celui des médiocres et des impuissants.

Seulement cette discipline, tout comme la précédente, ne peut être utile que si elle est considérée comme juste par les peuples qui y sont soumis. Quand elle ne se maintient plus que par habitude et de force, la paix et l'harmonie ne subsistent plus qu'en apparence ; l'esprit d'inquiétude et le mécontentement sont latents ; les appétits, superficiellement contenus, ne tardent pas à se déchaîner. C'est ce qui est arrivé à Rome et en Grèce quand les croyances sur lesquelles reposait la vieille organisation du patriciat et de la plèbe furent ébranlées, dans nos sociétés modernes quand les préjugés aristocratiques commencèrent à perdre leur ancien ascendant. Mais cet état d'ébranlement est exceptionnel ; il n'a lieu que quand la société traverse quelque crise maladive. Normalement, l'ordre collectif est reconnu comme équitable par la grande généralité des sujets. Quand donc nous disons qu'une autorité est nécessaire pour l'imposer aux particuliers, nous n'entendons nullement que la violence soit le seul moyen de l'établir. Parce que cette réglementation est destinée à contenir les passions individuelles, il faut qu'elle émane d'un pouvoir qui domine les individus ; mais il faut également que ce pouvoir soit obéi par respect et non par crainte.

Ainsi, il n'est pas vrai que l'activité humaine puisse être affranchie de tout frein. Il n'est rien au monde qui puisse jouir d'un tel privilège. Car tout être, étant partie de l'univers, est relatif au reste de l'univers ; sa nature et la manière dont il la manifeste ne dépendent donc pas seulement de lui-même, mais des autres êtres qui, par suite, le contiennent et le règlent. A cet égard, il n'y a que des différences de degrés et de formes entre le minéral et le sujet pensant. Ce que l'homme a de caractéristique, c'est que le frein auquel il est soumis n'est pas physique, mais moral, c'est-à-dire social. Il reçoit sa loi non d'un milieu matériel qui s'impose brutalement à lui, mais d'une conscience supérieure à la sienne et dont il sent la supériorité.

Parce que la majeure et la meilleure partie de sa vie dépasse le corps, il échappe au joug du corps, mais il subit celui de la société.

Seulement, quand la société est troublée, que ce soit par une crise douloureuse ou par d'heureuses mais trop soudaines transformations, elle est provisoirement incapable d'exercer cette action ; et voilà d'où viennent ces brusques ascensions de la courbe des suicides dont nous avons, plus haut, établi l'existence.

En effet, dans les cas de désastres économiques, il se produit comme un déclassement qui rejette brusquement certains individus dans une situation inférieure à celle qu'ils occupaient jusqu'alors. Il faut donc qu'ils abaissent leurs exigences, qu'ils restreignent leurs besoins, qu'ils apprennent à se contenir davantage. Tous les fruits de l'action sociale sont perdus en ce qui les concerne ; leur éducation morale est à refaire. Or, ce n'est pas en un instant que la société peut les plier à cette vie nouvelle et leur apprendre à exercer sur eux ce surcroît de contention auquel ils ne sont pas accoutumés. Il en résulte qu'ils ne sont pas ajustés à la condition qui leur est faite et que la perspective même leur en est intolérable ; de là des souffrances qui les détachent d'une existence diminuée avant même qu'ils en aient fait l'expérience.

Mais il n'en est pas autrement si la crise a pour origine un brusque accroissement de puissance et de fortune. Alors, en effet, comme les conditions de la vie sont changées, l'échelle d'après laquelle se réglaient les besoins ne peut plus rester la même ; car elle varie avec les ressources sociales, puisqu'elle détermine en gros la part qui doit revenir à chaque catégorie de producteurs. La graduation en est bouleversée ; mais d'autre part, une graduation nouvelle ne saurait être improvisée. Il faut du temps pour qu'hommes et choses soient à nouveau classés par la conscience publique. Tant que les forces sociales, ainsi mises en liberté, n'ont pas retrouvé l'équilibre, leur valeur respective reste indéterminée et, par conséquent, toute réglementation fait défaut pour un temps. On ne sait plus ce qui est possible et ce qui ne l'est pas, ce qui est juste et ce qui est injuste, quelles sont les revendications et les espérances légitimes, quelles sont celles qui passent la mesure. Par suite, il n'est rien à quoi on ne prétende. Pour peu que cet ébranlement soit profond, il atteint même les principes qui président à la répartition des citoyens entre les différents emplois. Car comme les rapports entre les diverses parties de la société sont nécessairement modifiés, les idées qui expriment ces rapports ne peuvent plus rester les mêmes. Telle classe, que la crise a plus spécialement favorisée, n'est plus disposée à la même résignation, et, par contrecoup, le spectacle de sa fortune plus grande éveille autour et au-dessous d'elle toute sorte de convoitises. Ainsi, les appétits, n'étant plus contenus par une opinion désorientée, ne savent plus où sont les bornes devant lesquelles ils doivent s'arrêter. D'ailleurs, à ce même moment, ils sont dans un état d'éréthisme naturel par cela seul que la vitalité générale est plus intense. Parce que la prospérité s'est accrue, les désirs sont exaltés. La proie plus riche qui leur est offerte les stimule, les rend plus exigeants, plus impatients de toute règle, alors justement que les règles traditionnelles ont perdu de leur autorité. L'état de dérèglement ou d'*anomie* est donc encore renforcé par ce fait que les passions sont moins disciplinées au moment même où elles auraient besoin d'une plus forte discipline.

Mais alors leurs exigences mêmes font qu'il est impossible de les satisfaire. Les ambitions surexcitées vont toujours au-delà des résultats obtenus, quels qu'ils soient ; car elles ne sont pas averties qu'elles ne doivent pas aller plus loin. Rien donc ne les contente et toute cette agitation s'entretient perpétuellement elle-même sans aboutir à aucun apaisement. Surtout, comme cette course vers un butin saisissable ne peut procurer d'autre plaisir celui de la course elle-même, si toutefois c'en est un, qu'elle vienne à être entravée, et l'on reste les mains entièrement vides. Or, il se trouve qu'en même temps la lutte devient plus violente et plus douloureuse, à la fois parce qu'elle est moins réglée et que les compétitions sont plus ardentes. Toutes les classes sont aux prises parce qu'il n'y a plus de classement établi. L'effort est donc plus considérable au moment où il devient plus improductif. Comment, dans ces conditions, la volonté de vivre ne faiblirait-elle pas ?

Cette explication est confirmée par la singulière immunité dont jouissent les pays pauvres. Si la pauvreté protège contre le suicide, c'est que, par elle-même, elle est un frein. Quoi qu'on fasse, les désirs, dans une certaine mesure, sont obligés de compter avec les moyens ; ce qu'on a sert en partie de point de repère pour déterminer ce qu'on voudrait avoir. Par conséquent, moins on possède, et moins on est porté à étendre sans limites le cercle de ses besoins. L'impuissance, en nous astreignant à la modération, nous y habitue, outre que, là où la médiocrité est générale, rien ne vient exciter l'envie. La richesse, au contraire, par les pouvoirs qu'elle confère, nous donne l'illusion que nous ne relevons que de nous-mêmes. En diminuant la résistance que nous opposent les choses, elle nous induit à croire qu'elles peuvent être indéfiniment vaincues. Or, moins on se sent limité, plus toute limitation paraît insupportable. Ce n'est donc pas sans raison que tant de religions ont célébré les bienfaits et la valeur morale de la pauvreté. C'est qu'elle est, en effet, la meilleure des écoles pour apprendre à l'homme à se contenir. En nous obligeant à exercer sur nous une constante discipline, elle nous prépare à accepter docilement la discipline collective, tandis que la richesse, en exaltant l'individu, risque toujours d'éveiller cet esprit de rébellion qui est la source même de l'immoralité. Sans doute, ce n'est pas une raison pour empêcher l'humanité d'améliorer sa condition matérielle. Mais si le danger moral qu'entraîne tout accroissement de l'aisance n'est pas sans remède, encore faut-il ne pas le perdre de vue.

III

Si, comme dans les cas précédents, l'anomie ne se produisait jamais que par accès intermittents et sous forme de crises aiguës, elle pourrait bien faire de temps en temps varier le taux social des suicides ; elle n'en serait pas un facteur régulier et constant. Mais il y a une sphère de la vie sociale où elle est actuellement à l'état chronique, c'est le monde du commerce et de l'industrie.

Depuis un siècle, en effet, le progrès économique a principalement consisté à affranchir les relations industrielles de toute réglementation. Jusqu'à des temps récents, tout un système de pouvoirs moraux avait pour fonction de les discipliner. Il y avait d'abord la religion dont l'influence se faisait sentir également sur les ouvriers et sur les maîtres, sur les pauvres et sur les riches. Elle consolait les premiers et leur apprenait à se contenter de leur sort en leur enseignant que l'ordre social est providentiel, que la part de chaque classe a été fixée par Dieu lui-même, et en leur faisant espérer d'un monde à venir de justes compensations aux inégalités de celui-ci. Elle modérait les seconds en leur rappelant que les intérêts terrestres ne sont pas le tout de l'homme, qu'ils doivent être subordonnés à d'autres, plus élevés, et, par conséquent, qu'ils ne méritent pas d'être poursuivis sans règle ni sans mesure. Le pouvoir temporel, de son côté, par la suprématie qu'il exerçait sur les fonctions économiques, par l'état relativement subalterne où il les maintenait, en contenait l'essor. Enfin, au sein même du monde des affaires, les corps de métiers, en réglementant les salaires, le prix des produits et la production elle-même, fixaient indirectement le niveau moyen des revenus sur lequel, par la force des choses, se règlent en partie les besoins. En décrivant cette organisation, nous n'entendons pas, au reste, la proposer comme un modèle. Il est clair que, sans de profondes transformations, elle ne saurait convenir aux sociétés actuelles. Tout ce que nous constatons, c'est qu'elle existait, qu'elle avait des effets utiles et qu'aujourd'hui rien n'en tient lieu.

En effet, la religion a perdu la plus grande partie de son Empire. Le pouvoir gouvernemental, au lieu d'être le régulateur de la vie économique, en est devenu l'instrument et le serviteur. Les écoles les plus contraires, économistes orthodoxes et socialistes extrêmes, s'entendent pour le réduire au rôle d'intermédiaire, plus ou moins passif, entre les différentes fonctions sociales. Les uns veulent en faire simplement le gardien des contrats individuels ; les autres lui laissent pour tâche le soin de tenir la comptabilité collective, c'est-à-dire d'enregistrer les demandes des consommateurs, de les transmettre aux producteurs, d'inventorier le revenu total et de le répartir d'après une formule établie. Mais les uns et les autres lui refusent toute qualité pour se subordonner le reste des organes sociaux et les faire converger vers un but qui les domine. De part et d'autre, on déclare que les nations doivent avoir pour seul ou principal objectif de prospérer industriellement ; c'est ce qu'implique le dogme du matérialisme économique qui sert également de base à ces systèmes, en apparence opposés. Et comme ces théories ne font qu'exprimer l'état de l'opinion, l'industrie, au lieu de continuer à être regardée comme un moyen en vue d'une fin qui la dépasse, est devenue la fin suprême des individus et des sociétés. Mais alors il est arrivé que les appétits qu'elle met en jeu se sont trouvés affranchis de toute autorité qui les limitât. Cette apothéose du bien-être, en les sanctifiant, pour ainsi dire, les a mis au-dessus de toute loi humaine. Il semble qu'il y ait une sorte de sacrilège à les endiguer. C'est pourquoi, même la réglementation purement utilitaire que le monde industriel lui-même exerçait sur eux, par l'intermédiaire des corporations, n'a pas réussi à se maintenir. Enfin, ce déchaînement des désirs a encore été aggravé par le développement même de l'industrie et l'extension presque indéfinie du marché. Tant que le producteur ne pouvait écouler ses produits que dans le voisinage immédiat, la modicité du gain possible ne pouvait pas surexciter beaucoup l'ambition. Mais maintenant qu'il peut presque prétendre à avoir pour client le monde entier, comment, devant ces perspectives sans bornes, les passions accepteraient-elles encore qu'on les bornât comme autrefois ?

Voilà d'où vient l'effervescence qui règne dans cette partie de la société, mais qui, de là, s'est étendue au reste. C'est que l'état de crise et d'anomie y est constant et, pour ainsi dire, normal. Du haut en bas de l'échelle, les convoitises sont soulevées sans qu'elles sachent où se poser définitivement. Rien ne saurait les calmer, puisque le but où elles tendent est infiniment au-delà de tout ce qu'elles peuvent atteindre. Le réel paraît sans valeur au prix de ce qu'entrevoient comme possible les imaginations enfiévrées ; on s'en détache donc, mais pour se détacher ensuite du possible quand, à son tour, il devient réel. On a soif de choses nouvelles, de jouissances ignorées, de sensations innommées, mais qui perdent toute leur saveur dès qu'elles sont connues. Dès lors, que le moindre revers survienne et l'on est sans forces pour le supporter. Toute cette fièvre tombe et l'on s'aperçoit combien ce tumulte était stérile et que toutes ces sensations nouvelles, indéfiniment accumulées, n'ont pas réussi à constituer un solide capital de bonheur sur lequel on pût vivre aux jours d'épreuves. Le sage, qui sait jouir des résultats acquis sans éprouver perpétuellement le besoin de les remplacer par d'autres, y trouve de quoi se retenir à la vie quand l'heure des contrariétés a sonné. Mais l'homme qui a toujours tout attendu de l'avenir, qui a vécu les yeux fixés sur le futur, n'a rien dans son passé qui le réconforte contre les amertumes du présent ; car le passé n'a été pour lui qu'une série d'étapes impatiemment traversées. Ce qui lui permettait de s'aveugler sur lui-même, c'est qu'il comptait toujours trouver plus loin le bonheur qu'il n'avait pas encore rencontré jusque-là. Mais voici qu'il est arrêté dans sa marche ; dès lors, il n'a plus rien ni derrière lui ni devant lui sur quoi il puisse reposer son regard. La fatigue, du reste, suffit, à elle seule, pour produire le désenchantement, car il est difficile de ne pas sentir, à la longue, l'inutilité d'une poursuite sans terme.

On peut même se demander si ce n'est pas surtout cet état moral qui rend aujourd'hui si fécondes en suicides les catastrophes économiques. Dans les sociétés où il est soumis à une saine discipline, l'homme se soumet aussi plus facilement aux coups du sort. Habitué à se gêner et à se contenir, l'effort nécessaire pour s'imposer un peu plus de gêne lui coûte relativement peu. Mais quand, par elle-même, toute limite est odieuse, comment une limitation plus étroite ne paraîtrait-elle pas insupportable ? L'impatience fiévreuse dans laquelle on vit n'incline guère à la résignation. Quand on n'a pas d'autre but que de dépasser sans cesse le point où l'on est parvenu, combien il est douloureux d'être rejeté en arrière ! Or, cette même inorganisation qui caractérise notre état économique ouvre la porte à toutes les aventures. Comme les imaginations sont avides de nouveautés et que rien ne les règle, elles tâtonnent au hasard. Nécessairement, les échecs croissent avec les risques et, ainsi, les crises se multiplient au moment même où elles deviennent plus meurtrières.

Et cependant, ces dispositions sont tellement invétérées que la société s'y est faite et s'est accoutumée à les regarder comme

Tableau XXIV

Suicides pour 1 million de sujets de chaque profession

		Commerce	Transports	Industrie	Agriculture	Carrières libérales (1)
France (2)..	(1878-87)	440		340	240	300
Suisse	(1876)	664	1 514	577	304	558
Italie	(1866-76)	277	152,6	80,4	26,7	618 (3)
Prusse	(1883-90)	754		456	315	832
Bavière	(1884-91)	465		369	153	454
Belgique ...	(1776-90)	421		160	160	100
Wurtemberg	(1873-78)	273		190	206	
Saxe	(1878)	341,59			71,17	

(1) Quand la statistique distingue plusieurs sortes de carrières libérales, nous indiquons, comme point de repère celle où le taux des suicides est le plus élevé.

(2) De 1826 à 1880, les fonctions économiques paraissent moins éprouvées (v. *Compte rendu* de 1880) ; mais la statistique des professions était-elle bien exacte ?

(3) Ce chiffre n'est atteint que par les gens de lettres.

normales. On répète sans cesse qu'il est dans la nature de l'homme d'être un éternel mécontent, d'aller toujours en avant sans trêve et sans repos, vers une fin indéterminée. La passion de l'infini est journellement présentée comme une marque de distinction morale, alors qu'elle ne peut se produire qu'au sein de consciences déréglées et qui érigent en règle le dérèglement dont elles souffrent. La doctrine du progrès quand même et le plus rapide possible est devenue un article de foi. Mais aussi, parallèlement à ces théories qui célèbrent les bienfaits de l'instabilité, on en voit apparaître d'autres qui, généralisant la situation d'où elles dérivent, déclarent la vie mauvaise, l'accusent d'être plus fertile en douleurs qu'en plaisirs et de ne séduire l'homme que par des attraits trompeurs. Et comme c'est dans le monde économique que ce désarroi est à son apogée, c'est là aussi qu'il fait le plus de victimes.

Les fonctions industrielles et commerciales sont, en effet, parmi les professions qui fournissent le plus au suicide (voir tableau XXIV, p. 286). Elles sont presque au niveau des carrières libérales, parfois même elles le dépassent ; surtout, elles sont sensiblement plus éprouvées que l'agriculture. C'est que l'industrie agricole est celle où les anciens pouvoirs régulateurs font encore le mieux sentir leur influence et où la fièvre des affaires a le moins pénétré. C'est elle qui rappelle le mieux ce qu'était autrefois la constitution générale de l'ordre économique. Et encore l'écart serait-il plus marqué si, parmi les suicidés de l'industrie, on distinguait les patrons des ouvriers, car ce sont probablement les premiers qui sont le plus atteints par l'état d'*anomie*. Le taux énorme de la population rentière (720 pour un million) montre assez que ce sont les plus fortunés qui souffrent le plus. C'est que tout ce qui oblige à la subordination atténue les effets de cet état. Les classes inférieures ont du moins leur horizon limité par celles qui leur sont superposées et, par cela même, leurs désirs sont plus définis. Mais ceux qui n'ont plus que le vide au-dessus d'eux, sont presque nécessités à s'y perdre, s'il n'est pas de force qui les retienne en arrière.

L'anomie est donc, dans nos sociétés modernes, un facteur régulier et spécifique de suicides ; elle est une des sources auxquelles s'alimente le contingent annuel. Nous sommes, par conséquent, en présence d'un nouveau type qui doit être distingué des autres. Il en diffère en ce qu'il dépend, non de la manière dont les individus sont attachés à la société, mais de la façon dont elle les réglemente. Le suicide égoïste vient de ce que les hommes n'aperçoivent plus de raison d'être à la vie ; le suicide altruiste de ce que cette raison leur paraît être en dehors de la vie elle-même ; la troisième sorte de suicide, dont nous venons de constater l'existence, de ce que leur activité est déréglée et de ce qu'ils en souffrent. En raison de son origine, nous donnerons à cette dernière espèce le nom de *suicide anomique*.

Assurément, ce suicide et le suicide égoïste ne sont pas sans rapports de parenté. L'un et l'autre viennent de ce que la société n'est pas suffisamment présente aux individus. Mais la sphère d'où elle est absente n'est pas la même dans les deux cas. Dans le suicide égoïste, c'est à l'activité proprement collective qu'elle fait défaut, la laissant ainsi dépourvue d'objet et de signification. Dans le suicide anomique, c'est aux passions proprement individuelles qu'elle manque, les laissant ainsi sans frein qui les règle. Il en résulte que, malgré leurs relations, ces deux types restent indépendants l'un de l'autre. Nous pouvons rapporter à la société tout ce qu'il y a de social en nous, et ne pas savoir borner nos désirs ; sans être un égoïste, on peut vivre à l'état d'anomie, et inversement. Aussi n'est-ce pas dans les mêmes milieux sociaux que ces deux sortes de suicides recrutent leur principale clientèle ; l'un a pour terrain d'élection les carrières intellectuelles, le monde où l'on pense, l'autre le monde industriel ou commercial.

IV

Mais l'anomie économique n'est pas la seule qui puisse engendrer le suicide.

Tableau XXV

Comparaison des États européens au double point de vue du divorce et du suicide

	Divorces annuels pour 1 000 mariages	Suicides par million d'habitants
I. — *Pays où les divorces et les séparations de corps sont rares*		
Norvège	0,54 (1875-80)	73
Russie	1,6 (1871-77)	30
Angleterre et Galles	1,3 (1871-79)	68
Ecosse	2,1 (1871-81)	
Italie	3,05 (1871-73)	31
Finlande	3,9 (1875-79)	30,8
Moyennes	2,07	46,5
II. — *Pays où les divorces et les séparations de corps ont une fréquence moyenne*		
Bavière	5,0 (1881)	90,5
Belgique	5,1 (1871-80)	68,5
Pays-Bas	6,0 (1871-80)	35,5
Suède	6,4 (1871-80)	81
Bade	6,5 (1874-79)	156,6
France	7,5 (1871-79)	150
Wurtemberg	8,4 (1876-78)	162,4
Prusse		133
Moyennes	6,4	109,6
III. — *Pays où les divorces et les séparations sont fréquents*		
Saxe-Royale	26,9 (1876-80)	299
Danemark	38 (1871-80)	258
Suisse	47 (1876-80)	216
Moyennes	37,3	257

Les suicides qui ont lieu quand s'ouvre la crise du veuvage, et dont nous avons déjà parlé (1), sont dus, en effet, à l'anomie domestique qui résulte de la mort d'un des époux. Il se produit alors un bouleversement de la famille dont le survivant subit l'influence. Il n'est pas adapté à la situation nouvelle qui lui est faite et c'est pourquoi il se tue plus facilement.

Mais il est une autre variété du suicide anomique qui doit nous arrêter davantage, à la fois parce qu'elle est plus chronique et qu'elle va nous servir à mettre en lumière la nature et les fonctions du mariage.

Dans les *Annales de démographie internationale* (septembre 1882), M. Bertillon a publié un remarquable travail sur le divorce, au cours duquel il a établi la proposition suivante : dans toute l'Europe, le nombre des suicides varie comme celui des divorces et des séparations de corps.

Si l'on compare les différents pays à ce double point de vue, on constate déjà ce parallélisme (voir tableau XXV, p. 289). Non seulement le rapport entre les moyennes est évident, mais la seule irrégularité de détail un peu marquée est celle des Pays-Bas où les suicides ne sont pas à la hauteur des divorces.

La loi se vérifie avec plus de rigueur encore si l'on compare, non des pays différents, mais des provinces différentes d'un même pays. En Suisse, notamment, la coïncidence entre ces deux ordres de phénomènes est frappante (voir tableau XXVI, p. 291). Ce sont les cantons protestants qui comptent le plus de divorces, ce sont eux aussi qui comptent le plus de suicides. Les cantons mixtes viennent après, à l'un et à l'autre point de vue, et ensuite seulement les cantons catholiques. A l'intérieur de chaque groupe, on note les mêmes concordances. Parmi les cantons catholiques, Soleure et Appenzell intérieur se distinguent par le nombre élevé de leurs divorces ; ils se distinguent également par le chiffre de leurs suicides. Fribourg, quoique catholique et français, a passablement de divorces, il a passablement

(1) Voir plus haut, p. 195.

Tableau XXVI

Comparaison des cantons suisses au point de vue des divorces et des suicides

	Divorces et séparation sur 1 000 mariages	Suicides par million		Divorces et séparation sur 1 000 mariages	Suicides par million
I. — CANTONS CATHOLIQUES					
Français et Italiens					
Tessin	7,6	57	Fribourg	15,9	119
Valais	4,0	47			
Moyennes.	5,8	50	Moyennes.	15,9	119
Allemands					
Uri		60	Soleure	37,7	205
Unterwalden-le-Haut	4,9	20	Appenzell int.	18,9	158
Unterwalden-le-Bas	5,2	1	Zug	14,8	87
Schwytz	5,6	70	Lucerne	13,0	100
Moyennes.	3,9	37,7	Moyennes.	21,1	137,5
II. — CANTONS PROTESTANTS					
Français					
Neuchâtel	42,4	560	Vaud	43,5	352
Allemands					
Berne	47,2	229	Schaffhouse	106,0	602
Bâle-ville	34,5	323	Appenzell ext.	100,7	213
Bâle-campagne	33,0	288	Glaris	83,1	127
			Zurich	80,0	288
Moyennes.	38,2	280	Moyennes.	92,4	307
III. — CANTONS MIXTES QUANT A LA RELIGION					
Argovie	40,0	195	Genève	70,5	360
Grisons	30,9	116	Saint-Gall	57,6	179
Moyennes.	36,9	155	Moyennes.	64,0	269

de suicides. Parmi les cantons protestants allemands, il n'en est pas qui aient autant de divorces que Schaffhouse ; Schaffhouse tient aussi la tête pour les suicides. Enfin les cantons mixtes, à la seule exception d'Argovie, se classent exactement de la même manière sous l'un et sous l'autre rapport.

La même comparaison faite entre les départements français donne le même résultat. Les ayant classés en huit catégories d'après l'importance de leur mortalité-suicide, nous avons constaté que les groupes, ainsi formés, se rangeaient dans le même ordre que sous le rapport des divorces et des séparations de corps :

	Suicides pour 1 million	Moyenne des divorces et séparations pour 1 000 mariages
1er groupe (5 départements)	Au-dessous de 50	2,6
2e — (18 —)	De 51 à 75	2,9
3e — (15 —)	De 76 à 100	5,0
4e — (19 —)	De 101 à 150	5,4
5e — (10 —)	De 151 à 200	7,5
6e — (9 —)	De 201 à 250	8,2
7e — (4 —)	De 251 à 300	10,0
8e — (5 —)	Au-dessus	12,4

Ce rapport établi, cherchons à l'expliquer.

Nous ne mentionnerons que pour mémoire l'explication qu'en a sommairement proposée M. Bertillon. D'après cet auteur, le nombre des suicides et celui des divorces varient parallèlement parce qu'ils dépendent l'un et l'autre d'un même facteur : la fréquence plus ou moins grande des gens mal équilibrés. En effet, dit-il, il y a d'autant plus de divorces dans un pays qu'il y a plus d'époux insupportables. Or, ces derniers se recrutent surtout parmi les irréguliers, les individus au caractère mal fait et mal pondéré, que ce même tempérament prédispose également au suicide. Le parallélisme ne viendrait donc pas de ce que l'institution du divorce a, par elle-même, une influence sur le suicide, mais de ce que ces deux ordres de faits dérivent d'une même cause qu'ils expriment différemment. Mais c'est arbitrairement et sans preuves qu'on rattache ainsi le divorce à certaines tares psychopathiques. Il n'y a aucune raison de

LE SUICIDE ANOMIQUE

supposer qu'il y a, en Suisse, 15 fois plus de déséquilibrés qu'en Italie et de 6 à 7 fois plus qu'en France, et cependant les divorces sont, dans le premier de ces pays, 15 fois plus fréquents que dans le second et 7 fois environ plus que dans le troisième. De plus, pour ce qui est du suicide, nous savons combien les conditions purement individuelles sont loin de pouvoir en rendre compte. Tout ce qui suit achèvera, d'ailleurs, de démontrer l'insuffisance de cette théorie.

Ce n'est pas dans les prédispositions organiques des sujets, mais dans la nature intrinsèque du divorce qu'il faut aller chercher la cause de cette remarquable relation. Sur ce point, une première proposition peut être établie : dans tous les pays pour lesquels nous avons les informations nécessaires, les suicides de divorcés sont incomparablement supérieurs en nombre à ceux que fournissent les autres parties de la population.

		\multicolumn{8}{c	}{Suicides sur un million de}
		\multicolumn{2}{c	}{Célibataires au-delà de 15 ans}	\multicolumn{2}{c	}{Mariés}	\multicolumn{2}{c	}{Veufs}	\multicolumn{2}{c	}{Divorcés}
		Hommes	Femmes	Hommes	Femmes	Hommes	Femmes	Hommes	Femmes
Prusse	(1887-89)	360	120	430	90	1 471	215	1 875	290
Prusse	(1883-90)	388	129	498	100	1 552	194	1 952	328
Bade	(1885-93)	458	93	460	85	1 172	171	1 328	
Saxe	(1847-58)			481	120	1 242	240	3 102	312
Saxe	(1876)	\multicolumn{2}{c	}{555,18}	821	146			3 252	389
Wurtemberg	(1846-60)			226	52	530	97	1 298	281
Wurtemberg	(1873-92)	\multicolumn{2}{c	}{251}	\multicolumn{2}{c	}{218}	\multicolumn{2}{c	}{405}	\multicolumn{2}{c	}{796}

Ainsi, les divorcés des deux sexes se tuent entre trois et quatre fois plus que les gens mariés, quoiqu'ils soient plus jeunes (40 ans, en France, au lieu de 46 ans), et sensiblement plus que les veufs malgré l'aggravation qui résulte pour ces derniers de leur grand âge. Comment cela se fait-il ?

Il n'est pas douteux que le changement de régime moral et matériel, qui est la conséquence du divorce, doit être pour quelque chose dans ce résultat. Mais il ne suffit pas à l'expliquer. En effet, le veuvage est un trouble non moins complet de l'existence ; il a même, en général, des suites beaucoup plus douloureuses puisqu'il n'était pas désiré par les époux, tandis que, le plus souvent, le divorce est pour eux une délivrance. Et pourtant, les divorcés qui, en raison de leur âge, devraient se tuer deux fois moins que les veufs, se tuent partout davantage, et jusqu'à deux fois plus dans certains pays. Cette aggravation, qui peut être représentée par un coefficient compris entre 2,5 et 4, ne dépend aucunement de leur changement d'état.

Pour en trouver les causes, reportons-nous à l'une des propositions que nous avons précédemment établies. Nous avons vu au chapitre troisième de ce même livre que, pour une même société, la tendance des veufs pour le suicide était fonction de la tendance correspondante des gens mariés. Si les seconds sont fortement protégés, les premiers jouissent d'une immunité moindre, sans doute, mais encore importante, et le sexe que le mariage préserve le mieux est aussi celui qui est le mieux préservé à l'état de veuvage. En un mot, quand la société conjugale est dissoute par le décès de l'un des époux, les effets qu'elle avait par rapport au suicide continuent à se faire sentir en partie sur le survivant (1). Mais alors n'est-il pas légitime de supposer que le même phénomène se produit quand le mariage est rompu, non par la mort, mais par un acte juridique et que l'aggravation dont souffrent les divorcés est une conséquence, non du divorce, mais du mariage auquel il a mis fin ? Elle doit tenir à une certaine constitution matrimoniale dont les époux continuent à subir l'influence, alors même qu'ils sont séparés. S'ils ont un si violent penchant au suicide, c'est qu'ils y étaient déjà fortement enclins alors qu'ils vivaient ensemble et par le fait même de leur vie commune.

Cette proposition admise, la correspondance des divorces et

---

(1) V. plus haut, p. 203.

Tableau XXVII

Influence du divorce sur l'immunité des époux

Pays	Suicides par million de sujets		Coefficient de préservation des époux par rapport aux garçons
	Garçons au-dessus de 15 ans	Epoux	
Où le divorce n'existe pas :			
Italie .... (1884-88)	145	88	1,64
France .... (1863-68) (1)	273	245,7	1,11
Où le divorce est largement pratiqué :			
Bade .... (1885-93)	458	460	0,99
Prusse .... (1883-90)	388	498	0,77
Prusse .... (1887-89)	364	431	0,83
Où le divorce est très fréquent (2) :			
Saxe (1879-80) *:*			
Sur 100 suicides de tout état civil	27,5	52,5	0,63
Sur 100 habitants mâles de tout état civil	42,10	52,47	

des suicides devient explicable. En effet, chez les peuples où le divorce est fréquent, cette constitution *sui generis* du mariage dont il est solidaire doit être nécessairement très répandue ; car elle n'est pas spéciale aux ménages qui sont prédestinés à une dissolution légale. Si elle atteint chez eux son maximum d'intensité, elle doit se retrouver chez les autres ou la plupart des

(1) Nous prenons cette période éloignée parce que le divorce n'existait pas du tout alors. La loi de 1884 qui l'a rétabli ne paraît pas d'ailleurs avoir produit jusqu'à présent d'effets sensibles sur les suicides d'époux ; leur coefficient de préservation n'avait pas sensiblement varié en 1888-92 ; une institution ne produit pas ses effets en si peu de temps.

(2) Pour la Saxe, nous n'avons que les nombres relatifs ci-dessus, empruntés à Oettingen ; ils suffisent à notre objet. On trouvera dans Legoyt (p. 171) d'autres documents qui prouvent également que, en Saxe, les époux ont un taux plus élevé que les célibataires. Legoyt lui-même en fait la remarque avec surprise.

autres, quoique à un moindre degré. Car, de même que là où il y a beaucoup de suicides il y a beaucoup de tentatives de suicides, et que la mortalité ne peut croître sans que la morbidité augmente en même temps, il doit y avoir beaucoup de ménages plus ou moins proches du divorce là où il y a beaucoup de divorces effectifs. Le nombre de ces derniers ne peut donc s'élever, sans que se développe et se généralise dans la même mesure cet état de la famille qui prédispose au suicide et, par conséquent, il est naturel que les deux phénomènes varient dans le même sens.

Outre que cette hypothèse est conforme à tout ce qui a été antérieurement démontré, elle est susceptible d'une preuve directe. En effet, si elle est fondée, les gens mariés doivent avoir, dans les pays où les divorces sont nombreux, une moindre immunité contre le suicide que là où le mariage est indissoluble. C'est effectivement ce qui résulte des faits, du moins *en ce qui concerne les époux*, comme le montre le tableau XXVII (p. 295). L'Italie, pays catholique où le divorce est inconnu, est aussi celui où le coefficient de préservation des époux est le plus élevé ; il est moindre en France où les séparations de corps ont toujours été plus fréquentes, et on le voit décroître à mesure qu'on passe à des sociétés où le divorce est plus largement pratiqué (1).

(1) Si nous ne comparons à ce point de vue que ces quelques pays, c'est que, pour les autres, les statistiques confondent les suicides d'époux avec ceux des épouses et on verra plus bas combien il est nécessaire de les distinguer.

Mais il ne faudrait pas conclure de ce tableau qu'en Prusse, à Bade et en Saxe, les époux se tuent réellement plus que les garçons. Il ne faut pas perdre de vue que ces coefficients ont été établis indépendamment de l'âge et de son influence sur le suicide. Or, comme les hommes de 25 à 30 ans, âge moyen des garçons, se tuent deux fois moins environ que les hommes de 40 à 45 ans, âge moyen des époux, ceux-ci jouissent d'une immunité même dans les pays où le divorce est fréquent ; mais elle y est plus faible qu'ailleurs. Pour qu'on pût dire qu'elle y est nulle, il faudrait que le taux des mariés, abstraction faite de l'âge, fût deux fois plus fort que celui des célibataires ; ce qui n'est pas le cas. Cette omission n'atteint, d'ailleurs, en rien la conclusion à laquelle nous sommes arrivé. Car l'âge moyen des époux varie peu

Nous n'avons pu nous procurer le chiffre des divorces dans le grand-duché d'Oldenbourg. Cependant, étant donné que c'est un pays protestant, on peut croire qu'ils y sont fréquents, sans l'être pourtant avec excès ; car la minorité catholique est assez importante. Il doit donc, à ce point de vue, être à peu près au même rang que Bade et que la Prusse. Or il se classe aussi au même rang au point de vue de l'immunité dont y jouissent les époux ; 100 000 célibataires au-delà de 15 ans donnent annuellement 52 suicides, 100 000 époux en commettent 66. Le coefficient de préservation pour ces derniers est donc de 0,79, très différent, par conséquent, de celui que l'on observe dans les pays catholiques où le divorce est rare ou inconnu.

La France nous fournit l'occasion de faire une observation qui confirme les précédentes, d'autant mieux qu'elle a plus de rigueur encore. Les divorces sont beaucoup plus fréquents dans la Seine que dans le reste du pays. En 1885, le nombre des divorces prononcés y était de 23,99 pour 10 000 ménages réguliers alors que, pour toute la France, la moyenne n'était que de 5,65. Or, il suffit de se reporter au tableau XXII pour constater que le coefficient de préservation des époux est sensiblement moindre dans la Seine qu'en province. Il n'y atteint, en effet, 3 qu'une seule fois, c'est pour la période de 20 à 25 ans ; et encore l'exactitude du chiffre est-elle douteuse, car il est calculé d'après un trop petit nombre de cas, attendu qu'il n'y a guère annuellement qu'un suicide d'époux à cet âge. A partir de 30 ans, le coefficient ne dépasse pas 2, il est le plus souvent

---

d'un pays à l'autre, de deux ou trois ans seulement, et, d'un autre côté, la loi selon laquelle l'âge agit sur le suicide est partout la même. Par conséquent, en négligeant l'action de ce facteur, nous avons bien diminué la valeur absolue des coefficients de préservation, mais, comme nous les avons partout diminués selon la même proportion, nous n'avons pas altéré leur valeur relative qui, seule, nous importe. Car nous ne cherchons pas à estimer en valeur absolue l'immunité des époux dans chaque pays, mais à classer les différents pays au point de vue de cette immunité. Quant aux raisons qui nous ont déterminé à cette simplification, c'est d'abord pour ne pas compliquer le problème inutilement, mais c'est aussi parce que nous n'avons pas dans tous les cas les éléments nécessaires pour calculer exactement l'action de l'âge.

au-dessous et il devient même inférieur à l'unité entre 60 et 70 ans. En moyenne, il est de 1,73. Dans les départements, au contraire, il est 5 fois sur 8 supérieur à 3 ; en moyenne, il est de 2,88, c'est-à-dire, 1,66 fois plus fort que dans la Seine.

Voilà une preuve de plus que le nombre élevé des suicides dans les pays où le divorce est répandu ne tient pas à quelque prédisposition organique, notamment à la fréquence des sujets déséquilibrés. Car si telle était la véritable cause, elle devrait faire sentir ses effets aussi bien sur les célibataires que sur les mariés. Or, en fait, ce sont ces derniers qui sont le plus atteints. C'est donc que l'origine du mal se trouve bien, comme nous l'avons supposé, dans quelque particularité soit du mariage, soit de la famille. Reste à choisir entre ces deux dernières hypothèses. Cette moindre immunité des époux est-elle due à l'état de la société domestique ou à l'état de la société matrimoniale ? Est-ce l'esprit familial qui est moins bon ou le lien conjugal qui n'est pas tout ce qu'il doit être ?

Un premier fait qui rend improbable la première explication, c'est que, chez les peuples où le divorce est le plus fréquent, la natalité est très bonne, par suite, la densité du groupe domestique très élevée. Or nous savons que là où la famille est dense, l'esprit de famille est généralement fort. Il y a donc tout lieu de croire que c'est dans la nature du mariage que se trouve la cause du phénomène.

Et en effet, si c'était à la constitution de la famille qu'il était imputable, les épouses, elles aussi, devraient être moins préservées du suicide dans les pays où le divorce est d'un usage courant que là où il est peu pratiqué ; car elles sont aussi bien atteintes que l'époux par le mauvais état des relations domestiques. Or c'est exactement l'inverse qui a lieu. Le coefficient de préservation des femmes mariées s'élève à mesure que celui des époux s'abaisse, c'est-à-dire à mesure que les divorces sont plus fréquents, et inversement. Plus le lien conjugal se rompt souvent et facilement, plus la femme est favorisée par rapport au mari (voir tableau XXVIII, p. 299).

L'inversion entre les deux séries de coefficients est remar-

Tableau XXVIII

Influence du divorce sur l'immunité des épouses (1)

	Suicides sur 1 million de		Coefficient de préservation des		Combien le coefficient des époux dépasse-t-il de fois celui des épouses ?	Combien le coefficient des épouses dépasse-t-il de fois celui des époux ?
	Filles au-dessus de 16 ans	Epouses	Epouses	Epoux		
Italie	21	22	0,95	1,64	1,72	
France	59	62,5	0,96	1,11	1,15	
Bade	93	85	1,09	0,99		1,10
Prusse	129	100	1,29	0,77		1,67
— (1887-89)......	120	90	1,33	0,83		1,60
Saxe :						
Sur 100 suicides de tout état civil ..	35,3	42,6				
Sur 100 habitants de tout état civil	37,97	49,74	1,19	0,63		1,73

quable. Dans les pays où le divorce n'existe pas, la femme est moins préservée que son mari ; mais son infériorité est plus grande en Italie qu'en France où le lien matrimonial a toujours été plus fragile. Au contraire, dès que le divorce est pratiqué (Bade), le mari est moins préservé que l'épouse et l'avantage de celle-ci croît régulièrement à mesure que les divorces se développent.

De même que précédemment, le grand-duché d'Oldenbourg se comporte à ce point de vue comme les autres pays d'Allemagne où le divorce est d'une fréquence moyenne. Un million de filles donnent 203 suicides, un million de femmes mariées 156 ; celles-ci ont donc un coefficient de préservation égal à 1,3 bien supérieur à celui des époux qui n'était que de 0,79. Le premier est 1,64 fois plus fort que le second, à peu près comme en Prusse.

La comparaison de la Seine avec les autres départements français confirme cette loi d'une manière éclatante. En province,

(1) Les périodes sont les mêmes qu'au tableau XXVII.

où l'on divorce moins, le coefficient moyen des femmes mariées n'est que de 1,49 ; il ne représente donc que la moitié du coefficient moyen des époux qui est de 2,88. Dans la Seine, le rapport est renversé. L'immunité des hommes n'est que de 1,56 et même de 1,44, si on laisse de côté les chiffres douteux qui se rapportent à la période de 20 à 25 ans ; l'immunité des femmes est de 1,79. La situation de la femme par rapport au mari y est donc plus de deux fois meilleure que dans les départements.

On peut faire la même constatation, si l'on compare les différentes provinces de Prusse :

Provinces où il y a par 100 000 mariés

De 810 à 405 divorcés	Coefficients de préservation des épouses	De 371 à 324 divorcés	Coefficients de préservation des épouses	De 229 à 116 divorcés	Coefficients de préservation des épouses
Berlin	1,72	Poméranie	1	Posen	1
Brandebourg	1,75			Hesse	1,44
		Silésie	1,18	Hanovre	0,90
Prusse orientale	1,50	Prusse occidentale	1	Pays Rhénan	1,25
Saxe	2,08	Schleswig	1,20	Westphalie	0,80

Tous les coefficients du premier groupe sont sensiblement supérieurs à ceux du second, et c'est dans le troisième que se trouvent les plus faibles. La seule anomalie est celle de la Hesse où, pour des raisons inconnues, les femmes mariées jouissent d'une immunité assez importante, quoique les divorcés y soient peu nombreux (1).

Malgré cette concordance des preuves, soumettons cette loi à une dernière vérification. Au lieu de comparer l'immunité des époux à celle des épouses, cherchons de quelle manière, différente selon les pays, le mariage modifie la situation respective des sexes quant au suicide. C'est cette comparaison qui fait

(1) Nous avons dû classer ces provinces d'après le nombre des divorcés recensés, n'ayant pas trouvé le nombre des divorces annuels.

Tableau XXIX

Part proportionnelle de chaque sexe aux suicides de chaque catégorie d'état civil dans différents pays d'Europe

	Sur 100 suicides de célibataires, il y a	Sur 100 suicides de mariés, il y a	Excédent moyen par pays de la part des Epouses sur celle des filles	Filles sur celle des épouses
Italie :				
1871	87 garçons, 13 filles	79 époux, 21 épouses		
1872	82 — 18 —	78 — 22 —	6,2	
1873	86 — 14 —	79 — 21 —		
1884-88 .	85 — 15 —	79 — 21 —		
France :				
1863-66 .	84 — 16 —	78 — 22 —		
1867-71 .	84 — 16 —	79 — 21 —	3,6	
1888-91 .	81 — 19 —	81 — 19 —		
Bade :				
1869-73 .	84 — 16 —	85 — 15 —		1
1885-93 .	84 — 16 —	85 — 15 —		
Prusse :				
1873-75 .	78 — 22 —	83 — 17 —		5
1887-89 .	77 — 23 —	83 — 17 —		
Saxe :				
1866-70 .	77 — 23 —	84 — 16 —		7
1879-90 .	80 — 22 —	86 — 14 —		

l'objet du tableau XXIX. On y voit que, dans les pays où le divorce n'existe pas ou n'est établi que depuis peu, la femme participe en plus forte proportion aux suicides des mariés qu'aux suicides des célibataires. C'est dire que le mariage y favorise l'époux plus que l'épouse, et la situation défavorable de cette dernière est plus accusée en Italie qu'en France. L'excédent moyen de la part proportionnelle des femmes mariées sur celle des filles est, en effet, deux fois plus élevé dans le premier de ces deux pays que dans le second. Dès qu'on passe aux peuples où l'institution du divorce fonctionne largement, le phénomène inverse se produit. C'est la femme qui gagne du terrain par le fait du mariage et l'homme qui en perd ; et le profit qu'elle en tire est plus considérable en Prusse qu'à Bade et en Saxe qu'en Prusse. Il atteint son maximum dans le pays où les divorces, de leur côté, ont leur fréquence *maxima*.

On peut donc considérer comme au-dessus de toute contestation la loi suivante : *Le mariage favorise d'autant plus la femme au point de vue du suicide que le divorce est plus pratiqué, et inversement.*

De cette proposition sortent deux conséquences.

La première, c'est que les époux contribuent seuls à cette élévation du taux des suicides que l'on observe dans les sociétés où les divorces sont fréquents, les épouses, au contraire, s'y tuant moins qu'ailleurs. Si donc le divorce ne peut se développer sans que la situation morale de la femme s'améliore, il est inadmissible qu'il soit lié à un mauvais état de la société domestique de nature à aggraver le penchant au suicide ; car cette aggravation devrait se produire chez la femme comme chez le mari. Un affaiblissement de l'esprit de famille ne peut avoir des effets aussi opposés sur les deux sexes : il ne peut pas favoriser la mère et atteindre aussi gravement le père. Par conséquent, c'est dans l'état du mariage et non dans la constitution de la famille que se trouve la cause du phénomène que nous étudions. Et en effet, il est très possible que le mariage agisse en sens inverse sur le mari et sur la femme. Car si, en tant que parents, ils ont le même objectif, en tant que conjoints, leurs intérêts sont différents et souvent antagonistes. Il peut donc très bien se faire que, dans certaines sociétés, telle particularité de l'institution matrimoniale profite à l'un et nuise à l'autre. Tout ce qui précède tend à prouver que c'est précisément le cas du divorce.

En second lieu, la même raison nous oblige à rejeter l'hypothèse d'après laquelle ce mauvais état du mariage, dont divorces et suicides sont solidaires, consisterait simplement en une plus grande fréquence des discussions domestiques ; car, pas plus que le relâchement du lien familial, une telle cause ne saurait avoir pour résultat d'accroître l'immunité de la femme. Si le chiffre des suicides, là où le divorce est usité, tenait réellement au nombre des querelles conjugales, l'épouse devrait en souffrir tout comme l'époux. Il n'y a rien là qui soit de nature à la préserver exceptionnellement. Une telle hypothèse est d'autant moins soutenable que, la plupart du temps, le divorce est demandé par la femme contre le mari (en France, 60 fois % pour les divorces et 83 % pour les séparations de corps) (1). C'est donc que les troubles du ménage sont, dans la majeure partie des cas, imputables à l'homme. Mais alors il serait inintelligible que, dans les pays où l'on divorce beaucoup, l'homme se tuât plus parce qu'il fait plus souffrir sa femme, et que la femme, au contraire, s'y tuât moins parce que son mari la fait souffrir davantage. D'ailleurs, il n'est pas prouvé que le nombre des dissentiments conjugaux croisse comme celui des divorces (2).

Cette hypothèse écartée, il n'en reste plus qu'une de possible. Il faut que l'institution même du divorce, par l'action qu'elle exerce sur le mariage, détermine au suicide.

Et en effet, qu'est-ce que le mariage ? Une réglementation des rapports des sexes, qui s'étend non seulement aux instincts physiques que ce commerce met en jeu, mais encore aux sentiments de toute sorte que la civilisation a peu à peu greffés sur la base des appétits matériels. Car l'amour est, chez nous, un fait beaucoup plus mental qu'organique. Ce que l'homme cherche chez la femme, ce n'est pas simplement la satisfaction du désir génésique. Si ce penchant naturel a été le germe de toute l'évolution sexuelle, il s'est progressivement compliqué de sentiments esthétiques et moraux, nombreux et variés, et il n'est plus aujourd'hui que le moindre élément du *processus* total et touffu auquel il a donné naissance. Au contact de ces éléments intellectuels, il s'est lui-même partiellement affranchi du corps et comme intellectualisé. Ce sont des raisons morales qui le sus-

---

(1) LEVASSEUR, *Population française*, t. II, p. 92. Cf. BERTILLON, *Annales de Dem. inter.*, 1880, p. 460. — En Saxe, les demandes intentées par les hommes sont presque aussi nombreuses que celles qui émanent des femmes.
(2) BERTILLON, *Annales*, etc., 1882, p. 175 et suiv.

citent autant que des sollicitations physiques. Aussi n'a-t-il plus la périodicité régulière et automatique qu'il présente chez l'animal. Une excitation psychique peut en tout temps l'éveiller : il est de toutes les saisons. Mais précisément parce que ces diverses inclinations, ainsi transformées, ne sont pas directement placées sous la dépendance de nécessités organiques, une réglementation sociale leur est indispensable. Puisqu'il n'y a rien dans l'organisme qui les contienne, il faut qu'elles soient contenues par la société. Telle est la fonction du mariage. Il règle toute cette vie passionnelle, et le mariage monogamique plus étroitement que tout autre. Car, en obligeant l'homme à ne s'attacher qu'à une seule femme, toujours la même, il assigne au besoin d'aimer un objet rigoureusement défini, et ferme l'horizon.

C'est cette détermination qui fait l'état d'équilibre moral dont bénéficie l'époux. Parce qu'il ne peut, sans manquer à ses devoirs, chercher d'autres satisfactions que celles qui lui sont ainsi permises, il y borne ses désirs. La salutaire discipline à laquelle il est soumis lui fait un devoir de trouver son bonheur dans sa condition et, par cela même, lui en fournit les moyens. D'ailleurs, si sa passion est tenue de ne pas varier, l'objet auquel elle est fixée est tenu de ne pas lui manquer : car l'obligation est réciproque. Si ses jouissances sont définies, elles sont assurées, et cette certitude consolide son assiette mentale. Tout autre est la situation du célibataire. Comme il peut légitimement s'attacher à ce qui lui plaît, il aspire à tout et rien ne le contente. Ce mal de l'infini, que l'anomie apporte partout avec elle, peut tout aussi bien atteindre cette partie de notre conscience que toute autre ; il prend très souvent une forme sexuelle que Musset a décrite (1). Du moment qu'on n'est arrêté par rien, on ne saurait s'arrêter soi-même. Au-delà des plaisirs dont on a fait l'expérience, on en imagine et on en veut d'autres ; s'il arrive qu'on ait à peu près parcouru tout le cercle du possible, on rêve à l'impossible ; on a soif de ce qui n'est pas (2). Comment la sensi-

(1) V. *Rolla* et dans *Namouna* le portrait de Don Juan.
(2) V. le monologue de Faust dans la pièce de Gœthe.

bilité ne s'exaspérerait-elle pas dans cette poursuite qui ne peut pas aboutir ? Pour qu'elle en vienne à ce point, il n'est même pas nécessaire qu'on ait multiplié à l'infini les expériences amoureuses et vécu en Don Juan. L'existence médiocre du célibataire vulgaire suffit pour cela. Ce sont sans cesse des espérances nouvelles qui s'éveillent et qui sont déçues, laissant derrière elles une impression de fatigue et de désenchantement. Comment, d'ailleurs, le désir pourrait-il se fixer, puisqu'il n'est pas sûr de pouvoir garder ce qui l'attire ; car l'anomie est double. De même que le sujet ne se donne pas définitivement, il ne possède rien à titre définitif. L'incertitude de l'avenir, jointe à sa propre indétermination, le condamne donc à une perpétuelle mobilité. De tout cela résulte un état de trouble, d'agitation et de mécontentement qui accroît nécessairement les chances de suicide.

Or, le divorce implique un affaiblissement de la réglementation matrimoniale. Là où il est établi, là surtout où le droit et les mœurs en facilitent avec excès la pratique, le mariage n'est plus qu'une forme affaiblie de lui-même ; c'est un moindre mariage. Il ne saurait donc, au même degré, produire ses effets utiles. La borne qu'il mettait au désir n'a plus la même fixité ; pouvant être plus aisément ébranlée et déplacée, elle contient moins énergiquement la passion et celle-ci, par suite, tend davantage à se répandre au-delà. Elle se résigne moins aisément à la condition qui lui est faite. Le calme, la tranquillité morale qui faisait la force de l'époux est donc moindre ; elle fait place, en quelque mesure, à un état d'inquiétude qui empêche l'homme de se tenir à ce qu'il a. Il est, d'ailleurs, d'autant moins porté à s'attacher au présent que la jouissance ne lui en est pas complètement assurée : l'avenir est moins garanti. On ne peut pas être fortement retenu par un lien qui peut être, à chaque instant, brisé soit d'un côté soit de l'autre. On ne peut pas ne pas porter ses regards au-delà du point où l'on est, quand on ne sent pas le sol ferme sous ses pas. Pour ces raisons, dans les pays où le mariage est fortement tempéré par le divorce, il est inévitable que l'immunité de l'homme marié soit plus faible. Comme, sous un tel régime, il se rapproche du célibataire, il ne peut pas ne pas perdre quelques-uns de ses avantages. Par conséquent, le nombre total des suicides s'élève (1).

Mais cette conséquence du divorce est spéciale à l'homme ; elle n'atteint pas l'épouse. En effet, les besoins sexuels de la femme ont un caractère moins mental, parce que, d'une manière générale, sa vie mentale est moins développée. Ils sont plus immédiatement en rapport avec les exigences de l'organisme, les suivent plus qu'ils ne les devancent et y trouvent par conséquent un frein efficace. Parce que la femme est un être plus instinctif que l'homme, pour trouver le calme et la paix, elle n'a qu'à suivre ses instincts. Une réglementation sociale aussi étroite que celle du mariage et, surtout, du mariage monogamique ne lui est donc pas nécessaire. Or une telle discipline, là même où elle est utile, ne va pas sans inconvénients. En fixant pour jamais la condition conjugale, elle empêche d'en sortir quoi qu'il puisse arriver. En bornant l'horizon, elle ferme les issues et interdit toutes les espérances, même légitimes. L'homme lui-même n'est pas sans souffrir de cette immutabilité ; mais le mal est pour lui largement compensé par les bienfaits qu'il en retire d'autre part. D'ailleurs, les mœurs lui accordent certains privilèges qui lui permettent d'atténuer, dans une certaine mesure, la rigueur du régime. Pour la femme, au contraire, il n'y a ni compensation ni atténuation. Pour elle, la monogamie est d'obligation stricte, sans tempéraments d'aucune sorte, et, d'un autre côté, le mariage ne lui est pas utile, au moins au même degré, pour borner ses désirs qui sont naturellement bornés et lui apprendre à se contenter de son sort ; mais il l'empêche d'en changer s'il devient intolérable. La règle est donc

(1) Mais, dira-t-on, est-ce que, là où le divorce ne tempère pas le mariage, l'obligation étroitement monogamique ne risque pas d'entraîner le dégoût ? Oui, sans doute, ce résultat se produira nécessairement, si le caractère moral de l'obligation n'est plus senti. Ce qui importe, en effet, ce n'est pas seulement que la réglementation existe, mais qu'elle soit acceptée par les consciences. Autrement, si elle n'a pas plus d'autorité morale et ne se maintient plus que par la force d'inertie, elle ne peut plus jouer de rôle utile. Elle gêne sans beaucoup servir.

pour elle une gêne sans grands avantages. Par suite, tout ce qui l'assouplit et l'allège ne peut qu'améliorer la situation de l'épouse. Voilà pourquoi le divorce la protège, pourquoi aussi elle y recourt volontiers.

C'est donc l'état d'anomie conjugale, produit par l'institution du divorce, qui explique le développement parallèle des divorces et des suicides. Par conséquent, ces suicides d'époux qui, dans les pays où il y a beaucoup de divorces, élèvent le nombre des morts volontaires, constituent une variété du suicide anomique. Ils ne viennent pas de ce que, dans ces sociétés, il y a plus de mauvais époux ou plus de mauvaises femmes, partant, plus de ménages malheureux. Ils résultent d'une constitution morale *sui generis* qui a elle-même pour cause un affaiblissement de la réglementation matrimoniale ; c'est cette constitution, acquise pendant le mariage, qui, en lui survivant, produit l'exceptionnelle tendance au suicide que manifestent les divorcés. Du reste, nous n'entendons pas dire que cet énervement de la règle soit créé de toutes pièces par l'établissement légal du divorce. Le divorce n'est jamais proclamé que pour consacrer un état des mœurs qui lui était antérieur. Si la conscience publique n'était arrivée peu à peu à juger que l'indissolubilité du lien conjugal est sans raison, le législateur n'aurait même pas songé à en accroître la fragilité. L'anomie matrimoniale peut donc exister dans l'opinion sans être encore inscrite dans la loi. Mais, d'un autre côté, c'est seulement quand elle a pris une forme légale, qu'elle peut produire toutes ses conséquences. Tant que le droit matrimonial n'est pas modifié, il sert tout au moins à contenir matériellement les passions ; surtout, il s'oppose à ce que le goût de l'anomie gagne du terrain, par cela seul qu'il la réprouve. C'est pourquoi elle n'a d'effets caractérisés et facilement observables que là où elle est devenue une institution juridique.

En même temps que cette explication rend compte et du parallélisme observé entre les divorces et les suicides (1) et des

---

(1) Puisque, là où l'immunité de l'époux est moindre, celle de la femme est plus élevée, on se demandera peut-être comment il ne s'établit pas de

variations inverses que présente l'immunité des époux et celle des épouses, elle est confirmée par plusieurs autres faits :

1° C'est seulement sous le régime du divorce qu'il peut y avoir une véritable instabilité matrimoniale ; car seul il rompt complètement le mariage tandis que la séparation de corps ne fait qu'en suspendre partiellement certains effets, sans rendre aux époux leur liberté. Si donc cette anomie spéciale aggrave réellement le penchant au suicide, les divorcés doivent avoir une aptitude bien supérieure à celle des séparés. C'est, en effet, ce qui ressort du seul document que nous connaissions sur ce point. D'après un calcul de Legoyt (1), en Saxe, pendant la période 1847-1856, un million de divorcés aurait donné en moyenne par an 1 400 suicides et un million de séparés 176 seulement. Ce dernier taux est même inférieur à celui des époux (318).

2° Si la tendance si forte des célibataires tient en partie à l'anomie sexuelle dans laquelle ils vivent d'une manière chronique, c'est surtout au moment où le sentiment sexuel est le plus en effervescence que l'aggravation dont ils souffrent doit être le plus sensible. Et en effet, de 20 à 45 ans, le taux des suicides de célibataires croît beaucoup plus vite qu'ensuite ; dans le cours de cette période, il quadruple tandis que de 45 ans à l'âge maximum (après 80 ans) il ne fait que doubler. Mais, du côté des femmes, la même accélaration ne se retrouve pas ; de 20 à 45 ans, le taux des filles ne devient même pas double, il passe seulement de 106 à 171 (v. tableau XXI). La période sexuelle n'affecte donc pas la marche des suicides féminins. C'est bien ce qui doit se passer si, comme nous l'avons admis, la femme n'est pas très sensible à cette forme d'anomie.

compensation. Mais c'est que la part de la femme étant très faible dans le nombre total des suicides, la diminution des suicides féminins n'est pas sensible dans l'ensemble et ne compense pas l'augmentation des suicides masculins. Voilà pourquoi le divorce est accompagné finalement d'une élévation du chiffre général des suicides.

(1) *Op. cit.*, p. 171.

3º Enfin, plusieurs des faits établis au chapitre III de ce même livre trouvent une explication dans la théorie qui vient d'être exposée et, par cela même, peuvent servir à la vérifier.

Nous avons vu alors que, par lui-même et indépendamment de la famille, le mariage, en France, conférait à l'homme un coefficient de préservation égal à 1,5. Nous savons maintenant à quoi ce coefficient correspond. Il représente les avantages que l'homme retire de l'influence régulatrice qu'exerce sur lui le mariage, de la modération qu'il impose à ses penchants et du bien-être moral qui en résulte. Mais nous avons en même temps constaté que, dans ce même pays, la condition de la femme mariée était, au contraire, aggravée tant que la présence d'enfants ne venait pas corriger les mauvais effets qu'a, pour elle, le mariage. Nous venons d'en dire la raison. Ce n'est pas que l'homme soit, par nature, un être égoïste et méchant dont le rôle dans le ménage serait de faire souffrir sa compagne. C'est qu'en France où, jusqu'à des temps récents, le mariage n'était pas affaibli par le divorce, la règle inflexible qu'il imposait à la femme était pour elle un joug très lourd et sans profit. Plus généralement, voilà à quelle cause est dû cet antagonisme des sexes qui fait que le mariage ne peut pas les favoriser également (1) : c'est que leurs intérêts sont contraires ; l'un a besoin de contrainte et l'autre de liberté.

Il semble bien, d'ailleurs, que l'homme, à un certain moment de sa vie, soit affecté par le mariage de la même manière que la femme, quoique pour d'autres raisons. Si, comme nous l'avons montré, les trop jeunes époux se tuent beaucoup plus que les célibataires du même âge, c'est sans doute que leurs passions sont alors trop tumultueuses et trop confiantes en elles-mêmes pour pouvoir se soumettre à une règle aussi sévère. Celle-ci leur apparaît donc comme un obstacle insupportable auquel leurs désirs viennent se heurter et se briser. C'est pourquoi il est probable que le mariage ne produit tous ses effets bienfaisants

---

(1) V. plus haut, p. 193.

que quand l'âge est venu un peu apaiser l'homme et lui faire sentir la nécessité d'une discipline (1).

Enfin, nous avons vu dans ce même chapitre III que, là où le mariage favorise l'épouse de préférence à l'époux, l'écart entre les deux sexes est toujours moindre que là où l'inverse a lieu (2). C'est la preuve que, même dans les sociétés où l'état matrimonial est tout à l'avantage de la femme, il lui rend moins de services qu'il n'en rend à l'homme, quand c'est ce dernier qui en profite le plus. Elle peut en souffrir s'il lui est contraire, plus qu'elle ne peut en bénéficier s'il est conforme à ses intérêts. C'est donc qu'elle en a un moindre besoin. Or c'est ce que suppose la théorie qui vient d'être exposée. Les résultats que nous avons précédemment obtenus et ceux qui découlent du présent chapitre se rejoignent donc et se contrôlent mutuellement.

Nous arrivons ainsi à une conclusion assez éloignée de l'idée qu'on se fait couramment du mariage et de son rôle. Il passe pour avoir été institué en vue de l'épouse et pour protéger sa faiblesse contre les caprices masculins. La monogamie, en particulier, est très souvent présentée comme un sacrifice que

(1) Il est même probable que le mariage, à lui seul, ne commence à produire des effets prophylactiques que plus tard, après trente ans. En effet, jusque-là, les mariés sans enfants donnent annuellement, en chiffres absolus, autant de suicides que les mariés avec enfants, à savoir 6,6 de 20 à 25 ans pour les uns et les autres, 33 d'un côté et 34 de l'autre de 25 à 30 ans. Il est clair cependant que les ménages féconds sont, même à cette période, beaucoup plus nombreux que les ménages stériles. La tendance au suicide de ces derniers doit donc être plusieurs fois plus forte que celle des époux avec enfants ; par conséquent, elle doit être très voisine, comme intensité, de celle des célibataires. Nous ne pouvons malheureusement faire sur ce point que des hypothèses ; car comme le dénombrement ne donne pas pour chaque âge la population des époux sans enfants, distinguée des époux avec enfants, il nous est impossible de calculer séparément le taux des uns et celui des autres pour chaque période de la vie. Nous ne pouvons que donner les chiffres absolus, tels que nous les avons relevés au ministère de la Justice pour les années 1889-91. Nous les reproduisons en un tableau spécial qu'on trouvera à la fin de l'ouvrage. Cette lacune du recensement est des plus regrettables.

(2) V. plus haut, p. 185 et p. 205.

l'homme aurait fait de ses instincts polygames pour relever et améliorer la condition de la femme dans le mariage. En réalité, quelles que soient les causes historiques qui l'ont déterminé à s'imposer cette restriction, c'est à lui qu'elle profite le plus. La liberté à laquelle il a ainsi renoncé ne pouvait être pour lui qu'une source de tourments. La femme n'avait pas les mêmes raisons d'en faire l'abandon et, à cet égard, on peut dire que, en se soumettant à la même règle, c'est elle qui a fait un sacrifice (1).

(1) On voit par les considérations qui précèdent qu'il existe un type de suicide qui s'oppose au suicide anomique, comme le suicide égoïste et le suicide altruiste s'opposent entre eux. C'est celui qui résulte d'un excès de réglementation ; celui que commettent les sujets dont l'avenir est impitoyablement muré, dont les passions sont violemment comprimées par une discipline oppressive. C'est le suicide des époux trop jeunes, de la femme mariée sans enfant. Pour être complet, nous devrions donc constituer un quatrième type de suicide. Mais il est de si peu d'importance aujourd'hui et, en dehors des cas que nous venons de citer, il est si difficile d'en trouver des exemples, qu'il nous paraît inutile de nous y arrêter. Cependant, il pourrait se faire qu'il eût un intérêt historique. N'est-ce pas à ce type que se rattachent les suicides d'esclaves que l'on dit être fréquents dans de certaines conditions (v. CORRE, *Le crime en pays créoles*, p. 48), tous ceux, en un mot, qui peuvent être attribués aux intempérances du despotisme matériel ou moral ? Pour rendre sensible ce caractère inéluctable et inflexible de la règle sur laquelle on ne peut rien, et par opposition à cette expression d'anomie que nous venons d'employer, on pourrait l'appeler le *suicide fataliste*.

Chapitre VI

FORMES INDIVIDUELLES
DES DIFFÉRENTS TYPES DE SUICIDES

Un résultat se dégage dès à présent de notre recherche : c'est qu'il n'y a pas un suicide, mais des suicides. Sans doute, le suicide est toujours le fait d'un homme qui préfère la mort à la vie. Mais les causes qui le déterminent ne sont pas de même nature dans tous les cas : elles sont même, parfois, opposées entre elles. Or, il est impossible que la différence des causes ne se retrouve pas dans les effets. On peut donc être certain qu'il y a plusieurs sortes de suicides qualitativement distinctes les unes des autres. Mais ce n'est pas assez d'avoir démontré que ces différences doivent exister ; on voudrait pouvoir les saisir directement par l'observation et savoir en quoi elles consistent. On voudrait voir les caractères des suicides particuliers se grouper eux-mêmes en classes distinctes, correspondant aux types qui viennent d'être distingués. De cette façon, on suivrait la diversité des courants suicidogènes depuis leurs origines sociales jusqu'à leurs manifestations individuelles.

Cette classification morphologique, qui n'était guère possible au début de cette étude, peut être tentée maintenant qu'une classification étiologique en fournit la base. Nous n'avons, en effet, qu'à prendre pour points de repère les trois sortes de facteurs que nous venons d'assigner au suicide et à chercher si les propriétés distinctives qu'il revêt en se réalisant chez les individus peuvent en être dérivées et de quelle manière. Sans doute, on ne peut déduire ainsi toutes les particularités qu'il est susceptible de présenter ; car il doit y en avoir qui dépendent de la nature propre du sujet. Chaque suicidé donne à son acte une empreinte personnelle qui exprime son tempérament, les conditions spéciales où il se trouve et qui, par conséquent, ne peut être expliquée par les causes sociales et générales du phénomène. Mais celles-ci, à leur tour, doivent imprimer aux suicides qu'elles déterminent une tonalité *sui generis*, une marque spéciale qui les exprime. C'est cette marque collective qu'il s'agit de retrouver.

Il est certain, d'ailleurs, que cette opération ne peut être faite qu'avec une exactitude approximative. Nous ne sommes pas en état de faire une description méthodique de tous les suicides qui sont journellement accomplis par les hommes ou qui ont été commis au cours de l'histoire. Nous ne pouvons que relever les caractères les plus généraux et les plus frappants sans que nous ayons même de critère objectif pour effectuer cette sélection. De plus, pour les rattacher aux causes respectives dont ils paraissent dériver, nous ne pourrons procéder que déductivement. Tout ce qui nous sera possible, ce sera de montrer qu'ils y sont logiquement impliqués, sans que le raisonnement puisse toujours recevoir une confirmation expérimentale. Or nous ne nous dissimulons pas qu'une déduction est toujours suspecte quand aucune expérience ne la contrôle. Cependant, même sous ces réserves, cette recherche est loin d'être sans utilité. Quand même on n'y verrait qu'un moyen d'illustrer par des exemples les résultats qui précèdent, elle aurait encore l'avantage de leur donner un caractère plus concret, en les reliant plus étroitement aux données de l'observation sensible et aux détails de l'expérience journalière. De plus, elle permettra d'introduire un peu de distinction dans cette masse de faits que l'on confond d'ordinaire comme s'ils n'étaient séparés que par des nuances, alors qu'il existe entre eux des différences tranchées. Il en est du suicide comme de l'aliénation mentale. Celle-ci consiste pour le vulgaire dans un état unique, toujours le même, susceptible seulement de se diversifier extérieurement selon les circonstances. Pour l'aliéniste, le mot désigne, au contraire, une pluralité de types nosologiques. De même, on se représente d'ordinaire tout suicidé comme un mélancolique à qui l'existence est à charge. En réalité, les actes par lesquels un homme renonce à la vie se rangent en espèces différentes dont la signification morale et sociale n'est pas du tout la même.

I

Il est une première forme de suicide que l'Antiquité a certainement connue, mais qui s'est surtout développée de nos jours : le *Raphaël* de Lamartine nous en offre le type idéal. Ce qui la caractérise, c'est un état de langueur mélancolique qui détend les ressorts de l'action. Les affaires, les fonctions publiques, le travail utile, même les devoirs domestiques n'inspirent au sujet qu'indifférence et qu'éloignement. Il répugne à sortir de lui-même. En revanche, la pensée et la vie intérieure gagnent tout ce que perd l'activité. En se détournant de ce qui l'entoure, la conscience se replie sur elle-même, se prend elle-même comme son propre et unique objet et se donne pour principale tâche de s'observer et de s'analyser. Mais, par cette extrême concentration, elle ne fait que rendre plus profond le fossé qui la sépare du reste de l'univers. Du moment que l'individu s'éprend à ce point de soi-même, il ne peut que se détacher davantage de tout ce qui n'est pas lui et consacrer, en le renforçant, l'isolement dans lequel il vit. Ce n'est pas en ne regardant que soi qu'on peut trouver des raisons de s'attacher à autre chose que soi. Tout mouvement, en un sens, est altruiste, car il est centrifuge et répand l'être hors de lui-même. La réflexion, au contraire, a quelque chose de personnel et d'égoïste ; car elle n'est possible que dans la mesure où le sujet se dégage de l'objet et s'en éloigne pour revenir sur soi-même, et elle est d'autant plus intense que ce retour sur soi est plus complet. On ne peut agir qu'en se mêlant au monde ; pour le penser, au contraire, il faut cesser d'être confondu avec lui, de manière à pouvoir le contempler du dehors ; à plus forte raison, est-ce nécessaire pour se penser soi-même. Celui donc dont toute l'activité se tourne en pensée intérieure devient insensible à tout ce qui l'entoure. S'il aime, ce n'est pas pour se donner, pour s'unir, dans une union féconde, à un autre être que lui ; c'est pour méditer sur son amour. Ses passions ne sont qu'apparentes ; car elles sont stériles. Elles se dissipent en vaines combinaisons d'images, sans rien produire qui leur soit extérieur.

Mais d'un autre côté, toute vie intérieure tire du dehors sa matière première. Nous ne pouvons penser que des objets ou la manière dont nous les pensons. Nous ne pouvons pas réfléchir notre conscience dans un état d'indétermination pure ; sous cette forme, elle est impensable. Or, elle ne se détermine qu'affectée par autre chose qu'elle-même. Si donc elle s'individualise au-delà d'un certain point, si elle se sépare trop radicalement des autres êtres, hommes ou choses, elle se trouve ne plus communiquer avec les sources mêmes auxquelles elle devrait normalement s'alimenter et n'a plus rien à quoi elle puisse s'appliquer. En faisant le vide autour d'elle, elle a fait le vide en elle et il ne lui reste plus rien à réfléchir que sa propre misère. Elle n'a plus pour objet de méditation que le néant qui est en elle et la tristesse qui en est la conséquence. Elle s'y complaît, s'y abandonne avec une sorte de joie maladive que Lamartine, qui la connaissait, a merveilleusement décrite par la bouche de son héros : « La langueur de toutes choses autour de moi était, dit-il, une merveilleuse consonance avec ma propre langueur. Elle l'accroissait en la charmant. Je me plongeais dans des abîmes de tristesse. Mais cette tristesse était vivante, assez pleine de pensées, d'impressions, de communications avec l'infini, de clair-obscur dans mon âme pour que je ne désirasse pas m'y soustraire. Maladie de l'homme, mais maladie dont le sentiment même est un attrait au lieu d'être une douleur, et où la mort ressemble à un voluptueux évanouissement dans l'infini. J'étais résolu à m'y livrer désormais tout entier, à me séquestrer de toute société qui pouvait m'en distraire, et à m'envelopper de silence, de solitude et de froideur, au milieu du monde que je rencontrerais là ; mon isolement d'esprit était un linceul à travers lequel je ne voulais plus voir les hommes, mais seulement la nature et Dieu (1). »

(1) *Raphaël*, Edit. Hachette, p. 6.

Mais on ne peut rester ainsi en contemplation devant le vide, sans y être progressivement attiré. On a beau le décorer du nom d'infini, il ne change pas pour cela de nature. Quand on éprouve tant de plaisir à n'être pas, on ne peut satisfaire complètement son penchant qu'en renonçant complètement à être. Voilà ce qu'il y a d'exact dans le parallélisme que Hartmann croit observer entre le développement de la conscience et l'affaiblissement du vouloir vivre. C'est que l'idée et le mouvement sont, en effet, deux forces antagonistes qui progressent en sens inverse l'une de l'autre, et que le mouvement, c'est la vie. Penser, a-t-on dit, c'est se retenir d'agir ; c'est donc, dans la même mesure, se retenir de vivre. C'est pourquoi le règne absolu de l'idée ne peut s'établir ni surtout se maintenir : car c'est la mort. Mais ce n'est pas à dire que, comme le croit Hartmann, la réalité soit, par elle-même, intolérable, à moins d'être voilée par l'illusion. La tristesse n'est pas inhérente aux choses ; elle ne nous vient pas du monde et par cela seul que nous le pensons. Elle est un produit de notre propre pensée. C'est nous qui la créons de toutes pièces ; mais il faut pour cela que notre pensée soit anormale. Si la conscience fait parfois le malheur de l'homme, c'est seulement quand elle atteint un développement maladif, quand, s'insurgeant contre sa propre nature, elle se pose comme un absolu et cherche en elle-même sa propre fin. Il s'agit si peu d'une découverte tardive, de la conquête ultime de la science, que nous aurions pu tout aussi bien emprunter à l'état d'esprit stoïcien les principaux éléments de notre description. Le stoïcisme lui aussi enseigne que l'homme doit se détacher de tout ce qui lui est extérieur pour vivre de lui-même et par lui-même. Seulement, comme la vie se trouve alors sans raison, la doctrine conclut au suicide.

Ces mêmes caractères se retrouvent dans l'acte final qui est la conséquence logique de cet état moral. Le dénouement n'a rien de violent ni de précipité. Le patient choisit son heure et médite son plan longtemps à l'avance. Même les moyens lents ne lui répugnent pas. Une mélancolie calme et qui, parfois, n'est pas sans douceur, marque ses derniers moments. Il s'analyse jusqu'au bout. Tel est le cas de ce négociant, dont parle Falret (1), qui se retire dans une forêt peu fréquentée et s'y laisse mourir de faim. Pendant une agonie qui avait duré près de trois semaines, il avait régulièrement tenu de ses impressions un journal qui nous a été conservé. Un autre s'asphyxie en soufflant avec la bouche le charbon qui doit lui donner la mort et note au fur et à mesure ses observations : « Je ne prétends pas, écrit-il, montrer plus de courage ou de lâcheté ; je veux seulement employer le peu d'instants qui me restent à décrire les sensations qu'on éprouve en s'asphyxiant et la durée des souffrances (2). » Un autre, avant de se laisser aller à ce qu'il appelle « l'enivrante perspective du repos », construit un appareil compliqué, destiné à consommer sa fin sans que le sang puisse se répandre sur le plancher (3).

On aperçoit aisément comment ces particularités diverses se rattachent au suicide égoïste. Il n'est guère douteux qu'elles n'en soient la conséquence et l'expression individuelle. Cette paresse à l'action, ce détachement mélancolique résultent de cet état d'individuation exagérée par lequel nous avons défini ce type de suicide. Si l'individu s'isole, c'est que les liens qui l'unissaient aux autres êtres sont détendus ou brisés, c'est que la société, sur les points où il est en contact avec elle, n'est pas assez fortement intégrée. Ces vides qui séparent les consciences et les rendent étrangères les unes aux autres viennent précisément du relâchement du tissu social. Enfin, le caractère intellectuel et méditatif de ces sortes de suicides s'explique sans peine, si l'on se rappelle que le suicide égoïste a pour accompagnement nécessaire un grand développement de la science et de l'intelligence réfléchie. Il est évident, en effet, que, dans une société où la conscience est normalement nécessitée à étendre son champ d'action, elle est aussi beaucoup plus expo-

---

(1) *Hypocondrie et suicide*, p. 316.
(2) Brierre de Boismont, *Du suicide*, p. 198.
(3) *Ibid.*, p. 194.

sée à excéder ces limites normales qu'elle ne peut dépasser sans se détruire elle-même. Une pensée qui met tout en question, si elle n'est pas assez ferme pour porter le poids de son ignorance, risque de se mettre elle-même en question et de s'abîmer dans le doute. Car, si elle ne parvient pas à découvrir les titres que peuvent avoir à l'existence les choses sur lesquelles elle s'interroge — et ce serait merveille si elle trouvait moyen de percer si vite tant de mystères — elle leur déniera toute réalité, même le seul fait qu'elle se pose le problème implique déjà qu'elle penche aux solutions négatives. Mais, du même coup, elle se videra de tout contenu positif et, ne trouvant plus rien devant elle qui lui résiste, ne pourra plus que se perdre dans le vide des rêveries intérieures.

Mais cette forme élevée du suicide égoïste n'est pas la seule ; il en est une autre, plus vulgaire. Le sujet, au lieu de méditer tristement sur son état, en prend allégrement son parti. Il a conscience de son égoïsme et des conséquences qui en découlent logiquement ; mais il les accepte par avance et entreprend de vivre comme l'enfant ou l'animal, avec cette seule différence qu'il se rend compte de ce qu'il fait. Il se donne donc comme tâche unique de satisfaire ses besoins personnels, les simplifiant même pour en rendre la satisfaction plus assurée. Sachant qu'il ne peut rien espérer d'autre, il ne demande rien de plus, tout disposé, s'il est empêché d'atteindre cette unique fin, à se défaire d'une existence désormais sans raison. C'est le suicide épicurien. Car Epicure n'ordonnait pas à ses disciples de hâter la mort, il leur conseillait, au contraire, de vivre tant qu'ils y trouvaient quelque intérêt. Seulement, comme il sentait bien que, si l'on n'a pas d'autre but, on est à chaque instant exposé à n'en plus avoir aucun, et que le plaisir sensible est un lien bien fragile pour rattacher l'homme à la vie, il les exhortait à se tenir toujours prêts à en sortir, au moindre appel des circonstances. Ici donc, la mélancolie philosophique et rêveuse est remplacée par un sang-froid sceptique et désabusé qui est particulièrement sensible à l'heure du dénouement. Le patient se frappe sans haine, sans colère, mais aussi sans cette satisfaction morbide avec laquelle l'intellectuel savoure son suicide. Il est, encore plus que ce dernier, sans passion. Il n'est pas surpris de l'issue à laquelle il aboutit ; c'est un événement qu'il prévoyait comme plus ou moins prochain. Aussi ne s'ingénie-t-il pas en de longs préparatifs ; d'accord avec sa vie antérieure, il cherche seulement à diminuer la douleur. Tel est notamment le cas de ces viveurs qui, quand le moment inévitable est arrivé où ils ne peuvent plus continuer leur existence facile, se tuent avec une tranquillité ironique et une sorte de simplicité (1).

Quand nous avons constitué le suicide altruiste, nous avons assez multiplié les exemples pour n'avoir pas besoin de décrire longuement les formes psychologiques qui le caractérisent. Elles s'opposent à celles que revêt le suicide égoïste, comme l'altruisme lui-même à son contraire. Ce qui distingue l'égoïste qui se tue, c'est une dépression générale qui se manifeste soit par une langueur mélancolique, soit par l'indifférence épicurienne. Au contraire, le suicide altruiste, parce qu'il a pour origine un sentiment violent, ne va pas sans un certain déploiement d'énergie. Dans le cas du suicide obligatoire, cette énergie est mise au service de la raison et de la volonté. Le sujet se tue parce que sa conscience le lui ordonne ; il se soumet à un impératif. Aussi son acte a-t-il pour note dominante cette fermeté sereine que donne le sentiment du devoir accompli ; la mort de Caton, celle du commandant Beaurepaire en sont les types historiques. Ailleurs, quand l'altruisme est à l'état aigu, le mouvement a quelque chose de plus passionnel et de plus irréfléchi. C'est un élan de foi et d'enthousiasme qui précipite l'homme dans la mort. Cet enthousiasme lui-même est tantôt joyeux et tantôt sombre, selon que la mort est conçue comme un moyen de s'unir à une divinité bien-aimée ou comme un sacrifice expiatoire, destiné à apaiser une puissance redoutable

---

(1) On trouvera des exemples dans Brierre de Boismont, p. 494 et 506.

et qu'on croit hostile. La ferveur religieuse du fanatique qui se fait écraser avec béatitude sous le char de son idole ne ressemble pas à celle du moine atteint d'*acedia* ou aux remords du criminel qui met fin à ses jours pour expier son forfait. Mais, sous ces nuances diverses, les traits essentiels du phénomène restent les mêmes. C'est un suicide actif, qui contraste, par conséquent, avec le suicide déprimé dont il a été plus haut question.

Ce caractère se retrouve même dans ces suicides plus simples du primitif ou du soldat qui se tuent soit parce qu'une légère offense a terni leur honneur, soit pour prouver leur courage. La facilité avec laquelle ils sont accomplis ne doit pas être confondue avec le sang-froid désabusé de l'épicurien. La disposition à faire le sacrifice de sa vie ne laisse pas d'être une tendance active, alors même qu'elle est assez profondément enracinée pour agir avec l'aisance et la spontanéité de l'instinct. Un cas, qui peut être regardé comme le modèle de ce genre, nous est rapporté par Leroy. Il s'agit d'un officier qui, après avoir, une première fois et sans succès, tenté de se pendre, se prépare à recommencer, mais prend soin, au préalable, de consigner par écrit ses dernières impressions : « Étrange destinée que la mienne, dit-il ! Je viens de me pendre, j'avais perdu connaissance, la corde a cassé, je suis tombé sur le bras gauche... Les nouveaux préparatifs sont terminés, je vais bientôt recommencer, mais je vais fumer encore une dernière pipe ; ce sera la dernière, j'espère. Je n'ai pas fait de difficultés la première fois, ça s'est assez bien passé ; j'espère que la seconde ira de même. Je suis aussi calme que si je prenais une goutte le matin. C'est assez extraordinaire, j'en conviens, mais c'est pourtant comme cela. Tout est vrai. Je vais mourir une seconde fois avec une conscience tranquille (1). » Il n'y a sous cette tranquillité ni ironie, ni scepticisme, ni cette espèce de crispation involontaire que le viveur qui se tue ne réussit jamais à dissimuler complètement. Le calme est parfait ; aucune trace d'efforts, l'acte coule

---

(1) Leroy, *op. cit.*, p. 241.

de source parce que tous les penchants actifs du sujet lui préparaient les voies.

Enfin, il est une troisième sorte de suicidés qui s'opposent et aux premiers en ce que leur acte est essentiellement passionnel, et aux seconds en ce que la passion qui les inspire et qui domine la scène finale est d'une tout autre nature. Ce n'est pas l'enthousiasme, la foi religieuse, morale ou politique, ni aucune des vertus militaires ; c'est la colère et tout ce qui d'ordinaire accompagne la déception. Brierre de Boismont, qui a analysé les écrits laissés par 1 507 suicidés, a constaté qu'un très grand nombre exprimaient avant tout un état d'irritation et de lassitude exaspérée. Ce sont tantôt des blasphèmes, des récriminations violentes contre la vie en général, et tantôt des menaces et des plaintes contre une personne en particulier à laquelle le sujet impute la responsabilité de ses malheurs. A ce même groupe se rattachent évidemment les suicides qui sont comme le complément d'un homicide préalable : l'homme se tue après avoir tué celui qu'il accuse d'avoir empoisonné sa vie. Nulle part, l'exaspération du suicidé n'est plus manifeste puisqu'elle s'affirme, non seulement par des paroles, mais par des actes. L'égoïste qui se tue ne se laisse jamais aller à de pareilles violences. Sans doute, il arrive que lui aussi se plaint de la vie, mais d'une manière dolente. Elle l'oppresse, mais ne l'irrite pas par des froissements aigus. Il la trouve vide plutôt que douloureuse. Elle ne l'intéresse pas, mais elle ne lui inflige pas de souffrances positives. L'état de dépression où il se trouve ne lui permet même pas les emportements. Quant à ceux de l'altruiste, ils ont un tout autre sens. Par définition, en quelque sorte, c'est de lui qu'il fait le sacrifice, non de ses semblables. Nous sommes donc en présence d'une forme psychologique distincte des précédentes.

Or elle paraît bien être impliquée dans la nature du suicide anomique. En effet, des mouvements qui ne sont pas réglés ne sont ajustés ni les uns aux autres ni aux conditions auxquelles ils doivent répondre ; ils ne peuvent donc manquer de s'entrechoquer douloureusement. Qu'elle soit progressive ou régressive, l'anomie, en affranchissant les besoins de la mesure qui convient, ouvre la porte aux illusions et, par suite, aux déceptions. Un homme qui est brusquement rejeté au-dessous de la condition à laquelle il était accoutumé, ne peut pas ne pas s'exaspérer en sentant lui échapper une situation dont il se croyait maître, et son exaspération se tourne naturellement contre la cause, quelle qu'elle soit, réelle ou imaginaire, à laquelle il attribue sa ruine. S'il se reconnaît lui-même comme l'auteur responsable de la catastrophe, c'est à lui qu'il en voudra ; sinon ce sera à autrui. Dans le premier cas, il n'y aura que suicide ; dans le second, le suicide pourra être précédé d'un homicide ou de quelque autre manifestation violente. Mais le sentiment est le même dans les deux cas ; seul le point d'application varie. C'est toujours dans un accès de colère que le sujet se frappe, qu'il ait ou non frappé antérieurement quelqu'un de ses semblables. Ce bouleversement de toutes ses habitudes produit chez lui un état de surexcitation aiguë qui tend nécessairement à se soulager par des actes destructifs. L'objet sur lequel se déchargent les forces passionnelles qui sont ainsi soulevées est, en somme, secondaire. C'est le hasard des circonstances qui détermine le sens dans lequel elles se dirigent.

Il n'en est pas autrement toutes les fois que, loin de déchoir au-dessous de lui-même, l'individu est entraîné, au contraire, mais sans règle et sans mesure, à se dépasser perpétuellement soi-même. Tantôt, en effet, il manque le but qu'il se croyait capable d'atteindre, mais qui, en réalité, excédait ses forces ; c'est le suicide des incompris, si fréquent aux époques où il n'y a plus de classement reconnu. Tantôt, après avoir réussi pendant un temps à satisfaire tous ses désirs et son goût du changement, il vient se heurter tout à coup à une résistance qu'il ne peut vaincre, et il se défait avec impatience d'une existence où il se trouve désormais à l'étroit. C'est le cas de Werther, ce cœur turbulent, comme il s'appelle lui-même, épris d'infini, qui se tue pour un amour contrarié, et de tous ces artistes qui, après avoir été comblés de succès, se suicident pour un coup de sifflet entendu, pour une critique un peu sévère, ou parce que leur vogue cesse de s'accroître (1).

Il en est d'autres encore qui, sans avoir à se plaindre des hommes ni des circonstances, en viennent d'eux-mêmes à se lasser d'une poursuite sans issue possible, où leurs désirs s'irritent au lieu de s'apaiser. Ils s'en prennent alors à la vie en général et l'accusent de les avoir trompés. Seulement, la vaine agitation à laquelle ils se sont livrés laisse derrière elle une sorte d'épuisement qui empêche les passions déçues de se manifester avec la même violence que dans les cas précédents. Elles se sont comme fatiguées à la longue et sont ainsi devenues moins capables de réagir avec énergie. Le sujet tombe donc dans une sorte de mélancolie qui, par certains côtés, rappelle celle de l'égoïste intellectuel, mais n'en a pas le charme langoureux. Ce qui y domine, c'est un dégoût plus ou moins irrité de l'existence. C'est déjà cet état d'âme que Sénèque observait chez ses contemporains en même temps que le suicide qui en résulte. « Le mal qui nous travaille, dit-il, n'est pas dans les lieux où nous sommes, il est en nous. Nous sommes sans forces pour supporter quoi que ce soit, incapables de souffrir la douleur, impuissants à jouir du plaisir, impatients de tout. Combien de gens appellent la mort, lorsque, après avoir essayé de tous les changements, ils se trouvent revenir aux mêmes sensations, sans pouvoir rien éprouver de nouveau (2). » De nos jours, un des types où s'est peut-être le mieux incarné ce genre d'esprit, c'est le René de Chateaubriand. Tandis que Raphaël est un méditatif qui s'abîme en lui-même, René est un inassouvi. « On m'accuse, s'écrie-t-il douloureusement, d'avoir des goûts inconstants, de ne pouvoir jouir longtemps de la même chimère, d'être la proie d'une imagination qui se hâte d'arriver au fond de mes plaisirs comme si elle était accablée de leur durée ; on m'accuse de passer toujours le but que je puis atteindre : hélas ! je cherche seulement un bien inconnu dont l'instinct me

---

(1) V. des cas dans Brierre de Boismont, p. 187-189.
(2) *De tranquillitate animi*, II, *sub fine*. Cf. Lettre XXIV.

poursuit. *Est-ce ma faute si je trouve partout les bornes, si ce qui est fini n'a pour moi aucune valeur* (1) ? »

Cette description achève de montrer les rapports et les différences du suicide égoïste et du suicide anomique, que notre analyse sociologique nous avait déjà permis d'apercevoir (2). Les suicidés de l'un et de l'autre type souffrent de ce qu'on a appelé le mal de l'infini. Mais ce mal ne prend pas la même forme dans les deux cas. Là, c'est l'intelligence réfléchie qui est atteinte et qui s'hypertrophie outre mesure ; ici, c'est la sensibilité qui se surexcite et se dérègle. Chez l'un, la pensée, à force de se replier sur elle-même, n'a plus d'objet ; chez l'autre, la passion, ne reconnaissant plus de bornes, n'a plus de but. Le premier se perd dans l'infini du rêve, le second, dans l'infini du désir.

Ainsi, même la formule psychologique du suicidé n'a pas la simplicité qu'on croit vulgairement. On ne l'a pas défini quand on a dit de lui qu'il est lassé de l'existence, dégoûté de la vie, etc. En réalité, il y a des sortes très différentes de suicidés et ces différences sont sensibles dans la manière dont le suicide s'accomplit. On peut ainsi classer actes et agents en un certain nombre d'espèces : or ces espèces correspondent, dans leurs traits essentiels, aux types de suicides que nous avons antérieurement constitués d'après la nature des causes sociales dont ils dépendent. Elles en sont comme le prolongement à l'intérieur des individus.

Il convient toutefois d'ajouter qu'elles ne se présentent pas toujours dans l'expérience à l'état d'isolement et de pureté. Mais il arrive très souvent qu'elles se combinent entre elles de manière à donner naissance à des espèces composées ; des caractères appartenant à plusieurs d'entre elles se retrouvent conjointement dans un même suicide. La raison en est que les différentes causes sociales du suicide peuvent elles-mêmes agir simultanément sur un même individu et mêler en lui leurs effets. C'est ainsi que des malades sont en proie à des délires

(1) *René*, édit. VIALAT, Paris, 1849, p. 112.
(2) V. plus haut, p. 288.

de nature différente, qui s'enchevêtrent les uns dans les autres, mais qui, convergeant tous dans un même sens malgré la diversité de leurs origines, tendent à déterminer un même acte. Ils se renforcent mutuellement. De même encore, on voit des fièvres très diverses coexister chez un même sujet et contribuer, chacune pour sa part et à sa façon, à élever la température du corps.

Il est notamment deux facteurs du suicide qui ont l'un pour l'autre une affinité spéciale, c'est l'égoïsme et l'anomie. Nous savons, en effet, qu'ils ne sont généralement que deux aspects différents d'un même état social ; il n'est donc pas étonnant qu'ils se rencontrent chez un même individu. Il est même presque inévitable que l'égoïste ait quelque aptitude au dérèglement ; car, comme il est détaché de la société, elle n'a pas assez de prise sur lui pour le régler. Si, néanmoins, ses désirs ne s'exaspèrent pas d'ordinaire, c'est que la vie passionnelle est, chez lui, languissante, parce qu'il est tout entier tourné sur lui-même et que le monde extérieur ne l'attire pas. Mais il peut se faire qu'il ne soit ni un égoïste complet ni un pur agité. On le voit alors jouer concurremment les deux personnages. Pour combler le vide qu'il sent en lui, il recherche des sensations nouvelles ; il y met, il est vrai, moins de fougue que le passionné proprement dit, mais aussi il se lasse plus vite et cette lassitude le rejette à nouveau sur lui-même et renforce sa mélancolie première. Inversement, le dérèglement ne va pas sans un germe d'égoïsme ; car on ne serait pas rebelle à tout frein social, si l'on était fortement socialisé. Seulement, là où l'action de l'anomie est prépondérante, ce germe ne peut se développer ; car en jetant l'homme hors de lui, elle l'empêche de s'isoler en lui. Mais, si elle est moins intense, elle peut laisser l'égoïsme produire quelques-uns de ses effets. Par exemple, la borne à laquelle vient se heurter l'inassouvi peut l'amener à se replier sur soi et à chercher dans la vie intérieure un dérivatif à ses passions déçues. Mais comme il n'y trouve rien à quoi il puisse s'attacher, la tristesse que lui cause ce spectacle ne peut que le déterminer à se fuir de nouveau et accroît, par conséquent, son inquiétude et son mécontentement. Ainsi se produisent des suicides mixtes où l'abattement alterne avec l'agitation, le rêve avec l'action, les emportements du désir avec les méditations du mélancolique.

L'anomie peut également s'associer à l'altruisme. Une même crise peut bouleverser l'existence d'un individu, rompre l'équilibre entre lui et son milieu et, en même temps, mettre ses dispositions altruistes dans un état qui l'incite au suicide. C'est notamment le cas de ce que nous avons appelé les suicides obsidionaux. Si les Juifs, par exemple, se tuèrent en masse au moment de la prise de Jérusalem, c'est à la fois parce que la victoire des Romains, en faisant d'eux des sujets et des tributaires de Rome, menaçait de transformer le genre de vie auquel ils étaient faits, et parce qu'ils aimaient trop leur ville et leur culte pour survivre à l'anéantissement probable de l'un et de l'autre. De même, il arrive souvent qu'un homme ruiné se tue autant parce qu'il ne veut pas vivre avec une situation amoindrie que pour épargner à son nom et à sa famille la honte de la faillite. Si officiers et sous-officiers se suicident facilement au moment où ils sont obligés de prendre leur retraite, c'est aussi bien à cause du changement soudain qui va se faire dans leur manière de vivre qu'à cause de leur prédisposition générale à compter leur vie pour rien. Les deux causes agissent dans la même direction. Il en résulte des suicides où soit l'exaltation passionnelle soit la fermeté courageuse du suicide altruiste s'allient à l'affolement exaspéré que produit l'anomie.

Enfin, l'égoïsme et l'altruisme eux-mêmes, ces deux contraires, peuvent unir leur action. A certaines époques, où la société désagrégée ne peut plus servir d'objectif aux activités individuelles, il se rencontre pourtant des individus ou des groupes d'individus qui, tout en subissant l'influence de cet état général d'égoïsme, aspirent à autre chose. Mais sentant bien que c'est un mauvais moyen de se fuir soi-même, que d'aller sans fin de plaisirs égoïstes en plaisirs égoïstes, et que des jouissances fugitives, même si elles sont incessamment renouvelées, ne sauraient jamais calmer leur inquiétude, ils cherchent un objet durable auquel ils puissent s'attacher avec constance et qui donne un sens à leur vie. Seulement, comme il n'y a rien de réel à quoi ils tiennent, ils ne peuvent se satisfaire qu'en construisant de toutes pièces une réalité idéale qui puisse jouer ce rôle. Ils créent donc par la pensée un être imaginaire dont ils se font les serviteurs et auquel ils se donnent d'une manière d'autant plus exclusive qu'ils sont dépris de tout le reste, voire d'eux-mêmes. C'est en lui qu'ils mettent toutes les raisons d'être qu'ils s'attribuent, puisque rien d'autre n'a de prix à leurs yeux. Ils vivent ainsi d'une existence double et contradictoire : individualistes pour tout ce qui regarde le monde réel, ils sont d'un altruisme immodéré pour tout ce qui concerne cet objet idéal. Or l'une et l'autre disposition mènent au suicide.

Telles sont les origines et telle est la nature du suicide stoïcien. Tout à l'heure, nous montrions comment il reproduit certains traits essentiels du suicide égoïste ; mais il peut être considéré sous un tout autre aspect. Si le stoïcien professe une absolue indifférence pour tout ce qui dépasse l'enceinte de la personnalité individuelle, s'il exhorte l'individu à se suffire à lui-même, en même temps, il le place dans un état d'étroite dépendance vis-à-vis de la raison universelle et le réduit même à n'être que l'instrument par lequel elle se réalise. Il combine donc ces deux conceptions antagonistes : l'individualisme moral le plus radical et un panthéisme intempérant. Aussi, le suicide qu'il pratique est-il à la fois apathique comme celui de l'égoïste et accompli comme un devoir ainsi que celui de l'altruiste (1). On y retrouve et la mélancolie de l'un et l'énergie active de l'autre ; l'égoïsme s'y mêle au mysticisme. C'est d'ailleurs cet alliage qui distingue le mysticisme propre aux époques de décadence, si différent, malgré les apparences, de celui que l'on observe chez les peuples jeunes et en voie de formation. Celui-ci résulte de l'élan collectif qui entraîne dans un même sens les volontés particulières, de l'abnégation avec laquelle les citoyens s'oublient pour collaborer à l'œuvre commune ; l'autre n'est qu'un égoïsme conscient de soi-même et de son néant, qui s'efforce de se dépasser, mais n'y parvient qu'en apparence et artificiellement.

---

(1) Sénèque célèbre le suicide de Caton comme le triomphe de la volonté humaine sur les choses (v. *De Prov.*, 2, 9 et *Ep.*, 71, 16).

II

A priori, on pourrait croire qu'il existe quelque rapport entre la nature du suicide et le genre de mort choisi par le suicidé. Il paraît, en effet, assez naturel que les moyens qu'il emploie pour exécuter sa résolution dépendent des sentiments qui l'animent, et, par conséquent, les expriment. Par suite, on pourrait être tenté d'utiliser les renseignements que nous fournissent sur ce point les statistiques pour caractériser avec plus de précision, d'après leurs formes extérieures, les différentes sortes de suicides. Mais les recherches que nous avons entreprises sur ce point ne nous ont donné que des résultats négatifs.

Pourtant, ce sont certainement des causes sociales qui déterminent ces choix ; car la fréquence relative des différents modes de suicide reste pendant très longtemps invariable pour une même société, tandis qu'elle varie très sensiblement d'une société à l'autre, comme le montre le tableau suivant :

Tableau XXX

Proportion des différents genres de mort sur 1 000 suicides
(les deux sexes réunis)

Pays et années		Strangulation et pendaison	Submersion	Armes à feu	Précipitation d'un lieu élevé	Poison	Asphyxie
France ..	(1872)	426	269	103	28	20	69
	(1873)	430	298	106	30	21	67
	(1874)	440	269	122	28	23	72
	(1875)	446	294	107	31	19	63
Prusse ...	(1872)	610	197	102	6,9	25	3
	(1873)	597	217	95	8,4	25	4,6
	(1874)	610	162	126	9,1	28	6,5
	(1875)	615	170	105	9,5	35	7,7
Angleterre	(1872)	374	221	38	30	91	
	(1873)	366	218	44	20	97	
	(1874)	374	176	58	20	94	
	(1875)	362	208	45		97	
Italie	(1874)	174	305	236	106	60	13,7
	(1875)	173	273	251	104	62	31,4
	(1876)	125	246	285	113	69	29
	(1877)	176	299	238	111	55	22

Ainsi, chaque peuple a son genre de mort préféré et l'ordre de ses préférences ne change que très difficilement. Il est même plus constant que le chiffre total des suicides ; les événements qui, parfois, modifient passagèrement le second n'affectent pas toujours le premier. Il y a plus : les causes sociales sont tellement prépondérantes que l'influence des facteurs cosmiques ne paraît pas appréciable. C'est ainsi que les suicides par submersion, contrairement à toutes les présomptions, ne varient pas d'une saison à l'autre d'après une loi spéciale. Voici, en effet, quelle était en France, pendant la période 1872-78, leur distribution mensuelle comparée à celle des suicides en général :

Part de chaque mois sur 1 000 suicides annuels :

	Janvier	Février	Mars	Avril	Mai	Juin	Juillet	Aout	Septembre	Octobre	Novembre	Décembre
De toute espèce	75,8	66,5	84,8	97,3	103,1	109,9	103,5	86,3	74,3	74,1	65,2	59,2
Par submersion	73,5	67,0	81,9	94,4	106,4	117,3	107,7	91,2	71,0	74,3	61,0	54,2

C'est à peine si, pendant la belle saison, les suicides par submersion augmentent un peu plus que les autres ; la différence est insignifiante. Cependant, l'été semblerait devoir les favoriser exceptionnellement. On a dit, il est vrai, que la submersion était moins employée dans le Nord que dans le Midi et on a attribué ce fait au climat (1). Mais, à Copenhague, pendant la période 1845-56, ce mode de suicide n'était pas moins fréquent qu'en Italie (281 cas 00/00 au lieu de 300). A Saint-Pétersbourg, durant les années 1873-74, il n'en était pas de plus pratiqué. La température ne met donc pas obstacle à ce genre de mort.

Seulement, les causes sociales dont dépendent les suicides en général diffèrent de celles qui déterminent la façon dont ils

---

(1) MORSELLI, p. 445-446.

s'accomplissent ; car on ne peut établir aucune relation entre les types de suicides que nous avons distingués et les modes d'exécution les plus répandus. L'Italie est un pays foncièrement catholique où la culture scientifique était, jusqu'à des temps récents, assez peu développée. Il est donc très probable que les suicides altruistes y sont plus fréquents qu'en France et qu'en Allemagne, puisqu'ils sont un peu en raison inverse du développement intellectuel ; plusieurs raisons qu'on trouvera dans la suite de cet ouvrage confirmeront cette hypothèse. Par conséquent, comme le suicide par les armes à feu y est beaucoup plus fréquent que dans les pays du centre de l'Europe, on pourrait croire qu'il n'est pas sans rapports avec l'état d'altruisme. On pourrait même faire encore remarquer, à l'appui de cette supposition, que c'est aussi le genre de suicide préféré par les soldats. Malheureusement, il se trouve qu'en France ce sont les classes les plus intellectuelles, écrivains, artistes, fonctionnaires, qui se tuent le plus de cette manière (1). De même, il pourrait sembler que le suicide mélancolique trouve dans la pendaison son expression naturelle. Or, en fait, c'est dans les campagnes qu'on y a le plus recours, et pourtant la mélancolie est un état d'esprit plus spécialement urbain.

Les causes qui poussent l'homme à se tuer ne sont donc pas celles qui le décident à se tuer de telle manière plutôt que de telle autre. Les mobiles qui fixent son choix sont d'une tout autre nature. C'est, d'abord, l'ensemble d'usages et d'arrangements de toute sorte qui mettent à sa portée tel instrument de mort plutôt que tel autre. Suivant toujours la ligne de la moindre résistance tant qu'un facteur contraire n'intervient pas, il tend à employer le moyen de destruction qu'il a le plus immédiatement sous la main et qu'une pratique journalière lui a rendu familier. Voilà pourquoi, par exemple, dans les grandes villes, on se tue plus que dans les campagnes en se jetant du haut d'un lieu élevé : c'est que les maisons sont plus hautes. De même, à mesure que le sol se couvre de chemins de fer,

---

(1) V. Lisle, *op. cit.*, p. 94.

l'habitude de chercher la mort en se faisant écraser sous un train se généralise. Le tableau qui figure la part relative des différents modes de suicide dans l'ensemble des morts volontaires traduit donc en partie l'état de la technique industrielle, de l'architecture la plus répandue, des connaissances scientifiques, etc. A mesure que l'emploi de l'électricité se vulgarisera, les suicides à l'aide de procédés électriques deviendront aussi plus fréquents.

Mais la cause peut-être la plus efficace, c'est la dignité relative que chaque peuple et, à l'intérieur de chaque peuple, chaque groupe social attribue aux différents genres de mort. Il s'en faut, en effet, qu'ils soient tous mis sur le même plan. Il en est qui passent pour plus nobles, d'autres qui répugnent comme vulgaires et avilissants ; et la manière dont ils sont classés par l'opinion change avec les communautés. A l'armée, la décapitation est considérée comme une mort infamante ; ailleurs, ce sera la pendaison. Voilà comment il se fait que le suicide par strangulation est beaucoup plus répandu dans les campagnes que dans les villes et dans les petites villes que dans les grandes. C'est qu'il a quelque chose de violent et de grossier qui froisse la douceur des mœurs urbaines et le culte que les classes cultivées ont pour la personne humaine. Peut-être aussi cette répulsion tient-elle au caractère déshonorant que des causes historiques ont attaché à ce genre de mort et que les affinés des villes sentent avec une vivacité que la sensibilité plus simple du rural ne comporte pas.

La mort choisie par le suicidé est donc un phénomène tout à fait étranger à la nature même du suicide. Si intimement que semblent rapprochés ces deux éléments d'un même acte, ils sont, en réalité, indépendants l'un de l'autre. Du moins, il n'y a entre eux que des rapports extérieurs de juxtaposition. Car, s'ils dépendent tous deux de causes sociales, les états sociaux qu'ils expriment sont très différents. Le premier n'a rien à nous apprendre sur le second ; il ressortit à une tout autre étude. C'est pourquoi, bien qu'il soit d'usage d'en traiter assez longuement à propos du suicide, nous ne nous y arrêterons pas davantage. Il ne saurait rien ajouter aux résultats qu'ont donnés les recherches précédentes et que résume le tableau suivant :

*Classification étiologique et morphologique
des types sociaux du suicide*

	Formes individuelles qu'ils revêtent	
	Caractère fondamental	Variétés secondaires
Types élémentaires	Suicide égoïste — Apathie	Mélancolie paresseuse avec complaisance pour elle-même. Sang-froid désabusé du sceptique.
	Suicide altruiste — Energie passionnelle ou volontaire	Avec sentiment calme du devoir. Avec enthousiasme mystique. Avec courage paisible.
	Suicide anomique — Irritation dégoût	Récriminations violentes contre la vie en général. Récriminations violentes contre une personne en particulier (homicide-suicide).
Types mixtes	Suicide ego-anomique	Mélange d'agitation et d'apathie, d'action et de rêverie.
	Suicide anomique-altruiste	Effervescence exaspérée.
	Suicide ego-altruiste	Mélancolie tempérée par une certaine fermeté morale.

Tels sont les caractères généraux du suicide, c'est-à-dire ceux qui résultent immédiatement de causes sociales. En s'individualisant dans les cas particuliers, ils se compliquent de nuances variées selon le tempérament personnel de la victime et les circonstances spéciales dans lesquelles elle est placée. Mais, sous la diversité des combinaisons qui se produisent ainsi, on peut toujours retrouver ces formes fondamentales.

LIVRE III

DU SUICIDE
COMME PHÉNOMÈNE SOCIAL
EN GÉNÉRAL

Chapitre Premier

L'ÉLÉMENT SOCIAL DU SUICIDE

Maintenant que nous connaissons les facteurs en fonction desquels varie le taux social des suicides, nous pouvons préciser la nature de la réalité à laquelle il correspond et qu'il exprime numériquement.

I

Les conditions individuelles dont on pourrait, *a priori*, supposer que le suicide dépend, sont de deux sortes.

Il y a d'abord la situation extérieure dans laquelle se trouve placé l'agent. Tantôt les hommes qui se tuent ont éprouvé des chagrins de famille ou des déceptions d'amour-propre, tantôt ils ont eu à souffrir de la misère ou de la maladie, tantôt encore ils ont à se reprocher quelque faute morale, etc. Mais nous avons vu que ces particularités individuelles ne sauraient expliquer le taux social des suicides ; car il varie dans des proportions considérables, alors que les diverses combinaisons de circonstances, qui servent ainsi d'antécédents immédiats aux suicides particuliers, gardent à peu près la même fréquence relative. C'est donc qu'elles ne sont pas les causes déterminantes de l'acte qu'elles précèdent. Le rôle important qu'elles jouent parfois dans la délibération n'est pas une preuve de leur efficacité. On sait, en effet, que les délibérations humaines, telles que les atteint la conscience réfléchie, ne sont souvent que de pure forme et n'ont d'autre objet que de corroborer une résolution déjà prise pour des raisons que la conscience ne connaît pas.

D'ailleurs, les circonstances qui passent pour causer le suicide parce qu'elles l'accompagnent assez fréquemment, sont en nombre presque infini. L'un se tue dans l'aisance, et l'autre dans la pauvreté ; l'un était malheureux en ménage et l'autre venait de rompre par le divorce un mariage qui le rendait malheureux. Ici, un soldat renonce à la vie après avoir été puni pour une faute qu'il n'a pas commise ; là, un criminel se frappe dont le crime est resté impuni. Les événements de la vie les plus divers et même les plus contradictoires peuvent également servir de prétextes au suicide. C'est donc qu'aucun d'eux n'en est la cause spécifique. Pourrons-nous du moins attribuer cette causalité aux caractères qui leur sont communs à tous ? Mais en est-il ? Tout au plus peut-on dire qu'ils consistent généralement en contrariétés, en chagrins, mais sans qu'il soit possible de déterminer quelle intensité la douleur doit atteindre pour avoir cette tragique conséquence. Il n'est pas de mécompte dans la vie, si insignifiant soit-il, dont on puisse dire par avance qu'il ne saurait, en aucun cas, rendre l'existence intolérable ; il n'en est pas davantage qui ait cet effet nécessairement. Nous voyons des hommes résister à d'épouvantables malheurs, tandis que d'autres se suicident après de légers ennuis. Et d'ailleurs, nous avons montré que les sujets qui peinent le plus ne sont pas ceux qui se tuent le plus. C'est plutôt la trop grande aisance qui arme l'homme contre lui-même. C'est aux époques et dans les classes où la vie est le moins rude qu'on s'en défait le plus facilement. Du moins, si vraiment il arrive que la situation personnelle de la victime soit la cause efficiente de sa résolution, ces cas sont certainement très rares et, par conséquent, on ne saurait expliquer ainsi le taux social des suicides.

Aussi ceux-là mêmes qui ont attribué le plus d'influence aux conditions individuelles les ont-ils moins cherchées dans ces incidents extérieurs que dans la nature intrinsèque du sujet, c'est-à-dire dans sa constitution biologique et parmi les concomitants physiques dont elle dépend. Le suicide a été ainsi présenté comme le produit d'un certain tempérament, comme un épisode de la neurasthénie, soumis à l'action des mêmes facteurs qu'elle. Mais nous n'avons découvert aucun rapport immédiat et régulier entre la neurasthénie et le taux social des suicides. Il arrive même que ces deux faits varient en raison inverse l'un de l'autre et que l'un est à son minimum au même moment et dans les mêmes lieux où l'autre est à son apogée. Nous n'avons pas trouvé davantage de relations définies entre le mouvement des suicides et les états du milieu physique qui passent pour avoir sur le système nerveux le plus d'action, comme la race, le climat, la température. C'est que, si le névropathe peut, dans de certaines conditions, manifester quelque disposition pour le suicide, il n'est pas prédestiné à se tuer nécessairement ; et l'action des facteurs cosmiques ne suffit pas à déterminer dans ce sens précis les tendances très générales de sa nature.

Tout autres sont les résultats que nous avons obtenus quand, laissant de côté l'individu, nous avons cherché dans la nature des sociétés elles-mêmes les causes de l'aptitude que chacune d'elles a pour le suicide. Autant les rapports du suicide avec les faits de l'ordre biologique et de l'ordre physique étaient équivoques et douteux, autant ils sont immédiats et constants avec certains états du milieu social. Cette fois, nous nous sommes enfin trouvé en présence de lois véritables, qui nous ont permis d'essayer une classification méthodique des types de suicides. Les causes sociologiques que nous avons ainsi déterminées nous ont même expliqué ces concordances diverses que l'on a souvent attribuées à l'influence de causes matérielles, et où l'on a voulu voir une preuve de cette influence. Si la femme se tue beaucoup moins que l'homme, c'est qu'elle est beaucoup moins engagée que lui dans la vie collective ; elle en sent donc moins fortement l'action bonne ou mauvaise. Il en est de même du vieillard et de l'enfant, quoique pour d'autres raisons. Enfin, si le suicide croît de janvier à juin pour décroître ensuite, c'est que l'activité sociale passe par les mêmes variations saisonnières. Il est donc naturel que les différents effets qu'elle produit soient soumis au même rythme et, par suite, soient plus marqués pendant la première de ces deux périodes : or, le suicide est l'un d'eux.

De tous ces faits il résulte que le taux social des suicides ne s'explique que sociologiquement. C'est la constitution morale de la société qui fixe à chaque instant le contingent des morts volontaires. Il existe donc pour chaque peuple une force collective, d'une énergie déterminée, qui pousse les hommes à se tuer. Les mouvements que le patient accomplit et qui, au premier abord, paraissent n'exprimer que son tempérament personnel, sont, en réalité, la suite et le prolongement d'un état social qu'ils manifestent extérieurement.

Ainsi se trouve résolue la question que nous nous sommes posée au début de ce travail. Ce n'est pas par métaphore qu'on dit de chaque société humaine qu'elle a pour le suicide une aptitude plus ou moins prononcée : l'expression est fondée dans la nature des choses. Chaque groupe social a réellement pour cet acte un penchant collectif qui lui est propre et dont les penchants individuels dérivent, loin qu'il procède de ces derniers. Ce qui le constitue, ce sont ces courants d'égoïsme, d'altruisme ou d'anomie qui travaillent la société considérée, avec les tendances à la mélancolie langoureuse ou au renoncement actif ou à la lassitude exaspérée qui en sont les conséquences. Ce sont ces tendances de la collectivité qui, en pénétrant les individus, les déterminent à se tuer. Quant aux événements privés qui passent généralement pour être les causes prochaines du suicide, ils n'ont d'autre action que celle que leur prêtent les dispositions morales de la victime, écho de l'état moral de la société. Pour s'expliquer son détachement de l'existence, le sujet s'en prend aux circonstances qui l'entourent le plus immédiatement ; il trouve la vie triste parce qu'il est triste. Sans doute, en un sens, sa tristesse lui vient du dehors, mais ce n'est pas de tel ou tel incident de sa carrière, c'est du groupe dont il fait partie. Voilà pourquoi il n'est rien qui ne puisse servir de cause occasionnelle au suicide. Tout dépend de l'intensité avec laquelle les causes suicidogènes ont agi sur l'individu.

II

D'ailleurs, à elle seule, la constance du taux social des suicides suffirait à démontrer l'exactitude de cette conclusion. Si, par méthode, nous avons cru devoir réserver jusqu'à présent le problème, en fait, il ne comporte pas d'autre solution.

Quand Quételet signala à l'attention des philosophes (1) la surprenante régularité avec laquelle certains phénomènes sociaux se répètent pendant des périodes de temps identiques, il crut pouvoir en rendre compte par sa théorie de l'homme moyen, qui est restée, d'ailleurs, la seule explication systématique de cette remarquable propriété. Suivant lui, il y a dans chaque société un type déterminé, que la généralité des individus reproduit plus ou moins exactement, et dont la minorité seule tend à s'écarter sous l'influence de causes perturbatrices. Il y a, par exemple, un ensemble de caractères physiques et moraux que présentent la plupart des Français, mais qui ne se retrouvent pas au même degré ni de la même manière chez les Italiens ou chez les Allemands, et réciproquement. Comme, par définition, ces

---

(1) Notamment dans ses deux ouvrages *Sur l'homme et le développement de ses facultés ou Essai de physique sociale*, 2 vol., Paris, 1835, et *Du système social et des lois qui le régissent*, Paris, 1848. Si Quételet est le premier qui ait essayé d'expliquer scientifiquement cette régularité, il n'est pas le premier qui l'ait observée. Le véritable fondateur de la statistique morale est le pasteur Süssmilch, dans son ouvrage, *Die Göttliche Ordnung in den Veränderungen des menschlichen Geschlechts, aus der Geburt, dem Tode und der Fortpflanzung desselben erwiesen*, 3 vol., 1742.

V. sur cette même question : Wagner, *Die Gesetzmässigkeit*, etc., première partie ; Drobisch, *Die Moralische Statistik und die menschliche Willensfreiheit*, Leipzig, 1867 (surtout p. 1-58) ; Mayr, *Die Gesetzmässigkeit im Gesellschaftsleben*, Munich, 1877 ; Oettingen, *Moralstatistik*, p. 90 et suiv.

caractères sont de beaucoup les plus répandus, les actes qui en dérivent sont aussi de beaucoup les plus nombreux ; ce sont eux qui forment les gros bataillons. Ceux, au contraire, qui sont déterminés par des propriétés divergentes sont relativement rares comme ces propriétés elles-mêmes. D'un autre côté, sans être absolument immuable, ce type général varie pourtant avec beaucoup plus de lenteur qu'un type individuel ; car il est bien plus difficile à une société de changer en masse qu'à un ou à quelques individus en particulier. Cette constance se communique naturellement aux actes qui découlent des attributs caractéristiques de ce type ; les premiers restent les mêmes en grandeur et en qualité tant que les seconds ne changent pas, et, comme ces mêmes manières d'agir sont aussi les plus usitées, il est inévitable que la constance soit la loi générale des manifestations de l'activité humaine qu'atteint la statistique. Le statisticien, en effet, fait le compte de tous les faits de même espèce qui se passent au sein d'une société donnée. Puisque donc la plupart d'entre eux restent invariables tant que le type général de la société ne change pas, et puisque, d'autre part, il change malaisément, les résultats des recensements statistiques doivent nécessairement rester les mêmes pendant d'assez longues séries d'années consécutives. Quant aux faits qui dérivent des caractères particuliers et des accidents individuels, ils ne sont pas tenus, il est vrai, à la même régularité ; c'est pourquoi la constance n'est jamais absolue. Mais ils sont l'exception ; c'est pourquoi l'invariabilité est la règle, tandis que le changement est exceptionnel.

A ce type général, Quételet a donné le nom de *type moyen*, parce qu'on l'obtient presque exactement en prenant la moyenne arithmétique des types individuels. Par exemple, si, après avoir déterminé toutes les tailles dans une société donnée, on en fait la somme et si on la divise par le nombre des individus mesurés, le résultat auquel on arrive exprime, avec un degré d'approximation très suffisant, la taille la plus générale. Car on peut admettre que les écarts en plus et les écarts en moins, les nains et les géants, sont en nombre à peu près égal. Ils se compensent donc les uns les autres, s'annulent mutuellement et, par conséquent, n'affectent pas le quotient.

La théorie semble très simple. Mais d'abord, elle ne peut être considérée comme une explication que si elle permet de comprendre d'où vient que le type moyen se réalise dans la généralité des individus. Pour qu'il reste identique à lui-même alors qu'ils changent, il faut que, en un sens, il soit indépendant d'eux ; et pourtant, il faut aussi qu'il y ait quelque voie par où il puisse s'insinuer en eux. La question, il est vrai, cesse d'en être une si l'on admet qu'il se confond avec le type ethnique. Car les éléments constitutifs de la race, ayant leurs origines en dehors de l'individu, ne sont pas soumis aux mêmes variations que lui ; et néanmoins, c'est en lui et en lui seul qu'ils se réalisent. On conçoit donc très bien qu'ils pénètrent les éléments proprement individuels et même leur servent de base. Seulement, pour que cette explication pût convenir au suicide, il faudrait que la tendance qui entraîne l'homme à se tuer dépendît étroitement de la race ; or, nous savons que les faits sont contraires à cette hypothèse. Dira-t-on que l'état général du milieu social, étant le même pour la plupart des particuliers, les affecte à peu près tous de la même manière et, par suite, leur imprime en partie une même physionomie ? Mais le milieu social est essentiellement fait d'idées, de croyances, d'habitudes, de tendances communes. Pour qu'elles puissent imprégner ainsi les individus il faut donc bien qu'elles existent en quelque manière indépendamment d'eux ; et alors on se rapproche de la solution que nous avons proposée. Car on admet implicitement qu'il existe une tendance collective au suicide dont les tendances individuelles procèdent, et tout le problème est de savoir en quoi elle consiste et comment elle agit.

Mais il y a plus ; de quelque façon qu'on explique la généralité de l'homme moyen, cette conception ne saurait en aucun cas rendre compte de la régularité avec laquelle se reproduit le taux social des suicides. En effet, par définition, les seuls caractères que ce type puisse comprendre sont ceux qui se retrouvent dans la majeure partie de la population. Or, le suicide est le fait d'une minorité. Dans les pays où il est le plus développé, on compte tout au plus 300 ou 400 cas sur un million d'habitants. L'énergie que l'instinct de conservation garde chez la moyenne des hommes l'exclut radicalement ; l'homme moyen ne se tue pas. Mais alors, si le penchant à se tuer est une rareté et une anomalie, il est complètement étranger au type moyen et, par conséquent, une connaissance même approfondie de ce dernier, bien loin de nous aider à comprendre comment il se fait que le nombre des suicides est constant pour une même société, ne saurait même pas expliquer d'où vient qu'il y a des suicides. La théorie de Quételet repose, en définitive, sur une remarque inexacte. Il considérait comme établi que la constance ne s'observe que dans les manifestations les plus générales de l'activité humaine ; or elle se retrouve, et au même degré, dans les manifestations sporadiques qui n'ont lieu que sur des points isolés et rares du champ social. Il croyait avoir répondu à tous les *desiderata* en faisant voir comment, à la rigueur, on pouvait rendre intelligible l'invariabilité de ce qui n'est pas exceptionnel ; mais l'exception elle-même a son invariabilité et qui n'est inférieure à aucune autre. Tout le monde meurt ; tout organisme vivant est constitué de telle sorte qu'il ne peut pas ne pas se dissoudre. Au contraire, il y a très peu de gens qui se tuent ; dans l'immense majorité des hommes, il n'y a rien qui les incline au suicide. Et cependant, le taux des suicides est encore plus constant que celui de la mortalité générale. C'est donc qu'il n'y a pas entre la diffusion d'un caractère et sa permanence l'étroite solidarité qu'admettait Quételet.

D'ailleurs, les résultats auxquels conduit sa propre méthode confirment cette conclusion. En vertu de son principe, pour calculer l'intensité d'un caractère quelconque du type moyen, il faudrait diviser la somme des faits qui le manifestent au sein de la société considérée par le nombre des individus aptes à les produire. Ainsi, dans un pays comme la France, où pendant longtemps il n'y a pas eu plus de 150 suicides par million d'habitants, l'intensité moyenne de la tendance au suicide serait exprimée par le rapport $150/1\,000\,000 = 0,00015$; et en Angleterre, où il n'y a que 80 cas pour la même population, ce rapport ne serait que de 0,00008. Il y aurait donc chez l'individu moyen un penchant à se tuer de cette grandeur. Mais de tels chiffres sont pratiquement égaux à zéro. Une inclination aussi faible est tellement éloignée de l'acte qu'elle peut être regardée comme nulle. Elle n'a pas une force suffisante pour pouvoir, à elle seule, déterminer un suicide. Ce n'est donc pas la généralité d'une telle tendance qui peut faire comprendre pourquoi tant de suicides sont annuellement commis dans l'une ou l'autre de ces sociétés.

Et encore cette évaluation est-elle infiniment exagérée. Quételet n'y est arrivé qu'en prêtant arbitrairement à la moyenne des hommes une certaine affinité pour le suicide et en estimant l'énergie de cette affinité d'après des manifestations qui ne s'observent pas chez l'homme moyen, mais seulement chez un petit nombre de sujets exceptionnels. L'anormal a été ainsi employé à déterminer le normal. Quételet croyait, il est vrai, échapper à l'objection en faisant observer que les cas anormaux, ayant lieu tantôt dans un sens et tantôt dans le sens contraire, se compensent et s'effacent mutuellement. Mais cette compensation ne se réalise que pour des caractères qui, à des degrés divers, se retrouvent chez tout le monde, comme la taille par exemple. On peut croire, en effet, que les sujets exceptionnellement grands et exceptionnellement petits sont à peu près aussi nombreux les uns que les autres. La moyenne de ces tailles exagérées doit donc être sensiblement égale à la taille la plus ordinaire : par conséquent, celle-ci est seule à ressortir du calcul. Mais c'est le contraire qui a lieu, s'il s'agit d'un fait qui est exceptionnel par nature, comme la tendance au suicide ; dans ce cas, le procédé de Quételet ne peut qu'introduire artificiellement dans le type moyen un élément qui est en dehors de la moyenne. Sans doute, comme nous venons de le voir, il ne s'y trouve que dans un état d'extrême dilution, précisément parce que le nombre des individus entre lesquels il est fractionné est bien supérieur à ce qu'il devrait être. Mais si l'erreur est pratiquement peu importante, elle ne laisse pas d'exister.

En réalité, ce qu'exprime le rapport calculé par Quételet, c'est simplement la probabilité qu'il y a pour qu'un homme, appartenant à un groupe social déterminé, se tue dans le cours de l'année. Si, sur une population de 100 000 âmes, il y a annuellement 15 suicides, on peut bien en conclure qu'il y a 15 chances sur 100 000 pour qu'un sujet quelconque se suicide pendant cette même unité de temps. Mais cette probabilité ne nous donne aucunement la mesure de la tendance moyenne au suicide ni ne peut servir à prouver que cette tendance existe. Le fait que tant d'individus sur cent se donnent la mort n'implique pas que les autres y soient exposés à un degré quelconque et ne peut rien nous apprendre relativement à la nature et à l'intensité des causes qui déterminent au suicide (1).

Ainsi, la théorie de l'homme moyen ne résout pas le problème. Reprenons-le donc et voyons bien comme il se pose. Les suicidés sont une infime minorité dispersée aux quatre coins de l'horizon ; chacun d'eux accomplit son acte séparément, sans savoir que d'autres en font autant de leur côté ; et pourtant, tant que la société ne change pas, le nombre des suicidés est le même. Il faut donc bien que toutes ces manifestations individuelles, si indépendantes qu'elles paraissent être les unes des autres, soient en réalité le produit d'une même cause ou d'un même groupe de causes qui dominent les individus. Car autrement, comment expliquer que, chaque année, toutes ces volontés particulières,

(1) Ces considérations fournissent une preuve de plus que la race ne peut rendre compte du taux social des suicides. Le type ethnique, en effet, est lui aussi un type générique ; il ne comprend que des caractères communs à une masse considérable d'individus. Le suicide, au contraire, est un fait exceptionnel. La race n'a donc rien qui puisse suffire à déterminer le suicide ; autrement, il aurait une généralité que, en fait, il n'a pas. Dira-t-on que si, en effet, aucun des éléments qui constituent la race ne saurait être regardé comme une cause suffisante du suicide, cependant, elle peut, selon ce qu'elle est, rendre les hommes plus ou moins accessibles à l'action des causes suicidogènes ? Mais, quand même les faits vérifieraient cette hypothèse, ce qui n'est pas, il faudrait tout au moins reconnaître que le type ethnique est un facteur de bien médiocre efficacité, puisque son influence supposée serait empêchée de se manifester dans la presque totalité des cas et ne serait sensible que très exceptionnellement. En un mot, la race ne peut expliquer comment, sur un million de sujets qui tous appartiennent également à cette race, il y en a tout au plus 100 ou 200 qui se tuent chaque année.

qui s'ignorent mutuellement, viennent, en même nombre, aboutir au même but. Elles n'agissent pas, au moins en général, les unes sur les autres ; il n'y a entre elles aucun concert ; et cependant, tout se passe comme si elles exécutaient un même mot d'ordre. C'est donc que, dans le milieu commun qui les enveloppe, il existe quelque force qui les incline toutes dans ce même sens et dont l'intensité plus ou moins grande fait le nombre plus ou moins élevé des suicides particuliers. Or, les effets par lesquels cette force se révèle ne varient pas selon les milieux organiques et cosmiques, mais exclusivement selon l'état du milieu social. C'est donc qu'elle est collective. Autrement dit, chaque peuple a collectivement pour le suicide une tendance qui lui est propre et de laquelle dépend l'importance du tribut qu'il paie à la mort volontaire.

De ce point de vue, l'invariabilité du taux des suicides n'a plus rien de mystérieux, non plus que son individualité. Car, comme chaque société a son tempérament dont elle ne saurait changer du jour au lendemain, et comme cette tendance au suicide a sa source dans la constitution morale des groupes, il est inévitable et qu'elle diffère d'un groupe à l'autre et que, dans chacun d'eux, elle reste, pendant de longues années, sensiblement égale à elle-même. Elle est un des éléments essentiels de la cénesthésie sociale ; or, chez les êtres collectifs comme chez les individus, l'état cénesthésique est ce qu'il y a de plus personnel et de plus immuable, parce qu'il n'est rien de plus fondamental. Mais alors, les effets qui en résultent doivent avoir et la même personnalité et la même stabilité. Il est même naturel qu'ils aient une constance supérieure à celle de la mortalité générale. Car la température, les influences climatériques, géologiques, en un mot, les conditions diverses dont dépend la santé publique, changent beaucoup plus facilement d'une année à l'autre que l'humeur des nations.

Il est, cependant, une hypothèse, différente en apparence de la précédente, qui pourrait tenter quelques esprits. Pour résoudre la difficulté, ne suffirait-il pas de supposer que les divers incidents de la vie privée qui passent pour être, par excellence, les causes déterminantes du suicide, reviennent régulièrement chaque année dans les mêmes proportions ? Tous les ans, dirait-on (1), il y a à peu près autant de mariages malheureux, de faillites, d'ambitions déçues, de misère, etc. Il est donc naturel que, placés en même nombre dans des situations analogues, les individus soient aussi en même nombre pour prendre la résolution qui découle de leur situation. Il n'est pas nécessaire d'imaginer qu'ils cèdent à une force qui les domine ; il suffit de supposer que, en face des mêmes circonstances, ils raisonnent en général de la même manière.

Mais nous savons que ces événements individuels, s'ils précèdent assez généralement les suicides, n'en sont pas réellement les causes. Encore une fois, il n'y a pas de malheurs dans la vie qui déterminent nécessairement l'homme à se tuer, s'il n'y est pas enclin d'une autre manière. La régularité avec laquelle peuvent se reproduire ces diverses circonstances ne saurait donc expliquer celle du suicide. De plus, quelque influence qu'on leur attribue, une telle solution ne ferait, en tout cas, que déplacer le problème sans le trancher. Car il reste à faire comprendre pourquoi ces situations désespérées se répètent identiquement chaque année suivant une loi propre à chaque pays. Comment se fait-il que, pour une même société, supposée stationnaire, il y ait toujours autant de familles désunies, autant de ruines économiques, etc. ? Ce retour régulier des mêmes événements selon des proportions constantes pour un même peuple, mais très diverses d'un peuple à l'autre, serait inexplicable, s'il n'y avait dans chaque société des courants définis qui entraînent les habitants avec une force déterminée aux aventures commerciales et industrielles, aux pratiques de toute sorte qui sont de nature à troubler les familles, etc. Or c'est revenir, sous une forme à peine différente, à l'hypothèse même qu'on croyait avoir écartée (2).

(1) C'est, au fond, l'opinion exposée par Drobisch, dans son livre cité plus haut.

(2) Cette argumentation n'est pas seulement vraie du suicide, quoiqu'elle soit, en ce cas, plus particulièrement frappante qu'en tout autre. Elle

III

Mais attachons-nous à bien comprendre le sens et la portée des termes qui viennent d'être employés.

D'ordinaire, quand on parle de tendances ou de passions collectives, on est enclin à ne voir dans ces expressions que des métaphores et des manières de parler, qui ne désignent rien de réel sauf une sorte de moyenne entre un certain nombre d'états individuels. On se refuse à les regarder comme des choses, comme des forces *sui generis* qui dominent les consciences particulières. Telle est pourtant leur nature et c'est ce que la statistique du suicide démontre avec éclat (1). Les individus qui composent une société changent d'une année à l'autre ; et cependant, le nombre des suicidés est le même tant que la société elle-même ne change pas. La population de Paris se renouvelle avec une extrême rapidité ; pourtant, la part de Paris dans l'ensemble des suicides français reste sensiblement constante. Quoique quelques années suffisent pour que l'effectif de l'ar-

---

s'applique identiquement au crime sous ses différentes formes. Le criminel, en effet, est un être exceptionnel tout comme le suicidé et, par conséquent, ce n'est pas la nature du type moyen qui peut expliquer les mouvements de la criminalité. Mais il n'en est pas autrement du mariage, quoique la tendance à contracter mariage soit plus générale que le penchant à tuer ou à se tuer. A chaque période de la vie, le nombre des gens qui se marient ne représente qu'une petite minorité par rapport à la population célibataire du même âge. Ainsi, en France, de 25 à 30 ans, c'est-à-dire à l'époque où la nuptialité est *maxima*, il n'y a par an que 176 hommes et 135 femmes qui se marient sur 1 000 célibataires de chaque sexe (période 1877-81). Si donc la tendance au mariage, qu'il ne faut pas confondre avec le goût du commerce sexuel, n'a que chez un petit nombre de sujets une force suffisante pour se satisfaire, ce n'est pas l'énergie qu'elle a dans le type moyen qui peut expliquer l'état de la nuptialité à un moment donné. La vérité, c'est qu'ici, comme quand il s'agit du suicide, les chiffres de la statistique expriment, non l'intensité moyenne des dispositions individuelles, mais celle de la force collective qui pousse au mariage.

(1) Elle n'est pas d'ailleurs la seule ; tous les faits de statistique morale, comme le montre la note précédente, impliquent cette conclusion.

mée soit entièrement transformé, le taux des suicides militaires ne varie, pour une même nation, qu'avec la plus extrême lenteur. Dans tous les pays, la vie collective évolue selon le même rythme au cours de l'année ; elle croît de janvier à juillet environ pour décroître ensuite. Aussi, quoique les membres des diverses sociétés européennes ressortissent à des types moyens très différents les uns des autres, les variations saisonnières et même mensuelles des suicides ont lieu partout suivant la même loi. De même, quelle que soit la diversité des humeurs individuelles, le rapport entre l'aptitude des gens mariés pour le suicide et celle des veufs et des veuves est identiquement le même dans les groupes sociaux les plus différents, par cela seul que l'état moral du veuvage soutient partout avec la constitution morale qui est propre au mariage la même relation. Les causes qui fixent ainsi le contingent des morts volontaires pour une société ou une partie de société déterminée doivent donc être indépendantes des individus, puisqu'elles gardent la même intensité quels que soient les sujets particuliers sur lesquels s'exerce leur action. On dira que c'est le genre de vie qui, toujours le même, produit toujours les mêmes effets. Sans doute, mais un genre de vie, c'est quelque chose et dont la constance a besoin d'être expliquée. S'il se maintient invariable alors que des changements se produisent sans cesse dans les rangs de ceux qui le pratiquent, il est impossible qu'il tienne d'eux toute sa réalité.

On a cru pouvoir échapper à cette conséquence en faisant remarquer que cette continuité elle-même était l'œuvre des individus et que, par conséquent, pour en rendre compte, il n'était pas nécessaire de prêter aux phénomènes sociaux une sorte de transcendance par rapport à la vie individuelle. En effet, a-t-on dit, « une chose sociale quelconque, un mot d'une langue, un rite d'une religion, un secret de métier, un procédé d'art, un article de loi, une maxime de morale se transmet et passe d'un individu parent, maître, ami, voisin, camarade, à un autre individu (1) ».

---

(1) Tarde, La sociologie élémentaire, in *Annales de l'Institut international de Sociologie*, p. 213.

Sans doute, s'il ne s'agissait que de faire comprendre comment, d'une manière générale, une idée ou un sentiment passe d'une génération à l'autre, comment le souvenir ne s'en perd pas, cette explication pourrait, à la rigueur, être regardée comme suffisante (1). Mais la transmission de faits comme le suicide et, plus généralement, comme les actes de toute sorte sur lesquels nous renseigne la statistique morale, présente un caractère très particulier dont on ne peut pas rendre compte à si peu de frais. Elle porte, en effet, non pas seulement en gros sur une certaine manière de faire, *mais sur le nombre des cas où cette manière de faire est employée.* Non seulement il y a des suicides chaque année, mais, en règle générale, il y en a chaque année autant que la précédente. L'état d'esprit qui détermine les hommes à se tuer n'est pas transmis purement et simplement, mais, ce qui est beaucoup plus remarquable, il est transmis à un égal nombre de sujets placés tous dans les conditions nécessaires pour qu'il passe à l'acte. Comment est-ce possible s'il n'y a que des individus en présence ? En lui-même, le nombre ne peut être l'objet d'aucune transmission directe. La population d'aujourd'hui n'a pas appris de celle d'hier quel est le montant de l'impôt qu'elle doit payer au suicide ; et pourtant, c'est exactement le même qu'elle acquittera, si les circonstances ne changent pas.

---

(1) Nous disons à la rigueur, car ce qu'il y a d'essentiel dans le problème ne saurait être résolu de cette manière. En effet, ce qui importe si l'on veut expliquer cette continuité, c'est de faire voir, non pas simplement comment les pratiques usitées à une période ne s'oublient pas à la période qui suit, mais comment elles gardent leur autorité et continuent à fonctionner. De ce que les générations nouvelles peuvent savoir par des transmissions purement inter-individuelles ce que faisaient leurs aînées, il ne suit pas qu'elles soient nécessitées à agir de même. Qu'est-ce donc qui les y oblige ? Le respect de la coutume, l'autorité des anciens ? Mais alors la cause de la continuité, ce ne sont plus les individus qui servent de véhicules aux idées ou aux pratiques, c'est cet état d'esprit éminemment collectif qui fait que, chez tel peuple, les ancêtres sont l'objet d'un respect particulier. Et cet état d'esprit s'impose aux individus. Même, tout comme la tendance au suicide, il a pour une même société une intensité définie selon le degré de laquelle les individus se conforment plus ou moins à la tradition.

Faudra-t-il donc imaginer que chaque suicidé a eu pour initiateur et pour maître, en quelque sorte, l'une des victimes de l'année précédente et qu'il en est comme l'héritier moral ? A cette condition seule il est possible de concevoir que le taux social des suicides puisse se perpétuer par voie de traditions inter-individuelles. Car si le chiffre total ne peut être transmis en bloc, il faut bien que les unités dont il est formé se transmettent une par une. Chaque suicidé devrait donc avoir reçu sa tendance de quelqu'un de ses devanciers et chaque suicide serait comme l'écho d'un suicide antérieur. Mais il n'est pas un fait qui autorise à admettre cette sorte de filiation personnelle entre chacun des événements moraux que la statistique enregistre cette année, par exemple, et un événement similaire de l'année précédente. Il est tout à fait exceptionnel, comme nous l'avons montré plus haut, qu'un acte soit ainsi suscité par un autre acte de même nature. Pourquoi, d'ailleurs, ces ricochets auraient-ils régulièrement lieu d'une année à l'autre ? Pourquoi le fait générateur mettrait-il un an à produire son semblable ? Pourquoi enfin ne se susciterait-il qu'une seule et unique copie ? Car il faut bien que, en moyenne, chaque modèle ne soit reproduit qu'une fois : autrement, le total ne serait pas constant. On nous dispensera de discuter plus longuement une hypothèse aussi arbitraire qu'irreprésentable. Mais, si on l'écarte, si l'égalité numérique des contingents annuels ne vient pas de ce que chaque cas particulier engendre son semblable à la période qui suit, elle ne peut être due qu'à l'action permanente de quelque cause impersonnelle qui plane au-dessus de tous les cas particuliers.

Il faut donc prendre les termes à la rigueur. Les tendances collectives ont une existence qui leur est propre ; ce sont des forces aussi réelles que les forces cosmiques, bien qu'elles soient d'une autre nature ; elles agissent également sur l'individu du dehors, bien que ce soit par d'autres voies. Ce qui permet d'affirmer que la réalité des premières n'est pas inférieure à celle des secondes, c'est qu'elle se prouve de la même manière, à savoir par la constance de leurs effets. Quand nous constatons que le nombre des décès varie très peu d'une année à l'autre, nous expliquons cette régularité en disant que la mortalité dépend du climat, de la température, de la nature du sol, en un mot d'un certain nombre de forces matérielles qui, étant indépendantes des individus, restent constantes alors que les générations changent. Par conséquent, puisque des actes moraux comme le suicide se reproduisent avec une uniformité, non pas seulement égale, mais supérieure, nous devons de même admettre qu'ils dépendent de forces extérieures aux individus. Seulement, comme ces forces ne peuvent être que morales et que, en dehors de l'homme individuel, il n'y a pas dans le monde d'autre être moral que la société, il faut bien qu'elles soient sociales. Mais, de quelque nom qu'on les appelle, ce qui importe, c'est de reconnaître leur réalité et de les concevoir comme un ensemble d'énergies qui nous déterminent à agir du dehors, ainsi que font les énergies physico-chimiques dont nous subissons l'action. Elles sont si bien des choses *sui generis*, et non des entités verbales, qu'on peut les mesurer, comparer leur grandeur relative, comme on fait pour l'intensité de courants électriques ou de foyers lumineux. Ainsi, cette proposition fondamentale que les faits sociaux sont objectifs, proposition que nous avons eu l'occasion d'établir dans un autre ouvrage (1) et que nous considérons comme le principe de la méthode sociologique, trouve dans la statistique morale et surtout dans celle du suicide une preuve nouvelle et particulièrement démonstrative. Sans doute, elle froisse le sens commun. Mais toutes les fois que la science est venue révéler aux hommes l'existence d'une force ignorée, elle a rencontré l'incrédulité. Comme il faut modifier le système des idées reçues pour faire place au nouvel ordre de choses et construire des concepts nouveaux, les esprits résistent paresseusement. Cependant, il faut s'entendre. Si la sociologie existe, elle ne peut être que l'étude d'un monde encore inconnu, différent de ceux qu'explorent les autres sciences. Or ce monde n'est rien s'il n'est pas un système de réalités.

(1) V. *Règles de la méthode sociologique*, chap. II.

Mais, précisément parce qu'elle se heurte à des préjugés traditionnels, cette conception a soulevé des objections auxquelles il nous faut répondre.

En premier lieu, elle implique que les tendances comme les pensées collectives sont d'une autre nature que les tendances et les pensées individuelles, que les premières ont des caractères que n'ont pas les secondes. Or, dit-on, comment est-ce possible puisqu'il n'y a dans la société que des individus ? Mais, à ce compte, il faudrait dire qu'il n'y a rien de plus dans la nature vivante que dans la matière brute, puisque la cellule est exclusivement faite d'atomes qui ne vivent pas. De même, il est bien vrai que la société ne comprend pas d'autres forces agissantes que celles des individus ; seulement les individus, en s'unissant, forment un être psychique d'une espèce nouvelle qui, par conséquent, a sa manière propre de penser et de sentir. Sans doute, les propriétés élémentaires d'où résulte le fait social sont contenues en germe dans les esprits particuliers. Mais le fait social n'en sort que quand elles ont été transformées par l'association, puisque c'est seulement à ce moment qu'il apparaît. L'association est, elle aussi, un facteur actif qui produit des effets spéciaux. Or, elle est par elle-même quelque chose de nouveau. Quand des consciences, au lieu de rester isolées les unes des autres, se groupent et se combinent, il y a quelque chose de changé dans le monde. Par suite, il est naturel que ce changement en produise d'autres, que cette nouveauté engendre d'autres nouveautés, que des phénomènes apparaissent dont les propriétés caractéristiques ne se retrouvent pas dans les éléments dont ils sont composés.

Le seul moyen de contester cette proposition serait d'admettre qu'un tout est qualitativement identique à la somme de ses parties, qu'un effet est qualitativement réductible à la somme des causes qui l'ont engendré ; ce qui reviendrait ou à nier tout changement ou à le rendre inexplicable. On est pourtant allé jusqu'à soutenir cette thèse extrême, mais on n'a trouvé pour la défendre que deux raisons vraiment extraordinaires. On a dit 1° que, « en sociologie, nous avons, par un privilège singulier, la connaissance intime de l'élément qui est notre conscience individuelle aussi bien que du composé qui est l'assemblée des consciences »; 2º que, par cette double introspection, « nous constatons clairement que, l'individuel écarté, le social n'est rien (1) ».

La première assertion est une négation hardie de toute la psychologie contemporaine. On s'entend aujourd'hui pour reconnaître que la vie psychique, loin de pouvoir être connue d'une vue immédiate, a, au contraire, des dessous profonds où le sens intime ne pénètre pas et que nous n'atteignons que peu à peu par des procédés détournés et complexes, analogues à ceux qu'emploient les sciences du monde extérieur. Il s'en faut donc que la nature de la conscience soit désormais sans mystère. Quant à la seconde proposition, elle est purement arbitraire. L'auteur peut bien affirmer que, suivant son impression personnelle, il n'y a rien de réel dans la société que ce qui vient de l'individu, mais, à l'appui de cette affirmation, les preuves font défaut et la discussion, par suite, est impossible. Il serait si facile d'opposer à ce sentiment le sentiment contraire d'un grand nombre de sujets qui se représentent la société, non comme la forme que prend spontanément la nature individuelle en s'épanouissant au-dehors, mais comme une force antagoniste qui les limite et contre laquelle ils font effort ! Que dire, du reste, de cette intuition par laquelle nous connaîtrions directement et sans intermédiaire, non seulement l'élément, c'est-à-dire l'individu, mais encore le composé, c'est-à-dire la société ? Si, vraiment, il suffisait d'ouvrir les yeux et de bien regarder pour apercevoir aussitôt les lois du monde social, la sociologie serait inutile ou, du moins, serait très simple. Malheureusement, les faits ne montrent que trop combien la conscience est incompétente en la matière. Jamais elle ne fût arrivée d'elle-même à soupçonner cette nécessité qui ramène tous les ans, en même nombre, les phénomènes démographiques, si elle n'en avait été avertie du dehors. A plus forte raison, est-elle incapable, réduite à ses seules forces, d'en découvrir les causes.

(1) TARDE, *op. cit.*, in *Annales de l'Institut de Sociol.*, p. 222.

Mais, en séparant ainsi la vie sociale de la vie individuelle, nous n'entendons nullement dire qu'elle n'a rien de psychique. Il est évident, au contraire, qu'elle est essentiellement faite de représentations. Seulement, les représentations collectives sont d'une tout autre nature que celles de l'individu. Nous ne voyons aucun inconvénient à ce qu'on dise de la sociologie qu'elle est une psychologie, si l'on prend soin d'ajouter que la psychologie sociale a ses lois propres, qui ne sont pas celles de la psychologie individuelle. Un exemple achèvera de faire comprendre notre pensée. D'ordinaire, on donne comme origine à la religion les impressions de crainte ou de déférence qu'inspirent aux sujets conscients des êtres mystérieux et redoutés ; de ce point de vue, elle apparaît comme le simple développement d'états individuels et de sentiments privés. Mais cette explication simpliste est sans rapport avec les faits. Il suffit de remarquer que, dans le règne animal, où la vie sociale n'est jamais que très rudimentaire, l'institution religieuse est inconnue, qu'elle ne s'observe jamais que là où il existe une organisation collective, qu'elle change selon la nature des sociétés, pour qu'on soit fondé à conclure que, seuls, les hommes en groupe pensent religieusement. Jamais l'individu ne se serait élevé à l'idée de forces qui le dépassent aussi infiniment, lui et tout ce qui l'entoure, s'il n'avait connu que lui-même et l'univers physique. Même les grandes forces naturelles avec lesquelles il est en relation n'auraient pas pu lui en suggérer la notion ; car, à l'origine, il est loin de savoir, comme aujourd'hui, à quel point elles le dominent ; il croit, au contraire, pouvoir, dans de certaines conditions, en disposer à son gré (1). C'est la science qui lui a appris de combien il leur est inférieur. La puissance qui s'est ainsi imposée à son respect et qui est devenue l'objet de son adoration, c'est la société, dont les Dieux ne furent que la forme hypostasiée. La religion, c'est, en définitive, le système de symboles par lesquels la société prend conscience d'elle-même ; c'est la manière de penser propre à l'être collectif. Voilà donc un vaste ensemble d'états mentaux

---

(1) V. Frazer, *Golden Bough*, p. 9 et suiv.

qui ne se seraient pas produits si les consciences particulières ne s'étaient pas unies, qui résultent de cette union et se sont surajoutés à ceux qui dérivent des natures individuelles. On aura beau analyser ces dernières aussi minutieusement que possible, jamais on n'y découvrira rien qui explique comment se sont fondées et développées ces croyances et ces pratiques singulières d'où est né le totémisme, comment le naturisme en est sorti, comment le naturisme lui-même est devenu, ici la religion abstraite de Iahvé, là le polythéisme des Grecs et des Romains, etc. Or, tout ce que nous voulons dire quand nous affirmons l'hétérogénéité du social et de l'individuel, c'est que les observations précédentes s'appliquent, non seulement à la religion, mais au droit, à la morale, aux modes, aux institutions politiques, aux pratiques pédagogiques, etc., en un mot à toutes les formes de la vie collective (1).

Mais une autre objection nous a été faite qui peut paraître plus grave au premier abord. Nous n'avons pas seulement admis que les états sociaux diffèrent qualitativement des états individuels, mais encore qu'ils sont, en un certain sens, extérieurs aux individus. Même nous n'avons pas craint de comparer cette extériorité à celle des forces physiques. Mais, a-t-on dit, puisqu'il n'y a rien dans la société que des individus, comment pourrait-il y avoir quelque chose en dehors d'eux ?

Si l'objection était fondée, nous serions en présence d'une antinomie. Car il ne faut pas perdre de vue ce qui a été précédemment établi. Puisque la poignée de gens qui se tuent chaque année ne forme pas un groupe naturel, qu'ils ne sont pas en communication les uns avec les autres, le nombre constant

(1) Ajoutons, pour prévenir toute interprétation inexacte, que nous n'admettons pas pour cela qu'il y ait un point précis où finisse l'individuel et où commence le règne social. L'association ne s'établit pas d'un seul coup et ne produit pas d'un seul coup ses effets ; il lui faut du temps pour cela et il y a, par conséquent, des moments, où la réalité est indécise. Ainsi, on passe sans hiatus d'un ordre de faits à l'autre ; mais ce n'est pas une raison pour ne pas les distinguer. Autrement, il n'y aurait rien de distinct dans le monde, si du moins on pense qu'il n'y a pas de genres séparés et que l'évolution est continue.

des suicides ne peut être dû qu'à l'action d'une même cause qui domine les individus et qui leur survit. La force qui fait l'unité du faisceau formé par la multitude des cas particuliers, épars sur la surface du territoire, doit nécessairement être en dehors de chacun d'eux. Si donc il était réellement impossible qu'elle leur fût extérieure, le problème serait insoluble. Mais l'impossibilité n'est qu'apparente.

Et d'abord, il n'est pas vrai que la société ne soit composée que d'individus ; elle comprend aussi des choses matérielles et qui jouent un rôle essentiel dans la vie commune. Le fait social se matérialise parfois jusqu'à devenir un élément du monde extérieur. Par exemple, un type déterminé d'architecture est un phénomène social ; or il est incarné en partie dans des maisons, dans des édifices de toute sorte qui, une fois construits, deviennent des réalités autonomes, indépendantes des individus. Il en est ainsi des voies de communication et de transport, des instruments et des machines employés dans l'industrie ou dans la vie privée et qui expriment l'état de la technique à chaque moment de l'histoire, du langage écrit, etc. La vie sociale, qui s'est ainsi comme cristallisée et fixée sur des supports matériels, se trouve donc par cela même extériorisée, et c'est du dehors qu'elle agit sur nous. Les voies de communication qui ont été construites avant nous impriment à la marche de nos affaires une direction déterminée, suivant qu'elles nous mettent en relation avec tels ou tels pays. L'enfant forme son goût en entrant en contact avec les monuments du goût national, legs des générations antérieures. Parfois même, on voit de ces monuments disparaître pendant des siècles dans l'oubli, puis, un jour, alors que les nations qui les avaient élevés sont depuis longtemps éteintes, réapparaître à la lumière et recommencer au sein de sociétés nouvelles une nouvelle existence. C'est ce qui caractérise ce phénomène très particulier qu'on appelle les Renaissances. Une Renaissance, c'est de la vie sociale qui, après s'être comme déposée dans des choses et y être restée longtemps latente, se réveille tout à coup et vient changer l'orientation intellectuelle et morale de peuples qui n'avaient pas concouru à l'élaborer. Sans doute, elle ne pourrait pas se ranimer si des consciences vivantes ne se trouvaient là pour recevoir son action ; mais, d'un autre côté, ces consciences auraient pensé et senti tout autrement si cette action ne s'était pas produite.

La même remarque s'applique à ces formules définies où se condensent soit les dogmes de la foi, soit les préceptes du droit, quand ils se fixent extérieurement sous une forme consacrée. Assurément, si bien rédigées qu'elles pussent être, elles resteraient lettre morte s'il n'y avait personne pour se les représenter et les mettre en pratique. Mais, si elles ne se suffisent pas, elles ne laissent pas d'être des facteurs *sui generis* de l'activité sociale. Car elles ont un mode d'action qui leur est propre. Les relations juridiques ne sont pas du tout les mêmes selon que le droit est écrit ou non. Là où il existe un code constitué, la jurisprudence est plus régulière, mais moins souple, la législation plus uniforme, mais aussi plus immuable. Elle sait moins bien s'approprier à la diversité des cas particuliers et elle oppose plus de résistance aux entreprises des novateurs. Les formes matérielles qu'elle revêt ne sont donc pas de simples combinaisons verbales sans efficacité, mais des réalités agissantes, puisqu'il en sort des effets qui n'auraient pas lieu si elles n'étaient pas. Or, non seulement elles sont extérieures aux consciences individuelles, mais c'est cette extériorité qui fait leurs caractères spécifiques. C'est parce qu'elles sont moins à la portée des individus que ceux-ci peuvent plus difficilement les accommoder aux circonstances, et c'est la même cause qui les rend plus réfractaires aux changements.

Toutefois, il est incontestable que toute la conscience sociale n'arrive pas à s'extérioriser et à se matérialiser ainsi. Toute l'esthétique nationale n'est pas dans les œuvres qu'elle inspire ; toute la morale ne se formule pas en préceptes définis. La majeure partie en reste diffuse. Il y a toute une vie collective qui est en liberté ; toutes sortes de courants vont, viennent, circulent dans toutes les directions, se croisent et se mêlent de mille manières différentes et, précisément parce qu'ils sont dans un perpétuel état de mobilité, ils ne parviennent pas à se prendre sous une forme objective. Aujourd'hui, c'est un vent de tristesse et de découragement qui s'est abattu sur la société ; demain, au contraire, un souffle de joyeuse confiance viendra soulever les cœurs. Pendant un temps, tout le groupe est entraîné vers l'individualisme ; une autre période vient, et ce sont les aspirations sociales et philanthropiques qui deviennent prépondérantes. Hier, on était tout au cosmopolitisme, aujourd'hui, c'est le patriotisme qui l'emporte. Et tous ces remous, tous ces flux et tous ces reflux ont lieu, sans que les préceptes cardinaux du droit et de la morale, immobilisés par leurs formes hiératiques, soient seulement modifiés. D'ailleurs, ces préceptes eux-mêmes ne font qu'exprimer toute une vie sous-jacente dont ils font partie ; ils en résultent, mais ne la suppriment pas. A la base de toutes ces maximes, il y a des sentiments actuels et vivants que ces formules résument, mais dont elles ne sont que l'enveloppe superficielle. Elles n'éveilleraient aucun écho, si elles ne correspondaient pas à des émotions et à des impressions concrètes, éparses dans la société. Si donc nous leur attribuons une réalité, nous ne songeons pas à en faire le tout de la réalité morale. Ce serait prendre le signe pour la chose signifiée. Un signe est assurément quelque chose ; ce n'est pas une sorte d'épiphénomène surérogatoire ; on sait aujourd'hui le rôle qu'il joue dans le développement intellectuel. Mais enfin ce n'est qu'un signe (1).

Mais parce que cette vie n'a pas un suffisant degré de consistance pour se fixer, elle ne laisse pas d'avoir le même caractère que ces préceptes formulés dont nous parlions tout à l'heure. *Elle est extérieure à chaque individu moyen pris à part.* Voici, par exemple, qu'un grand danger public détermine une poussée du sentiment patriotique. Il en résulte un élan collectif en vertu duquel la société, dans son ensemble, pose

---

(1) Nous pensons qu'après cette explication on ne nous reprochera plus de vouloir, en sociologie, substituer le dehors au dedans. Nous partons du dehors parce qu'il est seul immédiatement donné, mais c'est pour atteindre le dedans. Le procédé est, sans doute, compliqué ; mais il n'en est pas d'autre, si l'on ne veut pas s'exposer à faire porter la recherche, non sur l'ordre de faits que l'on veut étudier, mais sur le sentiment personnel qu'on en a.

comme un axiome que les intérêts particuliers, même ceux qui passent d'ordinaire pour les plus respectables, doivent s'effacer complètement devant l'intérêt commun. Et le principe n'est pas seulement énoncé comme une sorte de *desideratum* ; au besoin, il est appliqué à la lettre. Observez au même moment la moyenne des individus ! Vous retrouverez bien chez un grand nombre d'entre eux quelque chose de cet état moral, mais infiniment atténué. Ils sont rares, ceux qui, même en temps de guerre, sont prêts à faire spontanément une aussi entière abdication d'eux-mêmes. *Donc, de toutes les consciences particulières qui composent la grande masse de la nation, il n'en est aucune par rapport à laquelle le courant collectif ne soit extérieur presque en totalité, puisque chacune d'elles n'en contient qu'une parcelle.*

On peut faire la même observation même à propos des sentiments moraux les plus stables et les plus fondamentaux. Par exemple, toute société a pour la vie de l'homme en général un respect dont l'intensité est déterminée et peut se mesurer d'après la gravité relative (1) des peines attachées à l'homicide. D'un autre côté, l'homme moyen n'est pas sans avoir en lui quelque chose de ce même sentiment, mais à un bien moindre degré et d'une tout autre manière que la société. Pour se rendre compte de cet écart, il suffit de comparer l'émotion que peut nous causer individuellement la vue du meurtrier ou le spectacle même du meurtre, et celle qui saisit, dans les mêmes circonstances, les foules assemblées. On sait à quelles extrémités elles se laissent entraîner si rien ne leur résiste. C'est que, dans ce cas, la colère est collective. Or, la même différence se retrouve à chaque instant entre la manière dont la société ressent

---

(1) Pour savoir si ce sentiment de respect est plus fort dans une société que dans l'autre, il ne faut pas considérer seulement la violence intrinsèque des mesures qui constituent la répression, mais la place occupée par la peine dans l'échelle pénale. L'assassinat n'est puni que de mort aujourd'hui comme aux siècles derniers. Mais aujourd'hui, la peine de mort simple a une gravité relative plus grande ; car elle constitue le châtiment suprême, tandis qu'autrefois elle pouvait être aggravée. Et puisque ces aggravations ne s'appliquaient pas alors à l'assassinat ordinaire, il en résulte que celui-ci était l'objet d'une moindre réprobation.

ces attentats et la façon dont ils affectent les individus ; par conséquent, entre la forme individuelle et la forme sociale du sentiment qu'ils offensent. L'indignation sociale est d'une telle énergie qu'elle n'est très souvent satisfaite que par l'expiation suprême. Pour nous, si la victime est un inconnu ou un indifférent, si l'auteur du crime ne vit pas dans notre entourage et, par suite, ne constitue pas pour nous une menace personnelle, tout en trouvant juste que l'acte soit puni, nous n'en sommes pas assez émus pour éprouver un besoin véritable d'en tirer vengeance. Nous ne ferons pas un pas pour découvrir le coupable ; nous répugnerons même à le livrer. La chose ne change d'aspect que si l'opinion publique, comme on dit, s'est saisie de l'affaire. Alors, nous devenons plus exigeants et plus actifs. Mais c'est l'opinion qui parle par notre bouche ; c'est sous la pression de la collectivité que nous agissons, non en tant qu'individus.

Le plus souvent même, la distance entre l'état social et ses répercussions individuelles est encore plus considérable. Dans le cas précédent, le sentiment collectif, en s'individualisant, gardait du moins, chez la plupart des sujets, assez de force pour s'opposer aux actes qui l'offensent ; l'horreur du sang humain est aujourd'hui assez profondément enracinée dans la généralité des consciences pour prévenir l'éclosion d'idées homicides. Mais le simple détournement, la fraude silencieuse et sans violence sont loin de nous inspirer la même répulsion. Ils ne sont pas très nombreux ceux qui ont des droits d'autrui un respect suffisant pour étouffer dans son germe tout désir de s'enrichir injustement. Ce n'est pas que l'éducation ne développe un certain éloignement pour tout acte contraire à l'équité. Mais quelle distance entre ce sentiment vague, hésitant, toujours prêt aux compromis, et la flétrissure catégorique, sans réserve et sans réticence, dont la société frappe le vol sous toutes ses formes ! Et que dirons-nous de tant d'autres devoirs qui ont encore moins de racines chez l'homme ordinaire, comme celui qui nous ordonne de contribuer pour notre juste part aux dépenses publiques, de ne pas frauder le fisc, de ne pas chercher à éviter habilement le service militaire, d'exécuter loyalement nos contrats, etc. Si, sur tous ces points, la moralité n'était assurée que par les sentiments vacillants que contiennent les consciences moyennes, elle serait singulièrement précaire.

C'est donc une erreur fondamentale que de confondre, comme on l'a fait tant de fois, le type collectif d'une société avec le type moyen des individus qui la composent. L'homme moyen est d'une très médiocre moralité. Seules, les maximes les plus essentielles de l'éthique sont gravées en lui avec quelque force, et encore sont-elles loin d'y avoir la précision et l'autorité qu'elles ont dans le type collectif, c'est-à-dire dans l'ensemble de la société. Cette confusion, que Quételet a précisément commise, fait de la genèse de la morale un problème incompréhensible. Car, puisque l'individu est en général d'une telle médiocrité, comment une morale a-t-elle pu se constituer qui le dépasse à ce point, si elle n'exprime que la moyenne des tempéraments individuels ? Le plus ne saurait, sans miracle, naître du moins. Si la conscience commune n'est autre chose que la conscience la plus générale, elle ne peut s'élever au-dessus du niveau vulgaire. Mais alors, d'où viennent ces préceptes élevés et nettement impératifs que la société s'efforce d'inculquer à ses enfants et dont elle impose le respect à ses membres ? Ce n'est pas sans raison que les religions et, à leur suite, tant de philosophies considèrent la morale comme ne pouvant avoir toute sa réalité qu'en Dieu. C'est que la pâle et très incomplète esquisse qu'en contiennent les consciences individuelles n'en peut être regardée comme le type original. Elle fait plutôt l'effet d'une reproduction infidèle et grossière dont le modèle, par suite, doit exister quelque part en dehors des individus. C'est pourquoi, avec son simplisme ordinaire, l'imagination populaire le réalise en Dieu. La science, sans doute, ne saurait s'arrêter à cette conception dont elle n'a même pas à connaître (1). Seulement, si

(1) De même que la science de la physique n'a pas à discuter la croyance en Dieu, créateur du monde physique, la science de la morale n'a pas à connaître de la doctrine qui voit en Dieu le créateur de la morale. La question n'est pas de notre ressort ; nous n'avons à nous prononcer pour aucune solution. Les causes secondes sont les seules dont nous ayons à nous occuper.

on l'écarte, il ne reste plus d'autre alternative que de laisser la morale en l'air et inexpliquée, ou d'en faire un système d'états collectifs. Ou elle ne vient de rien qui soit donné dans le monde de l'expérience, ou elle vient de la société. Elle ne peut exister que dans une conscience ; si ce n'est pas dans celle de l'individu, c'est donc dans celle du groupe. Mais alors il faut admettre que la seconde, loin de se confondre avec la conscience moyenne, la déborde de toutes parts.

L'observation confirme donc l'hypothèse. D'un côté, la régularité des données statistiques implique qu'il existe des tendances collectives, extérieures aux individus ; de l'autre, dans un nombre considérable de cas importants, nous pouvons directement constater cette extériorité. Elle n'a, d'ailleurs, rien de surprenant pour quiconque a reconnu l'hétérogénéité des états individuels et des états sociaux. En effet, par définition, les seconds ne peuvent venir à chacun de nous que du dehors, puisqu'ils ne découlent pas de nos prédispositions personnelles ; étant faits d'éléments qui nous sont étrangers (1), ils expriment autre chose que nous-mêmes. Sans doute, dans la mesure où nous ne faisons qu'un avec le groupe et où nous vivons de sa vie, nous sommes ouverts à leur influence ; mais inversement, en tant que nous avons une personnalité distincte de la sienne, nous leur sommes réfractaires et nous cherchons à leur échapper. Et comme il n'est personne qui ne mène concurremment cette double existence, chacun de nous est animé à la fois d'un double mouvement. Nous sommes entraînés dans le sens social et nous tendons à suivre la pente de notre nature. Le reste de la société pèse donc sur nous pour contenir nos tendances centrifuges, et nous concourons pour notre part à peser sur autrui afin de neutraliser les siennes. Nous subissons nous-mêmes la pression que nous contribuons à exercer sur les autres. Deux forces antagonistes sont en présence. L'une vient de la collectivité et cherche à s'emparer de l'individu ; l'autre vient de l'individu et repousse la précédente. La première est, il est

---

(1) V. plus haut, p. 350.

vrai, bien supérieure à la seconde, puisqu'elle est due à une combinaison de toutes les forces particulières ; mais, comme elle rencontre aussi autant de résistances qu'il y a de sujets particuliers, elle s'use en partie dans ces luttes multipliées et ne nous pénètre que défigurée et affaiblie. Quand elle est très intense, quand les circonstances qui la mettent en action reviennent fréquemment, elle peut encore marquer assez fortement les constitutions individuelles ; elle y suscite des états d'une certaine vivacité et qui, une fois organisés, fonctionnent avec la spontanéité de l'instinct ; c'est ce qui arrive pour les idées morales les plus essentielles. Mais la plupart des courants sociaux ou sont trop faibles ou ne sont en contact avec nous que d'une manière trop intermittente pour qu'ils puissent pousser en nous de profondes racines ; leur action est superficielle. Par conséquent, ils restent presque totalement externes. Ainsi, le moyen de calculer un élément quelconque du type collectif n'est pas de mesurer la grandeur qu'il a dans les consciences individuelles et de prendre la moyenne entre toutes ces mesures ; c'est plutôt la somme qu'il faudrait faire. Encore ce procédé d'évaluation serait-il bien au-dessous de la réalité ; car on n'obtiendrait ainsi que le sentiment social diminué de tout ce qu'il a perdu en s'individualisant.

Ce n'est donc pas sans quelque légèreté qu'on a pu taxer notre conception de scolastique et lui reprocher de donner pour fondement aux phénomènes sociaux je ne sais quel principe vital d'un genre nouveau. Si nous refusons d'admettre qu'ils aient pour substrat la conscience de l'individu, nous leur en assignons un autre ; c'est celui que forment, en s'unissant et en se combinant, toutes les consciences individuelles. Ce substrat n'a rien de substantiel ni d'ontologique, puisqu'il n'est rien autre chose qu'un tout composé de parties. Mais il ne laisse pas d'être aussi réel que les éléments qui le composent ; car ils ne sont pas constitués d'une autre manière. Eux aussi sont composés. En effet, on sait aujourd'hui que le moi est la résultante d'une multitude de consciences sans moi ; que chacune de ces consciences élémentaires est, à son tour, le produit d'unités vitales sans conscience, de même que chaque unité vitale est elle-même due à une association de particules inanimées. Si donc le psychologue et le biologiste regardent avec raison comme bien fondés les phénomènes qu'ils étudient, par cela seul qu'ils sont rattachés à une combinaison d'éléments de l'ordre immédiatement inférieur, pourquoi en serait-il autrement en sociologie ? Ceux-là seuls pourraient juger une telle base insuffisante, qui n'ont pas renoncé à l'hypothèse d'une force vitale et d'une âme substantielle. Ainsi, rien n'est moins étrange que cette proposition dont on a cru devoir se scandaliser (1) : Une croyance ou une pratique sociale est susceptible d'exister indépendamment de ses expressions individuelles. Par là, nous ne songions évidemment pas à dire que la société est possible sans individus, absurdité manifeste dont on aurait pu nous épargner le soupçon. Mais nous entendions : 1° que le groupe formé par les individus associés est une réalité d'une autre sorte que chaque individu pris à part ; 2° que les états collectifs existent dans le groupe de la nature duquel ils dérivent, avant d'affecter l'individu en tant que tel et de s'organiser en lui, sous une forme nouvelle, une existence purement intérieure.

Cette façon de comprendre les rapports de l'individu avec la société rappelle, d'ailleurs, l'idée que les zoologistes contemporains tendent à se faire des rapports qu'il soutient également avec l'espèce ou la race. La théorie très simple, d'après laquelle l'espèce ne serait qu'un individu perpétué dans le temps et généralisé dans l'espace, est de plus en plus abandonnée. Elle vient, en effet, se heurter à ce fait que les variations qui se produisent chez un sujet isolé ne deviennent spécifiques que dans des cas très rares et, peut-être, douteux (2). Les caractères distinctifs de la race ne changent chez l'individu que s'ils changent dans la race en général. Celle-ci aurait donc quelque réalité, d'où procéderaient les formes diverses qu'elle prend chez les êtres parti-

---

(1) V. Tarde, *op. cit.*, p. 212.
(2) V. Delage, *Structure du protoplasme*, *passim* ; Weissmann, *L'hérédité* et toutes les théories qui se rapprochent de celle de Weissmann.

culiers, loin d'être une généralisation de ces dernières. Sans doute, nous ne pouvons regarder ces doctrines comme définitivement démontrées. Mais il nous suffit de faire voir que nos conceptions sociologiques, sans être empruntées à un autre ordre de recherches, ne sont cependant pas sans analogues dans les sciences les plus positives.

IV

Appliquons ces idées à la question du suicide ; la solution que nous en avons donnée au début de ce chapitre prendra plus de précision.

Il n'y a pas d'idéal moral qui ne combine, en des proportions variables selon les sociétés, l'égoïsme, l'altruisme et une certaine anomie. Car la vie sociale suppose à la fois que l'individu a une certaine personnalité, qu'il est prêt, si la communauté l'exige, à en faire l'abandon, enfin qu'il est ouvert, dans une certaine mesure, aux idées de progrès. C'est pourquoi il n'y a pas de peuple où ne coexistent ces trois courants d'opinion, qui inclinent l'homme dans trois directions divergentes et même contradictoires. Là où ils se tempèrent mutuellement, l'agent moral est dans un état d'équilibre qui le met à l'abri contre toute idée de suicide. Mais que l'un d'eux vienne à dépasser un certain degré d'intensité au détriment des autres, et, pour les raisons exposées, il devient suicidogène en s'individualisant.

Naturellement, plus il est fort, et plus il y a de sujets qu'il contamine assez profondément pour les déterminer au suicide, et inversement. Mais cette intensité elle-même ne peut dépendre que des trois sortes de causes suivantes : 1º la nature des individus qui composent la société ; 2º la manière dont ils sont associés, c'est-à-dire la nature de l'organisation sociale ; 3º les événements passagers qui troublent le fonctionnement de la vie collective sans en altérer la constitution anatomique, comme les crises nationales, économiques, etc. Pour ce qui est des propriétés individuelles, celles-là seules peuvent jouer un rôle qui se retrouvent chez tous. Car celles qui sont strictement personnelles ou qui n'appartiennent qu'à de petites minorités sont noyées dans la masse des autres ; de plus, comme elles diffèrent entre elles, elles se neutralisent et s'effacent mutuellement au cours de l'élaboration d'où résulte le phénomène collectif. Il n'y a donc que les caractères généraux de l'humanité qui peuvent être de quelque effet. Or, ils sont à peu près immuables ; du moins, pour qu'ils puissent changer, ce n'est pas assez des quelques siècles que peut durer une nation. Par conséquent, les conditions sociales dont dépend le nombre des suicides sont les seules en fonction desquelles il puisse varier ; car ce sont les seules qui soient variables. Voilà pourquoi il reste constant tant que la société ne change pas. Cette constance ne vient pas de ce que l'état d'esprit, générateur du suicide, se trouve, on ne sait par quel hasard, résider dans un nombre déterminé de particuliers qui le transmettent, on ne sait davantage pour quelle raison, à un même nombre d'imitateurs. Mais c'est que les causes impersonnelles, qui lui ont donné naissance et qui l'entretiennent, sont les mêmes. C'est que rien n'est venu modifier ni la manière dont les unités sociales sont groupées, ni la nature de leur *consensus*. Les actions et les réactions qu'elles échangent restent donc identiques ; par suite, les idées et les sentiments qui s'en dégagent ne sauraient varier.

Toutefois, il est très rare, sinon impossible, qu'un de ces courants parvienne à exercer une telle prépondérance sur tous les points de la société. C'est toujours au sein de milieux restreints, où il trouve des conditions particulièrement favorables à son développement, qu'il atteint ce degré d'énergie. C'est telle condition sociale, telle profession, telle confession religieuse qui le stimulent plus spécialement. Ainsi s'explique le double caractère du suicide. Quand on le considère dans ses manifestations extérieures, on est tenté de n'y voir qu'une série d'événements indépendants les uns des autres ; car il se produit sur des points séparés, sans rapports visibles entre eux. Et cependant, la somme formée par tous les cas particuliers réunis a son unité et son individualité, puisque le taux social des suicides est un trait distinctif de chaque personnalité collective. C'est que, si ces milieux particuliers, où il se produit de préférence, sont distincts les uns des autres, fragmentés de mille manières sur toute l'étendue du territoire, pourtant, ils sont étroitement liés entre eux ; car ils sont des parties d'un même tout et comme des organes d'un même organisme. L'état où se trouve chacun d'eux dépend donc de l'état général de la société ; il y a une intime solidarité entre le degré de virulence qu'y atteint telle ou telle tendance et l'intensité qu'elle a dans l'ensemble du corps social. L'altruisme est plus ou moins violent à l'armée suivant ce qu'il est dans la population civile (1) ; l'individualisme intellectuel est d'autant plus développé et d'autant plus fécond en suicides dans les milieux protestants qu'il est déjà plus prononcé dans le reste de la nation, etc. Tout se tient.

Mais si, en dehors de la vésanie, il n'y a pas d'état individuel qui puisse être regardé comme un facteur déterminant du suicide, cependant, il semble bien qu'un sentiment collectif ne puisse pénétrer les individus quand ils y sont absolument réfractaires. On pourrait donc croire incomplète l'explication précédente, tant que nous n'aurons pas montré comment, au moment et dans les milieux précis où les courants suicidogènes se développent, ils trouvent devant eux un nombre suffisant de sujets accessibles à leur influence.

Mais, à supposer que, vraiment, ce concours soit toujours nécessaire et qu'une tendance collective ne puisse pas s'imposer de haute lutte aux particuliers indépendamment de toute prédisposition préalable, cette harmonie se réalise d'elle-même ; car les causes qui déterminent le courant social agissent en même temps sur les individus et les mettent dans les dispositions convenables pour qu'ils se prêtent à l'action collective. Il y a entre ces deux ordres de facteurs une parenté naturelle, par cela même qu'ils dépendent d'une même cause et qu'ils l'expriment : c'est pourquoi ils se combinent et s'adaptent mutuellement. L'hypercivilisation qui donne naissance à la tendance anomique et à la tendance égoïste a aussi pour effet d'affiner les sys-

---

(1) V. plus haut, p. 255-57.

tèmes nerveux, de les rendre délicats à l'excès ; par cela même, ils sont moins capables de s'attacher avec constance à un objet défini, plus impatients de toute discipline, plus accessibles à l'irritation violente comme à la dépression exagérée. Inversement, la culture grossière et rude, qu'implique l'altruisme excessif des primitifs, développe une insensibilité qui facilite le renoncement. En un mot, comme la société fait en grande partie l'individu, elle le fait, dans la même mesure, à son image. La matière dont elle a besoin ne saurait donc lui manquer, car elle se l'est, pour ainsi dire, préparée de ses propres mains.

On peut se représenter maintenant avec plus de précision quel est le rôle des facteurs individuels dans la genèse du suicide. Si, dans un même milieu moral, par exemple dans une même confession ou dans un même corps de troupes ou dans une même profession, tels individus sont atteints et non tels autres, c'est sans doute, au moins en général, parce que la constitution mentale des premiers, telle que l'ont faite la nature èt les événements, offre moins de résistance au courant suicidogène. Mais si ces conditions peuvent contribuer à déterminer les sujets particuliers en qui ce courant s'incarne, ce n'est pas d'elles que dépendent ses caractères distinctifs ni son intensité. Ce n'est pas parce qu'il y a tant de névropathes dans un groupe social qu'on y compte annuellement tant de suicidés. La névropathie fait seulement que ceux-ci succombent de préférence à ceux-là. Voilà d'où vient la grande différence qui sépare le point de vue du clinicien et celui du sociologue. Le premier ne se trouve jamais en face que de cas particuliers, isolés les uns des autres. Or, il constate que, très souvent, la victime était ou un nerveux ou un alcoolique et il explique par l'un ou l'autre de ces états psychopathiques l'acte accompli. Il a raison en un sens ; car, si le sujet s'est tué plutôt que ses voisins, c'est fréquemment pour ce motif. Mais ce n'est pas pour ce motif que, d'une manière générale, il y a des gens qui se tuent, *ni surtout qu'il s'en tue, dans chaque société, un nombre défini par période de temps déterminée.* La cause productrice du phénomène échappe nécessairement à qui n'observe que des individus ; car elle est en dehors des individus. Pour la découvrir, il faut s'élever au-dessus des suicides particuliers et apercevoir ce qui fait leur unité. On objectera que, s'il n'y avait pas de neurasthéniques en suffisance, les causes sociales ne pourraient produire tous leurs effets. Mais il n'est pas de société où les différentes formes de la dégénérescence nerveuse ne fournissent au suicide plus de candidats qu'il n'est nécessaire. Certains seulement sont appelés, si l'on peut parler ainsi. Ce sont ceux qui, par suite des circonstances, se sont trouvés plus à proximité des courants pessimistes et ont, par suite, subi plus complètement leur action.

Mais une dernière question reste à résoudre. Puisque chaque année compte un nombre égal de suicidés, c'est que le courant ne frappe pas d'un coup tous ceux qu'il peut et doit frapper. Les sujets qu'il atteindra l'an prochain existent dès maintenant ; dès maintenant aussi, ils sont, pour la plupart, mêlés à la vie collective et, par conséquent, soumis à son influence. D'où vient qu'il les épargne provisoirement ? Sans doute, on comprend qu'un an lui soit nécessaire pour produire la totalité de son action ; car, comme les conditions de l'activité sociale ne sont pas les mêmes suivant les saisons, il change lui aussi, aux différents moments de l'année, et d'intensité et de direction. C'est seulement quand la révolution annuelle est accomplie que toutes les combinaisons de circonstances, en fonction desquelles il est susceptible de varier, ont eu lieu. Mais puisque l'année suivante ne fait, par hypothèse, que répéter celle qui précède et que ramener les mêmes combinaisons, pourquoi la première n'a-t-elle pas suffi ? Pourquoi, pour reprendre l'expression consacrée, la société ne paie-t-elle sa redevance que par échéances successives ?

Ce qui explique, croyons-nous, cette temporisation, c'est la manière dont le temps agit sur la tendance au suicide. Il en est un facteur auxiliaire, mais important. Nous savons, en effet, qu'elle croît sans interruption de la jeunesse à la maturité (1),

---

(1) Notons toutefois que cette progression n'a été établie que pour les sociétés européennes où le suicide altruiste est relativement rare. Peut-

et qu'elle est souvent dix fois plus forte à la fin de la vie qu'au début. C'est donc que la force collective qui pousse l'homme à se tuer ne le pénètre que peu à peu. Toutes choses égales, c'est à mesure qu'il avance en âge qu'il y devient plus accessible, sans doute parce qu'il faut des expériences répétées pour l'amener à sentir tout le vide d'une existence égoïste ou toute la vanité des ambitions sans terme. Voilà pourquoi les suicidés ne remplissent leur destinée que par couches successives de générations (1).

être n'est-elle pas vraie de ce dernier. Il est possible qu'il atteigne son apogée plutôt vers l'époque de la maturité, au moment où l'homme est le plus ardemment mêlé à la vie sociale. Les rapports que ce suicide soutient avec l'homicide, et dont il sera parlé dans le chapitre suivant, confirment cette hypothèse.

(1) Sans vouloir soulever une question de métaphysique que nous n'avons pas à traiter, nous tenons à faire remarquer que cette théorie de la statistique n'oblige pas à refuser à l'homme toute espèce de liberté. Elle laisse, au contraire, la question du libre arbitre beaucoup plus entière que si l'on fait de l'individu la source des phénomènes sociaux. En effet, quelles que soient les causes auxquelles est due la régularité des manifestations collectives, elles ne peuvent pas ne pas produire leurs effets là où elles sont : car, autrement, on verrait ces effets varier capricieusement alors qu'ils sont uniformes. Si donc elles sont inhérentes aux individus, elles ne peuvent pas ne pas déterminer nécessairement ceux en qui elles résident. Par conséquent, dans cette hypothèse, on ne voit pas le moyen d'échapper au déterminisme le plus rigoureux. Mais il n'en est plus de même si cette constance des données démographiques provient d'une force extérieure aux individus. Car celle-ci ne détermine pas tels sujets plutôt que tels autres. Elle réclame certains actes en nombre défini, non que ces actes viennent de celui-ci ou de celui-là. On peut admettre que certains lui résistent et qu'elle se satisfasse sur d'autres. En définitive, notre conception n'a d'autre effet que d'ajouter aux forces physiques, chimiques, biologiques, psychologiques des forces sociales qui agissent sur l'homme du dehors tout comme les premières. Si donc celles-ci n'excluent pas la liberté humaine, il n'y a pas de raison pour qu'il en soit autrement de celles-là. La question se pose dans les mêmes termes pour les unes et pour les autres. Quand un foyer d'épidémie se déclare, son intensité prédétermine l'importance de la mortalité qui en résultera ; mais ceux qui doivent être atteints ne sont pas désignés pour cela. La situation des suicidés n'est pas autre par rapport aux courants suicidogènes.

Chapitre II

RAPPORTS DU SUICIDE AVEC LES AUTRES PHÉNOMÈNES SOCIAUX

Puisque le suicide est, par son élément essentiel, un phénomène social, il convient de rechercher quelle place il occupe au milieu des autres phénomènes sociaux.

La première et la plus importante question qui se pose à ce sujet est de savoir s'il doit être classé parmi les actes que la morale permet ou parmi ceux qu'elle proscrit. Faut-il y voir, à un degré quelconque, un fait criminologique ? On sait combien la question a été discutée de tout temps. D'ordinaire, pour la résoudre, on commence par formuler une certaine conception de l'idéal moral et on cherche ensuite si le suicide y est ou non logiquement contraire. Pour des raisons que nous avons exposées ailleurs (1), cette méthode ne saurait être la nôtre. Une déduction sans contrôle est toujours suspecte et, de plus, en l'espèce, elle a pour point de départ un pur postulat de la sensibilité individuelle ; car chacun conçoit à sa façon cet idéal moral qu'on pose comme un axiome. Au lieu de procéder ainsi, nous allons rechercher d'abord dans l'histoire comment, en fait, les peuples ont apprécié moralement le suicide ; nous tâcherons ensuite de déterminer quelles ont été les raisons de cette appréciation. Nous n'aurons plus alors qu'à voir si et dans quelle mesure ces raisons sont fondées dans la nature de nos sociétés actuelles (2).

(1) V. *Division du travail social*, Introduction.
(2) Bibliographie de la question. Appiano Buonafede, *Histoire critique et philosophique du suicide*, 1762 ; trad. fr., Paris, 1843. — Bourquelot, Recherches sur les opinions de la législation en matière de morts volontaires, in *Bibliothèque de l'Ecole des Chartes*, 1842 et 1843. — Guernesey, *Suicide*,

I

Aussitôt que les sociétés chrétiennes furent constituées, le suicide y fut formellement proscrit. Dès 452, le concile d'Arles déclara que le suicide était un crime et ne pouvait être l'effet que d'une fureur diabolique. Mais c'est seulement au siècle suivant, en 563, au concile de Prague, que cette prescription reçut une sanction pénale. Il y fut décidé que les suicidés ne seraient « honorés d'aucune commémoration dans le saint sacrifice de la messe, et que le chant des psaumes n'accompagnerait pas leur corps au tombeau ». La législation civile s'inspira du droit canon, en ajoutant aux peines religieuses des peines matérielles. Un chapitre des établissements de saint Louis réglemente spécialement la matière ; un procès était fait au cadavre du suicidé par-devant les autorités qui eussent été compétentes pour le cas d'homicide d'autrui ; les biens du décédé échappaient aux héritiers ordinaires et revenaient au baron. Un grand nombre de coutumes ne se contentaient pas de la confiscation, mais prescrivaient en outre différents supplices. « A Bordeaux, le cadavre était pendu par les pieds ; à Abbeville, on le traînait sur une claie par les rues ; à Lille, si c'était un homme, le cadavre, traîné aux fourches, était pendu ; si c'était une femme, brûlé (1). » La folie n'était même pas toujours considérée comme une excuse. L'ordonnance criminelle, publiée par Louis XIV en 1670, codifia ces usages sans beaucoup les atténuer. Une condamnation régulière était prononcée *ad perpetuam rei memoriam* ; le corps, traîné sur une claie, face contre terre, par les rues et les carrefours, était ensuite pendu ou jeté à la voirie. Les biens étaient confis-

---

history of the penal laws, New York, 1883. — GARRISON, *Le suicide en droit romain et en droit français*, Toulouse, 1883. — Wynn WESCOTT, *Suicide*, Londres, 1885, p. 43-58. — GEIGER, *Der Selbstmord im klassischen Altertum*, Augsbourg, 1888.

(1) GARRISON, *op. cit.*, p. 77.

qués. Les nobles encouraient la déchéance et étaient déclarés roturiers ; on coupait leurs bois, on démolissait leur château, on brisait leurs armoiries. Nous avons encore un arrêt du Parlement de Paris, rendu le 31 janvier 1749, conformément à cette législation.

Par une brusque réaction, la révolution de 1789 abolit toutes ces mesures répressives et raya le suicide de la liste des crimes légaux. Mais toutes les religions auxquelles appartiennent les Français continuent à le prohiber et à le punir, et la morale commune le réprouve. Il inspire encore à la conscience populaire un éloignement qui s'étend aux lieux où le suicidé a accompli sa résolution et à toutes les personnes qui lui touchent de près. Il constitue une tare morale, quoique l'opinion semble avoir une tendance à devenir sur ce point plus indulgente qu'autrefois. Il n'est pas, d'ailleurs, sans avoir conservé quelque chose de son ancien caractère criminologique. D'après la jurisprudence la plus générale, le complice du suicide est poursuivi comme homicide. Il n'en serait pas ainsi si le suicide était considéré comme un acte moralement indifférent.

On retrouve cette même législation chez tous les peuples chrétiens et elle est restée presque partout plus sévère qu'en France. En Angleterre, dès le Xe siècle, le roi Edgard, dans un des Canons publiés par lui, assimilait les suicidés aux voleurs, aux assassins, aux criminels de tout genre. Jusqu'en 1823, ce fut l'usage de traîner le corps du suicidé dans les rues avec un bâton passé au travers et de l'enterrer sur un grand chemin, sans aucune cérémonie. Aujourd'hui encore, l'ensevelissement a lieu à part. Le suicidé était déclaré félon *(felo de se)* et ses biens étaient acquis à la Couronne. C'est seulement en 1870 que cette disposition fut abolie, en même temps que toutes les confiscations pour cause de félonie. Il est vrai que l'exagération de la peine l'avait, depuis longtemps, rendue inapplicable ; le jury tournait la loi en déclarant le plus souvent que le suicidé avait agi dans un moment de folie et, par conséquent, était irresponsable. Mais l'acte reste qualifié crime ; il est, chaque fois qu'il est commis, l'objet d'une instruction régulière et d'un jugement et, en principe, la tentative est punie. D'après Ferri (1), il y aurait encore eu, en 1889, 106 procédures intentées pour ce délit et 84 condamnations, dans la seule Angleterre. A plus forte raison, en est-il ainsi de la complicité.

A Zurich, raconte Michelet, le cadavre était autrefois soumis à un épouvantable traitement. Si l'homme s'était poignardé, on lui enfonçait près de la tête un morceau de bois dans lequel on plantait le couteau ; s'il s'était noyé, on l'enterrait à cinq pieds de l'eau, dans le sable (2). En Prusse, jusqu'au Code pénal de 1871, l'ensevelissement devait avoir lieu sans pompe aucune et sans cérémonies religieuses. Le nouveau Code pénal allemand punit encore la complicité de trois années d'emprisonnement (art. 216). En Autriche, les anciennes prescriptions canoniques sont maintenues presque intégralement.

Le droit russe est plus sévère. Si le suicidé ne paraît pas avoir agi sous l'influence d'un trouble mental, chronique ou passager, son testament est considéré comme nul ainsi que toutes les dispositions qu'il a pu prendre pour cause de mort. La sépulture chrétienne lui est refusée. La simple tentative est punie d'une amende que l'autorité ecclésiastique est chargée de fixer. Enfin, quiconque excite autrui à se tuer ou l'aide d'une manière quelconque à exécuter sa résolution, par exemple en lui fournissant les instruments nécessaires, est traité comme complice d'homicide prémédité (3). Le Code espagnol, outre les peines religieuses et morales, prescrit la confiscation des biens et punit toute complicité (4).

Enfin, le Code pénal de l'Etat de New York, qui pourtant est de date récente (1881), qualifie crime le suicide. Il est vrai que, malgré cette qualification, on a renoncé à le punir pour des raisons pratiques, la peine ne pouvant atteindre utilement le coupable. Mais la tentative peut entraîner une condamnation soit à un emprisonnement qui peut durer jusqu'à 2 ans, soit à une

(1) *Omicidio-suicidio*, p. 61-62.
(2) *Origines du droit français*, p. 371.
(3) Ferri, *op. cit.*, p. 62.
(4) Garrison, *op. cit.*, p. 144, 145.

amende qui peut monter jusqu'à 200 dollars, soit à l'une et à l'autre peine à la fois. Le seul fait de conseiller le suicide ou d'en favoriser l'accomplissement est assimilé à la complicité de meurtre (1).

Les sociétés mahométanes ne prohibent pas moins énergiquement le suicide. « L'homme, dit Mahomet, ne meurt que par la volonté de Dieu d'après le livre qui fixe le terme de sa vie (2). » — « Lorsque le terme sera arrivé, ils ne sauront ni le retarder ni l'avancer d'un seul instant (3). » — « Nous avons arrêté que la mort vous frappe tour à tour et nul ne saurait prendre le pas sur nous (4). » — Rien, en effet, n'est plus contraire que le suicide à l'esprit général de la civilisation mahométane ; car la vertu qui est mise au-dessus de toutes les autres, c'est la soumission absolue à la volonté divine, la résignation docile « qui fait supporter tout avec patience (5) ». Acte d'insubordination et de révolte, le suicide ne pouvait donc être regardé que comme un manquement grave au devoir fondamental.

Si, des sociétés modernes, nous passons à celles qui les ont précédées dans l'histoire, c'est-à-dire aux cités gréco-latines, nous y trouvons également une législation du suicide, mais qui ne repose pas tout à fait sur le même principe. Le suicide n'était regardé comme illégitime que s'il n'était pas autorisé par l'Etat. Ainsi, à Athènes, l'homme qui s'était tué était frappé d'ἀτιμία comme ayant commis une injustice à l'égard de la cité (6) ; les honneurs de la sépulture régulière lui étaient refusés ; de plus, la main du cadavre était coupée et enterrée à part (7). Avec des variantes de détail, il en était de même à

---

(1) Ferri, *op. cit.*, p. 63, 64.
(2) Coran, III, v. 139.
(3) *Ibid.*, XVI, v. 63.
(4) *Ibid.*, LVI, v. 60.
(5) *Ibid.*, XXXIII, v. 33.
(6) Aristote, *Eth. Nic.*, V, 11, 3.
(7) Eschine, *C. Ctésiphon*, p. 244. — Platon, *Lois*, IX, 12, p. 873.

Thèbes, à Chypre (1). A Sparte, la règle était si formelle qu'Aristodème la subit pour la manière dont il chercha et trouva la mort à la bataille de Platée. Mais ces peines ne s'appliquaient qu'au cas où l'individu se tuait sans avoir, au préalable, demandé la permission aux autorités compétentes. A Athènes, si, avant de se frapper, il demandait au Sénat de l'y autoriser, en faisant valoir les raisons qui lui rendaient la vie intolérable, et si sa demande lui était régulièrement accordée, le suicide était considéré comme un acte légitime. Libanius (2) nous rapporte sur ce sujet quelques préceptes dont il ne nous dit pas l'époque, mais qui furent réellement en vigueur à Athènes ; il fait, d'ailleurs, le plus grand éloge de ces lois et assure qu'elles ont eu les plus heureux effets. Elles s'exprimaient dans les termes suivants : « Que celui qui ne veut plus vivre plus longtemps expose ses raisons au Sénat et, après en avoir obtenu congé, quitte la vie. Si l'existence t'est odieuse, meurs ; si tu es accablé par la fortune, bois la ciguë. Si tu es courbé sous la douleur, abandonne la vie. Que le malheureux raconte son infortune, que le magistrat lui fournisse le remède et sa misère prendra fin. » On trouve la même loi à Céos (3). Elle fut transportée à Marseille par les colons grecs qui fondèrent cette ville. Les magistrats tenaient en réserve du poison et ils en fournissaient la quantité nécessaire à tous ceux qui, après avoir soumis au conseil des Six-Cents les raisons qu'ils croyaient avoir de se tuer, obtenaient son autorisation (4).

Nous sommes moins bien renseignés sur les dispositions du droit romain primitif : les fragments de la loi des XII Tables qui nous sont parvenus ne nous parlent pas du suicide. Cependant, comme ce Code était fortement inspiré de la législation grecque, il est vraisemblable qu'il contenait des prescriptions analogues. En tout cas, Servius, dans son commentaire sur

---

(1) Dion Chrysostome, *Or.*, 4, 14 (éd. Teubner, V, 2, p. 207).
(2) *Melet*, édit. Reiske, Altenburg, 1797, p. 198 et suiv.
(3) Valère-Maxime, 2, 6, 8.
(4) Valère-Maxime, 2, 6, 7.

l'*Enéide* (1), nous apprend que, d'après les livres des pontifes, quiconque s'était pendu était privé de sépulture. Les statuts d'une confrérie religieuse de Lanuvium édictaient la même pénalité (2). D'après l'annaliste Cassius Hermina, cité par Servius, Tarquin le Superbe, pour combattre une épidémie de suicide, aurait ordonné de mettre en croix les cadavres des suppliciés et de les abandonner en proie aux oiseaux et aux animaux sauvages (3). L'usage de ne pas faire de funérailles aux suicidés semble avoir persisté, au moins en principe, car on lit au *Digeste* : *Non solent autem lugeri suspendiosi nec qui manus sibi intulerunt, non tædio vitæ, sed mala conscientia* (4).

Mais, d'après un texte de Quintilien (5), il y aurait eu à Rome, jusqu'à une époque assez tardive, une institution analogue à celle que nous venons d'observer en Grèce et destinée à tempérer les rigueurs des dispositions précédentes. Le citoyen qui voulait se tuer devait soumettre ses raisons au Sénat qui décidait si elles étaient acceptables et qui déterminait même le genre de mort. Ce qui permet de croire qu'une pratique de ce genre a réellement existé à Rome, c'est que, jusque sous les empereurs, il en survécut quelque chose à l'armée. Le soldat qui tentait de se tuer pour échapper au service était puni de mort ; mais s'il pouvait établir qu'il avait été déterminé par quelque mobile excusable, il était seulement renvoyé de l'armée (6). Si, enfin, son acte était dû aux remords que lui causait une faute militaire, son testament était annulé et ses biens revenaient au fisc (7). Il n'est pas douteux du reste que, à Rome, la considération des motifs qui avaient inspiré le suicide a joué de tout temps un rôle prépondérant dans l'appréciation morale ou juridique qui

---

(1) XII, 603.
(2) V. Lasaulx, Ueber die Bücher des Koenigs Numa, dans ses *Etudes d'antiquité classique*. Nous citons d'après Geiger, p. 63.
(3) Servius, *loc. cit.* — Pline, *Hist. nat.*, XXXVI, 24.
(4) III, tit. II, liv. II, § 3.
(5) *Inst. orat.*, VII, 4, 39. — *Declam.* 337.
(6) *Digeste*, liv. XLIX, tit. XVI, loi 6, § 7.
(7) *Ibid.*, liv. XXVIII, tit. III, loi 6, § 7.

en était faite. De là le précepte : *Et merito, si sine causa sibi manus intulit, puniendus est : qui enim sibi non pepercit, multo minus aliis parcet* (1). La conscience publique, tout en le blâmant en règle générale, se réservait le droit de l'autoriser dans certains cas. Un tel principe est proche parent de celui qui sert de base à l'institution dont parle Quintilien ; et il était tellement fondamental dans la législation romaine du suicide qu'il se maintint jusque sous les empereurs. Seulement, avec le temps, la liste des excuses légitimes s'allongea. A la fin, il n'y eut plus guère qu'une seule *causa injusta* : le désir d'échapper aux suites d'une condamnation criminelle. Encore y eut-il un moment où la loi qui l'excluait des bénéfices de la tolérance semble être restée sans application (2).

Si, de la cité, on descend jusqu'à ces peuples primitifs où fleurit le suicide altruiste, il est difficile de rien affirmer de précis sur la législation qui peut y être en usage. Cependant, la complaisance avec laquelle le suicide y est considéré permet de croire qu'il n'y est pas formellement prohibé. Encore est-il possible qu'il ne soit pas absolument toléré dans tous les cas. Mais quoi qu'il en soit de ce point, il reste que, de toutes les sociétés qui ont dépassé ce stade inférieur, il n'en est pas de connues où le droit de se tuer ait été accordé sans réserves à l'individu. Il est vrai que, en Grèce comme en Italie, il y eut une période où les anciennes prescriptions relatives au suicide tombèrent presque totalement en désuétude. Mais ce fut seulement à l'époque où le régime de la cité entra lui-même en décadence. Cette tolérance tardive ne saurait donc être invoquée comme un exemple à imiter : car elle est évidemment solidaire de la grave perturbation que subissaient alors ces sociétés. C'est le symptôme d'un état morbide.

Une pareille généralité dans la réprobation, si l'on fait abstraction de ces cas de régression, est déjà par elle-même un

---

(1) *Digeste*, liv. XLVIII, tit. XXI, loi 3, § 6.
(2) Vers la fin de la République et le commencement de l'Empire, voir Geiger, p. 69.

fait instructif et qui devrait suffire à rendre hésitants les moralistes trop enclins à l'indulgence. Il faut qu'un auteur ait une singulière confiance dans la puissance de sa logique pour oser, au nom d'un système, s'insurger à ce point contre la conscience morale de l'humanité ; ou bien si, jugeant cette prohibition fondée dans le passé, il n'en réclame l'abrogation que pour le présent immédiat, il lui faudrait, au préalable, prouver que, depuis des temps récents, quelque transformation profonde s'est produite dans les conditions fondamentales de la vie collective.

Mais une conclusion plus significative, et qui ne permet guère de croire que cette preuve soit possible, ressort de cet exposé. Si on laisse de côté les différences de détail que présentent les mesures répressives adoptées par les différents peuples, on voit que la législation du suicide a passé par deux phases principales. Dans la première, il est interdit à l'individu de se détruire de sa propre autorité ; mais l'Etat peut l'autoriser à le faire. L'acte n'est immoral que quand il est tout entier le fait des particuliers et que les organes de la vie collective n'y ont pas collaboré. Dans des circonstances déterminées, la société se laisse désarmer, en quelque sorte, et consent à absoudre ce qu'elle réprouve en principe. Dans la seconde période, la condamnation est absolue et sans aucune exception. La faculté de disposer d'une existence humaine, sauf quand la mort est le châtiment d'un crime (1), est retirée non plus seulement au sujet intéressé, mais même à la société. C'est un droit soustrait désormais à l'arbitraire collectif aussi bien que privé. Le suicide est regardé comme immoral, en lui-même, pour lui-même, quels que soient ceux qui y participent. Ainsi, à mesure qu'on avance dans l'histoire, la prohibition, au lieu de se relâcher, ne fait que devenir plus radicale. Si donc, aujourd'hui, la conscience publique paraît moins ferme dans son jugement sur ce point, cet état d'ébranlement doit provenir de causes accidentelles et passagères ; car il est contraire à toute vraisemblance que l'évolution

---

(1) Et encore ce droit commence-t-il à être, même dans ce cas, contesté à la société.

morale, après s'être poursuivie dans le même sens pendant des siècles, revienne à ce point en arrière.

Et en effet, les idées qui lui ont imprimé cette direction sont toujours actuelles. On a dit quelquefois que, si le suicide est et mérite d'être prohibé, c'est parce que, en se tuant, l'homme se dérobe à ses obligations envers la société. Mais si nous n'étions mus que par cette considération, nous devrions, comme en Grèce, laisser la société libre de lever à sa guise une défense qui n'aurait été établie qu'à son profit. Si nous lui refusons cette faculté, c'est donc que nous ne voyons pas simplement dans le suicidé un mauvais débiteur dont elle serait créancière. Car un créancier peut toujours remettre la dette dont il est bénéficiaire. D'ailleurs, si la réprobation dont le suicide est l'objet n'avait pas d'autre origine, elle devrait être d'autant plus formelle que l'individu est plus étroitement subordonné à l'Etat ; par conséquent, c'est dans les sociétés inférieures qu'elle atteindrait son apogée. Or, tout au contraire, elle prend plus de force à mesure que les droits de l'individu se développent en face de ceux de l'Etat. Si donc elle est devenue si formelle et si sévère dans la sociétés chrétiennes, la cause de ce changement doit se trouver, non dans la notion que ces peuples ont de l'Etat, mais dans la conception nouvelle qu'ils se sont faite de la personne humaine. Elle est devenue à leurs yeux une chose sacrée et même la chose sacrée par excellence, sur laquelle nul ne peut porter les mains. Sans doute, sous le régime de la cité, l'individu n'avait déjà plus une existence aussi effacée que dans les peuplades primitives. On lui reconnaissait dès lors une valeur sociale ; mais on considérait que cette valeur appartenait toute à l'Etat. La cité pouvait donc disposer librement de lui sans qu'il eût sur lui-même les mêmes droits. Mais aujourd'hui, il a acquis une sorte de dignité qui le met au-dessus et de lui-même et de la société. Tant qu'il n'a pas démérité et perdu par sa conduite ses titres d'homme, il nous paraît participer en quelque manière à cette nature *sui generis* que toute religion prête à ses dieux et qui les rend intangibles à tout ce qui est mortel. Il s'est empreint de religiosité ; l'homme est devenu un dieu pour les hommes. C'est pourquoi tout attentat dirigé contre lui nous fait l'effet d'un sacrilège. Or le suicide est l'un de ces attentats. Peu importe de quelles mains vient le coup ; il nous scandalise par cela seul qu'il viole ce caractère sacro-saint qui est en nous, et que nous devons respecter chez nous comme chez autrui.

Le suicide est donc réprouvé parce qu'il déroge à ce culte pour la personne humaine sur lequel repose toute notre morale. Ce qui confirme cette explication, c'est que nous le considérons tout autrement que ne faisaient les nations de l'antiquité. Jadis, on n'y voyait qu'un simple tort civil commis envers l'Etat ; la religion s'en désintéressait plus ou moins (1). Au contraire, il est devenu un acte essentiellement religieux. Ce sont les conciles qui l'ont condamné, et les pouvoirs laïques, en le punissant, n'ont fait que suivre et qu'imiter l'autorité ecclésiastique. C'est parce que nous avons en nous une âme immortelle, parcelle de la divinité, que nous devons nous être sacrés à nous-mêmes. C'est parce que nous sommes quelque chose de Dieu que nous n'appartenons complètement à aucun être temporel.

Mais si telle est la raison qui a fait ranger le suicide parmi les actes illicites, ne faut-il pas conclure que cette condamnation est désormais sans fondement ? Il semble, en effet, que la critique scientifique ne saurait accorder la moindre valeur à ces conceptions mystiques ni admettre qu'il y eût dans l'homme quelque chose de surhumain. C'est en raisonnant ainsi que Ferri, dans son *Omicidio-suicidio*, a cru pouvoir présenter toute prohibition du suicide comme une survivance du passé, destinée à disparaître. Considérant comme absurde au point de vue rationaliste que l'individu puisse avoir une fin en dehors de lui-même, il en déduit que nous restons toujours libres de renoncer aux avantages de la vie commune en renonçant à l'existence. Le droit de vivre lui paraît impliquer logiquement le droit de mourir.

Mais cette argumentation conclut prématurément de la forme au fond, de l'expression verbale par laquelle nous traduisons

---

(1) V. Geiger, *op. cit.*, p. 58-59.

notre sentiment à ce sentiment lui-même. Sans doute, pris en eux-mêmes et dans l'abstrait, les symboles religieux, par lesquels nous nous expliquons le respect que nous inspire la personne humaine, ne sont pas adéquats au réel, et il est aisé de le prouver ; mais il ne s'ensuit pas que ce respect lui-même soit sans raison. Le fait qu'il joue un rôle prépondérant dans notre droit et dans notre morale doit, au contraire, nous prémunir contre une semblable interprétation. Au lieu donc de nous en prendre à la lettre de cette conception, examinons-la en elle-même, cherchons comment elle s'est formée et nous verrons que, si la formule courante en est grossière, elle ne laisse pas d'avoir une valeur objective.

En effet, cette sorte de transcendance que nous prêtons à la personne humaine n'est pas un caractère qui lui soit spécial. On le rencontre ailleurs. C'est simplement la marque que laissent sur les objets auxquels ils se rapportent tous les sentiments collectifs de quelque intensité. Précisément parce qu'ils émanent de la collectivité, les fins vers lesquelles ils tournent nos activités ne peuvent être que collectives. Or la société a ses besoins qui ne sont pas les nôtres. Les actes qu'ils nous inspirent ne sont donc pas selon le sens de nos inclinations individuelles ; ils n'ont pas pour but notre intérêt propre, mais consistent plutôt en sacrifices et en privations. Quand je jeûne, que je me mortifie pour plaire à la Divinité, quand, par respect pour une tradition dont j'ignore le plus souvent le sens et la portée, je m'impose quelque gêne, quand je paie mes impôts, quand je donne ma peine ou ma vie à l'Etat, je renonce à quelque chose de moi-même ; et à la résistance que notre égoïsme oppose à ces renoncements, nous nous apercevons aisément qu'ils sont exigés de nous par une puissance à laquelle nous sommes soumis. Alors même que nous déférons joyeusement à ses ordres, nous avons conscience que notre conduite est déterminée par un sentiment de déférence pour quelque chose de plus grand que nous. Avec quelque spontanéité que nous obéissions à la voix qui nous dicte cette abnégation, nous sentons bien qu'elle nous parle sur un ton impératif qui n'est pas celui de l'instinct. C'est pourquoi, quoiqu'elle se fasse entendre à l'intérieur de nos consciences, nous ne pouvons sans contradiction la regarder comme nôtre. Mais nous l'aliénons, comme nous faisons pour nos sensations ; nous la projetons au-dehors, nous la rapportons à un être que nous concevons comme extérieur et supérieur à nous, puisqu'il nous commande et que nous nous conformons à ses injonctions. Naturellement, tout ce qui nous paraît venir de la même origine participe au même caractère. C'est ainsi que nous avons été nécessités à imaginer un monde au-dessus de celui-ci et à le peupler de réalités d'une autre nature.

Telle est l'origine de toutes ces idées de transcendance qui sont à la base des religions et des morales ; car l'obligation morale est inexplicable autrement. Assurément, la forme concrète dont nous revêtons d'ordinaire ces idées est scientifiquement sans valeur. Que nous leur donnions comme fondement un être personnel d'une nature spéciale ou quelque force abstraite que nous hypostasions confusément sous le nom d'idéal moral, ce sont toujours représentations métaphoriques qui n'expriment pas adéquatement les faits. Mais le *processus* qu'elles symbolisent ne laisse pas d'être réel. Il reste vrai que, dans tous ces cas, nous sommes provoqués à agir par une autorité qui nous dépasse, à savoir la société, et que les fins auxquelles elle nous attache ainsi jouissent d'une véritable suprématie morale. S'il en est ainsi, toutes les objections que l'on pourra faire aux conceptions usuelles par lesquelles les hommes ont essayé de se représenter cette suprématie qu'ils sentaient, ne sauraient en diminuer la réalité. Cette critique est superficielle et n'atteint pas le fond des choses. Si donc on peut établir que l'exaltation de la personne humaine est une des fins que poursuivent et doivent poursuivre les sociétés modernes, toute la réglementation morale qui dérive de ce principe sera par cela même justifiée, quoi que puisse valoir la façon dont on la justifie d'ordinaire. Si les raisons dont se contente le vulgaire sont critiquables, il suffira de les transposer en un autre langage pour leur donner toute leur portée.

Or, non seulement, en fait, ce but est bien un de ceux que

poursuivent les sociétés modernes, mais c'est une loi de l'histoire que les peuples tendent de plus en plus à se déprendre de tout autre objectif. A l'origine, la société est tout, l'individu n'est rien. Par suite, les sentiments sociaux les plus intenses sont ceux qui attachent l'individu à la collectivité : elle est à elle-même sa propre fin. L'homme n'est considéré que comme un instrument entre ses mains ; c'est d'elle qu'il paraît tenir tous ses droits et il n'a pas de prérogative contre elle parce qu'il n'y a rien au-dessus d'elle. Mais, peu à peu, les choses changent. A mesure que les sociétés deviennent plus volumineuses et plus denses, elles deviennent plus complexes, le travail se divise, les différences individuelles se multiplient (1), et l'on voit approcher le moment où il n'y aura plus rien de commun entre tous les membres d'un même groupe humain, si ce n'est que ce sont tous des hommes. Dans ces conditions, il est inévitable que la sensibilité collective s'attache de toutes ses forces à cet unique objet qui lui reste et qu'elle lui communique par cela même une valeur incomparable. Puisque la personne humaine est la seule chose qui touche unanimement tous les cœurs, puisque sa glorification est le seul but qui puisse être collectivement poursuivi, elle ne peut pas ne pas acquérir à tous les yeux une importance exceptionnelle. Elle s'élève ainsi bien au-dessus de toutes les fins humaines et prend un caractère religieux.

Ce culte de l'homme est donc tout autre chose que cet individualisme égoïste dont il a été précédemment parlé et qui conduit au suicide. Loin de détacher les individus de la société et de tout but qui les dépasse, il les unit dans une même pensée et en fait les serviteurs d'une même œuvre. Car l'homme qui est ainsi proposé à l'amour et au respect collectifs n'est pas l'individu sensible, empirique, qu'est chacun de nous ; c'est l'homme en général, l'humanité idéale, telle que la conçoit chaque peuple à chaque moment de son histoire. Or, nul de nous ne l'incarne complètement, si nul de nous n'y est totalement étranger. Il s'agit donc, non de concentrer chaque

---

(1) V. notre *Division du travail social*, liv. II.

sujet particulier sur lui-même et sur ses intérêts propres, mais de le subordonner aux intérêts généraux du genre humain. Une telle fin le tire hors de lui-même ; impersonnelle et désintéressée, elle plane au-dessus de toutes les personnalités individuelles ; comme tout idéal, elle ne peut être conçue que comme supérieure au réel et le dominant. Elle domine même les sociétés, puisqu'elle est le but auquel est suspendue toute l'activité sociale. Et c'est pourquoi il ne leur appartient plus d'en disposer. En reconnaissant qu'elles y ont, elles aussi, leur raison d'être, elles se sont mises sous sa dépendance et ont perdu le droit d'y manquer ; à plus forte raison, d'autoriser les hommes à y manquer eux-mêmes. Notre dignité d'être moral a donc cessé d'être la chose de la cité ; mais elle n'est pas, pour cela, devenue notre chose et nous n'avons pas acquis le droit d'en faire ce que nous voulons. D'où nous viendrait-il, en effet, si la société elle-même, cet être supérieur à nous, ne l'a pas ?

Dans ces conditions, il est nécessaire que le suicide soit classé au nombre des actes immoraux ; car il nie, dans son principe essentiel, cette religion de l'humanité. L'homme qui se tue ne fait, dit-on, de tort qu'à soi-même et la société n'a pas à intervenir, en vertu du vieil axiome *Volenti non fit injuria*. C'est une erreur. La société est lésée, parce que le sentiment sur lequel reposent aujourd'hui ses maximes morales les plus respectées, et qui sert presque d'unique lien entre ses membres, est offensé, et qu'il s'énerverait si cette offense pouvait se produire en toute liberté. Comment pourrait-il garder la moindre autorité si, quand il est violé, la conscience morale ne protestait pas ? Du moment que la personne humaine est et doit être considérée comme une chose sacrée, dont ni l'individu ni le groupe n'ont la libre disposition, tout attentat contre elle doit être proscrit. Peu importe que le coupable et la victime ne fassent qu'un seul et même sujet : le mal social qui résulte de l'acte ne disparaît pas, par cela seul que celui qui en est l'auteur se trouve lui-même en souffrir. Si, en soi et d'une manière générale, le fait de détruire violemment une vie d'homme nous révolte comme un sacrilège, nous ne saurions le tolérer en aucun cas.

Un sentiment collectif qui s'abandonnerait à ce point serait bientôt sans force.

Ce n'est pas à dire, toutefois, qu'il faille revenir aux peines féroces dont était frappé le suicide pendant les derniers siècles. Elles furent instituées à une époque où, sous l'influence de circonstances passagères, tout le système répressif fut renforcé avec une sévérité outrée. Mais il faut maintenir le principe, à savoir que l'homicide de soi-même doit être réprouvé. Reste à chercher par quels signes extérieurs cette réprobation doit se manifester. Des sanctions morales suffisent-elles ou en faut-il de juridiques, et lesquelles ? C'est une question d'application qui sera traitée au chapitre suivant.

II

Mais auparavant, afin de mieux déterminer quel est le degré d'immoralité du suicide, recherchons quels rapports il soutient avec les autres actes immoraux, notamment avec les crimes et les délits.

D'après M. Lacassagne, il y aurait une relation régulièrement inverse entre le mouvement des suicides et celui des crimes contre la propriété (vols qualifiés, incendies, banqueroutes frauduleuses, etc.). Cette thèse a été soutenue en son nom par un de ses élèves, le Dr Chaussinand, dans sa *Contribution à l'étude de la statistique criminelle* (1). Mais les preuves pour la démontrer font totalement défaut. D'après cet auteur, il suffirait de comparer les deux courbes pour constater qu'elles varient en sens contraire l'une de l'autre. En réalité, il est impossible d'apercevoir entre elles aucune espèce de rapport ni direct ni inverse. Sans doute, à partir de 1854, on voit les crimes-propriété diminuer tandis que les suicides augmentent. Mais cette baisse est, en partie, fictive ; elle vient simplement de ce que, vers cette date, les tribunaux ont pris l'habitude de correction-

---

(1) Lyon, 1881. Au Congrès de Criminologie tenu à Rome en 1887, M. Lacassagne a, d'ailleurs, revendiqué la paternité de cette théorie.

naliser certains crimes afin de les soustraire à la juridiction des cours d'assises, dont ils étaient jusqu'alors justiciables, pour les déférer aux tribunaux correctionnels. Un certain nombre de méfaits ont donc, à partir de ce moment, disparu de la colonne des crimes, mais c'est pour reparaître à celle des délits ; et ce sont les crimes contre la propriété qui ont le plus bénéficié de cette jurisprudence qui est aujourd'hui consacrée. Si donc la statistique en accuse un moindre nombre, il est à craindre que cette diminution soit exclusivement due à un artifice de comptabilité.

Mais cette baisse fût-elle réelle, on n'en pourrait rien conclure ; car si, à partir de 1854, les deux courbes vont en sens inverse, de 1826 à 1854 celle des crimes-propriété ou monte en même temps que celle des suicides, quoique moins vite, ou reste stationnaire. De 1831 à 1835, on comptait annuellement, en moyenne, 5 095 accusés ; ce nombre s'élevait à 5 732 pendant la période suivante, il était encore de 4 918 en 1841-45, de 4 992 de 1846 à 1850, en baisse seulement de 2 % sur 1830. D'ailleurs, la configuration générale des deux courbes exclut toute idée de rapprochement. Celle des crimes-propriété est très accidentée ; on la voit, d'une année à l'autre, faire de brusques sauts ; son évolution, capricieuse en apparence, dépend évidemment d'une multitude de circonstances accidentelles. Au contraire, celle des suicides monte régulièrement d'un mouvement uniforme ; il n'y a, sauf de rares exceptions, ni poussées brusques ni chutes soudaines. L'ascension est continue et progressive. Entre deux phénomènes dont le développement est aussi peu comparable il ne saurait exister de lien d'aucune sorte.

M. Lacassagne paraît, du reste, être resté isolé dans son opinion. Mais il n'en est pas de même d'une autre théorie d'après laquelle ce serait avec les crimes contre les personnes et, plus spécialement avec l'homicide, que le suicide serait en rapport. Elle compte de nombreux défenseurs et mérite un sérieux examen (1).

---

(1) *Bibliographie.* — Guerry, *Essai sur la statistique morale de la France.* — Cazauvielh, *Du suicide, de l'aliénation mentale et des crimes contre les*

Dès 1833, Guerry faisait remarquer que les crimes contre les personnes sont deux fois plus nombreux dans les départements du Sud que dans ceux du Nord, alors que c'est l'inverse pour le suicide. Plus tard, Despine calcula que, dans les 14 départements où les crimes de sang sont le plus fréquents, il y avait 30 suicides seulement pour un million d'habitants, tandis qu'on en trouvait 82 dans 14 autres départements où ces mêmes crimes étaient beaucoup plus rares. Le même auteur ajoute que, dans la Seine, sur 100 accusations, on compte seulement 17 crimes-personnes et une moyenne de 427 suicides pour un million, tandis qu'en Corse la proportion des premiers est de 83 %, celle des seconds de 18 seulement pour un million d'habitants.

Cependant, ces remarques étaient restées isolées, quand l'école italienne de criminologie s'en empara. Ferri et Morselli, en particulier, en firent la base de toute une doctrine.

D'après eux, l'antagonisme du suicide et de l'homicide serait une loi absolument générale. Qu'il s'agisse de leur distribution géographique ou de leur évolution dans le temps, partout on les verrait se développer en sens inverse l'un de l'autre. Mais cet antagonisme, une fois admis, peut s'expliquer de deux manières. Ou bien l'homicide et le suicide forment deux courants contraires et tellement opposés que l'un ne peut gagner du terrain sans que l'autre en perde ; ou bien ce sont deux canaux différents d'un seul et même courant alimenté par une même source et qui, par conséquent, ne peut pas se porter dans une direction sans se retirer de l'autre dans la même mesure. De ces deux explications, les criminologistes italiens adoptent la seconde. Ils voient dans le suicide et l'homicide deux manifestations d'un même état, deux effets d'une même

---

personnes, comparés dans leurs rapports réciproques, 2 vol., 1840. — Despine, *Psychologie natur.*, p. 111. — Maury, Du mouvement moral des sociétés, in *Revue des Deux Mondes*, 1860. — Morselli, *Il suicidio*, p. 243 et suiv. — *Actes du Premier Congrès international d'Anthropologie criminelle*, Turin, 1886-87, p. 202 et suiv. — Tarde, *Criminalité comparée*, p. 152 et suiv. — Ferri, *Omicidio-suicidio*, 4e éd., Turin, 1895, p. 253 et suiv.

cause qui s'exprimerait tantôt sous une forme et tantôt sous l'autre, sans pouvoir revêtir l'une et l'autre à la fois.

Ce qui les a déterminés à choisir cette interprétation, c'est que, suivant eux, l'inversion que présentent à certains égards ces deux phénomènes n'exclut pas tout parallélisme. S'il est des conditions en fonction desquelles ils varient inversement, il en est d'autres qui les affectent de la même manière. Ainsi, dit Morselli, la température a la même action sur tous les deux ; ils arrivent à leur maximum au même moment de l'année, à l'approche de la saison chaude ; tous deux sont plus fréquents chez l'homme que chez la femme ; tous deux enfin, d'après Ferri, s'accroissent avec l'âge. C'est donc que, tout en s'opposant par certains côtés, ils sont en partie de même nature. Or, les facteurs, sous l'influence desquels ils réagissent semblablement, sont tous individuels ; car ou ils consistent directement en certains états organiques (âge, sexe), ou ils appartiennent au milieu cosmique, qui ne peut agir sur l'individu moral que par l'intermédiaire de l'individu physique. Ce serait donc par leurs conditions individuelles que le suicide et l'homicide se confondraient. La constitution psychologique qui prédisposerait à l'un et à l'autre serait la même : les deux penchants ne feraient qu'un. Ferri et Morselli, à la suite de Lombroso, ont même essayé de définir ce tempérament. Il serait caractérisé par une déchéance de l'organisme qui mettrait l'homme dans des conditions défavorables pour soutenir la lutte. Le meurtrier et le suicidé seraient tous deux des dégénérés et des impuissants. Egalement incapables de jouer un rôle utile dans la société, ils seraient, par suite, destinés à être vaincus.

Seulement, cette prédisposition unique qui, par elle-même, n'incline pas dans un sens plutôt que dans l'autre, prendrait de préférence, selon la nature du milieu social, ou la forme de l'homicide ou celle du suicide ; et ainsi se produiraient ces phénomènes de contraste qui, tout en étant réels, ne laisseraient pas de masquer une identité fondamentale. Là où les mœurs générales sont douces et pacifiques, où l'on a horreur de verser le sang humain, le vaincu se résignera, il confessera son impuissance, et, devançant les effets de la sélection naturelle, il se retirera de la lutte en se retirant de la vie. Là, au contraire, où la morale moyenne a un caractère plus rude, où l'existence humaine est moins respectée, il se révoltera, déclarera la guerre à la société, tuera au lieu de se tuer. En un mot, le meurtre de soi et le meurtre d'autrui sont deux actes violents. Mais tantôt la violence d'où ils dérivent, ne rencontrant pas de résistance dans le milieu social, s'y répand, et alors, elle devient homicide ; tantôt, empêchée de se produire au-dehors par la pression qu'exerce sur elle la conscience publique, elle remonte vers sa source, et c'est le sujet même d'où elle provient qui en est la victime.

Le suicide serait donc un homicide transformé et atténué. A ce titre, il apparaît presque comme bienfaisant ; car, si ce n'est pas un bien, c'est, du moins, un moindre mal et qui nous en épargne un pire. Il semble même qu'on ne doive pas chercher à en contenir l'essor par des mesures prohibitives ; car, du même coup, on lâcherait la bride à l'homicide. C'est une soupape de sûreté qu'il est utile de laisser ouverte. En définitive, le suicide aurait ce très grand avantage de nous débarrasser, sans intervention sociale et, par suite, le plus simplement et le plus économiquement possible, d'un certain nombre de sujets inutiles ou nuisibles. Ne vaut-il pas mieux les laisser s'éliminer d'eux-mêmes et en douceur que d'obliger la société à les rejeter violemment de son sein ?

Cette thèse ingénieuse est-elle fondée ? La question est double et chaque partie en doit être examinée à part. Les conditions psychologiques du crime et du suicide sont-elles identiques ? Y a-t-il antagonisme entre les conditions sociales dont ils dépendent ?

III

Trois faits ont été allégués pour établir l'unité psychologique des deux phénomènes.

Il y a d'abord l'influence semblable que le sexe exercerait

sur le suicide et sur l'homicide. A parler exactement, cette influence du sexe est beaucoup plus un effet de causes sociales que de causes organiques. Ce n'est pas parce que la femme diffère physiologiquement de l'homme qu'elle se tue moins ou qu'elle tue moins ; c'est qu'elle ne participe pas de la même manière à la vie collective. Mais de plus, il s'en faut que la femme ait le même éloignement pour ces deux formes de l'immoralité. On oublie, en effet, qu'il y a des meurtres dont elle a le monopole ; ce sont les infanticides, les avortements et les empoisonnements. Toutes les fois que l'homicide est à sa portée, elle le commet aussi ou plus fréquemment que l'homme. D'après Oettingen (1), la moitié des meurtres domestiques lui serait imputable. Rien n'autorise donc à supposer qu'elle ait, en vertu de sa constitution congénitale, un plus grand respect pour la vie d'autrui ; ce sont seulement les occasions qui lui manquent, parce qu'elle est moins fortement engagée dans la mêlée de la vie. Les causes qui poussent aux crimes de sang agissent moins sur elle que sur l'homme, parce qu'elle se tient davantage en dehors de leur sphère d'influence. C'est pour la même raison qu'elle est moins exposée aux morts accidentelles ; sur 100 décès de ce genre, 20 seulement sont féminins.

D'ailleurs, même si l'on réunit sous une seule rubrique tous les homicides intentionnels, meurtres, assassinats, parricides, infanticides, empoisonnements, la part de la femme dans l'ensemble est encore très élevée. En France, sur 100 de ces crimes, il y en a 38 ou 39 qui sont commis par des femmes, et même 42 si l'on tient compte des avortements. La proportion est de 51 % en Allemagne, de 52 % en Autriche. Il est vrai qu'on laisse alors de côté les homicides involontaires ; mais c'est seulement quand il est voulu que l'homicide est vraiment lui-même. D'autre part, les meurtres spéciaux à la femme, infanticides, avortements, meurtres domestiques, sont, par leur nature, difficiles à découvrir. Il s'en commet donc un grand nombre qui échappent à la justice et, par conséquent, à la statis-

(1) *Moralstatistik*, p. 526.

tique. Si l'on songe que, très vraisemblablement, la femme doit déjà profiter à l'instruction de la même indulgence dont elle bénéficie certainement au jugement, où elle est bien plus souvent acquittée que l'homme, on verra qu'en définitive l'aptitude à l'homicide ne doit pas être très différente dans les deux sexes. On sait, au contraire, combien est grande l'immunité de la femme contre le suicide.

L'influence de l'âge sur l'un et l'autre phénomène ne révèle pas de moindres différences. Suivant Ferri, l'homicide comme le suicide deviendrait plus fréquent à mesure que l'homme avance dans la vie. Il est vrai que Morselli a exprimé le sentiment contraire (1). La vérité est qu'il n'y a ni inversion ni concordance. Tandis que le suicide croît régulièrement jusqu'à la vieillesse, le meurtre et l'assassinat arrivent à leur apogée dès la maturité, vers 30 ou 35 ans, pour décroître ensuite. C'est ce que montre le tableau XXXI. Il est impossible d'y apercevoir la moindre preuve ni d'une identité de nature ni d'un antagonisme entre le suicide et les crimes de sang.

TABLEAU XXXI

Evolution comparée des meurtres, des assassinats et des suicides aux différents âges, en France (1887)

	Sur 100 000 habitants de chaque âge combien de		Sur 100 000 individus de chaque sexe et de chaque âge combien de suicides	
	Meurtres	Assassinats	Hommes	Femmes
De 16 à 21 ans (2).	6,2	8	14	9
De 21 à 25 — ..	9,7	14,9	23	9
De 25 à 30 — ..	*15,4*	15,4	30	9
De 30 à 40 — ..	11	*15,9*	33	9
De 40 à 50 — ..	6,9	11	50	12
De 50 à 60 — ..	2	6,5	69	17
Au-delà	2,3	2,5	*91*	*20*

(1) *Op. cit.*, p. 333. — Dans les *Actes du Congrès de Rome*, p. 205, le même auteur émet pourtant des doutes sur la réalité de cet antagonisme.

(2) Les chiffres relatifs aux deux premières périodes ne sont pas, pour l'homicide, d'une rigoureuse exactitude, parce que la statistique criminelle

Reste l'action de la température. Si l'on réunit ensemble tous les crimes contre les personnes, la courbe que l'on obtient ainsi semble confirmer la théorie de l'école italienne. Elle monte jusqu'en juin et descend régulièrement jusqu'en décembre, comme celle des suicides. Mais ce résultat vient simplement de ce que, sous cette expression commune de crimes contre la personne, on compte, outre les homicides, les attentats à la pudeur et les viols. Comme ces crimes ont leur maximum en juin et qu'ils sont beaucoup plus nombreux que les attentats contre la vie, ce sont eux qui donnent à la courbe sa configuration. Mais ils n'ont aucune parenté avec l'homicide ; si donc on veut savoir comment ce dernier varie aux différents moments de l'année, il faut l'isoler des autres. Or, si l'on procède à cette opération et surtout si l'on prend soin de distinguer les unes des autres les différentes formes de la criminalité homicide, on ne découvre plus aucune trace du parallélisme annoncé (voir tableau XXXII).

En effet, tandis que l'accroissement du suicide est continu et régulier de janvier à juin environ, ainsi que sa décroissance pendant l'autre partie de l'année, le meurtre, l'assassinat, l'infanticide oscillent d'un mois à l'autre de la manière la plus capricieuse. Non seulement la marche générale n'est pas la même, mais ni les *maxima* ni les *minima* ne coïncident. Les meurtres ont deux *maxima*, l'un en février et l'autre en août ; les assassinats deux aussi, mais en partie différents, l'un en février et l'autre en novembre. Pour les infanticides, c'est en mai ; pour les coups mortels, c'est en août et septembre. Si l'on calcule les variations, non plus mensuelles, mais saisonnières, les divergences ne sont pas moins marquées. L'automne compte à peu près autant de meurtres que l'été (1 968 au lieu de 1 974) et l'hiver en a plus que le printemps. Pour l'assassinat, c'est l'hiver

---

fait commencer sa première période à 16 ans et la fait aller jusqu'à 21, tandis que le dénombrement donne le chiffre global de la population de 15 à 20. Mais cette légère inexactitude n'altère en rien les résultats généraux qui se dégagent du tableau. Pour l'infanticide, le maximum est atteint plus tôt, vers 25 ans, et la décroissance beaucoup plus rapide. On comprend aisément pourquoi.

Tableau XXXII

*Variations mensuelles
des différentes formes de la criminalité homicide* (1)
(1827-1870)

	Meurtres	Assassinats	Infanticides	Coups et blessures mortels
Janvier.........	560	829	647	830
Février	*664*	*926*	750	937
Mars	600	766	*783*	840
Avril	574	712	662	867
Mai	587	809	666	983
Juin	644	853	552	938
Juillet..........	614	776	491	919
Août	*716*	849	501	*997*
Septembre	665	839	495	*993*
Octobre	653	815	478	892
Novembre	650	*942*	497	960
Décembre	591	866	542	886

qui tient la tête (2 621), l'automne suit (2 596), puis l'été (2 478) et enfin le printemps (2 287). Pour l'infanticide, c'est le printemps qui dépasse les autres saisons (2 111) et il est suivi de l'hiver (1 939). Pour les coups et blessures, l'été et l'automne sont au même niveau (2 854 pour l'un et 2 845 pour l'autre) ; puis vient le printemps (2 690) et, à peu de distance, l'hiver (2 653). Tout autre est, nous l'avons vu, la distribution du suicide.

D'ailleurs, si le penchant au suicide n'était qu'un penchant au meurtre refoulé, on devrait voir les meurtriers et les assassins, une fois qu'ils sont arrêtés et que leurs instincts violents ne peuvent plus se manifester au-dehors, en devenir eux-mêmes les victimes. La tendance homicide devrait donc, sous l'influence de l'emprisonnement, se transformer en tendance au suicide. Or, du témoignage de plusieurs observateurs, il résulte au contraire que les grands criminels se tuent rarement. Cazauvieilh a recueilli auprès des médecins de nos différents bagnes des renseigne-

(1) D'après Chaussinand.

ments sur l'intensité du suicide chez les forçats (1). A Rochefort, en trente ans, on n'avait observé qu'un seul cas ; aucun à Toulon, où la population était ordinairement de 3 à 4 000 individus (1818-1834). A Brest, les résultats étaient un peu différents ; en dix-sept ans, sur une population moyenne d'environ 3 000 individus, il s'était commis 13 suicides, ce qui fait un taux annuel de 21 pour 100 000 ; quoique plus élevé que les précédents, ce chiffre n'a rien d'exagéré, puisqu'il se rapporte à une population principalement masculine et adulte. D'après le Dr Lisle, « sur 9 320 décès constatés dans les bagnes de 1816 à 1837 inclusivement, on n'a compté que 6 suicides (2) ». D'une enquête faite par le Dr Ferrus il résulte qu'il y a eu seulement 30 suicides en sept ans dans les différentes maisons centrales, sur une population moyenne de 15 111 prisonniers. Mais la proportion a été encore plus faible dans les bagnes où l'on n'a constaté que 5 suicides de 1838 à 1845 sur une population moyenne de 7 041 individus (3). Brierre de Boismont confirme ce dernier fait et il ajoute : « Les assassins de profession, les grands coupables ont plus rarement recours à ce moyen violent pour se soustraire à l'expiation pénale que les détenus d'une perversité moins profonde (4) ». Le Dr Leroy remarque également que « les coquins de profession, les habitués des bagnes » attentent rarement à leurs jours (5).

Deux statistiques, citées l'une par Morselli (6) et l'autre par Lombroso (7), tendent, il est vrai, à établir que les détenus, en général, sont exceptionnellement enclins au suicide. Mais, comme ces documents ne distinguent pas les meurtriers et les assassins des autres criminels, on n'en saurait rien conclure relativement à la question qui nous occupe. Ils paraissent même plutôt confir-

(1) *Op. cit.*, p. 310 et suiv.
(2) *Op. cit.*, p. 67.
(3) *Des prisonniers, de l'emprisonnement et des prisons*, Paris, 1850, p. 133.
(4) *Op. cit.*, p. 95.
(5) *Le suicide dans le département de Seine-et-Marne.*
(6) *Op. cit.*, p. 377.
(7) *L'homme criminel*, trad. fr., p. 338.

mer les observations précédentes. En effet, ils prouvent que, par elle-même, la détention développe une très forte inclination au suicide. Même si l'on ne tient pas compte des individus qui se tuent aussitôt arrêtés et avant leur condamnation, il reste un nombre considérable de suicides qui ne peuvent être attribués qu'à l'influence exercée par la vie de la prison (1). Mais alors, le meurtrier incarcéré devrait avoir pour la mort volontaire un penchant d'une extrême violence, si l'aggravation qui résulte déjà de son incarcération était encore renforcée par les prédispositions congénitales qu'on lui prête. Le fait qu'il est, à ce point de vue, plutôt au-dessous de la moyenne qu'au-dessus n'est donc guère favorable à l'hypothèse d'après laquelle il aurait, par la seule vertu de son tempérament, une affinité naturelle pour le suicide, toute prête à se manifester dès que les circonstances en favorisent le développement. D'ailleurs, nous n'entendons pas soutenir qu'il jouisse d'une véritable immunité ; les renseignements dont nous disposons ne sont pas suffisants pour trancher la question. Il est possible que, dans certaines conditions, les grands criminels fassent assez bon marché de leur vie et y renoncent sans trop de peine. Mais, à tout le moins, le fait n'a-t-il pas la généralité et la nécessité qui sont logiquement impliquées dans la thèse italienne. C'est ce qu'il nous suffisait d'établir (2).

(1) En quoi consiste cette influence ? Une part semble bien en devoir être attribuée au régime cellulaire. Mais nous ne serions pas étonné que la vie commune de la prison fût de nature à produire les mêmes effets. On sait que la société des malfaiteurs et des détenus est très cohérente ; l'individu y est complètement effacé et la discipline de la prison agit dans le même sens. Il pourrait donc s'y passer quelque chose d'analogue à ce que nous avons observé dans l'armée. Ce qui confirme cette hypothèse, c'est que les épidémies de suicides sont fréquentes dans les prisons comme dans les casernes.

(2) Une statistique rapportée par Ferri (*Omicidio*, p. 373) n'est pas plus probante. De 1866 à 1876, il y aurait eu, dans les bagnes italiens, 17 suicides commis par des forçats condamnés pour des crimes contre les personnes, et seulement 5 commis par des auteurs de crimes-propriété. Mais, au bagne, les premiers sont beaucoup plus nombreux que les seconds. Ces chiffres n'ont donc rien de concluant. Nous ignorons, d'ailleurs, à quelle source l'auteur de cette statistique a puisé les éléments dont il s'est servi.

IV

Mais la seconde proposition de l'école reste à discuter. Etant donné que l'homicide et le suicide ne dérivent pas d'un même état psychologique, il nous faut rechercher s'il y a un réel antagonisme entre les conditions sociales dont ils dépendent.

La question est plus complexe que ne l'ont cru les auteurs italiens et plusieurs de leurs adversaires. Il est certain que, dans nombre de cas, la loi d'inversion ne se vérifie pas. Assez souvent, les deux phénomènes, au lieu de se repousser et de s'exclure, se développent parallèlement. Ainsi, en France, depuis le lendemain de la guerre de 1870, les meurtres ont manifesté une certaine tendance à croître. On en comptait, par année moyenne, 105 seulement pendant les années 1861-65 ; ils s'élevaient à 163 de 1871 à 1876 et les assassinats, pendant le même temps, passaient de 175 à 201. Or, au même moment, les suicides augmentaient dans des proportions considérables. Le même phénomène s'était produit pendant les années 1840-50. En Prusse, les suicides qui, de 1865 à 1870, n'avaient pas dépassé 3 658, atteignaient 4 459 en 1876, 5 042 en 1878, en augmentation de 36 %. Les meurtres et les assassinats suivaient la même marche ; de 151 en 1869, ils passaient successivement à 166 en 1874, à 221 en 1875, à 253 en 1878, en augmentation de 67 % (1). Même phénomène en Saxe. Avant 1870, les suicides oscillaient entre 600 et 700 ; une seule fois, en 1868, il y en eut 800. A partir de 1876, ils montent à 981, puis à 1 114, à 1 126, enfin, en 1880, ils étaient à 1 171 (2). Parallèlement, les attentats contre la vie d'autrui passaient de 637 en 1873 à 2 232 en 1878 (3). En Irlande, de 1865 à 1880, le suicide croît de 29 %, l'homicide croît aussi et presque dans la même mesure (23 %) (4).

(1) D'après OETTINGEN, *Moralstatistik*, annexes, table 61.
(2) *Ibid.*, table 109.
(3) *Ibid.*, table 65.
(4) D'après les tables mêmes dressées par FERRI.

En Belgique, de 1841 à 1885, les homicides sont passés de 47 à 139 et les suicides de 240 à 670 ; ce qui fait un accroissement de 195 % pour les premiers et de 178 % pour les seconds. Ces chiffres sont si peu conformes à la loi que Ferri en est réduit à mettre en doute l'exactitude de la statistique belge. Mais même en s'en tenant aux années les plus récentes et sur lesquelles les données sont le moins suspectes, on arrive au même résultat. De 1874 à 1885, l'augmentation est, pour les homicides de 51 % (139 cas au lieu de 92) et, pour les suicides de 79 % (670 cas au lieu de 374).

La distribution géographique des deux phénomènes donne lieu à des observations analogues. Les départements français où l'on compte le plus de suicides sont : la Seine, la Seine-et-Marne, la Seine-et-Oise, la Marne. Or, s'ils ne tiennent pas également la tête pour l'homicide, ils ne laissent pas d'occuper un rang assez élevé, la Seine est au 26e pour les meurtres et au 17e pour les assassinats, la Seine-et-Marne au 33e et au 14e, la Seine-et-Oise au 15e et au 24e, la Marne au 27e et au 21e. Le Var, qui est le 10e pour les suicides, est le 5e pour les assassinats et le 6e pour les meurtres. Dans les Bouches-du-Rhône, où l'on se tue beaucoup, on tue également beaucoup ; elles sont au 5e rang pour les meurtres et au 6e pour les assassinats (1). Sur la carte du suicide, comme sur celle de l'homicide, l'Ile-de-France est représentée par une tache sombre, ainsi que la bande formée par les départements méditerranéens, avec cette seule différence que la première région est d'une teinte moins foncée sur la carte de l'homicide que sur celle du suicide et que c'est l'inverse pour la seconde. De même, en Italie, Rome qui est le troisième district judiciaire pour les morts volontaires est encore le quatrième pour les homicides qualifiés. Enfin, nous avons vu que dans les sociétés inférieures, où la vie est peu respectée, les suicides sont souvent très nombreux.

Mais, si incontestables que soient ces faits et quelque intérêt

---

(1) Cette classification des départements est empruntée à BOURNET, *De la criminalité en France et en Italie*, Paris, 1884, p. 41 et 51.

qu'il y ait à ne pas les perdre de vue, il en est de contraires qui ne sont pas moins constants et qui sont même beaucoup plus nombreux. Si, dans certains cas, les deux phénomènes concordent, au moins partiellement, dans d'autres, ils sont manifestement en antagonisme :

1° Si, à de certains moments du siècle, ils progressent dans le même sens, les deux courbes, prises dans leur ensemble, là du moins où on peut les suivre pendant un temps assez long, contrastent très nettement. En France, de 1826 à 1880, le suicide croît régulièrement, ainsi que nous l'avons vu ; l'homicide, au contraire, tend à décroître, quoique moins rapidement. En 1826-30, il y avait annuellement 279 accusés de meurtre en moyenne, il n'y en avait plus que 160 en 1876-80 et, dans l'intervalle, leur nombre était même tombé à 121 en 1861-65 et à 119 en 1856-60. A deux époques, vers 1845 et au lendemain de la guerre, il y a eu tendance au relèvement ; mais si l'on fait abstraction de ces oscillations secondaires, le mouvement général de décroissance est évident. La diminution est de 43 %, d'autant plus sensible que la population s'est, en même temps, accrue de 16 %.

La régression est moins marquée pour les assassinats. Il y avait 258 accusés en 1826-30, il y en avait encore 239 en 1876-80. Le recul n'est sensible que si l'on tient compte de l'accroissement de la population. Cette différence dans l'évolution de l'assassinat n'a rien qui doive surprendre. C'est, en effet, un crime mixte qui a des caractères communs avec le meurtre, mais en a aussi de différents ; il ressortit, en partie, à d'autres causes. Tantôt, ce n'est qu'un meurtre plus réfléchi et plus voulu, tantôt, ce n'est que l'accompagnement d'un crime contre la propriété. A ce dernier titre, il est placé sous la dépendance d'autres facteurs que l'homicide. Ce qui le détermine, ce n'est pas l'ensemble des tendances de toutes sortes qui poussent à l'effusion du sang, mais les mobiles très différents qui sont à la racine du vol. La dualité de ces deux crimes était déjà sensible dans le tableau de leurs variations mensuelles et saisonnières. L'assassinat atteint son point culminant en hiver et plus spécialement en novembre, tout comme les attentats contre les choses. Ce n'est donc pas à travers les variations par lesquelles il passe qu'on peut le mieux observer l'évolution du courant homicide ; la courbe du meurtre en traduit mieux l'orientation générale.

Le même phénomène s'observe en Prusse. En 1834, il y avait 368 instructions ouvertes pour meurtres ou coups mortels, soit une pour 29 000 habitants ; en 1851, il n'y en avait plus que 257, ou une pour 53 000 habitants. Le mouvement s'est continué ensuite, quoique avec un peu plus de lenteur. En 1852, il y avait encore une instruction pour 76 000 habitants ; en 1873, une seulement pour 109 000 (1). En Italie, de 1875 à 1890, la diminution pour les homicides simples et qualifiés a été de 18 % (2 660 au lieu de 3 280) tandis que les suicides augmentaient de 80 % (2). Là où l'homicide ne perd pas de terrain, il reste tout au moins stationnaire. En Angleterre, de 1860 à 1865, on en comptait annuellement 359 cas, il n'y en a plus que 329 en 1881-85 ; en Autriche, il y en avait 528 en 1866-70, il n'y en a plus que 510 en 1881-85 (3), et il est probable que si, dans ces différents pays, on isolait l'homicide de l'assassinat, la régression serait plus marquée. Pendant le même temps, le suicide augmentait dans tous ces Etats.

M. Tarde a cependant entrepris de démontrer que cette diminution de l'homicide en France n'était qu'apparente (4). Elle serait simplement due à ce qu'on a omis de joindre aux affaires jugées par les cours d'assises celles qui ont été classées sans suites par les parquets ou qui ont abouti à des ordonnances de non-lieu. D'après cet auteur, le nombre des meurtres qui restent ainsi impoursuivis et qui, pour cette raison, n'entrent pas en ligne de compte dans les totaux de la statistique judiciaire, n'aurait cessé de grandir ; en les ajoutant aux crimes de même espèce qui ont été l'objet d'un jugement, on aurait une progression

---

(1) STARKE, *Verbrechen und Verbrecher in Preussen*, Berlin, 1884, p. 144 et suiv.
(2) D'après les tables de FERRI.
(3) V. BOSCO, *Gli Omicidii in alcuni Stati d'Europa*, Rome, 1889.
(4) *Philosophie pénale*, p. 347-48.

continue au lieu de la régression annoncée. Malheureusement, la preuve qu'il donne de cette assertion est due à un trop ingénieux arrangement des chiffres. Il se contente de comparer le nombre des meurtres et des assassinats qui n'ont pas été déférés aux cours d'assises pendant le lustre 1861-65 à celui des années 1876-80 et 1880-85, et de montrer que le second et surtout le troisième sont supérieurs au premier. Mais il se trouve que la période 1861-65 est, de tout le siècle, celle où il y a eu, et de beaucoup, le moins d'affaires ainsi arrêtées avant le jugement ; le nombre en est exceptionnellement infime, nous ne savons pour quelles causes. Elle constituait donc un terme de comparaison aussi impropre que possible. Ce n'est pas, d'ailleurs, en comparant deux ou trois chiffres que l'on peut induire une loi. Si, au lieu de choisir ainsi son point de repère, M. Tarde avait observé pendant plus longtemps les variations qu'a subies le nombre de ces affaires, il fût arrivé à une tout autre conclusion. Voici, en effet, le résultat que donne ce travail.

Nombre des affaires impoursuivies (1)

	1835-38	1839-40	1846-50	1861-65	1876-80	1880-85
Meurtres	442	503	408	223	322	322
Assassinats ..	313	320	333	217	231	252

Les chiffres ne varient pas d'une manière très régulière ; mais, de 1835 à 1885, ils ont sensiblement décru, malgré le relèvement qui s'est produit vers 1876. La diminution est de 37 % pour les meurtres et de 24 % pour les assassinats. Il n'y a donc rien là qui permette de conclure à un accroissement de la criminalité correspondante (2).

(1) Certaines de ces affaires ne sont pas poursuivies parce qu'elles ne constituent ni crimes ni délits. Il y aurait donc lieu de les défalquer. Pourtant, nous ne l'avons pas fait afin de suivre notre auteur sur son propre terrain ; d'ailleurs, cette défalcation, nous nous en sommes assuré, ne changerait rien au résultat qui se dégage des chiffres ci-dessus.

(2) Une considération secondaire, présentée par le même auteur à l'appui de sa thèse, n'est pas plus probante. D'après lui, il faudrait aussi tenir compte

2º S'il est des pays qui cumulent le suicide et l'homicide, c'est toujours en proportions inégales ; jamais ces deux manifestations n'atteignent leur maximum d'intensité sur le même point. Même c'est une règle générale que, *là où l'homicide est très développé, il confère une sorte d'immunité contre le suicide.*

L'Espagne, l'Irlande et l'Italie sont les trois pays d'Europe où l'on se tue le moins ; le premier compte 17 cas pour un million d'habitants, le second 21 et le troisième 37. Inversement, il n'en est pas où l'on tue autant. *Ce sont les seules contrées où le nombre des meurtres dépasse celui des morts volontaires ;* l'Espagne a trois fois plus des uns que des autres (1 484 homicides en moyenne pendant les années 1885-89 et 514 suicides seulement), l'Irlande le double (225 d'un côté et 116 de l'autre), l'Italie une fois et demie autant (2 322 contre 1 437). Au contraire, la France et la Prusse sont très fécondes en suicides (160 et 260 cas pour un million) ; les homicides y sont dix fois moins nombreux : la France n'en compte que 734 cas et la Prusse 459, par année moyenne de la période 1882-88.

des homicides classés par erreur parmi les morts volontaires ou accidentelles. Or, comme le nombre des unes et des autres a augmenté depuis le début du siècle, il en conclut que le chiffre des homicides placés sous l'une ou l'autre de ces deux étiquettes a dû croître également. Voilà donc encore, dit-il, une augmentation sérieuse dont il faut tenir compte, si l'on veut apprécier exactement la marche de l'homicide. — Mais le raisonnement repose sur une confusion. De ce que le chiffre des morts accidentelles et volontaires a crû, il ne suit pas qu'il en soit de même des homicides rangés à tort sous cette rubrique. De ce qu'il y a plus de suicides et plus d'accidents, il ne résulte pas qu'il y ait aussi plus de faux suicides et de faux accidents. Pour qu'une pareille hypothèse eût quelque vraisemblance, il faudrait établir que les enquêtes administratives ou judiciaires, dans les cas douteux, se font plus mal qu'autrefois ; supposition à laquelle nous ne connaissons aucun fondement. M. Tarde, il est vrai, s'étonne qu'il y ait aujourd'hui plus de morts par submersion que jadis et il est disposé à voir, sous cet accroissement, un accroissement dissimulé d'homicides. Mais le nombre des morts par la foudre a encore beaucoup plus augmenté ; il a doublé. La malveillance criminelle n'y est pourtant pour rien. La vérité, c'est d'abord que les recensements statistiques se font plus exactement et, pour les cas de submersion, que les bains de mer plus fréquentés, les ports plus actifs, les bateaux plus nombreux sur nos rivières donnent lieu à plus d'accidents.

Les mêmes rapports s'observent à l'intérieur de chaque pays. En Italie, sur la carte des suicides, tout le Nord est foncé, tout le Sud absolument clair ; c'est exactement l'inverse sur la carte des homicides. Si, d'ailleurs, on répartit les provinces italiennes en deux classes selon le taux des suicides et si l'on cherche quel est, dans chacune, le taux moyen des homicides, l'antagonisme apparaît de la manière la plus accusée.

1re classe. De 4,1 suicides à 30 pour 1 million 271,9 homicides pour 1 million
2e   —   30   —   88   —   95,2   —   —

La province où l'on tue le plus est la Calabre, 69 homicides qualifiés pour 1 million ; il n'en est pas où le suicide soit aussi rare.

En France, les départements où l'on commet le plus de meurtres sont la Corse, les Pyrénées-Orientales, la Lozère et l'Ardèche. Or, sous le rapport des suicides, la Corse tombe du 1er rang au 85e, les Pyrénées-Orientales au 63e, la Lozère au 83e, et enfin l'Ardèche au 68e (1).

En Autriche, c'est dans l'Autriche inférieure, en Bohême et en Moravie, que le suicide est à son maximum, tandis qu'il est peu développé dans la Carniole et la Dalmatie. Au contraire, la Dalmatie compte 79 homicides pour un million d'habitants et la Carniole 57,4, tandis que l'Autriche inférieure n'en a que 14, la Bohême 11 et la Moravie 15.

3º Nous avons établi que les guerres ont sur la marche du suicide une influence déprimante. Elles produisent le même effet sur les vols, les escroqueries, les abus de confiance, etc. Mais il est un crime qui fait exception. C'est l'homicide. En France, en 1870, les meurtres qui étaient en moyenne de 119 pendant les années 1866-69 passent brusquement à 133 puis à 224 en 1871, en augmentation de 88 % (2), pour retomber à 162 en 1872. Cet accroissement apparaîtra plus important encore, si l'on songe

---

(1) Pour l'assassinat, l'inversion est moins prononcée ; ce qui confirme ce qui a été dit plus haut sur le caractère mixte de ce crime.

(2) Les assassinats, au contraire, qui étaient à 200 en 1869, à 215 en 1868, tombent à 162 en 1870. On voit combien ces deux sortes de crimes doivent être distinguées.

que l'âge où l'on tue le plus est situé vers la trentaine, et que toute la jeunesse était alors sous les drapeaux. Les crimes qu'elle aurait commis en temps de paix ne sont donc pas entrés dans les calculs de la statistique. De plus, il n'est pas douteux que le désarroi de l'administration judiciaire ait dû empêcher plus d'un crime d'être connu ou plus d'une instruction d'aboutir à des poursuites. Si, malgré ces deux causes de diminution, le nombre des homicides s'est accru, on conçoit combien l'augmentation réelle a dû être sérieuse.

De même, en Prusse, lorsque la guerre contre le Danemark éclate, en 1864, les homicides passent de 137 à 169, niveau qu'ils n'avaient pas atteint depuis 1854 ; en 1865, ils tombent à 153, mais ils se relèvent en 1866 (159), bien que l'armée prussienne ait été mobilisée. En 1870, on constate par rapport à 1869 une baisse légère (151 cas au lieu de 185) qui s'accentue encore en 1871 (136 cas), mais combien moindre que pour les autres crimes ! Au même moment, les vols qualifiés crimes baissaient de moitié, 4 599 en 1870 au lieu de 8 676 en 1869. De plus, dans ces chiffres, meurtres et assassinats sont confondus ; or ces deux crimes n'ont pas la même signification et nous savons que, en France aussi, les premiers seuls augmentent en temps de guerre. Si donc la diminution totale des homicides de toutes sortes n'est pas plus considérable, on peut croire que les meurtres, une fois isolés des assassinats, manifesteraient une hausse importante. D'ailleurs, si l'on pouvait réintégrer tous les cas qui ont dû être omis pour les deux causes signalées plus haut, cette régression apparente serait elle-même réduite à peu de chose. Enfin, il est très remarquable que les meurtres involontaires se sont alors élevés très sensiblement, de 268 en 1869 à 303 en 1870 et à 310 en 1871 (1). N'est-ce pas la preuve que, à ce moment, on faisait moins de cas de la vie humaine qu'en temps de paix ?

Les crises politiques ont le même effet. En France, tandis que, de 1840 à 1846, la courbe des meurtres était restée stationnaire, en 1848, elle remonte brusquement, pour atteindre son maximum

---

(1) D'après Starke, *op. cit.*, p. 133.

en 1849 avec 240 (1). Le même phénomène s'était déjà produit pendant les premières années du règne de Louis-Philippe. Les compétitions des partis politiques y furent d'une extrême violence. Aussi est-ce à ce moment que les meurtres atteignent le plus haut point où ils soient parvenus pendant toute la durée du siècle. De 204 en 1830, ils s'élèvent à 264 en 1831, chiffre qui ne fut jamais dépassé ; en 1832, ils sont encore à 253 et à 257 en 1833. En 1834, une baisse brusque se produit qui s'affirme de plus en plus ; en 1838, il n'y a plus que 145 cas, soit une diminution de 44 %. Pendant ce temps, le suicide évoluait en sens inverse. En 1833 il est au même niveau qu'en 1829 (1 973 cas d'un côté, 1 904 de l'autre) ; puis en 1834, un mouvement ascensionnel commence qui est très rapide. En 1838, l'augmentation est de 30 %.

4º Le suicide est beaucoup plus urbain que rural. C'est le contraire pour l'homicide. En additionnant ensemble les meurtres, parricides et infanticides, on trouve que, dans les campagnes, en 1887, il s'est commis 11,1 crimes de ce genre et 8,6 seulement dans les villes. En 1880, les chiffres sont à peu près les mêmes ; ils sont respectivement de 11,0 et de 9,3.

5º Nous avons vu que le catholicisme diminue la tendance au suicide tandis que le protestantisme l'accroît. Inversement, les homicides sont beaucoup plus fréquents dans les pays catholiques que chez les peuples protestants :

Pays catholiques	Homicides simples pour 1 million d'habitants	Assassinats pour 1 million d'habitants	Pays protestants	Homicides simples pour 1 million d'habitants	Assassinats pour 1 million d'habitants
Italie	70	23,1	Allemagne ..	3,4	3,3
Espagne	64,9	8,2	Angleterre ..	3,9	1,7
Hongrie	56,2	11,9	Danemark ..	4,6	3,7
Autriche	10,2	8,7	Hollande	3,1	2,5
Irlande	8,1	2,3	Ecosse	4,4	0,70
Belgique.....	8,5	4,2			
France	6,4	5,6			
Moyennes .	32,1	9,1	Moyennes .	3,8	2,3

(1) Les assassinats restent à peu près stationnaires.

Surtout pour ce qui est de l'homicide simple, l'opposition entre ces deux groupes de sociétés est frappante.

Le même contraste s'observe à l'intérieur de l'Allemagne. Les districts qui s'élèvent le plus au-dessus de la moyenne sont tous catholiques ; ce sont Posen (18,2 meurtres et assassinats par million d'habitants), Donau (16,7), Bromberg (14,8), la Haute et la Basse-Bavière (13,0). De même encore, à l'intérieur de la Bavière, les provinces sont d'autant plus fécondes en homicides qu'elles comptent moins de protestants :

Provinces

A minorité catholique	Meurtres et assassinats pour 1 million d'habitants	A majorité catholique	Meurtres et assassinats pour 1 million d'habitants	Où il y a plus de 90 % de catholiques	Meurtres et assassinats pour 1 million d'habitants
Palatinat du Rhin	2,8	Franconie inférieure	9	Haut-Palatinat	4,3
Franconie centrale	6,9	Souabe	9,2	Haute-Bavière.	13,0
Haute-Franconie .	6,9			Basse-Bavière..	13,0
Moyenne	5,5	Moyenne	9,1	Moyenne ...	10,1

Seul, le Haut-Palatinat fait exception à la loi. Il n'y a d'ailleurs qu'à comparer le tableau précédent avec celui de la page 150 pour que l'inversion entre la répartition du suicide et celle de l'homicide apparaisse avec évidence.

6° Enfin, tandis que la vie de famille a sur le suicide une action modératrice, elle stimule plutôt le meurtre. Pendant les années 1884-87, un million d'époux donnait, en moyenne, par an, 5,07 meurtres ; un million de célibataires au-dessus de 15 ans, 12,7. Les premiers paraissent donc jouir, par rapport aux seconds, d'un coefficient de préservation égal à environ 2,3. Seulement, il faut tenir compte de ce fait que ces deux catégories de sujets n'ont pas le même âge et que l'intensité du penchant homicide varie aux différents moments de la vie. Les célibataires ont en moyenne de 25 à 30 ans, les époux environ 45. Or c'est entre 25 et 30 ans que la tendance au meurtre est *maxima*; un million d'individus de cet âge produit annuellement 15,4 meurtres, tandis qu'à 45 ans le taux n'est plus que de 6,9. Le rapport entre le premier de ces nombres et le second est égal à 2,2. Ainsi, par le seul fait de leur âge plus avancé, les gens mariés devraient commettre 2 fois moins de meurtres que les célibataires. Leur situation, privilégiée en apparence, ne vient donc pas de ce qu'ils sont mariés, mais de ce qu'ils sont plus âgés. La vie domestique ne leur confère aucune immunité.

Non seulement elle ne préserve pas de l'homicide, mais on peut plutôt supposer qu'elle y excite. En effet, il est très vraisemblable que la population mariée jouit, en principe, d'une plus haute moralité que la population célibataire. Elle doit cette supériorité non pas tant, croyons-nous, à la sélection matrimoniale, dont les effets, pourtant, ne sont pas négligeables, qu'à l'action même exercée par la famille sur chacun de ses membres. Il n'est guère douteux qu'un sujet soit moins bien trempé au moral quand il est isolé et abandonné à lui-même, que quand il subit à chaque instant la bienfaisante discipline du milieu familial. Si donc, pour ce qui est de l'homicide, les époux ne sont pas en meilleure situation que les célibataires, c'est que l'influence moralisatrice dont ils bénéficient, et qui devrait les détourner de toutes les sortes de crimes, est neutralisée partiellement par une influence aggravante qui les pousse au meurtre et qui doit tenir à la vie de famille (1).

En résumé donc, tantôt le suicide coexiste avec l'homicide, tantôt ils s'excluent mutuellement; tantôt ils réagissent de la même manière sous l'influence des mêmes conditions, tantôt ils réagissent en sens contraire et les cas d'antagonisme sont les plus nombreux. Comment expliquer ces faits, en apparence contradictoires ?

La seule manière de les concilier est d'admettre qu'il y a des espèces différentes de suicides, dont les unes ont une certaine

(1) Ces remarques sont, d'ailleurs, plutôt destinées à poser la question qu'à la trancher. Elle ne pourra être résolue que quand on aura isolé l'action de l'âge et celle de l'état civil, comme nous avons fait pour le suicide.

parenté avec l'homicide, tandis que les autres le repoussent. Car il n'est pas possible qu'un seul et même phénomène se comporte aussi différemment dans les mêmes circonstances. Le suicide qui varie comme le meurtre et celui qui varie en sens inverse ne sauraient être de même nature.

Et en effet, nous avons montré qu'il y a des types différents de suicides, dont les propriétés caractéristiques ne sont pas du tout les mêmes. La conclusion du livre précédent se trouve ainsi confirmée, en même temps qu'elle sert à expliquer les faits qui viennent d'être exposés. A eux seuls, ils eussent déjà suffi à conjecturer la diversité interne du suicide ; mais l'hypothèse cesse d'en être une, rapprochée des résultats antérieurement obtenus, outre que ceux-ci reçoivent de ce rapprochement comme un supplément de preuve. Même, maintenant que nous savons quelles sont les différentes sortes de suicides et en quoi elles consistent, nous pouvons aisément apercevoir quelles sont celles qui sont incompatibles avec l'homicide, celles, au contraire, qui dépendent en partie des mêmes causes, et d'où vient que l'incompatibilité est le fait le plus général.

Le type de suicide qui est actuellement le plus répandu et qui contribue le plus à élever le chiffre annuel des morts volontaires, c'est le suicide égoïste. Ce qui le caractérise, c'est un état de dépression et d'apathie produit par une individuation exagérée. L'individu ne tient plus à être, parce qu'il ne tient plus assez au seul intermédiaire qui le rattache au réel, je veux dire à la société. Ayant de lui-même et de sa propre valeur un trop vif sentiment, il veut être à lui-même sa propre fin et, comme un tel objectif ne saurait lui suffire, il traîne dans la langueur et l'ennui une existence qui lui apparaît dès lors comme dépourvue de sens. L'homicide dépend de conditions opposées. C'est un acte violent qui ne va pas sans passions. Or, là où la société est intégrée de telle sorte que l'individuation des parties y est peu prononcée, l'intensité des états collectifs élève le niveau général de la vie passionnelle ; même, le terrain n'est nulle part aussi favorable au développement des passions spécialement homicides. Là où l'esprit domestique a gardé son ancienne force, les offenses dirigées contre la famille sont considérées comme des sacrilèges qui ne sauraient être trop cruellement vengés et dont la vengeance ne peut être abandonnée à des tiers. C'est de là qu'est venue la pratique de la *vendetta* qui ensanglante encore notre Corse et certains pays méridionaux. Là où la foi religieuse est très vive, elle est souvent inspiratrice de meurtres et il n'en est pas autrement de la foi politique.

De plus et surtout, le courant homicide, d'une manière générale, est d'autant plus violent qu'il est moins contenu par la conscience publique, c'est-à-dire que les attentats contre la vie sont jugés plus véniels ; et, comme il leur est attribué d'autant moins de gravité que la morale commune attache moins de prix à l'individu et à ce qui l'intéresse, une individuation faible ou, pour reprendre notre expression, un état d'altruisme excessif pousse aux homicides. Voilà pourquoi, dans les sociétés inférieures, ils sont à la fois nombreux et peu réprimés. Cette fréquence et l'indulgence relative dont ils bénéficient dérivent d'une seule et même cause. Le moindre respect dont les personnalités individuelles sont l'objet les expose davantage aux violences, en même temps qu'il fait paraître ces violences moins criminelles. Le suicide égoïste et l'homicide ressortissent donc à des causes antagonistes et, par conséquent, il est impossible que l'un puisse se développer à l'aise là où l'autre est florissant. Là où les passions sociales sont vives, l'homme est beaucoup moins enclin soit aux rêveries stériles soit aux froids calculs de l'épicurien. Quand il est habitué à compter pour peu de chose les destinées particulières, il n'est pas porté à s'interroger anxieusement sur sa propre destinée. Quand il fait peu de cas de la douleur humaine, le poids de ses souffrances personnelles lui est plus léger.

Au contraire, et pour les mêmes causes, le suicide altruiste et l'homicide peuvent très bien marcher parallèlement ; car ils dépendent de conditions qui ne diffèrent qu'en degrés. Quand on est dressé à mépriser sa propre existence, on ne peut pas estimer beaucoup celle d'autrui. C'est pour cette raison qu'homicides et morts volontaires sont également à l'état endémique chez certains peuples primitifs. Mais il n'est pas vraisemblable qu'on puisse attribuer à la même origine les cas de parallélisme que nous avons rencontrés chez les nations civilisées. Ce n'est pas un état d'altruisme exagéré qui peut avoir produit ces suicides que nous avons vus parfois, dans les milieux les plus cultivés, coexister en grand nombre avec les meurtres. Car, pour pousser au suicide, il faut que l'altruisme soit exceptionnellement intense, plus intense même que pour pousser à l'homicide. En effet, quelque faible valeur que je prête à l'existence de l'individu en général, celle de l'individu que je suis en aura toujours plus à mes yeux que celle d'autrui. Toutes choses égales, l'homme moyen est plus enclin à respecter la personne humaine en lui-même qu'en ses semblables ; par conséquent, il faut une cause plus énergique pour abolir ce sentiment de respect dans le premier cas que dans le second. Or, aujourd'hui, en dehors de quelques milieux spéciaux et peu nombreux comme l'armée, le goût de l'impersonnalité et du renoncement est trop peu prononcé et les sentiments contraires sont trop généraux et trop forts pour rendre à ce point facile l'immolation de soi-même. Il doit donc y avoir une autre forme, plus moderne, du suicide, susceptible également de se combiner avec l'homicide.

C'est le suicide anomique. L'anomie, en effet, donne naissance à un état d'exaspération et de lassitude irritée qui peut, selon les circonstances, se tourner contre le sujet lui-même ou contre autrui ; dans le premier cas, il y a suicide, dans le second, homicide. Quant aux causes qui déterminent la direction que suivent les forces ainsi surexcitées, elles tiennent vraisemblablement à la constitution morale de l'agent. Selon qu'elle est plus ou moins résistante, elle plie dans un sens ou dans l'autre. Un homme de moralité médiocre tue plutôt qu'il ne se tue. Nous avons même vu que, parfois, ces deux manifestations se produisent l'une à la suite de l'autre et ne sont que deux faces d'un seul et même acte ; ce qui démontre leur étroite parenté. L'état d'exacerbation où se trouve alors l'individu est tel que, pour se soulager, il lui faut deux victimes.

Voilà pourquoi, aujourd'hui, un certain parallélisme entre le développement de l'homicide et celui du suicide se rencontre surtout dans les grands centres et dans les régions de civilisation intense. C'est que l'anomie y est à l'état aigu. La même cause empêche les meurtres de décroître aussi vite que s'accroissent les suicides. En effet, si les progrès de l'individualisme tarissent une des sources de l'homicide, l'anomie, qui accompagne le développement économique, en ouvre une autre. Notamment, on peut croire que si, en France et surtout en Prusse, homicides de soi-même et homicides d'autrui ont augmenté simultanément depuis la guerre, la raison en est dans l'instabilité morale qui, pour des causes différentes, est devenue plus grande dans ces deux pays. Enfin, on peut ainsi s'expliquer comment, malgré ces concordances partielles, l'antagonisme est le fait le plus général. C'est que le suicide anomique n'a lieu en masse que sur des points spéciaux, là où l'activité industrielle et commerciale a pris un grand essor. Le suicide égoïste est, vraisemblablement, le plus répandu ; or il exclut les crimes de sang.

Nous arrivons donc à la conclusion suivante. Si le suicide et l'homicide varient fréquemment en raison inverse l'un de l'autre, ce n'est pas parce qu'ils sont deux faces différentes d'un seul et même phénomène ; c'est parce qu'ils constituent, à certains égards, deux courants sociaux contraires. Ils s'excluent alors comme le jour exclut la nuit, comme les maladies de l'extrême sécheresse excluent celles de l'extrême humidité. Si, néanmoins, cette opposition générale n'empêche pas toute harmonie, c'est que certains types de suicides, au lieu de dépendre de causes antagonistes à celles dont dérivent les homicides, expriment, au contraire, le même état social et se développent au sein du même milieu moral. On peut, d'ailleurs, prévoir que les homicides qui coexistent avec le suicide anomique et ceux qui se concilient avec le suicide altruiste ne doivent pas être de même nature ; que l'homicide, par conséquent, tout comme le suicide, n'est pas une entité criminologique une et indivisible, mais doit comprendre une pluralité d'espèces très différentes les unes des autres. Mais ce n'est pas le lieu d'insister sur cette importante proposition de criminologie.

Il n'est donc pas exact que le suicide ait d'heureux contre-coups qui en diminuent l'immoralité et qu'il puisse, par conséquent, y avoir intérêt à n'en pas gêner le développement. Ce n'est pas un dérivatif de l'homicide. Sans doute, la constitution morale dont dépend le suicide égoïste et celle qui fait régresser le meurtre chez les peuples les plus civilisés sont solidaires. Mais le suicidé de cette catégorie, loin d'être un meurtrier avorté, n'a rien de ce qui fait le meurtrier. C'est un triste et un déprimé. On peut donc condamner son acte sans transformer en assassins ceux qui sont sur la même voie que lui. Dira-t-on que blâmer le suicide, c'est, du même coup, blâmer et, par suite, affaiblir l'état d'esprit d'où il procède, à savoir cette sorte d'hyperesthésie pour tout ce qui concerne l'individu ? que, par là, on risque de renforcer le goût de l'impersonnalité et l'homicide qui en dérive ? Mais l'individualisme, pour pouvoir contenir le penchant au meurtre, n'a pas besoin d'atteindre ce degré d'intensité excessive qui en fait une source de suicides. Pour que l'individu répugne à verser le sang de ses semblables, il n'est pas nécessaire qu'il ne tienne à rien qu'à lui-même. Il suffit qu'il aime et qu'il respecte la personne humaine en général. La tendance à l'individuation peut donc être contenue dans de justes limites, sans que la tendance à l'homicide soit, pour cela, renforcée.

Quant à l'anomie, comme elle produit aussi bien l'homicide que le suicide, tout ce qui peut la refréner refrène l'un et l'autre. Il n'y a même pas à craindre que, une fois empêchée de se manifester sous forme de suicides, elle ne se traduise en meurtres plus nombreux ; car l'homme assez sensible à la discipline morale pour renoncer à se tuer par respect pour la conscience publique et ses prohibitions sera encore beaucoup plus réfractaire à l'homicide qui est plus sévèrement flétri et réprimé. Du reste, nous avons vu que ce sont les meilleurs qui se tuent en pareil cas ; il n'y a donc aucune raison de favoriser une sélection qui se ferait à rebours.

Ce chapitre peut servir à élucider un problème souvent débattu.

On sait à quelles discussions a donné lieu la question de

savoir si les sentiments que nous avons pour nos semblables ne sont qu'une extension des sentiments égoïstes ou bien, au contraire, en sont indépendants. Or nous venons de voir que ni l'une ni l'autre hypothèse n'est fondée. Assurément la pitié pour autrui et la pitié pour nous-mêmes ne sont pas étrangères l'une à l'autre, puisqu'elles progressent ou reculent parallèlement ; mais l'une ne vient pas de l'autre. S'il existe entre elles un lien de parenté, c'est qu'elles dérivent toutes deux d'un même état de la conscience collective dont elles ne sont que des aspects différents. Ce qu'elles expriment, c'est la manière dont l'opinion apprécie la valeur morale de l'individu en général. S'il compte pour beaucoup dans l'estime publique, nous appliquons ce jugement social aux autres en même temps qu'à nous-mêmes ; leur personne, comme la nôtre, prend plus de prix à nos yeux et nous devenons plus sensibles à ce qui touche individuellement chacun d'eux comme à ce qui nous touche en particulier. Leurs douleurs, comme nos douleurs, nous sont plus facilement intolérables. La sympathie que nous avons pour eux n'est donc pas un simple prolongement de celle que nous avons pour nous-mêmes. Mais l'une et l'autre sont des effets d'une même cause ; elles sont constituées par un même état moral. Sans doute, il se diversifie selon qu'il s'applique à nous-mêmes ou à autrui ; nos instincts égoïstes le renforcent dans le premier cas, l'affaiblissent dans le second. Mais il est présent et agissant dans l'un comme dans l'autre. Tant il est vrai que même les sentiments qui semblent le plus tenir à la complexion personnelle de l'individu dépendent de causes qui le dépassent ! Notre égoïsme lui-même est, en grande partie, un produit de la société.

Planche VI (1)

Suicides par âge des mariés et des veufs suivant qu'ils ont ou n'ont pas d'enfants (Départements français moins la Seine)
Nombres absolus (années 1889-91)

Age	Mariés Sans enfants	Mariés Avec enfants	Veufs Sans enfants	Veufs Avec enfants
Hommes				
De 0 à 15 ans ...	1,3	0,3	0,3	
De 15 à 20 — ...	0,3	0,6		
De 20 à 25 — ...	6,6	6,6	0,6	
De 25 à 30 — ...	33	34	2,6	3
De 30 à 40 — ...	109	246	11,6	20,6
De 40 à 50 — ...	137	367	28	48
De 50 à 60 — ...	190	457	48	108
De 60 à 70 — ...	164	385	90	173
De 70 à 80 — ...	74	187	86	212
De 80 ans et au-delà	9	36	25	71
Femmes				
De 0 à 15 ans ...				
De 15 à 20 — ...	2,3	0,3	0,3	
De 20 à 25 — ...	15	15	0,6	0,3
De 25 à 30 — ...	23	31	2,6	2,3
De 30 à 40 — ...	46	84	9	12,6
De 40 à 50 — ...	55	98	17	19
De 50 à 60 — ...	57	106	26	40
De 60 à 70 — ...	35	67	47	65
De 70 à 80 — ...	15	32	30	68
De 80 ans et au-delà	1,3	2,6	12	19

(1) Ce tableau a été établi avec les documents inédits du ministère de la Justice. Nous n'avons pas pu nous en servir beaucoup, parce que le dénombrement de la population ne fait pas connaître, à chaque âge, le nombre des époux et des veufs sans enfants. Nous publions pourtant les résultats de notre travail, dans l'espérance qu'il sera utilisé plus tard, quand cette lacune du dénombrement sera comblée.

CHAPITRE III

CONSÉQUENCES PRATIQUES

Maintenant que nous savons ce qu'est le suicide, quelles en sont les espèces et les lois principales, il nous faut rechercher quelle attitude les sociétés actuelles doivent adopter à son égard.

Mais cette question elle-même en suppose une autre. L'état présent du suicide chez les peuples civilisés doit-il être considéré comme normal ou anormal ? En effet, selon la solution à laquelle on se rangera, on trouvera ou que des réformes sont nécessaires et possibles en vue de le refréner, ou bien, au contraire, qu'il convient de l'accepter tel qu'il est, tout en le blâmant.

I

On s'étonnera peut-être que la question puisse être posée.

Nous sommes, en effet, habitués à regarder comme anormal tout ce qui est immoral. Si donc, comme nous l'avons établi, le suicide froisse la conscience morale, il semble impossible de n'y pas voir un phénomène de pathologie sociale. Mais nous avons fait voir ailleurs (1) que même la forme éminente de l'immoralité, à savoir le crime, ne devait pas être nécessairement classée au rang des manifestations morbides. Cette affirmation a, il est vrai, déconcerté certains esprits et il a pu paraître à un examen superficiel qu'elle ébranlait les fondements de la morale. Elle n'a, pourtant, rien de subversif. Il suffit, pour s'en convaincre,

(1) V. *Règles de la méthode sociologique*, chap. III.

de se reporter à l'argumentation sur laquelle elle repose et qui peut se résumer ainsi.

Ou bien le mot de maladie ne signifie rien, ou bien il désigne quelque chose d'évitable. Sans doute, tout ce qui est évitable n'est pas morbide, mais tout ce qui est morbide peut être évité, au moins par la généralité des sujets. Si l'on ne veut pas renoncer à toute distinction dans les idées comme dans les termes, il est impossible d'appeler ainsi un état ou un caractère que les êtres d'une espèce ne peuvent pas ne pas avoir, qui est impliqué nécessairement dans leur constitution. D'un autre côté, nous n'avons qu'un signe objectif, empiriquement déterminable et susceptible d'être contrôlé par autrui, auquel nous puissions reconnaître l'existence de cette nécessité ; c'est l'universalité. Quand, toujours et partout, deux faits se sont rencontrés en connexion, sans qu'une seule exception soit citée, il est contraire à toute méthode de supposer qu'ils puissent être séparés. Ce n'est pas que l'un soit toujours la cause de l'autre. Le lien qui est entre eux peut être médiat (1), mais il ne laisse pas d'être et d'être nécessaire.

Or, il n'y a pas de société connue où, sous des formes différentes, ne s'observe une criminalité plus ou moins développée. Il n'est pas de peuple dont la morale ne soit quotidiennement violée. Nous devons donc dire que le crime est nécessaire, qu'il ne peut pas ne pas être, que les conditions fondamentales de l'organisation sociale, telles qu'elles sont connues, l'impliquent logiquement. Par suite, il est normal. Il est vain d'invoquer ici les imperfections inévitables de la nature humaine et de soutenir que le mal, quoiqu'il ne puisse pas être empêché, ne cesse pas d'être le mal ; c'est langage de prédicateur, non de savant. Une imperfection nécessaire n'est pas une maladie ; autrement, il faudrait mettre la maladie partout, parce que l'imperfection est partout. Il n'est pas de fonction de l'organisme, pas de forme anatomique à propos desquelles on ne puisse rêver quelque

---

(1) Et même tout lien logique n'est-il pas médiat ? Si rapprochés que soient les deux termes qu'il relie, ils sont toujours distincts et, par conséquent, il y a toujours entre eux un écart, un intervalle logique.

perfectionnement. On a dit parfois qu'un opticien rougirait d'avoir fabriqué un instrument de vision aussi grossier que l'œil humain. Mais on n'en a pas conclu et on ne pouvait pas en conclure que la structure de cet organe est anormale. Il y a plus ; il est impossible que ce qui est nécessaire n'ait pas en soi quelque perfection, pour employer le langage un peu théologique de nos adversaires. *Ce qui est condition indispensable de la vie ne peut pas n'être pas utile, à moins que la vie ne soit pas utile.* On ne sortira pas de là. Et en effet, nous avons montré comment le crime peut servir. Seulement, il ne sert que s'il est réprouvé et réprimé. On a cru à tort que le seul fait de le cataloguer parmi les phénomènes de sociologie normale en impliquait l'absolution. S'il est normal qu'il y ait des crimes, il est normal qu'ils soient punis. La peine et le crime sont les deux termes d'un couple inséparable. L'un ne peut pas plus faire défaut que l'autre. Tout relâchement anormal du système répressif a pour effet de stimuler la criminalité et de lui donner un degré d'intensité anormal.

Appliquons ces idées au suicide.

Nous n'avons pas, il est vrai, d'informations suffisantes pour pouvoir assurer qu'il n'y a pas de société où le suicide ne se rencontre. Il n'y a qu'un petit nombre de peuples pour lesquels la statistique nous renseigne sur ce point. Quant aux autres, l'existence d'un suicide chronique ne peut être attestée que par les traces qu'il laisse dans la législation. Or nous ne savons pas avec certitude si le suicide a été partout l'objet d'une réglementation juridique. Mais on peut affirmer que c'est le cas le plus général. Tantôt il est prescrit, tantôt il est réprouvé ; tantôt l'interdiction dont il est frappé est formelle, tantôt elle comporte des réserves et des exceptions. Mais toutes les analogies permettent de croire qu'il n'a jamais dû rester indifférent au droit et à la morale ; c'est-à-dire qu'il a toujours eu assez d'importance pour attirer sur lui le regard de la conscience publique. En tout cas, il est certain que des courants suicidogènes, plus ou moins intenses selon les époques, ont existé de tout temps chez les peuples européens ; la statistique nous en fournit la preuve dès le siècle dernier et les monuments juridiques pour les époques antérieures. Le suicide est donc un élément de leur constitution normale et même, vraisemblablement, de toute constitution sociale.

Il n'est, d'ailleurs, pas impossible d'apercevoir comment il y est lié.

C'est surtout évident du suicide altruiste par rapport aux sociétés inférieures. Précisément parce que l'étroite subordination de l'individu au groupe est le principe sur lequel elles reposent, le suicide altruiste y est, pour ainsi dire, un procédé indispensable de la discipline collective. Si l'homme n'estimait pas alors sa vie pour peu de chose, il ne serait pas ce qu'il doit être et, du moment qu'il en fait peu de cas, il est inévitable que tout lui devienne prétexte pour s'en débarrasser. Il y a donc un lien étroit entre la pratique de ce suicide et l'organisation morale de ces sociétés. Il en est de même aujourd'hui dans ces milieux particuliers où l'abnégation et l'impersonnalité sont de rigueur. Maintenant encore, l'esprit militaire ne peut être fort que si l'individu est détaché de lui-même, et un tel détachement ouvre nécessairement la voie au suicide.

Pour des raisons contraires, dans les sociétés et dans les milieux où la dignité de la personne est la fin suprême de la conduite, où l'homme est un Dieu pour l'homme, l'individu est facilement enclin à prendre pour Dieu l'homme qui est en lui, à s'ériger lui-même en objet de son propre culte. Quand la morale s'attache avant tout à lui donner de lui-même une très haute idée, il suffit de certaines combinaisons de circonstances pour qu'il devienne incapable de rien apercevoir qui soit au-dessus de lui. L'individualisme, sans doute, n'est pas nécessairement l'égoïsme, mais il en rapproche ; on ne peut stimuler l'un sans répandre davantage l'autre. Ainsi se produit le suicide égoïste. Enfin, chez les peuples où le progrès est et doit être rapide, les règles qui contiennent les individus doivent être suffisamment flexibles et malléables ; si elles gardaient la rigidité immuable qu'elles ont dans les sociétés primitives, l'évolution entravée ne pourrait pas se faire assez promptement. Mais alors il est inévitable que les désirs et les ambitions, étant moins fortement contenus, débordent sur certains points tumultueusement. Du moment qu'on inculque aux hommes ce prétexte, que c'est pour eux un devoir de progresser, il est plus difficile d'en faire des résignés ; par suite, le nombre des mécontents et des inquiets ne peut manquer d'augmenter. Toute morale de progrès et de perfectionnement est donc inséparable d'un certain degré d'anomie. Ainsi, une constitution morale déterminée correspond à chaque type de suicide et en est solidaire. L'une ne peut être sans l'autre ; car le suicide est simplement la forme que prend nécessairement chacune d'elles dans de certaines conditions particulières, mais qui ne peuvent pas ne pas se produire.

Mais, dira-t-on, ces divers courants ne déterminent le suicide que s'ils s'exagèrent ; serait-il donc impossible qu'ils eussent partout la même intensité modérée ? — C'est vouloir que les conditions de la vie soient partout les mêmes : ce qui n'est ni possible ni désirable. Dans toute société, il y a des milieux particuliers où les états collectifs ne pénètrent qu'en se modifiant ; ils y sont, suivant les cas, ou renforcés ou affaiblis. Pour qu'un courant ait dans l'ensemble du pays une certaine intensité, il faut donc que, sur certains points, il la dépasse ou ne l'atteigne pas.

Mais ces excès, soit en plus soit en moins, ne sont pas seulement nécessaires ; ils ont leur utilité. Car, si l'état le plus général est aussi celui qui convient le mieux dans les circonstances les plus générales de la vie sociale, il ne peut être en rapport avec les autres ; et pourtant la société doit pouvoir s'adapter aux unes comme aux autres. Un homme chez qui le goût de l'activité ne dépasserait jamais le niveau moyen ne pourrait se maintenir dans les situations qui exigent un effort exceptionnel. De même, une société où l'individualisme intellectuel ne pourrait pas s'exagérer serait incapable de secouer le joug des traditions et de renouveler ses croyances, alors même que ce serait nécessaire. Inversement, là où ce même état d'esprit ne pourrait, à l'occasion, diminuer assez pour permettre au courant contraire de se développer, que deviendrait-on en temps de guerre, alors que l'obéissance passive est le premier des devoirs ? Mais, pour que ces formes d'activité puissent se produire quand elles sont utiles, il faut que la société ne les ait pas totalement désapprises. Il est donc indispensable qu'elles aient une place dans l'existence commune ; qu'il y ait des sphères où s'entretienne un goût intransigeant de critique et de libre examen, d'autres, comme l'armée, où se garde à peu près intacte la vieille religion de l'autorité. Sans doute, il faut que, en temps ordinaire, l'action de ces foyers spéciaux ne s'étende pas au-delà de certaines limites ; comme les sentiments qui s'y élaborent correspondent à des circonstances particulières, il est essentiel qu'ils se ne généralisent pas. Mais s'il importe qu'ils restent localisés, il importe également qu'ils soient. Cette nécessité paraîtra plus évidente encore si l'on songe que les sociétés, non seulement sont tenues de faire face à des situations diverses au cours d'une même période, mais encore ne peuvent se maintenir sans se transformer. Les proportions normales d'individualisme et d'altruisme, qui conviennent aux peuples modernes, ne seront plus les mêmes dans un siècle. Or, l'avenir ne serait pas possible si les germes n'en étaient donnés dans le présent. Pour qu'une tendance collective puisse s'affaiblir ou s'intensifier en évoluant, encore faut-il qu'elle ne se fixe pas une fois pour toutes sous une forme unique dont elle ne pourrait plus se défaire ensuite ; elle ne saurait varier dans le temps si elle ne présentait aucune variété dans l'espace (1).

Les différents courants de tristesse collective, qui dérivent de ces trois états moraux, ne sont pas eux-mêmes sans raisons d'être, pourvu qu'ils ne soient pas excessifs. C'est, en effet, une erreur de croire que la joie sans mélange soit l'état

(1) Ce qui a contribué à obscurcir cette question, c'est qu'on ne remarque pas assez combien ces idées de santé et de maladie sont relatives. Ce qui est normal aujourd'hui ne le sera plus demain, et inversement. Les intestins volumineux du primitif sont normaux par rapport à son milieu, mais ne le seraient plus aujourd'hui. Ce qui est morbide pour les individus peut être normal pour la société. La neurasthénie est une maladie au point de vue de la physiologie individuelle ; que serait une société sans neurasthéniques ? Ils ont actuellement un rôle social à jouer. Quand on dit d'un état qu'il est normal ou anormal, il faut ajouter par rapport à quoi il est ainsi qualifié ; sinon, on ne s'entend pas.

normal de la sensibilité. L'homme ne pourrait pas vivre s'il était entièrement réfractaire à la tristesse. Il y a bien des douleurs auxquelles on ne peut s'adapter qu'en les aimant, et le plaisir qu'on y trouve a nécessairement quelque chose de mélancolique. La mélancolie n'est donc morbide que quand elle tient trop de place dans la vie ; mais il n'est pas moins morbide qu'elle en soit totalement exclue. Il faut que le goût de l'expansion joyeuse soit modéré par le goût contraire ; c'est à cette seule condition qu'il gardera la mesure et sera en harmonie avec les choses. Il en est des sociétés comme des individus. Une morale trop riante est une morale relâchée ; elle ne convient qu'aux peuples en décadence et c'est chez eux seulement qu'elle se rencontre. La vie est souvent rude, souvent décevante ou vide. Il faut donc que la sensibilité collective reflète ce côté de l'existence. C'est pourquoi, à côté du courant optimiste qui pousse les hommes à envisager le monde avec confiance, il est nécessaire qu'il y ait un courant opposé, moins intense, sans doute, et moins général que le précédent, en état toutefois de le contenir partiellement ; car une tendance ne se limite pas elle-même, elle ne peut jamais être limitée que par une autre tendance. Même il semble, d'après certains indices, que le penchant à une certaine mélancolie aille plutôt en se développant à mesure qu'on s'élève dans l'échelle des types sociaux. Ainsi que nous l'avons déjà dit dans un autre ouvrage (1), c'est un fait tout au moins remarquable que les grandes religions des peuples les plus civilisés soient plus profondément imprégnées de tristesse que les croyances plus simples des sociétés antérieures. Ce n'est pas assurément que le courant pessimiste doive définitivement submerger l'autre, mais c'est une preuve qu'il ne perd pas de terrain et ne paraît pas destiné à disparaître. Or, pour qu'il puisse exister et se maintenir, il faut qu'il y ait dans la société un organe spécial qui lui serve de substrat. Il faut qu'il y ait des groupes d'individus qui représentent plus spécialement cette disposition de l'humeur collective. Mais la partie de la popula-

(1) V. *Division du travail social*, p. 266.

tion qui joue ce rôle est nécessairement celle où les idées de suicide germent facilement.

Mais de ce qu'un courant suicidogène d'une certaine intensité doive être considéré comme un phénomène de sociologie normale, il ne suit pas que tout courant du même genre ait nécessairement le même caractère. Si l'esprit de renoncement, l'amour du progrès, le goût de l'individuation ont leur place dans toute espèce de société et s'ils ne peuvent pas exister sans devenir, sur certains points, générateurs de suicides, encore faut-il qu'ils n'aient cette propriété que dans une certaine mesure, variable selon les peuples. Elle n'est fondée que si elle ne dépasse pas certaines limites. De même, le penchant collectif à la tristesse n'est sain qu'à condition de n'être pas prépondérant. Par conséquent, la question de savoir si l'état présent du suicide chez les nations civilisées est normal ou non n'est pas tranchée par ce qui précède. Il reste à rechercher si l'aggravation énorme qui s'est produite depuis un siècle n'est pas d'origine pathologique.

On a dit qu'elle était la rançon de la civilisation. Il est certain qu'elle est générale en Europe et d'autant plus prononcée que les nations sont parvenues à une plus haute culture. Elle a été, en effet, de 411 % en Prusse de 1826 à 1890, de 385 % en France de 1826 à 1888, de 318 % dans l'Autriche allemande de 1841-45 à 1877, de 238 % en Saxe de 1841 à 1875, de 212 % en Belgique de 1841 à 1889, de 72 % seulement en Suède de 1841 à 1871-75, de 35 % en Danemark pendant la même période. L'Italie, depuis 1870, c'est-à-dire depuis le moment où elle est devenue l'un des agents de la civilisation européenne, a vu l'effectif de ses suicides passer de 788 cas à 1 653, soit une augmentation de 109 % en vingt ans. De plus, partout, c'est dans les régions les plus cultivées que le suicide est le plus répandu. On a donc pu croire qu'il y avait un lien entre le progrès des lumières et celui des suicides, que l'un ne pouvait pas aller sans l'autre (1) ; c'est une thèse analogue à celle de

(1) OETTINGEN, *Ueber acuten und chronischen Selbstmord*, p. 28-32 et *Moralstatistik*, p. 761.

ce criminologiste italien, d'après lequel l'accroissement des délits aurait pour cause et pour compensation l'accroissement parallèle des transactions économiques (1). Si elle était admise, on devrait conclure que la constitution propre aux sociétés supérieures implique une stimulation exceptionnelle des courants suicidogènes ; par conséquent, l'extrême violence qu'ils ont actuellement, étant nécessaire, serait normale, et il n'y aurait pas à prendre contre elle de mesures spéciales, à moins qu'on n'en prenne en même temps contre la civilisation (2).

Mais un premier fait doit nous mettre en garde contre ce raisonnement. A Rome, au moment où l'empire atteignit son apogée, on vit également se produire une véritable hécatombe de morts volontaires. On aurait donc pu soutenir alors, comme maintenant, que c'était le prix du développement intellectuel auquel on était parvenu et que c'est une loi des peuples cultivés de fournir au suicide un plus grand nombre de victimes. Mais la suite de l'histoire a montré combien une telle induction eût été peu fondée ; car cette épidémie de suicides ne dura qu'un temps, tandis que la culture romaine a survécu. Non seulement les sociétés chrétiennes s'en assimilèrent les fruits les meilleurs, mais, dès le XVIe siècle, après les découvertes de l'imprimerie, après la Renaissance et la Réforme, elles avaient dépassé, et de beaucoup, le niveau le plus élevé auquel fussent jamais arrivées les sociétés anciennes. Et pourtant, jusqu'au XVIIIe siècle, le suicide ne fut que faiblement développé. Il n'était donc pas nécessaire que le progrès fît couler tant de sang, puisque les résultats en ont pu être conservés et même dépassés sans qu'il continuât à avoir les mêmes effets homicides. Mais alors n'est-il pas probable qu'il en est de même

---

(1) M. Poletti ; nous ne connaissons d'ailleurs sa théorie que par l'exposé qu'en a donné M. Tarde, dans sa *Criminalité comparée*, p. 72.

(2) On dit, il est vrai (Oettingen), pour échapper à cette conclusion, que le suicide est seulement un des mauvais côtés de la civilisation *(Schattenseite)* et qu'il est possible de le réduire sans la combattre. Mais c'est se payer de mots. S'il dérive des causes mêmes dont dépend la culture, on ne peut diminuer l'un sans amoindrir l'autre ; car le seul moyen de l'atteindre efficacement est d'agir sur ses causes.

aujourd'hui, que la marche de notre civilisation et celle du suicide ne s'impliquent pas logiquement, et que celle-ci, par conséquent, peut être enrayée sans que l'autre s'arrête du même coup ? Nous avons vu, d'ailleurs, que le suicide se rencontre dès les premières étapes de l'évolution et que même il y est parfois de la dernière virulence. Si donc il existe au sein des peuplades les plus grossières, il n'y a aucune raison de penser qu'il soit lié par un rapport nécessaire à l'extrême raffinement des mœurs. Sans doute, les types que l'on observe à ces époques lointaines ont, en partie, disparu ; mais justement, cette disparition devrait alléger un peu notre tribut annuel et il est d'autant plus surprenant qu'il devienne toujours plus lourd.

Il y a donc lieu de croire que cette aggravation est due, non à la nature intrinsèque du progrès, mais aux conditions particulières dans lesquelles il s'effectue de nos jours, et rien ne nous assure qu'elles soient normales. Car il ne faut pas se laisser éblouir par le brillant développement des sciences, des arts et de l'industrie dont nous sommes les témoins ; il est trop certain qu'il s'accomplit au milieu d'une effervescence maladive dont chacun de nous ressent les contrecoups douloureux. Il est donc très possible, et même vraisemblable, que le mouvement ascensionnel des suicides ait pour origine un état pathologique qui accompagne présentement la marche de la civilisation, mais sans en être la condition nécessaire.

La rapidité avec laquelle ils se sont accrus ne permet même pas d'autre hypothèse. En effet, en moins de cinquante ans, ils ont triplé, quadruplé, quintuplé même selon les pays. D'un autre côté, nous savons qu'ils tiennent à ce qu'il y a de plus invétéré dans la constitution des sociétés, puisqu'ils en expriment l'humeur, et que l'humeur des peuples, comme celle des individus, reflète l'état de l'organisme dans ce qu'il a de plus fondamental. Il faut donc que notre organisation sociale se soit profondément altérée dans le cours de ce siècle pour avoir pu déterminer un tel accroissement dans le taux des suicides. Or, il est impossible qu'une altération, à la fois aussi grave et aussi rapide, ne soit pas morbide ; car une société ne peut changer de structure avec cette soudaineté. Ce n'est que par une suite de modifications lentes et presque insensibles qu'elle arrive à revêtir d'autres caractères. Encore les transformations qui sont ainsi possibles sont-elles restreintes. Une fois qu'un type social est fixé, il n'est plus indéfiniment plastique ; une limite est vite atteinte qui ne saurait être dépassée. Les changements que suppose la statistique des suicides contemporains ne peuvent donc pas être normaux. Sans même savoir avec précision en quoi ils consistent, on peut affirmer par avance qu'ils résultent, non d'une évolution régulière, mais d'un ébranlement maladif qui a bien pu déraciner les institutions du passé, mais sans rien mettre à la place ; car ce n'est pas en quelques années que peut se refaire l'œuvre des siècles. Mais alors, si la cause est anormale, il n'en peut être autrement de l'effet. Ce qu'atteste, par conséquent, la marée montante des morts volontaires, ce n'est pas l'éclat croissant de notre civilisation, mais un état de crise et de perturbation qui ne peut se prolonger sans danger.

A ces différentes raisons, une dernière peut être ajoutée. S'il est vrai que, normalement, la tristesse collective ait un rôle à jouer dans la vie des sociétés, d'ordinaire, elle n'est ni assez générale ni assez intense pour pénétrer jusqu'aux centres supérieurs du corps social. Elle reste à l'état de courant sous-jacent, que le sujet collectif sent obscurément, dont il subit par conséquent l'action, mais sans qu'il s'en rende clairement compte. Tout au moins, si ces vagues dispositions arrivent à affecter la conscience commune, ce n'est que par poussées partielles et intermittentes. Aussi, généralement, ne s'expriment-elles que sous forme de jugements fragmentaires, de maximes isolées, qui ne se relient pas les unes aux autres, qui ne visent à exprimer, en dépit de leur air absolu, qu'un aspect de la réalité, et que des maximes contraires corrigent et complètent. C'est de là que viennent ces aphorismes mélancoliques, ces boutades proverbiales contre la vie dans lesquelles se complaît parfois la sagesse des nations, mais qui ne sont pas plus nombreuses que les préceptes opposés. Elles traduisent évidemment des impressions passagères qui n'ont fait que traverser la conscience sans même l'occuper entièrement. C'est seulement quand ces sentiments acquièrent une force exceptionnelle qu'ils absorbent assez l'attention publique pour pouvoir être aperçus dans leur ensemble, coordonnés et systématisés, et qu'ils deviennent alors la base de doctrines complètes de la vie. En fait, à Rome, et en Grèce, c'est quand la société se sentit gravement atteinte qu'apparurent les théories décourageantes d'Epicure et de Zénon. La formation de ces grands systèmes est donc l'indice que le courant pessimiste est parvenu à un degré d'intensité anormal, dû à quelque perturbation de l'organisme social. Or, on sait comme ils se sont multipliés de nos jours. Pour se faire une juste idée de leur nombre et de leur importance, il ne suffit pas de considérer les philosophies qui ont officiellement ce caractère, comme celles de Schopenhauer, de Hartmann, etc. Il faut encore tenir compte de toutes celles qui, sous des noms différents, procèdent du même esprit. L'anarchiste, l'esthète, le mystique, le socialiste révolutionnaire, s'ils ne désespèrent pas de l'avenir, s'entendent du moins avec le pessimiste dans un même sentiment de haine ou de dégoût pour ce qui est, dans un même besoin de détruire le réel ou d'y échapper. La mélancolie collective n'aurait pas à ce point envahi la conscience si elle n'avait pas pris un développement morbide, et, par conséquent, le développement du suicide, qui en résulte, est de même nature (1).

Toutes les preuves se réunissent donc pour nous faire regarder l'énorme accroissement qui s'est produit depuis un siècle dans le nombre des morts volontaires comme un phénomène pathologique qui devient tous les jours plus menaçant. A quels moyens recourir pour le conjurer ?

(1) Cet argument est exposé à une objection. Le Bouddhisme, le Jaïnisme sont des doctrines systématiquement pessimistes de la vie ; faut-il y voir l'indice d'un état morbide des peuples qui les ont pratiquées ? Nous les connaissons trop mal pour oser trancher la question. Qu'on ne considère notre raisonnement que comme s'appliquant aux peuples européens et même aux sociétés du type de la cité. Dans ces limites, nous le croyons difficilement discutable. Il reste possible que l'esprit de renoncement propre à certaines autres sociétés puisse, sans anomalie, se formuler en système.

II

Quelques auteurs ont préconisé le rétablissement des peines comminatoires qui étaient autrefois en usage (1).

Nous croyons volontiers que notre indulgence actuelle pour le suicide est, en effet, excessive. Puisqu'il offense la morale, il devrait être repoussé avec plus d'énergie et de précision et cette réprobation devrait s'exprimer par des signes extérieurs et définis, c'est-à-dire par des peines. Le relâchement de notre système répressif sur ce point est, par lui-même, un phénomène anormal. Seulement, des peines un peu sévères sont impossibles : elles ne seraient pas tolérées par la conscience publique. Car le suicide est, comme on l'a vu, proche parent de véritables vertus dont il n'est que l'exagération. L'opinion est donc facilement partagée dans les jugements qu'elle porte sur lui. Comme il procède, jusqu'à un certain point, de sentiments qu'elle estime, elle ne le blâme pas sans réserve ni sans hésitation. C'est de là que viennent les controverses perpétuellement renouvelées entre les théoriciens sur la question de savoir s'il est ou non contraire à la morale. Comme il se rattache par une série continue d'intermédiaires gradués à des actes que la morale approuve ou tolère, il n'est pas extraordinaire qu'on l'ait cru parfois de même nature que ces derniers et qu'on ait voulu le faire bénéficier de la même tolérance. Un pareil doute ne s'est que bien plus rarement élevé pour l'homicide et pour le vol, parce que ici la ligne de démarcation est plus nettement tranchée (2). De plus, le seul fait de la mort que s'est infligée la victime inspire, malgré

---

(1) Entre autres Lisle, *op. cit.*, p. 437 et suiv.

(2) Ce n'est pas que, même dans ces cas, la séparation entre les actes moraux et les actes immoraux soit absolue. L'opposition du bien et du mal n'a pas le caractère radical que lui prête la conscience vulgaire. On passe toujours de l'un à l'autre par une dégradation insensible et les frontières sont souvent indécises. Seulement, quand il s'agit de crimes avérés, la distance est grande et le rapport entre les extrêmes moins apparent que pour le suicide.

tout, trop de pitié pour que le blâme puisse être inexorable.

Pour toutes ces raisons, on ne pourrait donc édicter que des peines morales. Tout ce qui serait possible, ce serait de refuser au suicidé les honneurs d'une sépulture régulière, de retirer à l'auteur de la tentative certains droits civiques, politiques ou de famille, par exemple certains attributs du pouvoir paternel et l'éligibilité aux fonctions publiques. L'opinion accepterait, croyons-nous, sans peine, que quiconque a tenté de se dérober à ses devoirs fondamentaux fût frappé dans ses droits correspondants. Mais quelque légitimes que fussent ces mesures, elles ne sauraient jamais avoir qu'une influence très secondaire ; il est puéril de supposer qu'elles puissent suffire à enrayer un courant d'une telle violence.

D'ailleurs, à elles seules, elles n'atteindraient pas le mal à sa source. En effet, si nous avons renoncé à prohiber légalement le suicide, c'est que nous en sentons trop faiblement l'immoralité. Nous le laissons se développer en liberté parce qu'il ne nous révolte plus au même degré qu'autrefois. Mais ce n'est pas par des dispositions législatives que l'on pourra jamais réveiller notre sensibilité morale. Il ne dépend pas du législateur qu'un fait nous apparaisse ou non comme moralement haïssable. Quand la loi réprime des actes que le sentiment public juge inoffensifs, c'est elle qui nous indigne, non l'acte qu'elle punit. Notre excessive tolérance à l'endroit du suicide vient de ce que, comme l'état d'esprit d'où il dérive s'est généralisé, nous ne pouvons le condamner sans nous condamner nous-mêmes ; nous en sommes trop imprégnés pour ne pas l'excuser en partie. Mais alors, le seul moyen de nous rendre plus sévères est d'agir directement sur le courant pessimiste, de le ramener dans son lit normal et de l'y contenir, de soustraire à son action la généralité des consciences et de les raffermir. Une fois qu'elles auront retrouvé leur assiette morale, elles réagiront comme il convient contre tout ce qui les offense. Il ne sera plus nécessaire d'imaginer de toutes pièces un système répressif ; il s'instituera de lui-même sous la pression des besoins. Jusque-là, il serait artificiel et, par conséquent, sans grande utilité.

L'éducation ne serait-elle pas le plus sûr moyen d'obtenir ce résultat ? Comme elle permet d'agir sur les caractères, ne suffirait-il pas qu'on les formât de manière à les rendre plus vaillants et, ainsi, moins indulgents pour les volontés qui s'abandonnent ? C'est ce qu'a pensé Morselli. Pour lui, le traitement prophylactique du suicide tient tout entier dans le précepte suivant (1) : « Développer chez l'homme le pouvoir de coordonner ses idées et ses sentiments, afin qu'il soit en état de poursuivre un but déterminé dans la vie ; en un mot, donner au caractère moral force et énergie. » Un penseur d'une tout autre école aboutit à la même conclusion : « Comment, dit M. Franck, atteindre le suicide dans sa cause ? En améliorant la grande œuvre de l'éducation, en travaillant à développer non seulement les intelligences, mais les caractères, non seulement les idées, mais les convictions (2). »

Mais c'est prêter à l'éducation un pouvoir qu'elle n'a pas. Elle n'est que l'image et le reflet de la société. Elle l'imite et la reproduit en raccourci ; elle ne la crée pas. L'éducation est saine quand les peuples eux-mêmes sont à l'état de santé ; mais elle se corrompt avec eux, sans pouvoir se modifier d'elle-même. Si le milieu moral est vicié, comme les maîtres eux-mêmes y vivent, ils ne peuvent pas n'en être pas pénétrés ; comment alors imprimeraient-ils à ceux qu'ils forment une orientation différente de celle qu'ils ont reçue ? Chaque génération nouvelle est élevée par sa devancière, il faut donc que celle-ci s'amende pour amender celle qui la suit. On tourne dans un cercle. Il peut bien se faire que, de loin en loin, quelqu'un surgisse, dont les idées et les aspirations dépassent celles de ses contemporains ; mais ce n'est pas avec des individualités isolées qu'on refait la constitution morale des peuples. Sans doute, il nous plaît de croire qu'une voix éloquente peut suffire à transformer comme par enchantement la matière sociale ; mais, ici comme ailleurs, rien ne vient de rien. Les volontés les plus énergiques ne peuvent

---

(1) *Op. cit.*, p. 499.
(2) Art. « Suicide », in *Diction. philos.*

pas tirer du néant des forces qui ne sont pas et les échecs de l'expérience viennent toujours dissiper ces faciles illusions. D'ailleurs, quand même, par un miracle inintelligible, un système pédagogique parviendrait à se constituer en antagonisme avec le système social, il serait sans effet par suite de cet antagonisme même. Si l'organisation collective, d'où résulte l'état moral que l'on veut combattre, est maintenue, l'enfant, à partir du moment où il entre en contact avec elle, ne peut pas n'en pas subir l'influence. Le milieu artificiel de l'école ne peut le préserver que pour un temps et faiblement. A mesure que la vie réelle le prendra davantage, elle viendra détruire l'œuvre de l'éducateur. L'éducation ne peut donc se réformer que si la société se réforme elle-même. Pour cela, il faut atteindre dans ses causes le mal dont elle souffre.

Or, ces causes, nous les connaissons. Nous les avons déterminées quand nous avons fait voir de quelles sources découlent les principaux courants suicidogènes. Cependant, il en est un qui n'est certainement pour rien dans le progrès actuel du suicide ; c'est le courant altruiste. Aujourd'hui, en effet, il perd du terrain beaucoup plus qu'il n'en gagne ; c'est dans les sociétés inférieures qu'il s'observe de préférence. S'il se maintient dans l'armée, il ne semble pas qu'il y ait une intensité anormale ; car il est nécessaire, dans une certaine mesure, à l'entretien de l'esprit militaire. Et d'ailleurs, là même, il va de plus en plus en déclinant. Le suicide égoïste et le suicide anomique sont donc les seuls dont le développement puisse être regardé comme morbide, et c'est d'eux seuls, par conséquent, que nous avons à nous occuper.

Le suicide égoïste vient de ce que la société n'a pas sur tous les points une intégration suffisante pour maintenir tous ses membres sous sa dépendance. Si donc il se multiplie outre mesure, c'est que cet état dont il dépend s'est lui-même répandu à l'excès ; c'est que la société, troublée et affaiblie, laisse échapper trop complètement à son action un trop grand nombre de sujets. Par conséquent, la seule façon de remédier au mal, est de rendre aux groupes sociaux assez de consistance pour qu'ils tiennent plus fermement l'individu et que lui-même tienne à eux. Il faut qu'il se sente davantage solidaire d'un être collectif qui l'ait précédé dans le temps, qui lui survive et qui le déborde de tous les côtés. A cette condition, il cessera de chercher en soi-même l'unique objectif de sa conduite et, comprenant qu'il est l'instrument d'une fin qui le dépasse, il s'apercevra qu'il sert à quelque chose. La vie reprendra un sens à ses yeux parce qu'elle retrouvera son but et son orientation naturels. Mais quels sont les groupes les plus aptes à rappeler perpétuellement l'homme à ce salutaire sentiment de solidarité ?

Ce n'est pas la société politique. Aujourd'hui surtout, dans nos grands Etats modernes, elle est trop loin de l'individu pour agir efficacement sur lui avec assez de continuité. Quelques liens qu'il y ait entre notre tâche quotidienne et l'ensemble de la vie publique, ils sont trop indirects pour que nous en ayons un sentiment vif et ininterrompu. C'est seulement quand de graves intérêts sont en jeu que nous sentons fortement notre état de dépendance vis-à-vis du corps politique. Sans doute, chez les sujets qui constituent l'élite morale de la population, il est rare que l'idée de la patrie soit complètement absente ; mais, en temps ordinaire, elle reste dans la pénombre, à l'état de représentation sourde, et il arrive même qu'elle s'éclipse entièrement. Il faut des circonstances exceptionnelles, comme une grande crise nationale ou politique, pour qu'elle passe au premier plan, envahisse les consciences et devienne le mobile directeur de la conduite. Or ce n'est pas une action aussi intermittente qui peut refréner d'une manière régulière le penchant au suicide. Il est nécessaire que, non seulement de loin en loin, mais à chaque instant de sa vie, l'individu puisse se rendre compte que ce qu'il fait va vers un but. Pour que son existence ne lui paraisse pas vaine, il faut qu'il la voie, d'une façon constante, servir à une fin qui le touche immédiatement. Mais cela n'est possible que si un milieu social, plus simple et moins étendu, l'enveloppe de plus près et offre un terme plus prochain à son activité.

La société religieuse n'est pas moins impropre à cette fonction. Ce n'est pas, sans doute, qu'elle n'ait pu, dans des conditions données, exercer une bienfaisante influence ; mais c'est que les conditions nécessaires à cette influence ne sont plus actuellement données. En effet, elle ne préserve du suicide que si elle est assez puissamment constituée pour enserrer étroitement l'individu. C'est parce que la religion catholique impose à ses fidèles un vaste système de dogmes et de pratiques et pénètre ainsi tous les détails de leur existence même temporelle, qu'elle les y attache avec plus de force que ne fait le protestantisme. Le catholique est beaucoup moins exposé à perdre de vue les liens qui l'unissent au groupe confessionnel dont il fait partie, parce que ce groupe se rappelle à chaque instant à lui sous la forme de préceptes impératifs qui s'appliquent aux différentes circonstances de la vie. Il n'a pas à se demander anxieusement où tendent ses démarches ; il les rapporte toutes à Dieu parce qu'elles sont, pour la plupart, réglées par Dieu, c'est-à-dire par l'Eglise qui en est le corps visible. Mais aussi, parce que ces commandements sont censés émaner d'une autorité surhumaine, la réflexion humaine n'a pas le droit de s'y appliquer. Il y aurait une véritable contradiction à leur attribuer une semblable origine et à en permettre la libre critique. La religion ne modère donc le penchant au suicide que dans la mesure où elle empêche l'homme de penser librement. Or, cette mainmise sur l'intelligence individuelle est, dès à présent, difficile et elle le deviendra toujours davantage. Elle froisse nos sentiments les plus chers. Nous nous refusons de plus en plus à admettre qu'on puisse marquer des limites à la raison et lui dire : Tu n'iras pas plus loin. Et ce mouvement ne date pas d'hier ; l'histoire de l'esprit humain, c'est l'histoire même des progrès de la libre-pensée. Il est donc puéril de vouloir enrayer un courant que tout prouve irrésistible. A moins que les grandes sociétés actuelles ne se décomposent irrémédiablement et que nous ne revenions aux petits groupements sociaux d'autrefois (1),

---

(1) Qu'on ne se méprenne pas sur notre pensée. Sans doute, un jour viendra où les sociétés actuelles mourront ; elles se décomposeront donc en

c'est-à-dire, à moins que l'humanité ne retourne à son point de départ, les religions ne pourront plus exercer d'empire très étendu ni très profond sur les consciences. Ce n'est pas à dire qu'il ne s'en fondera pas de nouvelles. Mais les seules viables seront celles qui feront au droit d'examen, à l'initiative individuelle, plus de place encore que les sectes même les plus libérales du protestantisme. Elles ne sauraient donc avoir sur leurs membres la forte action qui serait indispensable pour mettre obstacle au suicide.

Si d'assez nombreux écrivains ont vu dans la religion l'unique remède au mal, c'est qu'ils se sont mépris sur les origines de son pouvoir. Ils la font tenir presque tout entière dans un certain nombre de hautes pensées et de nobles maximes dont le rationalisme, en somme, pourrait s'accommoder et qu'il suffirait, pensent-ils, de fixer dans le cœur et dans l'esprit des hommes pour prévenir les défaillances. Mais c'est se tromper et sur ce qui fait l'essence de la religion et surtout sur les causes de l'immunité qu'elle a parfois conférée contre le suicide. Ce privilège, en effet, ne lui venait pas de ce qu'elle entretenait chez l'homme je ne sais quel vague sentiment d'un au-delà plus ou moins mystérieux, mais de la forte et minutieuse discipline à laquelle elle soumettait la conduite et la pensée. Quand elle n'est plus qu'un idéalisme symbolique, qu'une philosophie traditionnelle, mais discutable et plus ou moins étrangère à nos occupations quotidiennes, il est difficile qu'elle ait sur nous beaucoup d'influence. Un Dieu que sa majesté relègue hors de l'univers et de tout ce qui est temporel ne saurait servir de but à notre activité temporelle qui se trouve ainsi sans objectif. Il y a dès lors trop de choses qui sont sans rapports avec lui, pour qu'il suffise à donner un sens à la vie. En nous abandonnant le monde, comme indigne de lui, il nous laisse, du même coup, abandonnés à nous-

groupes plus petits. Seulement, si l'on induit l'avenir d'après le passé, cet état ne sera que provisoire, des groupes partiels seront la matière de sociétés nouvelles, beaucoup plus vastes que celles d'aujourd'hui. Encore peut-on prévoir qu'ils seront eux-mêmes beaucoup plus vastes que ceux dont la réunion a formé les sociétés actuelles.

mêmes pour tout ce qui regarde la vie du monde. Ce n'est pas avec des méditations sur les mystères qui nous entourent, ce n'est même pas avec la croyance en un être tout-puissant, mais infiniment éloigné de nous et auquel nous n'aurons de comptes à rendre que dans un avenir indéterminé, qu'on peut empêcher les hommes de se déprendre de l'existence. En un mot, nous ne sommes préservés du suicide égoïste que dans la mesure où nous sommes socialisés ; mais les religions ne peuvent nous socialiser que dans la mesure où elles nous retirent le droit au libre examen. Or, elles n'ont plus et, selon toute vraisemblance, n'auront plus jamais sur nous assez d'autorité pour obtenir de nous un tel sacrifice. Ce n'est donc pas sur elles que l'on peut compter pour endiguer le suicide. Si, d'ailleurs, ceux qui voient dans une restauration religieuse l'unique moyen de nous guérir étaient conséquents avec eux-mêmes, c'est des religions les plus archaïques qu'ils devraient réclamer le rétablissement. Car le judaïsme préserve mieux du suicide que le catholicisme et le catholicisme que le protestantisme. Et pourtant, c'est la religion protestante qui est la plus dégagée des pratiques matérielles, la plus idéaliste par conséquent. Le judaïsme, au contraire, malgré son grand rôle historique, tient encore par bien des côtés aux formes religieuses les plus primitives. Tant il est vrai que la supériorité morale et intellectuelle du dogme n'est pour rien dans l'action qu'il peut avoir sur le suicide !

Reste la famille dont la vertu prophylactique n'est pas douteuse. Mais ce serait une illusion de croire qu'il suffira de diminuer le nombre des célibataires pour arrêter le développement du suicide. Car, si les époux ont une moindre tendance à se tuer, cette tendance elle-même va en augmentant avec la même régularité et selon les mêmes proportions que celle des célibataires. De 1880 à 1887, les suicides d'époux ont crû de 35 % (3 706 cas au lieu de 2 735) ; les suicides de célibataires de 13 % seulement (2 894 cas au lieu de 2 554). En 1863-68, d'après les calculs de Bertillon, le taux des premiers était de 154 pour un million ; il était de 242 en 1887, avec une augmentation de 57 %. Pendant le même temps, le taux des célibataires ne s'élevait pas beaucoup plus ; il passait de 173 à 289, avec un accroissement de 67 %. *L'aggravation qui s'est produite au cours du siècle est donc indépendante de l'état civil.*

C'est que, en effet, il s'est produit dans la constitution de la famille des changements qui ne lui permettent plus d'avoir la même influence préservatrice qu'autrefois. Tandis que, jadis, elle maintenait la plupart de ses membres dans son orbite depuis leur naissance jusqu'à leur mort et formait une masse compacte, indivisible, douée d'une sorte de pérennité, elle n'a plus aujourd'hui qu'une durée éphémère. A peine est-elle constituée qu'elle se disperse. Dès que les enfants sont matériellement élevés, ils vont très souvent poursuivre leur éducation au-dehors ; surtout, dès qu'ils sont adultes, c'est presque une règle qu'ils s'établissent loin de leurs parents, et le foyer reste vide. On peut donc dire que, pendant la majeure partie du temps, la famille se réduit maintenant au seul couple conjugal et nous savons qu'il agit faiblement sur le suicide. Par suite, tenant moins de place dans la vie, elle ne lui suffit plus comme but. Ce n'est certainement pas que nous chérissions moins nos enfants ; mais c'est qu'ils sont mêlés d'une manière moins étroite et moins continue à notre existence qui, par conséquent, a besoin de quelque autre raison d'être. Parce qu'il nous faut vivre sans eux, il nous faut bien aussi attacher nos pensées et nos actions à d'autres objets.

Mais surtout, c'est la famille comme être collectif que cette dispersion périodique réduit à rien. Autrefois, la société domestique n'était pas seulement un assemblage d'individus, unis entre eux par des liens d'affection mutuelle ; mais c'était aussi le groupe lui-même, dans son unité abstraite et impersonnelle. C'était le nom héréditaire avec tous les souvenirs qu'il rappelait, la maison familiale, le champ des aïeux, la situation et la réputation traditionnelles, etc. Tout cela tend à disparaître. Une société qui se dissout à chaque instant pour se reformer sur d'autres points, mais dans des conditions toutes nouvelles et avec de tout autres éléments, n'a pas assez de continuité pour se faire une physionomie personnelle, une histoire qui lui soit propre et à laquelle puissent s'attacher ses membres. Si donc les hommes ne remplacent pas cet ancien objectif de leur activité à mesure qu'il se dérobe à eux, il est impossible qu'il ne se produise pas un grand vide dans l'existence.

Cette cause ne multiplie pas seulement les suicides d'époux, mais aussi ceux des célibataires. Car cet état de la famille oblige les jeunes gens à quitter leur famille natale avant qu'ils ne soient en état d'en fonder une ; c'est en partie pour cette raison que les ménages d'une seule personne deviennent toujours plus nombreux et nous avons vu que cet isolement renforce la tendance au suicide. Et pourtant, rien ne saurait arrêter ce mouvement. Autrefois, quand chaque milieu local était plus ou moins fermé aux autres par les usages, les traditions, par la rareté des voies de communication, chaque génération était forcément retenue dans son lieu d'origine ou, tout au moins, ne pouvait pas s'en éloigner beaucoup. Mais, à mesure que ces barrières s'abaissent, que ces milieux particuliers se nivellent et se perdent les uns dans les autres, il est inévitable que les individus se répandent, au gré de leurs ambitions et au mieux de leurs intérêts, dans les espaces plus vastes qui leur sont ouverts. Aucun artifice ne saurait donc mettre obstacle à cet essaimage nécessaire et rendre à la famille l'indivisibilité qui faisait sa force.

III

Le mal serait-il donc incurable ? On pourrait le croire au premier abord puisque, de toutes les sociétés dont nous avons établi précédemment l'heureuse influence, il n'en est aucune qui nous paraisse en état d'y apporter un véritable remède. Mais nous avons montré que si la religion, la famille, la patrie préservent du suicide égoïste, la cause n'en doit pas être cherchée dans la nature spéciale des sentiments que chacune met en jeu. Mais elles doivent toutes cette vertu à ce fait général qu'elles sont des sociétés et elles ne l'ont que dans la mesure où elles sont des sociétés bien intégrées, c'est-à-dire sans excès ni dans un sens ni dans l'autre. Un tout autre groupe peut donc avoir la même action, pourvu qu'il ait la même cohésion. Or, en dehors de la société confessionnelle, familiale, politique, il en est une autre dont il n'a pas été jusqu'à présent question ; c'est celle que forment, par leur association, tous les travailleurs du même ordre, tous les coopérateurs de la même fonction, c'est le groupe professionnel ou la corporation.

Qu'elle soit apte à jouer ce rôle, c'est ce qui ressort de sa définition. Puisqu'elle est composée d'individus qui se livrent aux mêmes travaux et dont les intérêts sont solidaires ou même confondus, il n'est pas de terrain plus propice à la formation d'idées et de sentiments sociaux. L'identité d'origine, de culture, d'occupations fait de l'activité professionnelle la plus riche matière pour une vie commune. Du reste, la corporation a témoigné dans le passé qu'elle était susceptible d'être une personnalité collective, jalouse, même à l'excès, de son autonomie et de son autorité sur ses membres ; il n'est donc pas douteux qu'elle ne puisse être pour eux un milieu moral. Il n'y a pas de raison pour que l'intérêt corporatif n'acquière pas aux yeux des travailleurs ce caractère respectable et cette suprématie que l'intérêt social a toujours par rapport aux intérêts privés dans une société bien constituée. D'un autre côté, le groupe professionnel a sur tous les autres ce triple avantage qu'il est de tous les instants, de tous les lieux et que l'Empire qu'il exerce s'étend à la plus grande partie de l'existence. Il n'agit pas sur les individus d'une manière intermittente comme la société politique, mais il est toujours en contact avec eux par cela seul que la fonction dont il est l'organe et à laquelle ils collaborent est toujours en exercice. Il suit les travailleurs partout où ils se transportent ; ce que ne peut faire la famille. En quelque point qu'ils soient, ils le retrouvent qui les entoure, les rappelle à leurs devoirs, les soutient à l'occasion. Enfin, comme la vie professionnelle, c'est presque toute la vie, l'action corporative se fait sentir sur tout le détail de nos occupations qui sont ainsi orientées dans un sens collectif. La corporation a donc tout ce qu'il faut pour encadrer l'individu, pour le tirer de son état d'isolement moral et, étant donné l'insuffisance actuelle des autres groupes, elle est seule à pouvoir remplir cet indispensable office.

Mais, pour qu'elle ait cette influence, il faut qu'elle soit organisée sur de tout autres bases qu'aujourd'hui. D'abord, il est essentiel que, au lieu de rester un groupe privé que la loi permet, mais que l'Etat ignore, elle devienne un organe défini et reconnu de notre vie publique. Par là, nous n'entendons pas dire qu'il faille nécessairement la rendre obligatoire ; mais ce qui importe, c'est qu'elle soit constituée de manière à pouvoir jouer un rôle social, au lieu de n'exprimer que des combinaisons diverses d'intérêts particuliers. Ce n'est pas tout. Pour que ce cadre ne reste pas vide, il faut y déposer tous les germes de vie qui sont de nature à s'y développer. Pour que ce groupement ne soit pas une pure étiquette, il faut lui attribuer des fonctions déterminées, et il y en a qu'il est, mieux que tout autre, en état de remplir.

Actuellement, les sociétés européennes sont placées dans cette alternative ou de laisser irréglementée la vie professionnelle ou de la réglementer par l'intermédiaire de l'Etat, car il n'est pas d'autre organe constitué qui puisse jouer ce rôle modérateur. Mais l'Etat est trop loin de ces manifestations complexes pour trouver la forme spéciale qui convient à chacune d'elles. C'est une lourde machine qui n'est faite que pour des besognes générales et simples. Son action, toujours uniforme, ne peut pas se plier et s'ajuster à l'infinie diversité des circonstances particulières. Il en résulte qu'elle est forcément compressive et niveleuse. Mais, d'un autre côté, nous sentons bien qu'il est impossible de laisser à l'état inorganisé toute la vie qui s'est ainsi dégagée. Voilà comment, par une série d'oscillations sans terme, nous passons alternativement d'une réglementation autoritaire, que son excès de rigidité rend impuissante, à une abstention systématique, qui ne peut durer à cause de l'anarchie qu'elle provoque. Qu'il s'agisse de la durée du travail ou de l'hygiène, ou des salaires, ou des œuvres de prévoyance et d'assistance, partout les bonnes volontés viennent se heurter à la même difficulté. Dès qu'on essaie d'instituer quelques règles, elles se trouvent être inapplicables à l'expérience, parce qu'elles manquent de souplesse ; ou, du moins, elles ne s'appliquent à la matière pour laquelle elles sont faites qu'en lui faisant violence.

La seule manière de résoudre cette antinomie est de constituer en dehors de l'Etat, quoique soumis à son action, un faisceau de forces collectives dont l'influence régulatrice puisse s'exercer avec plus de variété. Or, non seulement les corporations reconstituées satisfont à cette condition, mais on ne voit pas quels autres groupes pourraient y satisfaire. Car elles sont assez voisines des faits, assez directement et assez constamment en contact avec eux pour en sentir toutes les nuances, et elles devraient être assez autonomes pour pouvoir en respecter la diversité. C'est donc à elles qu'il appartient de présider à ces caisses d'assurance, d'assistance, de retraite dont tant de bons esprits sentent le besoin, mais que l'on hésite, non sans raison, à remettre entre les mains déjà si puissantes et si malhabiles de l'Etat ; à elles, également, de régler les conflits qui s'élèvent sans cesse entre les branches d'une même profession, de fixer, mais d'une manière différente selon les différentes sortes d'entreprises, les conditions auxquelles doivent se soumettre les contrats pour être justes, d'empêcher, au nom de l'intérêt commun, les forts d'exploiter abusivement les faibles, etc. A mesure que le travail se divise, le droit et la morale, tout en reposant partout sur les mêmes principes généraux, prennent, dans chaque fonction particulière, une forme différente. Outre les droits et les devoirs qui sont communs à tous les hommes, il y en a qui dépendent des caractères propres à chaque profession et le nombre en augmente ainsi que l'importance à mesure que l'activité professionnelle se développe et se diversifie davantage. A chacune de ces disciplines spéciales, il faut un organe également spécial pour l'appliquer et la maintenir. De quoi peut-il être fait, sinon des travailleurs qui concourent à la même fonction ?

Voilà, à grands traits, ce que devraient être les corporations pour qu'elles pussent rendre les services qu'on est en droit d'en attendre. Sans doute, quand on considère l'état où elles sont actuellement, on a quelque mal à se représenter qu'elles puissent jamais être élevées à la dignité de pouvoirs moraux. Elles sont, en effet, formées d'individus que rien ne rattache les uns aux autres, qui n'ont entre eux que des relations superficielles et intermittentes, qui sont même disposés à se traiter plutôt en rivaux et en ennemis qu'en coopérateurs. Mais du jour où ils auraient tant de choses en commun, où les rapports entre eux et le groupe dont ils font partie seraient à ce point étroits et continus, des sentiments de solidarité naîtraient qui sont encore presque inconnus et la température morale de ce milieu professionnel, aujourd'hui si froid et si extérieur à ses membres, s'élèverait nécessairement. Et ces changements ne se produiraient pas seulement, comme les exemples précédents pourraient le faire croire, chez les agents de la vie économique. Il n'est pas de profession dans la société qui ne réclame cette organisation et qui ne soit susceptible de la recevoir. Ainsi le tissu social, dont les mailles sont si dangereusement relâchées, se resserrerait et s'affermirait dans toute son étendue.

Cette restauration, dont le besoin se fait universellement sentir, a malheureusement contre elle le mauvais renom qu'ont laissé dans l'histoire les corporations de l'ancien régime. Cependant, le fait qu'elles ont duré, non seulement depuis le Moyen Age, mais depuis l'antiquité gréco-latine (1), n'a-t-il pas, pour établir qu'elles sont indispensables, plus de force probante que leur récente abrogation n'en peut avoir pour prouver leur inutilité. Si, sauf pendant un siècle, partout où l'activité professionnelle a pris quelque développement, elle s'est organisée corporativement, n'est-il pas hautement vraisemblable que cette organisation est nécessaire et que si, il y a cent ans, elle ne s'est plus trouvée à la hauteur de son rôle, le remède était de la redresser et de l'améliorer, non de la supprimer radicalement ? Il est certain qu'elle avait fini par devenir un obstacle aux progrès les plus urgents. La vieille corporation, étroitement locale, fermée à toute influence du dehors, était devenue un non-sens dans une nation moralement et politiquement unifiée ; l'autonomie

(1) Les premiers collèges d'artisans remontent à la Rome royale. V. Marquardt, *Privat Leben der Roemer*, II, p. 4.

excessive dont elle jouissait et qui en faisait un Etat dans l'Etat, ne pouvait se maintenir, alors que l'organe gouvernemental, étendant dans tous les sens ses ramifications, se subordonnait de plus en plus tous les organes secondaires de la société. Il fallait donc élargir la base sur laquelle reposait l'institution et la rattacher à l'ensemble de la vie nationale. Mais si, au lieu de rester isolées, les corporations similaires des différentes localités avaient été reliées les unes aux autres de manière à former un même système, si tous ces systèmes avaient été soumis à l'action générale de l'Etat et entretenus ainsi dans un perpétuel sentiment de leur solidarité, le despotisme de la routine et l'égoïsme professionnel se seraient renfermés dans de justes limites. La tradition, en effet, ne se maintient pas aussi facilement invariable dans une vaste association, répandue sur un immense territoire, que dans une petite coterie qui ne dépasse pas l'enceinte d'une ville (1) ; en même temps, chaque groupe particulier est moins enclin à ne voir et à ne poursuivre que son intérêt propre, une fois qu'il est en rapport suivi avec le centre directeur de la vie publique. C'est même à cette seule condition que la pensée de la chose commune pourrait être tenue en éveil dans les consciences avec une suffisante continuité. Car, comme les communications seraient alors ininterrompues entre chaque organe particulier et le pouvoir chargé de représenter les intérêts généraux, la société ne se rappellerait plus seulement aux individus d'une manière intermittente ou vague ; nous la sentirions présente dans tout le cours de notre vie quotidienne. Mais en renversant ce qui existait sans rien mettre à la place, on n'a fait que substituer, à l'égoïsme corporatif, l'égoïsme individuel qui est plus dissolvant encore. Voilà pourquoi, de toutes les destructions qui se sont accomplies à cette époque, celle-là est la seule qu'il faille regretter. En dispersant les seuls groupes qui pussent rallier avec constance les volontés individuelles, nous avons brisé de nos propres mains l'instrument désigné de notre réorganisation morale.

(1) Voir les raisons dans notre *Division du travail social*, liv. II, chap. III, notamment, p. 335 et suiv.

Mais ce n'est pas seulement le suicide égoïste qui serait combattu de cette manière. Proche parent du précédent, le suicide anomique est justiciable du même traitement. L'anomie vient, en effet, de ce que, sur certains points de la société, il y a manque de forces collectives, c'est-à-dire de groupes constitués pour réglementer la vie sociale. Elle résulte donc en partie de ce même état de désagrégation d'où provient aussi le courant égoïste. Seulement, cette même cause produit des effets différents selon son point d'incidence, suivant qu'elle agit sur les fonctions actives et pratiques ou sur les fonctions représentatives. Elle enfièvre et elle exaspère les premières ; elle désoriente et elle déconcerte les secondes. Le remède est donc le même dans l'un et l'autre cas. Et en effet, on a pu voir que le principal rôle des corporations serait, dans l'avenir comme dans le passé, de régler les fonctions sociales et, plus spécialement, les fonctions économiques, de les tirer, par conséquent, de l'état d'inorganisation où elles sont maintenant. Toutes les fois que les convoitises excitées tendraient à ne plus reconnaître de bornes, ce serait à la corporation qu'il appartiendrait de fixer la part qui doit équitablement revenir à chaque ordre de coopérateurs. Supérieure à ses membres, elle aurait toute l'autorité nécessaire pour réclamer d'eux les sacrifices et les concessions indispensables et leur imposer une règle. En obligeant les plus forts à n'user de leur force qu'avec mesure, en empêchant les plus faibles d'étendre sans fin leurs revendications, en rappelant les uns et les autres au sentiment de leurs devoirs réciproques et de l'intérêt général, en réglant, dans certains cas, la production de manière à empêcher qu'elle ne dégénère en une fièvre maladive, elle modérerait les passions les unes par les autres et, leur assignant des limites, en permettrait l'apaisement. Ainsi s'établirait une discipline morale, d'un genre nouveau, sans laquelle toutes les découvertes de la science et tous les progrès du bien-être ne pourront jamais faire que des mécontents.

On ne voit pas dans quel autre milieu cette loi de justice distributive, si urgente, pourrait s'élaborer ni par quel autre organe elle pourrait s'appliquer. La religion qui, jadis, s'était, en partie, acquittée de ce rôle, y serait maintenant impropre. Car le principe nécessaire de la seule réglementation à laquelle elle puisse soumettre la vie économique, c'est le mépris de la richesse. Si elle exhorte les fidèles à se contenter de leur sort, c'est en vertu de cette idée que notre condition terrestre est indifférente à notre salut. Si elle enseigne que notre devoir est d'accepter docilement notre destinée telle que les circonstances l'ont faite, c'est afin de nous attacher tout entiers à des fins plus dignes de nos efforts ; et c'est pour cette même raison que, d'une manière générale, elle recommande la modération dans les désirs. Mais cette résignation passive est inconciliable avec la place que les intérêts temporels ont maintenant prise dans l'existence collective. La discipline dont ils ont besoin doit avoir pour objet, non de les reléguer au second plan et de les réduire autant que possible, mais de leur donner une organisation qui soit en rapport avec leur importance. Le problème est devenu plus complexe, et si ce n'est pas un remède que de lâcher la bride aux appétits, pour les contenir, il ne suffit plus de les comprimer. Si les derniers défenseurs des vieilles théories économiques ont le tort de méconnaître qu'une règle est nécessaire aujourd'hui comme autrefois, les apologistes de l'institution religieuse ont le tort de croire que la règle d'autrefois puisse être efficace aujourd'hui. C'est même son inefficacité actuelle qui est la cause du mal.

Ces solutions faciles sont sans rapport avec les difficultés de la situation. Sans doute, il n'y a qu'une puissance morale qui puisse faire la loi aux hommes ; mais encore faut-il qu'elle soit assez mêlée aux choses de ce monde pour pouvoir les estimer à leur véritable valeur. Le groupe professionnel présente ce double caractère. Parce qu'il est un groupe, il domine d'assez haut les individus pour mettre des bornes à leurs convoitises ; mais il vit trop de leur vie pour ne pas sympathiser avec leurs besoins. Il reste vrai, d'ailleurs, que l'Etat a, lui aussi, des fonctions importantes à remplir. Lui seul peut opposer au particularisme de chaque corporation le sentiment de l'utilité générale et les nécessités de l'équilibre organique. Mais nous savons que son action ne peut s'exercer utilement que s'il existe tout un système d'organes secondaires qui la diversifient. Ce sont donc eux qu'il faut, avant tout, susciter.

Il y a cependant un suicide qui ne saurait être arrêté par ce procédé ; c'est celui qui résulte de l'anomie conjugale. Ici, il semble que nous soyons en présence d'une insoluble antinomie.

Il a pour cause, avons-nous dit, l'institution du divorce avec l'ensemble d'idées et de mœurs dont cette institution résulte et qu'elle ne fait que consacrer. S'ensuit-il qu'il faille l'abroger là où elle existe ? C'est une question trop complexe pour pouvoir être traitée ici ; elle ne peut être abordée utilement qu'à la fin d'une étude sur le mariage et sur son évolution. Pour l'instant, nous n'avons à nous occuper que de rapports du divorce et du suicide. A ce point de vue, nous dirons : Le seul moyen de diminuer le nombre des suicides dus à l'anomie conjugale est de rendre le mariage plus indissoluble.

Mais ce qui rend le problème singulièrement troublant et lui donne presque un intérêt dramatique, c'est que l'on ne peut diminuer ainsi les suicides d'époux sans augmenter ceux des épouses. Faut-il donc sacrifier nécessairement l'un des deux sexes et la solution se réduit-elle à choisir, entre ces deux maux, le moins grave ? On ne voit pas quelle autre serait possible, tant que les intérêts des époux dans le mariage seront aussi manifestement contraires. Tant que les uns auront, avant tout, besoin de liberté et les autres de discipline, l'institution matrimoniale ne pourra profiter également aux uns et aux autres. Mais cet antagonisme, qui rend actuellement la solution sans issue, n'est pas irrémédiable et on peut espérer qu'il est destiné à disparaître.

Il vient, en effet, de ce que les deux sexes ne participent pas également à la vie sociale. L'homme y est activement mêlé tandis que la femme ne fait guère qu'y assister à distance. Il en résulte qu'il est socialisé à un bien plus haut degré qu'elle. Ses goûts, ses aspirations, son humeur ont, en grande partie, une origine collective, tandis que ceux de sa compagne sont plus immédiatement placés sous l'influence de l'organisme. Il a donc de tout autres besoins qu'elle et, par conséquent, il est impossible qu'une institution, destinée à régler leur vie commune, puisse être équitable et satisfaire simultanément des exigences aussi opposées. Elle ne peut pas convenir à la fois à deux êtres dont l'un est, presque tout entier, un produit de la société, tandis que l'autre est resté bien davantage tel que l'avait fait la nature. Mais il n'est pas du tout prouvé que cette opposition doive nécessairement se maintenir. Sans doute, en un sens, elle était moins marquée aux origines qu'elle ne l'est aujourd'hui ; mais on n'en peut pas conclure qu'elle soit destinée à se développer sans fin. Car les états sociaux les plus primitifs se reproduisent souvent aux stades les plus élevés de l'évolution, mais sous des formes différentes et presque contraires à celles qu'elles avaient dans le principe. Assurément, il n'y a pas lieu de supposer que, jamais, la femme soit en état de remplir dans la société les mêmes fonctions que l'homme ; mais elle pourra y avoir un rôle qui, tout en lui appartenant en propre, soit pourtant plus actif et plus important que celui d'aujourd'hui. Le sexe féminin ne redeviendra pas plus semblable au sexe masculin ; au contraire, on peut prévoir qu'il s'en distinguera davantage. Seulement ces différences seront, plus que dans le passé, utilisées socialement. Pourquoi, par exemple, à mesure que l'homme, absorbé de plus en plus par les fonctions utilitaires, est obligé de renoncer aux fonctions esthétiques, celles-ci ne reviendraient-elles pas à la femme ? Les deux sexes se rapprocheraient ainsi tout en se différenciant. Ils se socialiseraient également, mais de manières différentes (1). Et c'est bien dans ce sens que paraît se faire l'évolution. Dans les villes, la femme diffère de l'homme beaucoup plus que dans les campagnes ; et cependant, c'est là que sa constitu-

---

(1) Cette différenciation, on peut le prévoir, n'aurait probablement plus le caractère strictement réglementaire qu'elle a aujourd'hui. La femme ne serait pas, d'office, exclue de certaines fonctions et reléguée dans d'autres. Elle pourrait plus librement choisir, mais son choix, étant déterminé par ses aptitudes, se porterait en général sur un même ordre d'occupations. Il serait sensiblement uniforme, sans être obligatoire.

tion intellectuelle et morale est le plus imprégnée de vie sociale.

En tout cas, c'est le seul moyen d'atténuer le triste conflit moral qui divise actuellement les sexes et dont la statistique des suicides nous a fourni une preuve définie. C'est seulement quand l'écart sera moindre entre les deux époux que le mariage ne sera pas tenu, pour ainsi dire, de favoriser nécessairement l'un au détriment de l'autre. Quant à ceux qui réclament, dès aujourd'hui, pour la femme des droits égaux à ceux de l'homme, ils oublient trop que l'œuvre des siècles ne peut pas être abolie en un instant ; que, d'ailleurs, cette égalité juridique ne peut être légitime tant que l'inégalité psychologique est aussi flagrante. C'est donc à diminuer cette dernière qu'il faut employer nos efforts. Pour que l'homme et la femme puissent être également protégés par la même institution, il faut, avant tout, qu'ils soient des êtres de même nature. Alors seulement, l'indissolubilité du lien conjugal ne pourra plus être accusée de ne servir qu'à l'une des deux parties en présence.

IV

En résumé, de même que le suicide ne vient pas des difficultés que l'homme peut avoir à vivre, le moyen d'en arrêter les progrès n'est pas de rendre la lutte moins rude et la vie plus aisée. Si l'on se tue aujourd'hui plus qu'autrefois, ce n'est pas qu'il nous faille faire, pour nous maintenir, de plus douloureux efforts ni que nos besoins légitimes soient moins satisfaits ; mais c'est que nous ne savons plus où s'arrêtent les besoins légitimes et que nous n'apercevons plus le sens de nos efforts. Sans doute, la concurrence devient tous les jours plus vive parce que la facilité plus grande des communications met aux prises un nombre de concurrents qui va toujours croissant. Mais, d'un autre côté, une division du travail plus perfectionnée et la coopération plus complexe qui l'accompagne, en multipliant et en variant à l'infini les emplois où l'homme peut se rendre utile aux hommes, multiplient les moyens d'existence et les mettent à la portée d'une plus grande variété de sujets. Même les aptitudes les plus inférieures peuvent y trouver une place. En même temps, la production plus intense qui résulte de cette coopération plus savante, en augmentant le capital de ressources dont dispose l'humanité, assure à chaque travailleur une rémunération plus riche et maintient ainsi l'équilibre entre l'usure plus grande des forces vitales et leur réparation. Il est certain, en effet, que, à tous les degrés de la hiérarchie sociale, le bien-être moyen s'est accru, quoique cet accroissement n'ait peut-être pas toujours eu lieu selon les proportions les plus équitables. Le malaise dont nous souffrons ne vient donc pas de ce que les causes objectives de souffrances ont augmenté en nombre ou en intensité ; il atteste, non pas une plus grande misère économique, mais une alarmante misère morale.

Seulement, il ne faut pas se méprendre sur le sens du mot. Quand on dit d'une affection individuelle ou sociale qu'elle est toute morale, on entend d'ordinaire qu'elle ne relève d'aucun traitement effectif, mais ne peut être guérie qu'à l'aide d'exhortations répétées, d'objurgations méthodiques, en un mot, par une action verbale. On raisonne comme si un système d'idées ne tenait pas au reste de l'univers, comme si, par suite, pour le défaire ou pour le refaire, il suffisait de prononcer d'une certaine manière des formules déterminées. On ne voit pas que c'est appliquer aux choses de l'esprit les croyances et les méthodes que le primitif applique aux choses du monde physique. De même qu'il croit à l'existence de mots magiques qui ont le pouvoir de transmuter un être en un autre, nous admettons implicitement, sans apercevoir la grossièreté de la conception, qu'avec des mots appropriés on peut transformer les intelligences et les caractères. Comme le sauvage qui, en affirmant énergiquement sa volonté de voir se produire tel phénomène cosmique, s'imagine en déterminer la réalisation par les vertus de la magie sympathique, nous pensons que, si nous énonçons avec chaleur notre désir de voir s'accomplir telle ou telle révolution, elle s'opérera spontanément. Mais, en réalité, le système mental d'un peuple est un système de forces définies qu'on ne peut ni déranger ni réarranger par voie de simples injonctions. Il tient, en effet, à la manière dont les éléments sociaux sont groupés et organisés. Etant donné un peuple, formé d'un certain nombre d'individus disposés d'une certaine façon, il en résulte un ensemble déterminé d'idées et de pratiques collectives, qui restent constantes tant que les conditions dont elles dépendent sont elles-mêmes identiques. En effet, selon que les parties dont il est composé sont plus ou moins nombreuses et ordonnées d'après tel ou tel plan, la nature de l'être collectif varie nécessairement et, par suite, ses manières de penser et d'agir ; mais on ne peut changer ces dernières qu'en le changeant lui-même et on ne peut le changer sans modifier sa constitution anatomique. Il s'en faut donc qu'en qualifiant de moral le mal dont le progrès anormal des suicides est le symptôme, nous voulions le réduire à je ne sais quelle affection superficielle que l'on pourrait endormir avec de bonnes paroles. Tout au contraire, l'altération du tempérament moral qui nous est ainsi révélée atteste une altération profonde de notre structure sociale. Pour guérir l'une, il est donc nécessaire de réformer l'autre.

Nous avons dit en quoi, selon nous, doit consister cette réforme. Mais ce qui achève d'en démontrer l'urgence, c'est qu'elle est rendue nécessaire, non pas seulement par l'état actuel du suicide, mais par tout l'ensemble de notre développement historique.

En effet, ce qu'il a de caractéristique, c'est qu'il a successivement fait table rase de tous les anciens cadres sociaux. Les uns après les autres, ils ont été emportés soit par l'usure lente du temps, soit par de grandes commotions, mais sans que rien les ait remplacés. A l'origine, la société est organisée sur la base de la famille ; elle est formée par la réunion d'un certain nombre de sociétés plus petites, les clans, dont tous les membres sont ou se considèrent comme parents. Cette organisation ne paraît pas être restée très longtemps à l'état de pureté. Assez tôt, la famille cesse d'être une division politique pour devenir le centre de la vie privée. A l'ancien groupement domestique se substitue alors le groupement territorial. Les individus qui occupent un même territoire se font à la longue, indépendamment de toute consanguinité, des idées et des mœurs qui leur sont communes, mais qui ne sont pas, au même degré, celles de leurs voisins plus éloignés. Il se constitue ainsi de petits agrégats qui n'ont pas d'autre base matérielle que le voisinage et les relations qui en résultent, mais dont chacun a sa physionomie distincte ; c'est le village et, mieux encore, la cité avec ses dépendances. Sans doute, il leur arrive le plus généralement de ne pas s'enfermer dans un isolement sauvage. Ils se confédèrent entre eux, se combinent sous des formes variées et forment ainsi des sociétés plus complexes, mais où ils n'entrent qu'en gardant leur personnalité. Ils restent le segment élémentaire dont la société totale n'est que la reproduction agrandie. Mais, peu à peu, à mesure que ces confédérations deviennent plus étroites, les circonscriptions territoriales se confondent les unes dans les autres et perdent leur ancienne individualité morale. D'une ville à l'autre, d'un district à l'autre les différences vont en diminuant (1). Le grand changement qu'a accompli la Révolution française a été précisément de porter ce nivellement à un point qui n'était pas connu jusqu'alors. Ce n'est pas qu'elle l'ait improvisé ; il avait été longuement préparé par cette centralisation progressive à laquelle avait procédé l'ancien régime. Mais la suppression légale des anciennes provinces, la création de nouvelles divisions, purement artificielles et nominales, l'a consacré définitivement. Depuis, le développement des voies de communication, en mélangeant les populations, a effacé presque jusqu'aux dernières traces de l'ancien état de choses. Et comme, au même moment, ce qui existait de l'organisation professionnelle fut violemment détruit, tous les organes secondaires de la vie sociale se trouvèrent anéantis.

Une seule force collective survécut à la tourmente : c'est l'Etat.

---

(1) Bien entendu, nous ne pouvons indiquer que les principales étapes de cette évolution. Nous n'entendons pas dire que les sociétés modernes aient succédé à la cité ; nous laissons de côté les intermédiaires.

Il tendit donc, par la force des choses, à absorber en lui toutes les formes d'activités qui pouvaient présenter un caractère social, et il n'y eut plus en face de lui qu'une poussière inconsistante d'individus. Mais alors, il fut par cela même nécessité à se surcharger de fonctions auxquelles il était impropre et dont il n'a pas pu s'acquitter utilement. Car c'est une remarque souvent faite qu'il est aussi envahissant qu'impuissant. Il fait un effort maladif pour s'étendre à toutes sortes de choses qui lui échappent ou dont il ne se saisit qu'en les violentant. De là ce gaspillage de forces qu'on lui reproche et qui est, en effet, sans rapport avec les résultats obtenus. D'un autre côté, les particuliers ne sont plus soumis à d'autre action collective que la sienne, puisqu'il est la seule collectivité organisée. C'est seulement par son intermédiaire qu'ils sentent la société et la dépendance où ils sont vis-à-vis d'elle. Mais, comme l'Etat est loin d'eux, il ne peut avoir sur eux qu'une action lointaine et discontinue ; c'est pourquoi ce sentiment ne leur est présent ni avec la suite ni avec l'énergie nécessaires. Pendant la plus grande partie de leur existence, il n'y a rien autour d'eux qui les tire hors d'eux-mêmes et leur impose un frein. Dans ces conditions, il est inévitable qu'ils sombrent dans l'égoïsme ou dans le dérèglement. L'homme ne peut s'attacher à des fins qui lui soient supérieures et se soumettre à une règle, s'il n'aperçoit au-dessus de lui rien dont il soit solidaire. Le libérer de toute pression sociale, c'est l'abandonner à lui-même et le démoraliser. Telles sont, en effet, les deux caractéristiques de notre situation morale. Tandis que l'Etat s'enfle et s'hypertrophie pour arriver à enserrer assez fortement les individus, mais sans y parvenir, ceux-ci, sans liens entre eux, roulent les uns sur les autres comme autant de molécules liquides, sans rencontrer aucun centre de forces qui les retienne, les fixe et les organise.

De temps en temps, pour remédier au mal, on propose de restituer aux groupements locaux quelque chose de leur ancienne autonomie ; c'est ce qu'on appelle décentraliser. Mais la seule décentralisation vraiment utile est celle qui produirait en même temps une plus grande concentration des forces sociales. Il faut, sans détendre les liens qui rattachent chaque partie de la société à l'Etat, créer des pouvoirs moraux qui aient sur la multitude des individus une action que l'Etat ne peut avoir. Or, aujourd'hui, ni la commune, ni le département, ni la province n'ont assez d'ascendant sur nous pour pouvoir exercer cette influence ; nous n'y voyons plus que des étiquettes conventionnelles, dépourvues de toute signification. Sans doute, toutes choses égales, on aime généralement mieux vivre dans les lieux où l'on est né et où l'on a été élevé. Mais il n'y a plus de patries locales et il ne peut plus y en avoir. La vie générale du pays, définitivement unifiée, est réfractaire à toute dispersion de ce genre. On peut regretter ce qui n'est plus ; mais ces regrets sont vains. Il est impossible de ressusciter artificiellement un esprit particulariste qui n'a plus de fondement. Dès lors, on pourra bien, à l'aide de quelques combinaisons ingénieuses, alléger un peu le fonctionnement de la machine gouvernementale ; mais ce n'est pas ainsi qu'on pourra jamais modifier l'assiette morale de la société. On réussira par ce moyen à décharger les ministères encombrés, on fournira un peu plus de matière à l'activité des autorités régionales ; mais on ne fera pas pour cela des différentes régions autant de milieux moraux. Car, outre que des mesures administratives ne sauraient suffire pour atteindre un tel résultat, pris en lui-même, il n'est ni possible ni souhaitable.

La seule décentralisation qui, sans briser l'unité nationale, permettrait de multiplier les centres de la vie commune, c'est ce qu'on pourrait appeler *la décentralisation professionnelle*. Car, comme chacun de ces centres ne serait le foyer que d'une activité spéciale et restreinte, ils seraient inséparables les uns des autres et l'individu pourrait, par conséquent, s'y attacher sans devenir moins solidaire du tout. La vie sociale ne peut se diviser, tout en restant une, que si chacune de ces divisions représente une fonction. C'est ce qu'ont compris les écrivains et les hommes d'Etat, toujours plus nombreux (1), qui voudraient faire

(1) V. sur ce point, BENOIST, L'organisation du suffrage universel, in *Revue des Deux Mondes*, 1886.

du groupe professionnel la base de notre organisation politique, c'est-à-dire diviser le collège électoral, non par circonscriptions territoriales, mais par corporations. Seulement, pour cela, il faut commencer par organiser la corporation. Il faut qu'elle soit autre chose qu'un assemblage d'individus qui se rencontrent au jour du vote sans avoir rien de commun entre eux. Elle ne pourra remplir le rôle qu'on lui destine que si, au lieu de rester un être de convention, elle devient une institution définie, une personnalité collective, ayant ses mœurs et ses traditions, ses droits et ses devoirs, son unité. La grande difficulté n'est pas de décider par décret que les représentants seront nommés par profession et combien chacune en aura, mais de faire en sorte que chaque corporation devienne une individualité morale. Autrement, on ne fera qu'ajouter un cadre extérieur et factice à ceux qui existent et que l'on veut remplacer.

Ainsi, une monographie du suicide a une portée qui dépasse l'ordre particulier de faits qu'elle vise spécialement. Les questions qu'elle soulève sont solidaires des plus graves problèmes pratiques qui se posent à l'heure présente. Les progrès anormaux du suicide et le malaise général dont sont atteintes les sociétés contemporaines dérivent des mêmes causes. Ce que prouve ce nombre exceptionnellement élevé de morts volontaires, c'est l'état de perturbation profonde dont souffrent les sociétés civilisées et il en atteste la gravité. On peut même dire qu'il en donne la mesure. Quand ces souffrances s'expriment par la bouche d'un théoricien, on peut croire qu'elles sont exagérées et infidèlement traduites. Mais ici, dans la statistique des suicides, elles viennent comme s'enregistrer d'elles-mêmes, sans laisser de place à l'appréciation personnelle. On ne peut donc enrayer ce courant de tristesse collective qu'en atténuant, tout au moins, la maladie collective dont il est la résultante et le signe. Nous avons montré que, pour atteindre ce but, il n'était nécessaire ni de restaurer artificiellement des formes sociales surannées et auxquelles on ne pourrait communiquer qu'une apparence de vie, ni d'inventer de toutes pièces des formes entièrement neuves et sans analogies dans l'histoire. Ce qu'il faut, c'est rechercher dans le passé les germes de vie nouvelle qu'il contenait et en presser le développement.

Quant à déterminer avec plus d'exactitude sous quelles formes particulières ces germes sont appelés à se développer dans l'avenir, c'est-à-dire ce que devra être, dans le détail, l'organisation professionnelle dont nous avons besoin, c'est ce que nous ne pouvions tenter au cours de cet ouvrage. C'est seulement à la suite d'une étude spéciale sur le régime corporatif et les lois de son évolution qu'il serait possible de préciser davantage les conclusions qui précèdent. Encore ne faut-il pas s'exagérer l'intérêt de ces programmes trop définis dans lesquels se sont généralement complu les philosophes de la politique. Ce sont jeux d'imagination, toujours trop éloignés de la complexité des faits pour pouvoir beaucoup servir à la pratique ; la réalité sociale n'est pas assez simple et elle est encore trop mal connue pour pouvoir être anticipée dans le détail. Seul, le contact direct des choses peut donner aux enseignements de la science la détermination qui leur manque. Une fois qu'on a établi l'existence du mal, en quoi il consiste et de quoi il dépend, quand on sait, par conséquent, les caractères généraux du remède et le point auquel il doit être appliqué, l'essentiel n'est pas d'arrêter par avance un plan qui prévoie tout ; c'est de se mettre résolument à l'œuvre.

TABLE DES PLANCHES

		Pages
I.	— Suicides et alcoolisme en France (4 cartes)	48-49
II.	— Suicides en France par arrondissements	124-125
III.	— Suicides dans l'Europe centrale	130-131
IV.	— Suicides et densité familiale en France (2 cartes)..	211
V.	— Suicides et richesse en France (2 cartes)	270
VI.	— Tableau des suicides des époux et des veufs des deux sexes, selon qu'ils ont ou n'ont pas d'enfants. Nombres absolus	412

TABLE DES MATIÈRES

INTRODUCTION

PAGES

I. — Nécessité de constituer, par une définition objective, l'objet de la recherche. Définition objective du suicide. Comment elle prévient les exclusions arbitraires et les rapprochements trompeurs : élimination des suicides d'animaux. Comment elle marque les rapports du suicide avec les formes ordinaires de la conduite 1

II. — Différence entre le suicide considéré chez les individus et le suicide comme phénomène collectif. Le taux social des suicides ; sa définition. Sa constance et sa spécificité supérieures à celles de la mortalité générale 8

Le taux social des suicides est donc un phénomène *sui generis* ; c'est lui qui constitue l'objet de la présente étude. Divisions de l'ouvrage 15

Bibliographie générale 16

LIVRE PREMIER

LES FACTEURS EXTRA-SOCIAUX

Chapitre Premier

LE SUICIDE ET LES ÉTATS PSYCHOPATHIQUES

Principaux facteurs extra-sociaux susceptibles d'avoir une influence sur le taux social des suicides : tendances individuelles d'une suffisante généralité, états du milieu physique 19

PAGES

I. — Théorie d'après laquelle le suicide ne serait qu'une suite de la folie. Deux manières de la démontrer : 1° le suicide est une monomanie *sui generis* ; 2° c'est un syndrome de la folie, qui ne se rencontre pas ailleurs 20

II. — Le suicide est-il une monomanie ? L'existence des monomanies n'est plus admise. Raisons cliniques et psychologiques contraires à cette hypothèse 22

III. — Le suicide est-il un épisode spécifique de la folie ? Réduction de tous les suicides vésaniques à quatre types. Existence de suicides raisonnables qui ne rentrent pas dans ces cadres... 26

IV. — Mais le suicide, sans être un produit de la folie, dépendrait-il étroitement de la neurasthénie ? Raisons de croire que le neurasthénique est le type psychologique le plus général chez les suicidés. Reste à déterminer l'influence de cette condition individuelle sur le taux des suicides. Méthode pour la déterminer : chercher si le taux des suicides varie comme le taux de la folie. Absence de tout rapport dans la manière dont ces deux phénomènes varient avec les sexes, les cultes, l'âge, les pays, le degré de civilisation. Ce qui explique cette absence de rapports : indétermination des effets qu'implique la neurasthénie 33

V. — Y aurait-il des rapports plus directs avec le taux de l'alcoolisme ? Comparaison avec la distribution géographique des délits d'ivresse, des folies alcooliques, de la consommation de l'alcool. Résultats négatifs de cette comparaison 46

CHAPITRE II

LE SUICIDE ET LES ÉTATS PSYCHOLOGIQUES NORMAUX
LA RACE. L'HÉRÉDITÉ

I. — Nécessité de définir la race. Ne peut être définie que comme un type héréditaire ; mais alors le mot prend un sens indéterminé. D'où nécessité d'une grande réserve................ 54

II. — Trois grandes races distinguées par Morselli. Très grande diversité de l'aptitude au suicide chez les Slaves, les Celto-Romains, les nations germaniques. Seuls, les Allemands ont un penchant généralement intense, mais ils le perdent en dehors de l'Allemagne.

De la prétendue relation entre le suicide et la hauteur de la taille : résultat d'une coïncidence 58

III. — La race ne peut être un facteur du suicide que s'il est essentiellement héréditaire ; insuffisance des preuves favorables à cette hérédité : 1° La fréquence relative des cas imputables à l'hérédité est inconnue ; 2° Possibilité d'une autre explica-

TABLE DES MATIÈRES

tion ; influence de la folie et de l'imitation. Raisons contraires à cette hérédité spéciale : 1° Pourquoi le suicide se transmettrait-il moins à la femme ? 2° La manière dont le suicide évolue avec l'âge est inconciliable avec cette hypothèse 69

Chapitre III

LE SUICIDE ET LES FACTEURS COSMIQUES

I. — Le climat n'a aucune influence 83

II. — La température. Variations saisonnières du suicide ; leur généralité. Comment l'école italienne les explique par la température 85

III. — Conception contestable du suicide qui est à la base de cette théorie. Examen des faits : l'influence des chaleurs anormales ou des froids anormaux ne prouve rien ; absence de rapports entre le taux des suicides et la température saisonnière ou mensuelle ; le suicide rare dans un grand nombre de pays chauds.

Hypothèse d'après laquelle ce seraient les premières chaleurs qui seraient nocives. Inconciliable : 1° avec la continuité de la courbe des suicides à la montée et à la descente ; 2° avec ce fait que les premiers froids, qui devraient avoir le même effet, sont inoffensifs 88

IV. — Nature des causes dont dépendent ces variations. Parallélisme parfait entre les variations mensuelles du suicide et celles de la longueur des jours ; confirmé par ce fait que les suicides ont surtout lieu de jour. Raison de ce parallélisme : c'est que, pendant le jour, la vie sociale est en pleine activité. Explication confirmée par ce fait que le suicide est maximum aux jours et heures où l'activité sociale est *maxima*. Comment elle rend compte des variations saisonnières du suicide ; preuves confirmatives diverses.

Les variations mensuelles du suicide dépendent donc de causes sociales 97

Chapitre IV

L'IMITATION

L'imitation est un phénomène de psychologie individuelle. Utilité qu'il y a à chercher si elle a quelque influence sur le taux social des suicides.

I. — Différence entre l'imitation et plusieurs autres phénomènes avec lesquels elle a été confondue. Définition de l'imitation. 108

II. — Cas nombreux où les suicides se communiquent contagieusement d'individu à individu ; distinction entre les faits de contagion et les épidémies. Comment le problème de l'influence possible de l'imitation sur le taux des suicides reste entier 117

III. — Cette influence doit être étudiée à travers la distribution géographique des suicides. Critères d'après lesquels elle peut être reconnue. Application de cette méthode à la carte des suicides français par arrondissements, à la carte par communes de Seine-et-Marne, à la carte d'Europe en général. Nulle trace visible de l'imitation dans la répartition géographique.

Expérience à essayer : le suicide croît-il avec le nombre des lecteurs de journaux ? Raisons qui inclinent à l'opinion contraire 120

IV. — Raison qui fait que l'imitation n'a pas d'effets appréciables sur le taux des suicides : c'est qu'elle n'est pas un facteur original, mais ne fait que renforcer l'action des autres facteurs.

Conséquence pratique de cette discussion : qu'il n'y a pas lieu d'interdire la publicité judiciaire.

Conséquence théorique : l'imitation n'a pas l'efficacité sociale qu'on lui a prêtée.............................. 134

LIVRE II

CAUSES SOCIALES ET TYPES SOCIAUX

Chapitre Premier

MÉTHODE POUR LES DÉTERMINER

I. — Utilité qu'il y aurait à classer morphologiquement les types de suicide pour remonter ensuite à leurs causes ; impossibilité de cette classification. La seule méthode praticable consiste à classer les suicides par leurs causes. Pourquoi elle convient mieux que toute autre à une étude sociologique du suicide.. 139

II. — Comment atteindre ces causes ? Les renseignements donnés par les statistiques sur les raisons présumées des suicides : 1° sont suspects ; 2° ne font pas connaître les vraies causes. La seule méthode efficace est de chercher comment le taux des suicides varie en fonction des divers concomitants sociaux. 143

Chapitre II

LE SUICIDE ÉGOISTE

I. — Le suicide et les religions. Aggravation générale due au protestantisme ; immunité des catholiques et surtout des juifs.. 149

II. — L'immunité des catholiques ne tient pas à leur état de minorité dans les pays protestants, mais à leur moindre individualisme religieux, par suite à la plus forte intégration de l'église catholique. Comment cette explication s'applique aux juifs.   154

III. — Vérification de cette explication : 1° l'immunité relative de l'Angleterre, par rapport aux autres pays protestants, liée à la plus forte intégration de l'église anglicane ; 2° l'individualisme religieux varie comme le goût du savoir ; or, a) le goût du savoir est plus prononcé chez les peuples protestants que chez les catholiques, b) le goût du savoir varie comme le suicide toutes les fois qu'il correspond à un progrès de l'individualisme religieux. Comment l'exception des juifs confirme la loi   160

IV. — Conséquences de ce chapitre : 1° la science est le remède au mal que symptomatise le progrès des suicides, mais n'en est pas la cause ; 2° si la société religieuse préserve du suicide, c'est simplement parce qu'elle est une société fortement intégrée   170

Chapitre III

LE SUICIDE ÉGOISTE *(suite)*

I. — Immunité générale des mariés telle que l'a calculée Bertillon. Inconvénients de la méthode qu'il a dû suivre. Nécessité de séparer plus complètement l'influence de l'âge et celle de l'état civil. Tableaux où cette séparation est effectuée. Lois qui s'en dégagent......................................   174

II. — Explication de ces lois. Le coefficient de préservation des époux ne tient pas à la sélection matrimoniale. Preuves : 1° raisons a priori ; 2° raisons de fait tirées : a) des variations du coefficient aux divers âges ; b) de l'inégale immunité dont jouissent les époux des deux sexes.

Cette immunité est-elle due au mariage ou à la famille ? Raisons contraires à la première hypothèse : 1° contraste entre l'état stationnaire de la nuptialité et les progrès du suicide ; 2° faible immunité des époux sans enfants ; 3° aggravation chez les épouses sans enfants   186

III. — L'immunité légère dont jouissent les hommes mariés sans enfants est-elle due à la sélection conjugale ? Preuve contraire tirée de l'aggravation des épouses sans enfants. Comment la persistance partielle de ce coefficient chez le veuf sans enfants s'explique sans qu'on fasse intervenir la sélection conjugale. Théorie générale du veuvage............................   197

IV. — Tableau récapitulatif des résultats précédents. C'est à l'action de la famille qu'est due presque toute l'immunité des époux et toute celle des épouses. Elle croît avec la densité de la famille, c'est-à-dire avec son degré d'intégration   207

PAGES

V. — Le suicide et les crises politiques, nationales. Que la régression qu'il subit alors est réelle et générale. Elle est due à ce que le groupe acquiert dans ces crises une plus forte intégration.. 215

VI. — Conclusion générale du chapitre. Rapport direct entre le suicide et le degré d'intégration des groupes sociaux, quels qu'ils soient. Cause de ce rapport ; pourquoi et dans quelles conditions la société est nécessaire à l'individu. Comment, quand elle lui fait défaut, le suicide se développe. Preuves confirmatives de cette explication. Constitution du suicide égoïste.. 222

Chapitre IV

LE SUICIDE ALTRUISTE

I. — Le suicide dans les sociétés inférieures : caractères qui le distinguent, opposés à ceux du suicide égoïste. Constitution du suicide altruiste obligatoire. Autres formes de ce type... 233

II. — Le suicide dans les armées européennes ; généralité de l'aggravation qui résulte du service militaire. Elle est indépendante du célibat ; de l'alcoolisme. Elle n'est pas due au dégoût du service. Preuves : 1° elle croît avec la durée du service ; 2° elle est plus forte chez les volontaires et les rengagés ; 3° chez les officiers et les sous-officiers que chez les simples soldats. Elle est due à l'esprit militaire et à l'état d'altruisme qu'il implique. Preuves confirmatives : 1° elle est d'autant plus forte que les peuples ont un moindre penchant pour le suicide égoïste ; 2° elle est *maxima* dans les troupes d'élite ; 3° elle décroît à mesure que le suicide égoïste se développe 247

III. — Comment les résultats obtenus justifient la méthode suivie. 261

Chapitre V

LE SUICIDE ANOMIQUE

I. — Le suicide croît avec les crises économiques. Cette progression se maintient dans les crises de prospérité : exemples de la Prusse, de l'Italie. Les expositions universelles. Le suicide et la richesse 264

II. — Explication de ce rapport. L'homme ne peut vivre que si ses besoins sont en harmonie avec ses moyens ; ce qui implique une limitation de ces derniers. C'est la société qui les limite ; comment cette influence modératrice s'exerce normalement. Comment elle est empêchée par les crises ; d'où dérèglement, *anomie*, suicides. Confirmation tirée des rapports du suicide et de la richesse 272

TABLE DES MATIÈRES

III. — L'anomie est actuellement à l'état chronique dans le monde économique. Suicides qui en résultent. Constitution du suicide anomique 282

IV. — Suicides dus à l'anomie conjugale. Le veuvage. Le divorce. Parallélisme des divorces et des suicides. Il est dû à une constitution matrimoniale qui agit en sens contraire sur les époux et sur les épouses ; preuves à l'appui. En quoi consiste cette constitution matrimoniale. L'affaiblissement de la discipline matrimoniale qu'implique le divorce aggrave la tendance au suicide des hommes, diminue celle des femmes. Raison de cet antagonisme. Preuves confirmatives de cette explication.
Conception du mariage qui se dégage de ce chapitre ... 289

Chapitre VI

FORMES INDIVIDUELLES DES DIFFÉRENTS TYPES DE SUICIDES

Utilité et possibilité de compléter la classification étiologique qui précède par une classification morphologique 312

I. — Formes fondamentales que prennent les trois courants suicidogènes en s'incarnant chez les individus. Formes mixtes qui résultent de la combinaison de ces formes fondamentales... 314

II. — Faut-il faire intervenir dans cette classification l'instrument de mort choisi ? Que ce choix dépend de causes sociales. Mais ces causes sont indépendantes de celles qui déterminent le suicide. Elles ne ressortissent donc pas à la présente recherche.
Tableau synoptique des différents types de suicides 328

LIVRE III

DU SUICIDE COMME PHÉNOMÈNE SOCIAL EN GÉNÉRAL

Chapitre Premier

L'ÉLÉMENT SOCIAL DU SUICIDE

I. — Résultats de ce qui précède. Absence de relations entre le taux des suicides et les phénomènes cosmiques ou biologiques. Rapports définis avec les faits sociaux. Le taux social correspond donc à un penchant collectif de la société 333

II. — La constance et l'individualité de ce taux ne peuvent pas s'expliquer autrement. Théorie de Quételet pour en rendre compte : l'homme moyen. Réfutation : la régularité des données statistiques se retrouve même dans des faits qui sont en dehors de la moyenne. Nécessité d'admettre une force ou un groupe de forces collectives dont le taux social des suicides exprime l'intensité 337

III. — Ce qu'il faut entendre par cette force collective : c'est une réalité extérieure et supérieure à l'individu. Exposé et examen des objections faites à cette conception :

1° Objection d'après laquelle un fait social ne peut se transmettre que par traditions inter-individuelles. Réponse : le taux des suicides ne peut se transmettre ainsi.

2° Objection d'après laquelle l'individu est tout le réel de la société. Réponse : *a)* Comment des choses matérielles, extérieures aux individus, sont érigées en faits sociaux et jouent en cette qualité un rôle *sui generis*; *b)* Les faits sociaux qui ne s'objectivent pas sous cette forme débordent chaque conscience individuelle. Ils ont pour substrat l'agrégat formé par les consciences individuelles réunies en société. Que cette conception n'a rien d'ontologique 345

IV. — Application de ces idées au suicide 363

Chapitre II

**RAPPORTS DU SUICIDE
AVEC LES AUTRES PHÉNOMÈNES SOCIAUX**

Méthode pour déterminer si le suicide doit être classé parmi les faits moraux ou immoraux 369

I. — Exposé historique des dispositions juridiques ou morales en usage dans les différentes sociétés relativement au suicide. Progrès continu de la réprobation dont il est l'objet, sauf aux époques de décadence. Raison d'être de cette réprobation ; qu'elle est plus que jamais fondée dans la constitution normale des sociétés modernes 370

II. — Rapports du suicide avec les autres formes de l'immoralité. Le suicide et les attentats contre la propriété ; absence de tout rapport. Le suicide et l'homicide ; théorie d'après laquelle ils consisteraient tous deux en un même état organico-psychique, mais dépendraient de conditions sociales antagonistes 384

III. — Discussion de la première partie de la proposition. Que le sexe, l'âge, la température n'agissent pas de la même manière sur les deux phénomènes................................. 388

IV. — Discussion de la deuxième partie. Cas où l'antagonisme ne se vérifie pas. Cas, plus nombreux, où il se vérifie. Explication de ces contradictions apparentes : existence de types différents de suicides dont les uns excluent l'homicide tandis que les autres dépendent des mêmes conditions sociales. Nature de

TABLE DES MATIÈRES 463

ces types ; pourquoi les premiers sont actuellement plus nombreux que les seconds.

Comment ce qui précède éclaire la question des rapports historiques de l'égoïsme et de l'altruisme 395

Chapitre III

CONSÉQUENCES PRATIQUES

I. — La solution du problème pratique varie selon qu'on attribue à l'état présent du suicide un caractère normal ou anormal. Comment la question se pose malgré la nature immorale du suicide. Raisons de croire que l'existence d'un taux modéré de suicides n'a rien de morbide. Mais raisons de croire que le taux actuel chez les peuples européens est l'indice d'un état pathologique 413

II. — Moyens proposés pour conjurer le mal : 1° mesures répressives. Quelles sont celles qui seraient possibles. Pourquoi elles ne sauraient avoir qu'une efficacité restreinte ; 2° l'éducation. Elle ne peut réformer l'état moral de la société parce qu'elle n'en est que le reflet. Nécessité d'atteindre en elles-mêmes les causes des courants suicidogènes ; qu'on peut toutefois négliger le suicide altruiste dont l'état n'a rien d'anormal.

Le remède contre le suicide égoïste : rendre plus consistants les groupes qui encadrent l'individu. Lesquels sont le plus propres à ce rôle ? Ce n'est ni la société politique qui est trop loin de l'individu — ni la société religieuse qui ne le socialise qu'en lui retirant la liberté de penser — ni la famille qui tend à se réduire au couple conjugal. Les suicides des époux progressent comme ceux des célibataires............ 425

III. — Du groupe professionnel. Pourquoi il est seul en état de remplir cette fonction. Ce qu'il doit devenir pour cela. Comment il peut constituer un milieu moral. — Comment il peut contenir aussi le suicide anomique. — Cas de l'anomie conjugale. Position antinomique du problème : l'antagonisme des sexes. Moyens d'y remédier 434

IV. — Conclusion. L'état présent du suicide est l'indice d'une misère morale. Ce qu'il faut entendre par une affection morale de la société. Comment la réforme proposée est réclamée par l'ensemble de notre évolution historique. Disparition de tous les groupes sociaux intermédiaires entre l'individu et l'Etat ; nécessité de les reconstituer. La décentralisation professionnelle opposée à la décentralisation territoriale ; comment elle est la base nécessaire de l'organisation sociale.

Importance de la question du suicide ; sa solidarité avec les plus grands problèmes pratiques de l'heure actuelle 444

Imprimé en France
Imprimerie des Presses Universitaires de France
73, avenue Ronsard, 41100 Vendôme
Juillet 1991 — N° 37 369

COLLECTION « QUADRIGE »

ALAIN	Propos sur l'éducation *suivis de* Pédagogie enfantine
ALQUIÉ F.	Le Désir d'éternité
ALTHUSSER L.	Montesquieu, la politique et l'histoire
ANDREAS-SALOMÉ L.	Ma Vie
ARON R.	La Sociologie allemande contemporaine
ATTALI J.	Analyse économique de la vie politique
ATTALI J. et GUILLAUME M.	L'Anti-économique
AUBENQUE P.	Le Problème de l'être chez Aristote
AYMARD A. et AUBOYER J.	L'Orient et la Grèce antique
BACHELARD G.	La Philosophie du non
BACHELARD G.	La Poétique de l'espace
BACHELARD G.	La Poétique de la rêverie
BACHELARD G.	Le Nouvel Esprit scientifique
BACHELARD G.	La Flamme d'une chandelle
BACHELARD G.	Le Rationalisme appliqué
BACHELARD G.	La Dialectique de la durée
BACHELARD G.	Le Matérialisme rationnel
BALANDIER G.	Sens et puissance
BALANDIER G.	Sociologie actuelle de l'Afrique noire
BALANDIER G.	Anthropologie politique
BARON S. W.	Histoire d'Israël, T. I
BARON S. W.	Histoire d'Israël, T. II
BARRET-KRIEGEL B.	Les Droits de l'homme et le droit naturel
BERGSON H.	Essai sur les données immédiates de la conscience
BERGSON H.	L'Energie spirituelle
BERGSON H.	L'Evolution créatrice
BERGSON H.	Le Rire
BERGSON H.	Les Deux Sources de la morale et de la religion
BERGSON H.	Matière et mémoire
BERGSON H.	La Pensée et le mouvant
BERNARD C.	Principes de médecine expérimentale
BLANCHÉ R.	L'Axiomatique
BOUDON R.	Effets pervers et ordre social
BOUDON R.	La Place du désordre
BOUHDIBA A.	La Sexualité en Islam
BOUTANG P.	Ontologie du secret
BRÉHIER E.	Histoire de la philosophie, T. I
BRÉHIER E.	Histoire de la philosophie, T. II
BRÉHIER E.	Histoire de la philosophie, T. III

COLLECTION « QUADRIGE »

BUBER M.	Moïse
CANGUILHEM G.	Le Normal et le pathologique
CHAILLEY J.	Histoire musicale du Moyen Age
CHARNAY J.-P.	La Vie musulmane en Algérie
CORTOT A.	La Musique française de piano
CROZET R.	L'Art roman
DESCARTES R.	Méditations métaphysiques
DEUTSCH H.	La Psychologie des femmes, T. I
DEUTSCH H.	La Psychologie des femmes, T. II
DUMÉZIL G.	Du mythe au roman
DURAND G.	L'Imagination symbolique
DURKHEIM E.	Les Règles de la méthode sociologique
DURKHEIM E.	Le Suicide
DURKHEIM E.	Les Formes élémentaires de la vie religieuse
DURKHEIM E.	Education et sociologie
DURKHEIM E.	De la division du travail social
DURKHEIM E.	L'Evolution pédagogique en France
DURKHEIM E.	Leçons de sociologie
FEBVRE L.	Martin Luther, un destin
FESTUGIÈRE A.-J.	Epicure et ses dieux
FOCILLON H.	L'Art des sculpteurs romans
FOCILLON H.	La Vie des formes
FOUCAULT M.	Naissance de la clinique
FOULQUIÉ P.	Dictionnaire de la langue pédagogique
FREUD S.	L'Homme aux loups
GANDHI	Autobiographie
GINOUVÈS R.	L'Art grec
GODECHOT J.	La Contre-Révolution, 1789-1804
HAMSUN K.	La Faim
HAYEK F. A.	La Route de la servitude
HYPPOLITE J.	Figures de la pensée philosophique, T. I et II
JACCARD R.	La Tentation nihiliste
JANKÉLÉVITCH V.	Philosophie première
JANKÉLÉVITCH V.	Henri Bergson
JOHNSTON W.	L'Esprit viennois
KANT E.	Critique de la raison pratique
KANT E.	Critique de la raison pure
KAUTSKY K.	Le Bolchevisme dans l'impasse
LACOSTE Y.	Géographie du sous-développement
LAGACHE D.	La Jalousie amoureuse
LAGACHE D.	L'Unité de la psychologie

COLLECTION « QUADRIGE »

LALANDE A.	Vocabulaire technique et critique de la philosophie, en 2 vol.
LAMARCK J.-B. DE	Système analytique des connaissances positives de l'homme
LAPLANCHE J.	Hölderlin et la question du père
LE BON G.	Psychologie des foules
LEFEBVRE H.	Le Matérialisme dialectique
LÉONARD E. G.	Histoire générale du protestantisme
	T. I : La Réformation
	T. II : L'Etablissement
	T. III : Déclin et renouveau
LEROI-GOURHAN A.	Les Religions de la préhistoire
LEVINAS E.	Le Temps et l'autre
LÉVI-STRAUSS C.	L'Identité *(Séminaire)*
LOVY R.-J.	Luther
MAIMONIDE M.	Le Livre de la connaissance
MAISTRE J. DE	Ecrits sur la Révolution
MARÇAIS G.	L'Art musulman
MARION J.-L.	Dieu sans l'être
MARION J.-L.	Sur la théologie blanche de Descartes
MAUSS M.	Sociologie et anthropologie
MERLEAU-PONTY M.	La Structure du comportement
MONTAIGNE	Les Essais, livre I
MONTAIGNE	Les Essais, livre II
MONTAIGNE	Les Essais, livre III
MORENO J.-L.	Psychothérapie de groupe et psychodrame
MOUSNIER R. et LABROUSSE E.	Le XVIIIe siècle
PARISET F.-G.	L'Art classique
PIRENNE H.	Mahomet et Charlemagne
POULANTZAS N.	L'Etat, le pouvoir, le socialisme
PRIGENT M.	Le Héros et l'Etat dans la tragédie de Pierre Corneille
ROMILLY J. DE	La Tragédie grecque
ROSSET C.	Schopenhauer, philosophe de l'absurde
ROSSET C.	L'Esthétique de Schopenhauer
ROSSET C.	L'Anti-Nature
ROSSET C.	La Philosophie tragique
SARTRE J.-P.	L'Imagination
SCHOPENHAUER A.	Aphorismes sur la sagesse dans la vie
SCHOPENHAUER A.	De la volonté dans la nature
SEIGNOBOS C.	Histoire sincère de la nation française
SENGHOR L. Sedar	Anthologie de la nouvelle poésie nègre et malgache

COLLECTION « QUADRIGE »

SIEYÈS E.	Qu'est-ce que le Tiers Etat ?
SOBOUL A.	La Révolution française
STERN H.	L'Art byzantin
SUZUKI, FROMM, DE MARTINO	Bouddhisme Zen et psychanalyse
TAZIEFF H.	Les Volcans et la dérive des continents
VAN TIEGHEM P.	Dictionnaire des littératures, vol. 1 : A-C
VAN TIEGHEM P.	Dictionnaire des littératures, vol. 2 : D-J
VAN TIEGHEM P.	Dictionnaire des littératures, vol. 3 : K-Q
VAN TIEGHEM P.	Dictionnaire des littératures, vol. 4 : R-Z
VAN TIEGHEM P.	Les Grandes Doctrines littéraires en France
VAX L.	La Séduction de l'étrange
VERNANT J.-P.	Les Origines de la pensée grecque
WALLON H.	Les Origines du caractère chez l'enfant
WALLON H.	L'Enfant turbulent
WALLON H.	Les Origines de la pensée chez l'enfant
ZAZZO R.	Les Jumeaux, le couple et la personne